전면개정 제36회 공인중개사 시험대비
방송대학TV 무료강의 | 첫방송 2025.8.25(월) 오전 7시

박문각 공인중개사

실전모의고사 1차 7회분

부동산학개론 | 민법·민사특별법

박문각 부동산교육연구소 편

브랜드만족 1위 박문각
근거자료 후면표기

2025

동영상강의
www.pmg.co.kr

합격까지 박문각
합격 노하우가 다르다!

PREFACE

이 책의 머리말

사람의 고민은 밭에 난 잡초와 같아
뽑지 않으면 무성하여 곡식에 해를 주지만
서둘러 뽑아 버리면 곡식은 잘 자란다.
우리에게 밭에 잡초가 나는 것을 막을 힘은 없지만
뽑아 버릴 힘은 있다.

– 채근담 –

시험을 앞두고 불안해 하는 마음이 드는 이때, 무엇보다 중요한 것은 자신의 실력을 정확히 파악하고 시험에서 범하기 쉬운 실수들을 미리 대처함으로써 실전에 대한 불안감을 극복하는 것입니다.

최근 공인중개사 시험은 단편적인 지식을 묻는 것이 아니라 과목 전체를 얼마나 넓고 체계적으로 이해하고 있는가를 측정하기 때문에 이론을 공부한 후에는 다양한 문제유형을 통해, 제한된 시간 내에 문제를 해결하는 연습을 꾸준히 해야 합니다.

이 교재는 여러분들이 실전에 좀 더 자신감을 가지고 임할 수 있도록 만들어진 실전 대비용 교재로 모의고사를 공부하실 때에는 연습이 아닌 실전에 임하는 것처럼 과목별로 시간을 배분하시고, 또 문제당 시간을 배분해 보시는 것이 실전에 많은 도움이 될 것입니다.

본서는 실전에 철저히 대비할 수 있는 능력을 배양하는 데 중점을 두고 구성되었으며, 특징은 다음과 같습니다.

01 기출문제의 경향분석을 통해 출제 가능한 문제를 위주로 한 내용 구성과 적절한 난이도 조절로 실제 시험에서의 적응력을 키울 수 있도록 하였습니다.

02 새로운 출제경향에 맞는 문제를 엄선하여 수록하였고, 각 문제마다 상세한 해설을 통해 문제에 대한 완벽한 이해가 가능하도록 하였습니다.

03 2025년 최신 개정 법령을 충실히 반영하여 새로운 법령에 대한 인지도를 높이는 것과 동시에 총 7회 분량의 문제 구성을 통해 본인의 평균 점수대를 확인해 볼 수 있도록 하였습니다.

끝으로 본서가 수험생 여러분의 땀방울이 결실을 맺는 데 나침반이 되길 바라면서,
마지막까지 최선을 다하여 합격의 영광이 함께하시기를 기원합니다.

2025년 5월

GUIDE

공인중개사 시험정보

시험일정 및 시험시간

1. 시험일정 및 장소

구 분	정기접수	빈자리접수	시험시행일	합격자발표
일 정	2025. 8. 4. ~ 8. 8.	2025. 9. 29. ~ 9. 30.	2025. 10. 25.	2025. 11. 26.
장 소	원서 접수시 수험자가 시험지역 및 시험장소를 직접 선택			

TIP
1. 제1·2차 시험이 동시접수·시행·발표됨
2. 빈자리 접수는 정기접수 환불로 발생한 수용인원 범위 내에서 선착순으로만 이루어져 조기 마감될 수 있음

2. 시험시간

구 분	교시	시험과목 (과목당 40문제)	시험시간 입실시간	시험시간 시험시간
제1차 시험	1교시	2과목	09:00까지	09:30~11:10(100분)
제2차 시험	1교시	2과목	12:30까지	13:00~14:40(100분)
	2교시	1과목	15:10까지	15:30~16:20(50분)

* 수험자는 반드시 입실시간까지 입실하여야 함(시험 시작 이후 입실 불가)
* 개인별 좌석배치도는 입실시간 20분 전에 해당 교실 칠판에 별도 부착함
* 위 시험시간은 일반응시자 기준이며, 장애인 등 장애유형에 따라 편의제공 및 시험시간 연장가능(장애 유형별 편의제공 및 시험시간 연장 등 세부내용은 큐넷 공인중개사 홈페이지 공지사항 참조)
* 2차만 응시하는 시간연장 수험자는 1·2차 동시응시 시간연장자의 2차 시작시간과 동일 시작

TIP 시험일시, 시험장소, 시험방법, 합격자 결정방법 및 응시수수료의 환불에 관한 사항 등은 '제36회 공인중개사 자격시험 시행공고'시 고지

응시자격 및 합격자 결정방법

1. 응시자격: 제한 없음. 다만, 다음의 각 호에 해당하는 경우에는 공인중개사 시험에 응시할 수 없음
① 공인중개사시험 부정행위자로 처분 받은 날로부터 시험시행일 전일까지 5년이 경과되지 않은 자(공인중개사법 제4조의3)
② 공인중개사 자격이 취소된 후 합격자발표일까지 3년이 경과하지 않은 자(공인중개사법 제6조)
③ 이미 공인중개사 자격을 취득한 자

2. 합격자 결정방법
제1·2차 시험 공통. 매 과목 100점 만점으로 하여 매 과목 40점 이상, 전 과목 평균 60점 이상 득점한 자

TIP 제1차 시험에 불합격한 자의 제2차 시험은 무효로 함
* 제1차 시험 면제대상자: 2024년 제35회 제1차 시험에 합격한 자

시험과목 및 출제비율

구 분	시험과목	시험범위	출제비율
제1차 시험 (2과목)	부동산학개론 (부동산 감정평가론 포함)	부동산학개론 • 부동산학 총론[부동산의 개념과 분류, 부동산의 특성(속성)] • 부동산학 각론(부동산 경제론, 부동산 시장론, 부동산 정책론, 부동산 투자론, 부동산 금융론, 부동산 개발 및 관리론)	85% 내외
		부동산 감정평가론(감정평가의 기초이론, 감정평가방식, 부동산가격 공시제도)	15% 내외
	민법 및 민사특별법 중 부동산중개에 관련되는 규정	민 법 • 총칙 중 법률행위 • 질권을 제외한 물권법 • 계약법 중 총칙·매매·교환·임대차	85% 내외
		민사특별법 • 주택임대차보호법 • 집합건물의 소유 및 관리에 관한 법률 • 가등기담보 등에 관한 법률 • 부동산 실권리자명의 등기에 관한 법률 • 상가건물 임대차보호법	15% 내외
제2차 시험 1교시 (2과목)	공인중개사의 업무 및 부동산 거래신고 등에 관한 법령 및 중개실무	공인중개사법	70% 내외
		부동산 거래신고 등에 관한 법률	
		중개실무	30% 내외
	부동산공법 중 부동산중개에 관련되는 규정	국토의 계획 및 이용에 관한 법률	30% 내외
		도시개발법	30% 내외
		도시 및 주거환경정비법	
		주택법	40% 내외
		건축법	
		농지법	
제2차 시험 2교시 (1과목)	부동산공시에 관한 법령 및 부동산 관련 세법	부동산등기법	30% 내외
		공간정보의 구축 및 관리 등에 관한 법률 제2장 제4절 및 제3장	30% 내외
		부동산 관련 세법(상속세, 증여세, 법인세, 부가가치세 제외)	40% 내외

TIP 답안은 시험시행일에 시행되고 있는 법령을 기준으로 작성

GUIDE

최근 5개년 출제경향 분석표

부동산학개론

구분		제31회	제32회	제33회	제34회	제35회	총계	비율(%)
부동산학 총론	부동산의 개념과 분류	2	2	3	2	4	13	6.5
	부동산의 특성	1	1	1	1	1	5	2.5
	소계	3	3	4	3	5	18	9.0
부동산학 각론	부동산 경제론	6	6	5	5	4	26	13.0
	부동산 시장론(입지)	5	4	7	6	4	26	13.0
	부동산 정책론	7	4	4	5	6	26	13.0
	부동산 투자론	3	6	5	8	4	26	13.0
	부동산 금융론	4	6	6	3	5	24	12.0
	부동산 개발 및 관리론	5	5	2	4	6	22	11.0
	소계	30	31	29	31	29	150	75.0
부동산 감정평가론	감정평가의 기초이론	1	1	1	1	2	6	3.0
	감정평가의 방식	5	4	5	4	3	21	10.5
	부동산 가격공시제도	1	1	1	1	1	5	2.5
	소계	7	6	7	6	6	32	16.0
총계		40	40	40	40	40	200	100.0

민법·민사특별법

구분		제31회	제32회	제33회	제34회	제35회	총계	비율(%)
민법 총칙	법률관계와 권리변동	0	0	0	1	0	1	0.5
	법률행위	1	3	2	2	1	9	4.5
	의사표시	2	1	1	1	4	9	4.5
	법률행위의 대리	4	3	4	3	2	16	8.0
	법률행위의 무효와 취소	2	2	2	2	2	10	5.0
	조건과 기한	1	1	1	1	1	5	2.5
	소계	10	10	10	10	10	50	25.0
물권법	물권법 일반	1	2	3	2	2	10	5.0
	물권의 변동	3	2	0	2	2	9	4.5
	점유권	1	1	2	1	1	6	3.0
	소유권	2	3	3	2	2	12	6.0
	용익물권	3	3	3	3	4	16	8.0
	담보물권	4	3	3	4	3	17	8.5
	소계	14	14	14	14	14	70	35.0
계약법	계약법 총론	7	5	5	3	8	28	14.0
	계약법 각론	3	5	5	7	2	22	11.0
	소계	10	10	10	10	10	50	25.0
민사 특별법	주택임대차보호법	2	2	1	1	1	7	3.5
	상가건물 임대차보호법	1	1	1	1	2	6	3.0
	가등기담보법	1	1	1	1	1	5	2.5
	집합건물법	1	1	2	1	1	6	3.0
	부동산실명법	1	1	1	2	1	6	3.0
	소계	6	6	6	6	6	30	15.0
총계		40	40	40	40	40	200	100.0

CONTENTS

이 책의 차례

문제편

01 실전모의고사	…	6
02 실전모의고사	…	21
03 실전모의고사	…	36
04 실전모의고사	…	50
05 실전모의고사	…	65
06 실전모의고사	…	80
07 실전모의고사	…	96

해설편

01 정답 및 해설	…	114
02 정답 및 해설	…	122
03 정답 및 해설	…	131
04 정답 및 해설	…	139
05 정답 및 해설	…	148
06 정답 및 해설	…	157
07 정답 및 해설	…	165
빠른 정답 찾기	…	173

Test 01 실전모의고사

정답 및 해설 ▶ P. 114

부동산학개론

01 부동산의 개념 등에 관한 설명으로 옳지 않은 것은?
① 부동산이란 토지 및 그 정착물을 말하며, 부동산 이외의 물건은 동산이다.
② 부동산의 복합개념은 부동산을 법률적·경제적·기술적인 측면 등으로 이해하고자 하는 것이다.
③ 부동산은 20년간 소유의 의사로 평온, 공연하게 점유하고 등기함으로써 그 소유권을 취득한다.
④ 동산은 용익물권과 담보물권의 설정이 가능하다.
⑤ 넓은 의미의 부동산에는 등기·등록의 대상이 되는 항공기·선박·자동차 등도 포함된다.

02 토지의 일부로 간주되는 정착물에 해당하는 것을 모두 고른 것은?

㉠ 가식 중에 있는 수목
㉡ 매년 경작의 노력을 요하지 않는 다년생 식물
㉢ 건물
㉣ 소유권보존등기된 입목
㉤ 구거
㉥ 경작수확물

① ㉠, ㉥ ② ㉡, ㉤ ③ ㉢, ㉣
④ ㉣, ㉤ ⑤ ㉤, ㉥

03 한국표준산업분류(KSIC)에 따른 부동산업의 세분류 항목으로 옳지 않은 것은?
① 주거용 건물 건설업
② 부동산 임대업
③ 부동산 개발 및 공급업
④ 부동산 관리업
⑤ 부동산 중개, 자문 및 감정평가업

04 토지의 특성에 관한 설명으로 옳은 것은?
① 개별성으로 인해 토지에는 원칙적으로 감가상각이 적용되지 않는다.
② 비소모성으로 인해 부동산 활동이 국지화된다.
③ 개별성으로 인해 토지시장에는 외부효과가 발생한다.
④ 부증성으로 인해 토지이용이 집약화된다.
⑤ 감정평가에서 영속성 때문에 지역분석이 필요하다.

05 부동산 활동에 관한 설명으로 옳은 것은?

㉠ 부동산 활동은 공중, 지표, 지하를 포함하는 3차원 공간을 대상으로 전개된다.
㉡ 사회성·공공성이 있는 재산을 다루므로, 거래당사자와 부동산업자 모두에게 높은 윤리성이 요구된다.
㉢ 일반적으로 일반 소비상품을 대상으로 하는 활동과는 달리 장기적 배려하에 결정되고 실행된다.
㉣ 부동산 투자, 부동산 금융, 부동산 개발 등은 부동산 활동 중 부동산 의사결정분야에 속한다.
㉤ 부동산 활동은 이론적 지식의 체계화라는 면에서 과학성, 실무에 응용하는 면에서는 기술성의 속성을 띤다.

① ㉠, ㉡, ㉢ ② ㉠, ㉡, ㉢, ㉣, ㉤
③ ㉡, ㉢, ㉤ ④ ㉢, ㉣, ㉤
⑤ ㉠, ㉡, ㉣, ㉤

06 아파트에 대한 수요의 가격탄력성이 0.8이고, 빌라에 대한 아파트 수요의 교차탄력성이 0.2이다. 아파트 가격이 5% 상승하였음에도 아파트 수요량이 2% 증가하였다면 이 경우 빌라 가격의 변화로 옳은 것은? (단, 빌라와 아파트는 대체재이며, 다른 조건은 일정함)
① 20% 하락 ② 20% 상승
③ 30% 하락 ④ 30% 상승
⑤ 40% 상승

07 부동산 경기순환과 경기변동에 관한 설명으로 틀린 것은?

① 부동산 경기변동이란 부동산 시장이 일반 경기변동처럼 상승과 하강 국면이 반복되는 현상을 말한다.
② 부동산 경기는 일반경기와 같이 일정한 주기와 동일한 진폭으로 규칙적이고 안정적으로 반복되며 순환된다.
③ 부동산 경기변동은 일반 경기변동에 비해 저점이 깊고 정점이 높은 경향이 있다.
④ 부동산 경기는 부동산의 특성에 의해 일반경기보다 주기가 더 길다.
⑤ 회복시장에서 직전 국면 거래사례가격은 현재 시점에서 새로운 거래가격의 하한이 되는 경향이 있다.

08 개업공인중개사 A가 실지조사를 통해 확인한 1개 동의 건축물 현황이 다음과 같다. 건축법령상 용도별 건축물의 종류는?

㉠ 1층 전부를 필로티 구조로 하여 주차장으로 사용하며, 2층부터 5층까지 주택으로 사용함
㉡ 주택으로 쓰는 바닥면적의 합계가 1,000m²임
㉢ 세대수 합계가 16세대로서 모든 세대가 취사시설이 설치됨

① 아파트
② 기숙사
③ 연립주택
④ 다가구주택
⑤ 다세대주택

09 X노선 신역사가 들어선다는 정보가 있다. 만약 부동산 시장이 할당 효율적이라면 투자자가 최대한 지불할 수 있는 정보비용의 현재가치는? (단, 제시된 가격은 개발정보의 실현 여부에 의해 발생하는 가격 차이만을 반영하고, 주어진 조건에 한함)

㉠ X노선 신역사 예정지 인근에 일단의 A토지가 있다.
㉡ 1년 후 도심에 X노선 신역사가 들어설 확률이 60%로 알려져 있다.
㉢ 1년 후 도심에 X노선 신역사가 들어서면 A토지의 가격은 5억 5,000만원, 신역사가 들어서지 않으면 2억 7,500만원으로 예상된다.
㉣ 투자자의 요구수익률(할인율)은 연 10%이다.

① 5천만원
② 1억원
③ 1억 5천만원
④ 2억원
⑤ 2억 5천만원

10 부동산 개발방식에 관한 설명으로 옳은 것을 모두 고른 것은?

㉠ 토지소유자와의 약정에 의해 수익증권을 발행하고 수익증권의 소유자에게 수익을 배당하는 방식
㉡ 원래의 토지소유자에게 사업 후 사업에 소요된 비용 등을 제외하고 면적비율에 따라 돌려주는 방식
㉢ 공익성이 강하고 대량공급이 가능한 택지개발사업에서 주로 수행하는 방식

① ㉠ 신탁방식, ㉡ 환지방식, ㉢ 공영개발방식
② ㉠ 신탁방식, ㉡ 수용방식, ㉢ 공영개발방식
③ ㉠ 사업위탁방식, ㉡ 환지방식, ㉢ 민간개발방식
④ ㉠ 사업위탁방식, ㉡ 수용방식, ㉢ 민간개발방식
⑤ ㉠ 컨소시엄방식, ㉡ 수용방식, ㉢ 민관협력개발방식

11 신규 아파트에 대한 수요와 공급에 관한 다음 설명 중 옳은 것은? (단, 다른 조건은 일정함)

① 시장공급곡선은 개별공급곡선을 수직으로 합한 것이다.
② 아파트 가격이 상승할 것으로 예상되면, 주택건설사업자는 신규 아파트 공급을 증가시킨다.
③ 아파트 가격 상승이 예상되면 아파트 수요는 감소한다.
④ 건설노동자의 임금상승은 공급곡선을 우측으로 이동시키는 요인이다.
⑤ 대체재인 연립주택 가격이 상승하면 아파트의 수요가 감소한다.

12 아파트 매매시장에서 수요량과 수요의 변화에 관한 설명으로 옳은 것은? (단, x축은 수량, y축은 가격이고, 아파트와 단독주택은 정상재이며, 다른 조건은 동일함)

① 아파트 가격 하락이 예상되면 수요량의 변화로 동일한 수요곡선상에서 점이 이동하게 된다.
② 주택담보대출금리가 인하되면 수요곡선은 좌하향으로 이동하게 된다.
③ 대체재인 연립주택의 가격이 상승하면 아파트의 수요곡선은 우상향으로 이동하게 된다.
④ 가구당 실질소득이 증가하면 수요량의 변화로 동일한 수요곡선상에서 상향으로 이동하게 된다.
⑤ 아파트 취득세가 인상되면 수요곡선은 우상향으로 이동하게 된다.

13 부동산 투자에서 (㉠) 타인자본을 활용하지 않은 경우와 (㉡) 타인자본을 40% 활용하는 경우, 각각의 1년간 자기자본수익률(%)은? (단, 주어진 조건에 한함)

- 부동산 매입가격: 10,000만원
- 1년 후 부동산 처분
- 순영업소득(NOI): 연 500만원(기간 말 발생)
- 보유기간 동안 부동산가격 상승률: 연 2%
- 대출조건: 이자율 연 4%, 대출기간 1년, 원리금은 만기 일시상환

① ㉠: 7.0, ㉡: 7.0 ② ㉠: 7.0, ㉡: 8.0
③ ㉠: 7.0, ㉡: 9.0 ④ ㉠: 7.5, ㉡: 8.0
⑤ ㉠: 7.5, ㉡: 9.0

14 입지와 도시공간구조에 관한 설명으로 옳은 것을 모두 고른 것은?

㉠ 레일리(Reilly)는 컨버스(Converse)의 법칙을 응용하여 두 도시 간 구매 영향력이 같은 분기점의 위치를 구하는 방법을 제시하였다.
㉡ 호이트(H. Hoyt)에 따르면 주택구입능력이 높은 고소득층의 주거지는 기존의 도심지역과 주요 교통노선을 축으로 하여 접근성이 뛰어난 지역에 입지하는 경향이 있다.
㉢ 넬슨(R. Nelson)에 의하면 최적의 공장입지는 최소운송비 지점, 최소노동비 지점, 집적이익이 최대가 발생하는 지점을 종합적으로 고려해서 결정된다.
㉣ 알론소(W. Alonso)는 수요 측면의 입장에서 기업은 시장 확대 가능성이 가장 높은 지점에 위치해야 한다고 주장했다.

① ㉡ ② ㉣ ③ ㉢
④ ㉡, ㉣ ⑤ ㉠, ㉡, ㉣

15 부동산 시장의 효율성에 관한 설명이다. 틀린 것은?

① 약성 효율적 시장에서는 기본적 분석을 통해 초과이윤을 얻을 수가 있다.
② 강성 효율적 시장에서는 투자분석만 잘하면 정상 이상의 초과이윤을 얻기가 쉽다.
③ 준강성 효율적 시장에서는 현재 공개된 자료를 토대로 투자분석을 하면 초과이윤을 얻기가 어렵다.
④ 완전경쟁시장은 당연히 할당 효율적이다.
⑤ 독점시장도 독점을 획득하기 위해 지불하는 기회비용이 모든 투자자들에게 동일하다고 하면, 독점시장도 할당 효율적 시장이 될 수 있다.

16 부동산 마케팅활동에 관한 설명으로 옳지 않은 것은?

① 시장세분화란 부동산 시장에서 마케팅활동을 수행하기 위하여 구매자의 집단을 세분화하는 것이다.
② 세분시장은 그 규모와 구매력 등의 특성이 측정될 수 있어야 한다.
③ 세분시장은 개념적으로 구분될 수 있으며 마케팅 믹스 요소에 대해 동일하게 반응한다.
④ 표적시장이란 세분화된 시장 중 가장 효과적인 성과가 기대되어 마케팅활동의 수행대상이 되는 시장을 말한다.
⑤ 포지셔닝은 표적시장에서 고객의 욕구를 파악하여 경쟁 제품과 차별화된 자사제품의 개념을 정해 이를 소비자의 지각 속에 적절히 위치시키는 것이다.

17 다음은 부동산 투자분석기법 중 내부수익률(IRR)에 관한 설명이다. 틀린 것은?

① 내부수익률법에서 미래의 현금유입은 운영 현금흐름과 매각 현금흐름으로 나눌 수 있다.
② 재투자율로 순현가법은 시장이자율을, 내부수익률법에서는 요구수익률을 적용한다.
③ 내부수익률은 순현가(NPV)가 0일 때의 할인율을 말한다.
④ 내부수익률이 요구수익률보다 크면 투자안이 채택된다.
⑤ 복수의 내부수익률이 산정될 수 있다.

18 부동산 투자에 관한 설명으로 옳지 않은 것은? (단, 주어진 조건에 한함)

① 영업비용비율(OER)은 운영경비(OE)를 유효총소득(EGI)으로 나눈 비율이다.
② 총부채상환비율(DTI)이 높을수록 차입자의 부채상환가능성이 낮아진다.
③ 채무불이행률(DR)은 유효총소득(EGI)으로 운영경비(OE)와 부채서비스액(DS)을 감당할 수 있는 정도를 나타낸다.
④ 총투자수익률(ROI)은 총투자액을 순영업소득(NOI)으로 나눈 비율이다.
⑤ 지분투자수익률(ROE)은 세후현금흐름(ATCF)을 지분투자액으로 나눈 비율이다.

19 다음은 주택의 여과과정이 주택서비스의 수요와 공급에 미치는 영향이다. 틀린 것은?

① 주택의 여과과정은 주택서비스라는 자원의 효율적 배분을 가져오며, 동일한 임대료 수준에서 저소득층이 고소득층보다 더 적은 주택서비스를 소비한다.
② 고소득층에 대한 주택서비스의 공급은 주로 신규 건설이라는 유량공급으로부터 나온다.
③ 저소득층에 대한 주택서비스의 공급은 주로 고소득층의 주택으로부터 하향여과 되어 나온다.
④ 도시지역에 슬럼(slum)이 존재하는 것은 시장실패가 아닌 낮은 소득 때문이다.
⑤ 하향여과는 고소득층 주거지역에서 주택의 개량을 통한 가치상승분이 주택개량비용보다 큰 경우에 발생한다.

20 도시공간구조이론 및 지대이론에 관한 설명으로 틀린 것은?

① 호이트(H. Hoyt)의 선형이론에 따르면 도시는 전체적으로 원을 반영한 부채꼴 모양의 형상으로 도심은 하나이며, 교통의 선이 도심에서 방사되는 것을 전제로 하였다.
② 도시 전체의 입찰지대곡선은 한계교통비가 일정하다면 도심으로부터 멀어질수록 지대가 저렴하므로 토지사용량은 늘어나게 되어 기울기는 보다 완만하게 된다.
③ 알론소(W. Alonso)의 입찰지대곡선은 도심에서 외곽으로 나감에 따라 가장 높은 지대를 지불할 수 있는 각 산업의 지대곡선들을 연결한 것이다.
④ 헤이그(R. Haig)의 마찰비용이론에 따르면 마찰비용은 교통비와 지대로 구성된다.
⑤ 해리스(C. Harris)와 울만(E. Ullman)의 다핵심이론에 교통축을 적용하여 개선한 이론이 호이트의 선형이론이다.

21 부동산 시장에서 수요를 증가시키는 요인을 모두 고른 것은? (단, 다른 조건은 동일함)

- ㉠ 시장금리 하락
- ㉡ 인구 감소
- ㉢ 수요자의 실질소득 증가
- ㉣ 부동산 가격상승 기대
- ㉤ 부동산 거래세율 인상

① ㉠, ㉡
② ㉠, ㉢
③ ㉡, ㉤
④ ㉠, ㉢, ㉣
⑤ ㉠, ㉢, ㉣, ㉤

22 부동산 시장에 대한 정부의 직접개입방식으로 옳게 묶인 것은?

① 토지비축제, 개발부담금제도
② 수용제도, 선매권제도
③ 분양가상한제, 부동산조세
④ 보조금제도, 용도지역지구제
⑤ 담보대출규제, 부동산거래허가제

23 다음 중 유량(flow)의 경제변수는 모두 몇 개인가?

- 가계 자산
- 노동자 소득
- 가계 소비
- 통화량
- 자본총량
- 신규주택 공급량

① 1개　② 2개　③ 3개
④ 4개　⑤ 5개

24 거미집모형에 관한 설명으로 틀린 것은?

① 공급곡선 기울기의 절댓값과 수요곡선 기울기의 절댓값의 크기가 동일한 경우, 거미집모형의 형태는 순환형이다.
② 가격 파동 현상을 시간개념을 적용하여 그 원인을 규명한 동태분석 이론이다.
③ 가격이 변하면 공급량은 즉각 변하지만, 수요량은 일정 기간 후에 변한다고 가정한다.
④ 수요의 가격탄력성이 0.7, 공급의 가격탄력성이 0.2라고 한다면 수렴형에 해당한다.
⑤ 수렴형은 가격이 시간의 흐름과 함께 가격폭등과 가격폭락을 반복하면서 새로운 균형에 수렴하는 형태를 띤다.

25 부동산 금융의 자금조달방법에는 지분금융(equity financing)과 부채금융(debt financing)이 있다. 다음 중 부채금융에 해당하는 것은?

① 자산담보부기업어음(ABCP)
② 부동산투자회사(REIT's)
③ 부동산 신디케이트(syndicate)
④ 부동산 펀드(fund)
⑤ 조인트 벤처(joint venture)

26 다음은 공급자 금융으로 프로젝트 파이낸싱(Project Financing)의 설명이다. 틀린 것은?

① 특정 개발사업의 미래의 현금흐름과 시공사의 채무인수, 책임준공 등을 조건으로 자금을 조달한다.
② 사업주 입장에서는 부외금융(off balance)에 효과가 나타난다.
③ 대출기관 입장에서는 기업금융에 비해 금리가 높아 수익성은 증폭되나 위험은 상대적으로 커지기 때문에 시공사의 지급보증을 요구한다.
④ PF 대출채권을 유동화하여 PF ABS, ABCP를 발행할 수 있다.
⑤ 개발사업이 파산하더라도 대출기관은 대출채권에 대한 지급보증이 되어 있으므로 불량채권으로 처리되지 않아 자산건전성에 영향을 미치지 않는다.

27 「사회기반시설에 대한 민간투자법」에 의거 사회간접자본(SOC)에 민간자본을 도입하는데, 다음 내용에 부합하는 민간자금도입방식으로 옳은 것은?

> ㉠ 민간사업시행자가 시설완공과 동시에 소유권을 정부에 이전한다.
> ㉡ 민간사업시행자는 최종소비자(시설이용자)에게 서비스를 제공하고 운영수입으로 공사비를 회수한다.
> ㉢ 민간사업시행자가 수요위험을 부담한다.
> ㉣ 민자고속도로, 민자지하철, 민자철도 등

① BTL(Build-Transfer-Lease) 방식
② BTO(Build-Transfer-Operate) 방식
③ BOT(Build-Operate-Transfer) 방식
④ BLT(Build-Lease-Transfer) 방식
⑤ BOO(Build-Own-Operate) 방식

28 부동산 조세에 관한 설명으로 옳지 않은 것은?

① 상속세는 과세표준을 화폐단위로 표시하는 종량세에 해당한다.
② 재산세는 지방세에 해당한다.
③ 선박은 재산세 과세대상에 해당한다.
④ 상속세는 국세에 해당한다.
⑤ 상속세는 직접세에 해당한다.

29 부동산 투자에 따른 위험과 수익과의 관계에 대한 설명 중 틀린 것은? (단, 다른 조건은 일정함)

① 변이계수란 표준편차를 기대수익률로 나눈 값이다.
② 위험혐오적 투자자라 할지라도 감수할 만한 유인이 있는 위험이거나 회피할 수 없는 위험일 경우에는 기꺼이 위험을 감수한다.
③ 임대수익이 일정할 때, 시장수요가 감소하게 되면 부동산의 가치는 점점 하락하게 되고 부동산에 대한 기대수익률은 점차 하락하게 된다.
④ 위험조정할인율은 무위험률, 위험할증률, 예상된 인플레율의 합이다.
⑤ 주어진 자본을 부동산, 주식, 예금에 각각 1/3씩 투자하는 것도 포트폴리오의 일종이다.

30 50,000,000원의 기존 주택담보대출이 있는 甲은 A은행에서 추가로 주택담보대출을 받고자 한다. A은행의 대출승인기준이 다음과 같을 때 갑이 추가로 대출 가능한 최대금액은?

> • 갑 소유주택의 담보평가가격 : 200,000,000원
> • 갑의 연간소득 : 40,000,000원
> • 연간 저당상수 : 0.1
> • 대출승인기준
> - 담보인정비율(LTV) : 60%
> - 소득대비 부채비율(DTI) : 40%
> ※ 두 가지 대출승인기준을 모두 충족시켜야 함

① 70,000,000원 ② 80,000,000원
③ 90,000,000원 ④ 100,000,000원
⑤ 200,000,000원

31 A지역 임대아파트의 시장수요함수가 $Qd = 100 - \frac{1}{2}P$이고, 시장공급함수는 $Qs = 20 + \frac{1}{3}P$이다. 정부가 임대료를 시장균형임대료에서 36만원을 낮추었을 경우 A지역 임대아파트의 초과수요량은? (단, Qd : 수요량, Qs : 공급량, P : 임대료, 단위는 천호 및 만원이고, 다른 조건은 불변임)

① 30천호 ② 32천호
③ 40천호 ④ 52천호
⑤ 70천호

32 상업입지이론과 관련된 설명 중 틀린 것은? (단, 다른 조건은 일정하다)

① 허프(D. L. Huff)의 확률모형으로 한 지역에서 각 상점의 시장점유율 및 추정매출액을 간편하게 추산할 수 있다.
② 컨버스(P. D. Converse)의 분기점모형은 두 도시 간의 구매영향력이 같은 분기점의 위치를 구하는 방법을 제시한다.
③ 소매인력법칙에 따르면 소비자에 대한 유인력은 상점의 규모가 클수록, 거리가 가까울수록 커진다.
④ 컨버스(P. D. Converse)의 상권분기점모형에 의하면, 만약 A도시가 B도시보다 인구가 많으면 상권의 경계는 A도시 쪽에 더 가깝게 결정될 것이다.
⑤ 허프(D. L. Huff)의 상권분석모형에 따르면, 소비자가 특정 점포를 이용할 확률은 경쟁점포의 수, 점포와의 거리, 점포의 면적에 의해 결정된다.

33 자산비중 및 경제상황별 예상수익률이 다음과 같을 때, 전체 구성자산의 기대수익률은? (단, 확률은 호황 40%, 불황 60%임)

구 분	자산비중	경제상황별 예상수익률	
		호 황	불 황
상 가	20%	20%	12%
오피스텔	30%	20%	10%
아파트	50%	12%	10%

① 11.52% ② 12.00%
③ 12.64% ④ 13.05%
⑤ 13.50%

34 주택저당대출방식에 관한 설명으로 옳지 않은 것은?

① 원금균등분할상환방식은 대출기간 동안 매기 원금을 균등하게 분할상환하고 이자는 점차적으로 감소하는 방식이다.
② 원리금균등분할상환방식의 원리금은 대출금에 감채기금계수를 곱하여 산출한다.
③ 만기일시상환방식은 만기 이전에는 이자만 상환하다가 만기에 일시로 원금을 상환하는 방식이다.
④ 체증분할상환방식은 원리금 상환액 부담을 초기에는 적게 하는 대신 시간이 경과할수록 원리금상환액 부담을 늘려가는 상환방식이다.
⑤ 원리금균등분할상환방식은 원금이 상환됨에 따라 매기 이자액의 비중은 점차적으로 줄고 매기 원금상환액 비중은 점차적으로 증가한다.

35 다음 ( )에 알맞은 모기지(Mortgage) 증권은?

( )은/는 발행자가 주택저당채권 집합물을 가지고 일정한 가공을 통해 위험-수익 구조가 다양한 트랜치(tranche)로 구성된 증권으로 발행된 채권형 증권을 말한다.

① MPTS(Mortgage Pass-Through Securities)
② MBB(Mortgage Backed Bond)
③ MPTB(Mortgage Pay-Through Bond)
④ CMO(Collateralized Mortgage Obligation)
⑤ CMBS(Commercial Mortgage Backed Securities)의 MBB

36 부동산투자회사법령상 부동산투자회사에 관한 설명으로 옳은 것은?

① 영업인가를 받은 날부터 6개월이 지난 자기관리 부동산투자회사의 자본금은 70억원 이상이 되어야 한다.
② 위탁관리 부동산투자회사 및 기업구조조정 부동산투자회사의 설립 자본금은 10억원 이상으로 한다.
③ 자기관리 부동산투자회사의 설립 자본금은 3억원 이상으로 한다.
④ 영업인가를 받은 날부터 6개월이 지난 위탁관리 부동산투자회사 및 기업구조조정 부동산투자회사의 자본금은 100억원 이상이 되어야 한다.
⑤ 부동산투자회사는 부동산 등 자산의 운용에 관하여 회계처리를 할 때에는 국토교통부가 정하는 회계처리기준에 따라야 한다.

37 A회사는 분양면적 500m²의 매장을 손익분기점 매출액 이하이면 기본임대료만 부담하고, 손익분기점 매출액을 초과하는 매출액에 대하여 일정 임대료율을 적용한 추가임대료를 가산하는 비율임대차(percentage lease)방식으로 임차하고자 한다. 향후 1년 동안 A회사가 지급할 것으로 예상되는 연 임대료는? (단, 주어진 조건에 한하며, 연간 기준임)

- 예상매출액: 분양면적 m²당 20만원
- 기본임대료: 분양면적 m²당 10만원
- 손익분기점 매출: 5,000만원
- 손익분기점 매출액 초과 매출액에 대한 임대료율: 10%

① 5,300만원 ② 5,200만원
③ 5,400만원 ④ 5,500만원
⑤ 5,600만원

38 다음은 원가법(cost approach)의 논리에 관한 설명이다. 올바른 것은?

① 감가수정방법 중 내용연수를 표준으로 하는 방법으로 정액법, 정률법, 관찰감가법이 있다.
② 정액법에서 매년의 감가율은 일정하다.
③ 정률법은 첫해의 감가액이 가장 크고, 내용연수가 진행됨에 따라 체감한다.
④ 관찰감가법은 경험이 풍부한 감정평가사의 개인적인 관찰에 근거하여 감가를 판단하므로 객관적이다.
⑤ 감가누계액은 내용연수가 진행됨에 따라, 정액법·정률법·상환기금법 모두 체감한다.

39 토지의 감정평가에 관한 설명이다. 옳지 않은 것은?

① 공시지가를 기준으로 하여야 하나, 적정한 실거래가가 있는 경우에는 이를 기준으로 감정평가할 수 있다.
② 공시지가기준법이란 감정평가의 대상이 된 토지와 가치형성요인이 같거나 비슷하여 유사한 이용가치를 지닌다고 인정되는 표준지의 공시지가를 기준으로 대상토지의 현황에 맞게 시점수정, 지역요인 및 개별요인 비교, 그 밖의 요인의 보정을 거쳐 대상토지의 가액을 산정하는 감정평가방법을 말한다.
③ 적정한 실거래가란「부동산 거래신고 등에 관한 법률」에 따라 신고된 실제 거래가격으로서 거래 시점이 도시지역은 2년 이내, 그 밖의 지역은 5년 이내인 거래가격 중에서 감정평가법인등이 인근지역의 지가수준 등을 고려하여 감정평가의 기준으로 적용하기에 적정하다고 판단하는 거래가격을 말한다.
④ 적정한 실거래가를 기준으로 감정평가시 거래사례비교법을 적용해야 한다.
⑤ 토지를 감정평가할 때에 감정평가 및 감정평가사에 관한 법률에 따라 공시지가기준법을 적용하여야 한다.

40 부동산 가격공시제도에 관한 설명 중 옳은 것은?

① 개별공시지가는 시장·군수·구청장이 중앙부동산가격공시위원회의 심의를 거쳐 5월 31일까지 결정·공시하여야 한다.
② 토지가격비준표 작성의 기준은 개별공시지가이다.
③ 표준지공시지가는 하나 또는 둘 이상의 개별공시지가를 기준으로 토지가격비준표를 사용하여 산정한다.
④ 표준지로 선정된 토지에 대해서는 당해 토지의 공시지가를 개별공시지가로 본다.
⑤ 공동주택가격은 표준주택가격과 개별주택가격으로 구분하여 공시한다.

민법·민사특별법

41 반사회질서의 법률행위에 해당하지 않는 것은? (다툼이 있으면 판례에 따름)

① 행정기관에 진정서를 제출하여 상대방을 궁지에 빠뜨린 다음 이를 취하하는 조건으로 거액의 급부를 제공받기로 한 약정
② 보험계약자가 다수의 보험계약을 통하여 보험금을 부정 취득할 목적으로 체결한 보험계약
③ 성매매행위를 전제로 한 선불금의 대여행위
④ 반사회질서의 법률행위에 의하여 조성된 재산인 이른바 비자금을 소극적으로 은닉하기 위하여 임치한 행위
⑤ 도박자금에 제공할 목적으로 한 금전대차계약

42 비진의표시에 관한 설명으로 옳은 것은? (다툼이 있으면 판례에 따름)

① 비진의표시에서 '진의'는 표의자가 진정으로 마음속에서 바라는 사항을 뜻한다.
② 비진의표시에서 '진의'는 특정한 내용의 의사표시를 하고자 하는 표의자의 생각을 의미하는 것은 아니다.
③ 표의자가 진정 마음에서 바라지는 아니하였더라도 당시의 상황에서는 최선이라고 판단하여 의사표시를 하였다면 비진의표시는 아니다.
④ 표의자가 강박에 의하여 증여를 하기로 하고 그에 따른 증여의 의사표시를 하였더라도, 재산을 강제로 뺏긴다는 본심이 잠재되어 있다면 그 증여는 비진의표시에 해당한다.
⑤ 공무원의 사직의 의사표시와 같은 공법행위에도 비진의표시에 관한 민법의 규정이 적용된다.

43 甲은 乙과 통정허위표시로 대출약정을 하고, 이를 통해 乙에 대하여 가장채권을 보유하고 있다. 이에 관한 설명으로 옳은 것을 모두 고른 것은? (다툼이 있으면 판례에 따름)

> ㉠ 丙이 대출약정과 관련한 甲의 계약상 지위를 이전받은 경우, 乙은 丙에게 대출약정이 무효라고 대항할 수 있다.
> ㉡ 甲의 일반채권자 丁이 대출약정이 유효하다고 믿고 가장채권을 가압류한 경우, 위와 같이 믿은 것에 丁에게 과실이 있더라도 乙은 丁에게 대출약정이 무효라고 대항할 수 없다.
> ㉢ 甲에게 파산이 선고된 경우, 파산관재인 戊가 대출약정이 통정허위표시라는 사실을 알았다면 파산채권자 중 일부가 선의라도 乙은 戊에 대하여 대출약정이 무효라고 대항할 수 있다.

① ㉠   ② ㉡   ③ ㉠, ㉡
④ ㉠, ㉢   ⑤ ㉡, ㉢

44 甲은 乙에게 자신의 X토지에 대한 담보권설정의 대리권만을 수여하였으나, 乙은 X토지를 丙에게 매도하는 계약을 체결하였다. 다음 설명 중 틀린 것은? (다툼이 있으면 판례에 따름)

① 乙은 특별한 사정이 없는 한 표현대리의 성립을 주장할 수 없다.
② X토지가 토지거래허가구역 내에 있는 경우, 토지거래허가를 받지 못해 계약이 확정적 무효가 되면 표현대리가 성립할 수 없다.
③ 乙이 X토지에 대한 매매계약을 甲 명의가 아니라 자신의 명의로 丙과 체결한 경우, 丙이 선의·무과실이더라도 표현대리가 성립할 수 없다.
④ 표현대리가 성립한 경우, 丙에게 과실이 있더라도 과실상계하여 甲의 책임을 경감할 수 없다.
⑤ 丙은 계약체결 당시 乙에게 그 계약을 체결할 대리권이 없음을 안 경우에도 甲의 추인이 있기 전에는 계약을 철회할 수 있다.

45 甲은 乙의 임의대리인이다. 이에 관한 설명으로 옳은 것은? (다툼이 있으면 판례에 따름)

① 甲이 乙로부터 매매계약 체결의 대리권을 수여받아 매매계약을 체결하였더라도 특별한 사정이 없는 한 甲은 그 계약에서 정한 중도금과 잔금을 수령할 권한은 없다.
② 甲이 乙로부터 금전소비대차 계약을 체결할 대리권을 수여받은 경우, 특별한 사정이 없는 한 甲은 그 계약을 해제할 권한도 가진다.
③ 乙이 사망하더라도 특별한 사정이 없는 한 甲의 대리권은 소멸하지 않는다.
④ 미성년자인 甲이 乙로부터 매매계약체결의 대리권을 수여받아 매매계약을 체결한 경우, 乙은 甲이 체결한 매매계약을 甲이 미성년자임을 이유로 취소할 수 없다.
⑤ 甲이 부득이한 사유로 丙을 복대리인으로 선임한 경우, 丙은 甲의 대리인이다.

46 무권대리인 乙이 甲을 대리하여 甲 소유의 X부동산을 丙에게 매도하는 계약을 체결하였다. 이에 관한 설명으로 틀린 것을 모두 고른 것은? (다툼이 있으면 판례에 따름)

> ㉠ 乙이 甲을 단독상속한 경우, 본인 甲의 지위에서 추인을 거절하는 것은 신의성실의 원칙에 반하지 않는다.
> ㉡ 丙이 상당한 기간을 정하여 甲에게 추인 여부의 확답을 최고한 경우, 甲이 그 기간 내에 확답을 발하지 않은 때에는 추인한 것으로 본다.
> ㉢ 丙이 甲을 상대로 제기한 매매계약의 이행청구 소송에서 丙이 乙의 유권대리를 주장한 경우, 그 주장 속에 표현대리의 주장은 포함되지 않는다.

① ㉠   ② ㉢
③ ㉠, ㉡   ④ ㉠, ㉢
⑤ ㉠, ㉡, ㉢

47 법률행위의 무효와 취소에 관한 설명으로 옳지 않은 것은? (다툼이 있으면 판례에 따름)

① 취소된 법률행위는 처음부터 무효인 것으로 본다.
② 무효행위의 추인은 묵시적으로 할 수 있다.
③ 토지거래계약 허가구역 내 토지에 대하여 처음부터 허가를 잠탈하는 내용의 매매계약이 체결된 경우, 그 계약은 유동적 무효이다.
④ 반사회질서의 법률행위로서 무효인 경우, 그 무효로 선의의 제3자에게 대항할 수있다.
⑤ 취소할 수 있는 법률행위의 상대방이 확정된 경우에는 그 취소는 그 상대방에 대한 의사표시로 하여야 한다.

48 법률행위의 취소에 관한 설명으로 옳지 않은 것은? (다툼이 있으면 판례에 따름)

① 취소권의 단기제척기간은 취소할 수 있는 날로부터 3년이다.
② 취소권의 행사시 반드시 취소원인의 진술이 함께 행해져야 하는 것은 아니다.
③ 취소할 수 있는 법률행위의 상대방이 그 행위로 취득한 특정의 권리를 양도한 경우, 양수인이 아닌 원래의 상대방에게 취소의 의사표시를 하여야 한다.
④ 노무자의 노무가 일정 기간 제공된 후 행해진 고용계약의 취소에는 소급효가 인정되지 않는다.
⑤ 매도인이 매매계약을 적법하게 해제한 후에도 매수인은 그 매매계약을 착오를 이유로 취소할 수 있다.

49 법률행위의 부관에 관한 설명으로 옳은 것은? (다툼이 있으면 판례에 따름)

① 조건이 선량한 풍속 기타 사회질서에 위반한 경우, 그 조건뿐만 아니라 법률행위 전부가 무효이다.
② 법률행위에 조건이 붙어 있는지 여부는 권리를 취득하려는 자에게 증명책임이 있다.
③ 기한은 특별한 사정이 없는 한 채권자의 이익을 위한 것으로 추정한다.
④ 조건부 법률행위에서 기성조건이 해제조건이면 그 법률행위는 조건 없는 법률행위이다.
⑤ 종기(終期) 있는 법률행위는 기한이 도래한 때로부터 그 효력이 생긴다.

50 의사표시의 효력발생에 관한 설명으로 옳지 않은 것은? (다툼이 있으면 판례에 따름)

① 수령무능력자에게 의사표시를 한 경우, 특별한 사정이 없는 한 표의자는 그 의사표시로써 수령무능력자에게 대항할 수 없다.
② 의사표시의 부도달 또는 연착으로 인한 불이익은 특별한 사정이 없는 한 표의자가 이를 부담한다.
③ 의사표시자가 그 통지를 발송한 후 제한능력자가 되었다면 특별한 사정이 없는 한 그 의사표시는 취소할 수 있다.
④ 甲이 乙에게 취소의 의사표시를 한 경우, 乙이 甲의 해제의 의사표시를 실제로 알아야 그 효력이 생기는 것은 아니다.
⑤ 상대방이 정당한 사유 없이 의사표시 통지의 수령을 거절한 경우, 상대방이 그 통지의 내용을 알 수 있는 객관적 상태에 놓여 있는 때에 의사표시의 효력이 생기는 것으로 보아야 한다.

51 물권에 관한 설명으로 옳지 않은 것은? (다툼이 있으면 판례에 따름)

① 적법한 분할절차를 거치지 않은 채 토지 중 일부만에 관하여 소유권보존등기를 할 수 없다.
② 온천에 관한 권리는 관습법상의 물권이 아니다.
③ 1필 토지의 일부도 점유취득시효의 대상이 될 수 있다.
④ 부속건물로 등기된 창고건물은 분할등기 없이 원채인 주택과 분리하여 경매로 매각될 수 있다.
⑤ 지상권은 저당권의 객체가 될 수 있다.

52 甲은 자신의 X토지를 乙에게 매도하였고, 乙은 X토지를 丙에게 전매하였다. 다음 설명으로 옳지 않은 것을 모두 고른 것은? (다툼이 있으면 판례에 따름)

> ㉠ 甲, 乙, 丙 사이에 중간생략등기에 관한 합의가 있다면, 甲의 乙에 대한 소유권이전등기의무는 소멸한다.
> ㉡ 乙의 甲에 대한 소유권이전등기청구권의 양도는 甲에 대한 통지만으로 대항력이 생긴다.
> ㉢ 甲, 乙, 丙 사이에 중간생략등기에 관한 합의가 없다면, 중간생략등기가 이루어져서 실체관계에 부합하더라도 그 등기는 무효이다.
> ㉣ 甲, 乙, 丙 사이에 중간생략등기에 관한 합의가 있은 후 甲·乙 간의 특약으로 매매대금을 인상한 경우, 甲은 인상된 매매대금의 미지급을 이유로 丙에 대한 소유권이전등기의무의 이행을 거절할 수 있다.

① ㉠, ㉡ ② ㉡, ㉢
③ ㉢, ㉣ ④ ㉠, ㉡, ㉢
⑤ ㉡, ㉢, ㉣

53 등기의 유효요건에 관한 설명으로 옳지 않은 것은? (다툼이 있으면 판례에 따름)

① 물권에 관한 등기가 원인 없이 말소되더라도 특별한 사정이 없는 한 그 물권의 효력에는 영향을 미치지 않는다.
② 미등기건물의 승계취득자가 원시취득자와의 합의에 따라 직접 소유권보존등기를 마친 경우, 그 등기는 실체관계에 부합하는 등기로서 유효하다.
③ 멸실된 건물의 보존등기를 멸실 후에 신축된 건물의 보존등기로 유용할 수 없다.
④ 중복된 소유권보존등기의 등기명의인이 동일인이 아닌 경우, 선등기가 원인무효가 아닌 한 후등기는 무효이다.
⑤ 토지거래허가구역 내의 토지에 대한 최초매도인과 최후매수인 사이의 중간생략등기에 관한 합의만 있더라도, 그에 따라 이루어진 중간생략등기는 실체관계에 부합하는 등기로서 유효하다.

54 乙에 대한 채권을 담보하기 위하여 甲은 乙 소유의 X토지에 관하여 저당권을 취득하였다. 그 후 X토지의 담보가치 하락을 막기 위하여 담보 목적의 지상권을 함께 취득하였다. 이에 관한 설명으로 옳지 않은 것은? (다툼이 있으면 판례에 따름)

① 甲의 지상권의 피담보채무는 존재하지 않는다.
② 甲의 채권이 시효로 소멸하면 지상권도 소멸한다.
③ 제3자가 X토지에 무단으로 건물을 건축한 경우, 甲은 지상권의 침해를 이유로 손해배상을 청구할 수 없다.
④ 제3자가 甲에게 대항할 수 있는 권원 없이 X토지 위에 건물을 신축하는 경우, 甲은 그 축조의 중지를 요구할 수 있다.
⑤ 甲의 채권이 변제 등으로 만족을 얻어 소멸하면 지상권은 소멸하지 않는다.

55 주위토지통행권에 관한 설명으로 옳지 않은 것은? (다툼이 있으면 판례에 따름)

① 주위토지통행권이 인정되는 도로의 폭과 면적을 정함에 있어서, 건축법에 건축과 관련하여 도로에 관한 폭 등의 제한규정이 있더라도 이에 따라 결정하는 것은 아니다.
② 주위토지통행권은 이를 인정할 필요성이 없어지면 당연히 소멸한다.
③ 기존의 통로가 있더라도 당해 토지의 이용에 부적합하여 실제로 통로로서 충분한 기능을 하지 못하고 있는 경우에도 주위토지통행권이 인정된다.
④ 통행지소유자는 주위토지통행권자의 허락을 얻어 사실상 통행하고 있는 자에게는 그 손해의 보상을 청구할 수 없다.
⑤ 토지의 분할 및 일부양도의 경우, 무상주위토지통행권에 관한 민법의 규정은 포위된 토지 또는 피통행지의 특정승계인에게 적용된다.

56 乙 명의의 X토지에 대하여 甲이 점유취득시효기간을 완성하였다. 다음 설명으로 옳지 않은 것을 모두 고른 것은? (다툼이 있으면 판례에 따름)

> ㉠ 甲이 乙에게 X토지의 소유권이전등기를 청구한 후 乙이 그 토지를 丙에게 처분한 경우, 乙은 甲에게 불법행위책임을 지지 않는다.
> ㉡ 甲이 아직 소유권이전등기를 하지 않고 있던 중, 丙이 취득시효가 완성되기 전에 마친 丙 명의의 가등기에 기하여 소유권이전의 본등기를 한 경우에도 甲은 丙에 대하여 시효취득을 주장할 수 있다.
> ㉢ 甲으로부터 X토지의 점유를 승계한 丁은 甲의 취득시효완성의 효과를 주장하여 직접 자기에게 소유권이전등기를 청구하지 못한다.

① ㉡　　　　　　　　② ㉢
③ ㉠, ㉡　　　　　　④ ㉠, ㉢
⑤ ㉡, ㉢

57 공동소유에 관한 설명으로 옳지 않은 것은? (다툼이 있으면 판례에 따름)

① 총유에는 지분이 없다.
② 합유는 조합체의 해산 또는 합유물의 양도로 인하여 종료한다.
③ 과반수지분권자가 단독으로 공유토지를 제3자에게 임대한 경우, 소수지분권자는 그 제3자에게 부당이득반환을 청구할 수 있다.
④ 공유자의 지분은 특별한 사정이 없는 한 균등한 것으로 추정한다.
⑤ 공유자는 다른 공유자의 동의 없이 공유지분을 처분할 수 있다.

58 점유자와 회복자의 관계에 관한 설명으로 옳은 것은? (다툼이 있으면 판례에 따름)

① 지상권자는 선의점유자라도 자주점유자가 아니므로 과실수취권이 인정되지 아니한다.
② 타주점유자가 점유물을 반환하는 경우, 점유자는 특별한 사정이 없는 한 회복자에 대하여 점유물을 보존하기 위하여 지출한 금액의 상환을 청구할 수 있다.
③ 악의의 점유자는 과실(過失)없이 과실(果實)을 수취하지 못한 경우에도 그 대가를 보상하여야 한다.
④ 점유물이 점유자의 책임있는 사유로 멸실된 경우, 선의의 타주점유자는 이익이 현존하는 한도에서 배상하여야 한다.
⑤ 점유자가 점유물에 유익비를 지출할 경우, 특별한 사정이 없는 한 점유자는 회복자에 대하여 그 가액의 증가가 현존한 경우에 한하여 점유자의 선택에 좇아 그 지출금액이나 증가액의 상환을 청구할 수 있다.

59 지역권에 관한 설명으로 옳지 않은 것은? (다툼이 있으면 판례에 따름)

① 지역권은 요역지의 사용가치를 높이기 위해 승역지를 이용하는 것을 내용으로 하는 물권이다.
② 요역지와 승역지는 서로 인접한 토지가 아니어도 된다.
③ 요역지 공유자 중 1인에 대한 지역권 소멸시효의 정지는 다른 공유자를 위하여도 효력이 있다.
④ 지역권자는 승역지의 점유침탈이 있는 경우, 지역권에 기하여 승역지 반환청구권을 행사할 수 있다.
⑤ 지역권은 계속되고 표현된 것에 한하여 시효취득할 수 있다.

60 전세권에 관한 설명으로 틀린 것은? (다툼이 있으면 판례에 따름)

① 전세권설정자의 목적물 인도는 전세권의 성립요건이 아니다.
② 타인의 토지에 있는 건물에 전세권을 설정한 경우, 전세권의 효력은 그 건물의 소유를 목적으로 한 지상권에 미치지 않는다.
③ 전세권의 사용·수익 권능을 배제하고 채권담보만을 위해 전세권을 설정하는 것은 허용되지 않는다.
④ 전세권자는 특별한 사정이 없는 한 목적물의 현상을 유지하고 그 통상의 관리에 속한 수선을 해야 한다.
⑤ 건물전세권이 법정갱신된 경우, 전세권자는 이를 등기하지 않아도 제3자에게 대항할 수 있다.

61 유치권에 관한 설명으로 옳지 않은 것은? (다툼이 있으면 판례에 따름)

① 유치권의 행사는 피담보채권의 소멸시효의 진행에 영향을 미치지 아니한다.
② 유치권은 점유의 상실로 인하여 소멸한다.
③ 근저당권설정 후 그 실행에 따른 경매로 인한 압류의 효력이 발생하기 전에 취득한 유치권으로 경매절차의 매수인에게 대항할 수 없다.
④ 유치권자는 유치물의 과실인 금전을 수취하여 다른 채권보다 먼저 피담보채권의 변제에 충당할 수 있다.
⑤ 유치권자는 경매로 인한 매수인에 대하여 그 피담보채권의 변제가 있을 때까지 유치목적물의 인도를 거절할 수 있을 뿐, 그 피담보채권의 변제를 청구할 수는 없다.

62 법정지상권의 성립에 관한 설명으로 옳지 않은 것은? (다툼이 있으면 판례에 따름)

① 토지에 저당권이 설정된 후에 저당권자의 동의를 얻어 건물이 신축된 경우라도 법정지상권은 성립한다.
② 토지의 정착물로 볼 수 없는 가설 건축물의 소유를 위한 법정지상권은 성립하지 않는다.
③ 무허가건물이나 미등기건물을 위해서도 관습법상의 법정지상권이 인정될 수 있다.
④ 토지공유자 중 1인이 다른 공유자의 동의를 얻어 그 지상에 건물을 소유하면서 자신의 토지지분에 저당권을 설정한 후 그 실행경매로 인하여 그 공유지분권자와 건물소유자가 달라진 경우에는 법정지상권이 성립하지 않는다.
⑤ 동일인 소유의 토지와 건물 중 건물에 전세권이 설정된 후 토지소유자가 바뀐 경우, 건물소유자가 그 토지에 대하여 지상권을 취득한 것으로 본다.

63 저당권에 관한 설명으로 옳지 않은 것은? (다툼이 있으면 판례에 따름)

① 저당부동산에 대한 압류 후에는 저당권설정자의 저당부동산에 관한 차임채권에도 저당권의 효력이 미친다.
② 저당목적물의 변형물에 대하여 이미 제3자가 압류하였더라도 저당권자가 스스로 이를 압류하지 않으면 물상대위권을 행사할 수 없다.
③ 저당권은 그 담보한 채권과 분리하여 타인에게 양도하거나 다른 채권의 담보로 하지 못한다.
④ 특별한 사정이 없는 한 건물에 대한 저당권의 효력은 그 건물에 종된 권리인 건물의 소유를 목적으로 하는 지상권에도 미친다.
⑤ 저당부동산에 대하여 지상권을 취득한 제3자는 저당권자에게 그 부동산으로 담보된 채권을 변제하고 저당권의 소멸을 청구할 수 있다.

64 근저당권에 관한 설명으로 옳지 않은 것은? (다툼이 있으면 판례에 따름)

① 근저당권의 존속기간이나 결산기를 정하지 않고 피담보채권의 확정방법에 관한 다른 약정이 없는 경우, 근저당권설정자는 근저당권자를 상대로 언제든지 계약 해지의 의사표시를 하여 피담보채무를 확정시킬 수 있다.
② 장래에 발생할 특정의 조건부채권을 피담보채권으로 하는 근저당권의 설정은 허용되지 않는다.
③ 근저당부동산의 제3취득자는 피담보채무가 확정된 이후에 채권최고액의 범위 내에서 그 확정된 피담보채무를 변제하고 근저당권의 소멸을 청구할 수 있다.
④ 근저당권자가 피담보채무의 불이행을 이유로 경매신청을 하여 경매 신청시에 근저당채무액이 확정된 경우, 경매개시 결정 후 경매신청이 취하되더라도 채무확정의 효과가 번복되지 않는다.
⑤ 채권최고액은 반드시 등기되어야 하지만, 근저당권의 존속기간은 필요적 등기사항이 아니다.

65 甲과 乙은 甲 소유의 X토지에 대하여 매매계약을 체결하였으나 그 후 甲의 채무인 소유권이전등기의무의 이행이 불가능하게 되었다. 다음 설명 중 틀린 것을 모두 고른 것은? (다툼이 있으면 판례에 따름)

㉠ 甲의 채무가 쌍방의 귀책사유 없이 불능이 된 경우, 이미 대금을 지급한 乙은 그 대금을 부당이득법리에 따라 반환청구할 수 없다.
㉡ 甲의 채무가 乙의 귀책사유로 불능이 된 경우, 특별한 사정이 없는 한 甲은 乙에게 대금지급을 청구할 수 없다.
㉢ 乙의 수령지체 중에 쌍방의 귀책사유 없이 甲의 채무가 불능이 된 경우, 甲은 乙에게 대금지급을 청구할 수 있다.

① ㉠   ② ㉢   ③ ㉠, ㉡
④ ㉡, ㉢   ⑤ ㉠, ㉡, ㉢

66 청약과 승낙에 의한 계약의 성립에 관한 설명으로 옳지 않은 것은?

① 당사자 간에 동일한 내용의 청약이 상호 교차된 경우에는 양청약이 상대방에게 도달한 때에 계약이 성립한다.
② 격지자 간의 계약은 승낙의 통지가 도달한 때에 성립한다.
③ 청약의 의사표시가 상대방에게 도달하면 청약자는 임의로 이를 철회하지 못한다.
④ 청약자의 의사표시나 관습에 의하여 승낙의 통지가 필요하지 않는 경우, 계약은 승낙의 의사표시로 인정되는 사실이 있는 때에 성립한다.
⑤ 승낙기간이 정해진 경우에 승낙의 통지가 그 기간 내에 도달하지 않으면 특별한 사정이 없는 한 계약은 성립하지 않는다.

67 동시이행의 관계에 있는 것을 모두 고른 것은? (다툼이 있으면 판례에 따름)

㉠ 가압류등기가 있는 부동산매매에서 매도인의 소유권이전등기의무 및 가압류등기의 말소의무와 매수인의 대금지급의무
㉡ 주택임대인과 임차인 사이의 임대차보증금 반환의무와 임차권등기명령에 의해 마쳐진 임차권등기의 말소의무
㉢ 채권담보의 목적으로 마쳐진 가등기의 말소의무와 피담보채무의 변제의무

① ㉠   ② ㉢
③ ㉠, ㉡   ④ ㉡, ㉢
⑤ ㉠, ㉡, ㉢

68 甲은 자기소유의 주택을 乙에게 매도하는 계약을 체결하면서 대금은 乙이 丙에게 지급하기로 하는 제3자를 위한 계약을 체결하였다. 다음 중 틀린 것은? (다툼이 있으면 판례에 의함)

① 乙이 丙에게 상당한 기간을 정하여 대금수령 여부의 확답을 최고하였음에도 그 기간 내에 확답을 받지 못한 경우, 丙이 대금수령을 거절한 것으로 본다.
② 乙이 丙에게 대금을 지급한 후 계약이 무효가 된 경우, 乙은 특별한 사정이 없는 한 丙에게 대금반환을 청구할 수 있다.
③ 계약이 乙의 기망으로 체결된 경우, 丙은 이를 이유로 계약을 취소할 수 없다.
④ 丙이 乙에게 대금수령의 의사표시를 한 후 甲과 乙이 계약을 합의해제 하더라도 특별한 사정이 없는 한 丙에게는 효력이 없다.
⑤ 丙이 乙에게 대금수령의 의사표시를 하였으나 乙이 대금을 지급하지 않은 경우, 丙은 乙에게 손해배상을 청구할 수 있다.

69 매도인의 담보책임에 관한 설명으로 옳지 않은 것은? (다툼이 있으면 판례에 따름)

① 매매의 목적이 된 권리의 일부가 타인에게 속함으로 인하여 매도인이 그 권리를 취득하여 매수인에게 이전할 수 없는 때에는 악의의 매수인도 그 부분의 비율로 대금의 감액을 청구할 수 있다.
② 저당권이 설정된 부동산의 매수인이 그 소유권을 보존하기 위해 출재한 경우, 악의의 매수인도 매도인에게 그 상환을 청구할 수 있다.
③ 권리의 일부가 타인에게 속하여 그 권리의 일부를 매수인에게 이전할 수 없는 경우, 악의의 매수인에게도 대금감액청구권이 인정된다.
④ 매매계약 당시에 그 목적물의 일부가 멸실된 경우, 악의의 매수인은 대금의 감액을 청구할 수 있다.
⑤ 목적물에 설정된 지상권에 의해 매수인의 권리행사가 제한되어 계약의 목적을 달성할 수 없는 경우, 악의의 매수인에게는 계약해제권이 인정되지 않는다.

70 매매에 관한 설명으로 옳지 않은 것은? (다툼이 있으면 판례에 따름)

① 매매계약은 쌍무·불요식계약이다.
② 매매 당사자 일방에 대한 의무이행의 기한이 있는 때에는 상대방의 의무이행에 대하여도 동일한 기한이 있는 것으로 추정한다.
③ 타인 권리의 매매에서 매도인이 그 권리를 취득하여 매수인에게 이전할 수 없는 경우, 악의의 매수인은 매매계약을 해제할 수 없다.
④ 매매목적물이 인도되지 않았더라도 매수인이 대금을 완납하였다면, 특별한 사정이 없는 한 그 시점 이후의 과실은 매수인에게 귀속한다.
⑤ 매매계약에 관한 비용은 다른 약정이 없으면 당사자 쌍방이 균분하여 부담한다.

71 매매계약의 법정해제에 관한 설명으로 틀린 것을 모두 고른 것은? (다툼이 있으면 판례에 따름)

> ㉠ 일방 당사자의 계약위반을 이유로 한 상대방의 계약해제 의사표시에 의해 계약이 해제되었음에도 상대방이 계약이 존속함을 전제로 계약상 의무의 이행을 구하는 경우, 특별한 사정이 없는 한 계약을 위반한 당사자는 당해 계약이 상대방의 해제로 소멸되었음을 들어 그 이행을 거절할 수 없다.
> ㉡ 계약해제로 인한 원상회복의 대상에 매매대금은 포함되지만 이와 관련하여 그 계약의 존속을 전제로 수령한 지연손해금은 포함되지 않는다.
> ㉢ 과실상계는 계약해제로 인한 원상회복의무의 이행으로서 이미 지급한 급부의 반환을 구하는 경우에도 적용된다.

① ㉠　　② ㉡　　③ ㉠, ㉢
④ ㉡, ㉢　　⑤ ㉠, ㉡, ㉢

72 민법상 특정물에 관한 매도인의 담보책임에 대한 설명으로 옳지 않은 것은? (다툼이 있으면 판례에 따름)

① 매도인의 고의·과실은 하자담보책임의 성립요건이 아니다.
② 악의의 매수인에 대해서 매도인은 하자담보책임을 지지 않는다.
③ 매매 목적물인 서화(書畵)가 위작으로 밝혀진 경우, 매도인의 담보책임이 발생하면 매수인은 착오를 이유로는 매매계약을 취소할 수 없다.
④ 경매목적물에 물건의 하자가 있는 경우 하자담보책임이 발생하지 않는다.
⑤ 목적물에 하자가 있더라도 계약의 목적을 달성할 수 있는 경우에는 매수인에게 해제권이 인정되지 않는다.

73 해약금 규정(민법 제565조)에 의하여 계약을 해제하는 경우에 관한 설명으로 옳지 않은 것은? (다툼이 있으면 판례에 따름)

① 토지거래허가구역 내의 토지에 관한 매매계약의 당사자가 토지거래허가신청절차의 협력의무를 이행하여 관할 관청으로부터 거래허가를 받았더라도, 그러한 사정만으로는 아직 이행의 착수가 있다고 볼 수 없다.
② 계약당사자 일방이 채무의 이행기 전에 이미 채무의 이행에 착수하였다면 특별한 사정이 없는 한 계약당사자는 해제권을 행사할 수 없다.
③ 계약당사자가 계약금에 기한 해제권을 배제하기로 하는 약정을 하였다면, 각 당사자는 해제권을 행사할 수 없다.
④ 계약금을 수령한 매도인이 매수인에 대하여 해제권을 행사하기 위해서는 수령한 계약금의 배액의 이행제공을 하여야 하며 매수인이 수령을 거부하는 경우, 이를 공탁하여야 한다.
⑤ 계약금의 일부만 지급된 경우, 수령자는 실제 지급된 계약금이 아니라 약정계약금의 배액을 상환하고 계약을 해제할 수 있다.

74 다음 중 계약체결상의 과실책임이 인정될 수 있는 것은?

① 수량을 지정한 매매계약에서 실제면적이 계약면적에 미달하는 경우
② 토지에 대한 매매계약체결 전에 이미 그 토지 전부가 공용수용된 경우
③ 건물의 매매계약 체결 후, 태풍으로 그 건물이 전소한 경우
④ 주택에 대해 임대차계약을 체결한 후, 임대인의 과실로 그 주택이 멸실된 경우
⑤ 저당권이 설정된 건물을 매수하여 이전등기를 마쳤으나, 후에 저당권이 실행되어 건물의 소유권을 잃게 된 경우

75 건물 소유를 목적으로 X토지에 관하여 임대인 甲과 임차인 乙 사이에 적법한 임대차계약이 체결되었다. 이에 관한 설명으로 옳지 않은 것은? (다툼이 있으면 판례에 따름)

① 甲과 乙 사이에 체결된 임대차계약에 임대차기간에 관한 약정이 없는 때에는 甲은 언제든지 계약해지의 통고를 할 수 있다.
② 乙이 甲의 동의없이 X토지를 전대한 경우, 甲은 원칙적으로 乙과의 임대차 계약을 해지할 수 있다.
③ X토지의 일부가 乙의 과실 없이 멸실되어 사용·수익할 수 없게 된 경우, 乙은 그 부분의 비율에 의한 차임의 감액을 청구할 수 있다.
④ 토지임차인에게 인정되는 지상물매수청구권은 乙이 X토지 위에 甲의 동의를 얻어 신축한 건물에 한해 인정된다.
⑤ 甲이 변제기를 경과한 최후 2년의 차임채권에 의하여 그 지상에 있는 乙 소유의 건물을 압류한 때에는 저당권과 동일한 효력이 있다.

76 乙 소유의 X주택에 甲의 저당권, 주택을 인도받고 전입신고를 마친 임차인 丙, 丁의 가압류, 戊의 저당권이 차례대로 있다. 그 후 X주택은 戊의 저당권실행을 위한 경매로 A에게 매각되었다. 이에 관한 설명으로 옳은 것은? (다툼이 있으면 판례에 따름)

① A는 임대인 乙의 지위를 승계한 것으로 본다.
② 저당권자는 가압류채권자에 우선하므로, 戊는 丁에 우선하여 변제받을 수 있다.
③ 경매로 인해 丙의 임차권은 소멸하기 때문에 丙은 A에게 주택을 인도하여야 한다.
④ 丙이 임대차계약서상에 확정일자를 받았다면, 丙은 甲에 우선하여 보증금에 대해 우선변제를 받을 수 있다.
⑤ 丙이 보증금 중 일정액을 우선하여 변제받기 위해서는 경매개시결정등기 이전에 확정일자를 받아야 한다.

77 상가건물 임대차보호법의 내용으로 옳은 것은?
① 임차인이 대항력을 갖추기 위해서는 임대차계약서상의 확정일자를 받아야 한다.
② 사업자등록의 대상이 되지 않는 건물에 대해서는 위 법이 적용되지 않는다.
③ 기간을 정하지 아니하거나 기간을 2년 미만으로 정한 임대차는 그 기간을 2년으로 본다.
④ 전차인의 차임연체액이 2기의 차임액에 달하는 경우, 전대인은 전대차계약을 해지할 수 있다.
⑤ 권리금회수의 방해로 인한 임차인의 임대인에 대한 손해배상청구권은 그 방해가 있는 날로부터 3년 이내에 행사하지 않으면 시효의 완성으로 소멸한다.

78 甲은 乙에 대한 1억원의 대여금채권을 담보하기 위해 乙 소유의 부동산(가액 3억원)에 가등기를 마쳤고, 그 후 丙이 그 부동산에 저당권설정등기를 마쳤다. 이에 관한 설명으로 옳은 것은? (다툼이 있으면 판례에 따름)
① 甲이 담보권실행을 통지할 때에 청산금이 없더라도 2개월의 청산기간이 지나기 전에는 가등기에 기한 본등기를 청구할 수 없다.
② 甲이 담보권실행을 통하여 우선변제 받게 되는 이자나 지연배상금 등 피담보채권의 범위는 청산금 지급 당시를 기준으로 확정된다.
③ 甲이 담보권실행을 통지하고 2개월의 청산기간이 지난 경우, 청산금의 지급이 없더라도 乙은 대여금을 변제하고 가등기말소를 청구할 수는 없다.
④ 甲이 주관적으로 평가한 청산금의 액수가 정당하게 평가된 청산금의 액수에 미치지 못하면 담보권실행 통지는 효력이 없다.
⑤ 甲이 담보권실행을 위해 통지하여야 할 청산금의 평가액은 통지 당시의 목적부동산 가액에서 그 당시의 목적부동산에 존재하는 모든 피담보채권액을 공제한 차액이다.

79 집합건물의 소유 및 관리에 관한 법률상 집합건물의 전부공용부분 및 대지사용권에 관한 설명으로 옳은 것은? (특별한 사정은 없으며, 다툼이 있으면 판례에 따름)
① 공용부분은 취득시효에 의한 소유권 취득의 대상이 될 수 있다.
② 각 공유자는 공용부분을 그 지분 비율에 따라 사용할 수 있다.
③ 구조상 공용부분에 관한 물권의 득실변경은 등기가 필요하다.
④ 구분소유자는 규약 또는 공정증서로써 달리 정하지 않는 한 그가 가지는 전유부분과 분리하여 대지사용권을 처분할 수 없다.
⑤ 대지사용권은 전유부분과 일체성을 갖게 된 후 개시된 강제경매절차에 의해 전유부분과 분리되어 처분될 수 있다.

80 甲은 법령상의 제한을 회피할 목적으로 친구인 乙과 명의신탁약정을 하고 乙은 이에 따라 甲으로부터 매수자금을 받아 丙 소유의 X토지를 자신의 명의로 매수하여 등기를 이전받았다. 이에 관한 설명으로 틀린 것은? (다툼이 있으면 판례에 따름)
① 甲과 乙의 명의신탁약정은 무효이다.
② 丙이 甲과 乙의 명의신탁약정이 있었다는 사실을 몰랐다면, 乙은 丙으로부터 X토지의 소유권을 유효하게 취득한다.
③ 乙이 X토지의 소유권을 취득하더라도, 甲은 乙에 대하여 부당이득을 원인으로 X토지의 소유권이전등기를 청구할 수 없다.
④ 甲은 乙에 대해 가지는 매수자금 상당의 부당이득반환청구권에 기하여 X토지에 유치권을 행사할 수 없다.
⑤ 만일 乙이 丁에게 X토지를 양도한 경우, 丁이 명의신탁약정에 대하여 단순히 알고 있었다면, 丁은 X토지의 소유권을 취득하지 못한다.

Test 02 실전모의고사

⏱ 제한시간 100분

정답 및 해설 ▶ P. 122

부동산학개론

01 한국표준산업분류상 부동산 관리업의 분류체계 또는 세부 예시에 해당하지 않는 것은?
① 주거용 부동산 관리
② 비주거용 부동산 관리
③ 사업시설 유지·관리
④ 상가 건물 관리
⑤ 아파트 관리

02 토지의 정착물에 해당하지 않는 것은?
① 구거
② 농작물
③ 교량
④ 가식 중인 수목
⑤ 담장

03 부동산 수요의 가격탄력성에 관한 설명으로 옳지 않은 것은? (단, 다른 조건은 동일함)
① 수요곡선 기울기의 절댓값이 클수록 수요의 가격탄력성이 작아진다.
② 임대주택 수요의 가격탄력성이 1보다 작을 경우, 임대료가 상승하면 전체 수입은 증가한다.
③ 대체재가 많을수록 수요의 가격탄력성이 크다.
④ 일반적으로 부동산의 용도전환 가능성이 클수록 수요의 가격탄력성이 커진다.
⑤ 수요의 가격탄력성이 비탄력적이면 가격의 변화율보다 수요량의 변화율이 더 크다.

04 건축법상 다중주택의 요건이 아닌 것은? (단, 건축법령상 단서 조항은 고려하지 않음)
① 1개 동의 주택으로 쓰이는 바닥면적(부설 주차장 면적은 제외한다)의 합계가 660제곱미터 이하이고 주택으로 쓰는 층수(지하층은 제외한다)가 3개 층 이하일 것
② 독립된 주거의 형태를 갖추지 않은 것(각 실별로 욕실은 설치할 수 있으나, 취사시설은 설치하지 않은 것을 말한다)
③ 학생 또는 직장인 등 여러 사람이 장기간 거주할 수 있는 구조로 되어 있는 것
④ 적정한 주거환경을 조성하기 위하여 건축조례로 정하는 실별 최소 면적, 창문의 설치 및 크기 등의 기준에 적합할 것
⑤ 19세대(대지 내 동별 세대수를 합한 세대를 말한다) 이하가 거주할 수 있을 것

05 A지역 아파트 시장에서 수요함수는 일정한데, 공급함수는 다음 조건과 같이 변화하였다. 이 경우 균형가격(㉠)과 공급곡선의 기울기(㉡)는 어떻게 변화하였는가? (단, 가격과 수량의 단위는 무시하며, 주어진 조건에 한함)

- 공급함수: $Q_{S1} = 30 + P$ (이전) ⇨ $Q_{S2} = 30 + 2P$ (이후)
- 수요함수: $Q_D = 150 - 2P$
- P는 가격, Q_S는 공급량, Q_D는 수요량, X축은 수량, Y축은 가격을 나타냄

① ㉠: 10 감소, ㉡: $\frac{1}{2}$ 감소
② ㉠: 10 감소, ㉡: 1 감소
③ ㉠: 10 증가, ㉡: 1 증가
④ ㉠: 20 감소, ㉡: $\frac{1}{2}$ 감소
⑤ ㉠: 20 증가, ㉡: $\frac{1}{2}$ 증가

06 토지의 특성에 관한 설명으로 옳지 않은 것은?
① 부동성은 부동산 활동 및 현상을 국지화하여 지역특성을 갖도록 한다.
② 부증성은 생산요소를 투입하여도 토지 자체의 양을 늘릴 수 없는 특성이다.
③ 영속성은 토지관리의 필요성을 높여 감정평가에서 원가방식의 이론적 근거가 된다.
④ 개별성은 대상 토지와 다른 토지의 비교를 어렵게 하며 시장에서 상품 간 대체관계를 제약할 수 있다.
⑤ 인접성은 물리적으로 연속되고 연결되어 있는 특성이다.

07 A지역 아파트의 단기공급함수는 Q = 300, 장기공급함수는 Q = P + 250이고, 수요함수는 장단기 동일하게 Q = $400 - \frac{1}{2}P$이다. 이 아파트 시장이 단기에서 장기로 변화할 때 아파트 시장의 균형가격과(㉠)과 균형수량(㉡)의 변화는? (단, P는 가격이고 Q는 수급량이며, 다른 조건은 일정하다고 가정함)
① ㉠: 50 감소, ㉡: 50 증가
② ㉠: 50 감소, ㉡: 100 증가
③ ㉠: 100 감소, ㉡: 50 증가
④ ㉠: 100 감소, ㉡: 100 증가
⑤ ㉠: 100 증가, ㉡: 150 증가

08 주택시장에서 균형에 관한 내용을 설명한 것이다. 틀린 것은? (단, 다른 조건은 동일함)
① 아파트가 정상재인 경우 소득이 증가하면, 아파트 수요곡선은 좌측으로 이동한다.
② 주택 공급자에는 신규주택건설사업자 및 기존 주택소유자도 포함된다.
③ 주택 수요 증가로 인해 주택가격이 상승하면, 가격 상승으로 공급자 입장에서 초과이윤이 발생하여 장기적으로 주택 공급은 증가한다.
④ 아파트와 연립주택이 대체재인 경우, 아파트 가격이 상승하면 연립주택 수요는 증가한다.
⑤ LTV, DSR 규제 강화는 주택 수요 감소로 이어진다.

09 부동산 공급에 대한 설명이다. 틀린 것은?
① 단기공급곡선이 기울기가 가파른 것은 단기적으로 임대료가 상승한다고 하더라도 공급량이 크게 늘어날 수 없기 때문이다.
② 부동산 공급이 증가할 때, 수요가 비탄력적일수록 가격 하락폭은 작아지고 거래량 증가폭은 커진다.
③ 어떤 일단의 지역에 지역지구제를 시행하면 부동산 수요와 공급에 모두 영향을 미친다.
④ 지역지구제의 실시는 단기적으로는 주택의 수요를 증가시켜 임대료가 상승하지만, 장기적으로는 착공량이 증가하더라도 생산비가 일정한 경우라면, 주택임대료는 원래 수준으로 회귀하고 공급은 증가한다.
⑤ 부동산 공급자에게 양도소득세 중과는 공급의 감소요인이며, 공급이 감소하여 조세부과 전보다 임대료는 상승하고 공급은 감소한다.

10 비율분석법을 이용하여 산출한 것으로 틀린 것은? (단, 주어진 조건에 한하며, 연간 기준임)

- 주택담보대출액 : 1억원
- 주택담보대출의 연간 원리금상환액 : 500만원
- 부동산가치 : 2억원
- 차입자의 연소득 : 1,250만원
- 가능총소득 : 2,000만원
- 공실손실상당액 및 대손충당금 : 가능총소득의 25%
- 영업경비 : 가능총소득의 50%

① 담보인정비율(LTV) : 0.5
② 부채감당률(DCR) : 1.0
③ 총부채상환비율(DTI) : 0.4
④ 채무불이행률(DR) : 1.0
⑤ 영업경비비율(OER, 유효총소득 기준) : 0.8

11 A와 B 부동산 시장의 함수조건하에서 가격변화에 따른 동태적 장기 조정 과정을 설명한 거미집이론(Cob-web theory)에 의한 모형형태는? (단, P는 가격, Qd는 수요량, Qs는 공급량이고, 가격변화에 수요는 즉각적인 반응을 보이지만 공급은 시간적인 차이를 두고 반응하며, 다른 조건은 동일함)

- A부동산 시장: 2P = 500 - Qd, 3P = 300 + 6Qs
- B부동산 시장: 2P = 400 - 4Qd, 2P = 100 + 4Qs

① A : 수렴형, B : 발산형
② A : 발산형, B : 순환형
③ A : 순환형, B : 발산형
④ A : 수렴형, B : 순환형
⑤ A : 발산형, B : 수렴형

12 인구 20만명인 도시 인근에 대형할인점이 2개 있다. 다음 자료에 허프(Huff)의 상권분석모형을 적용할 경우, 대형할인점 A의 시장점유율 및 이용객수는? (단, 공간마찰계수는 2로 가정하며, 도시 인구의 80%가 대형할인점을 이용한다고 가정함)

구 분	A할인점	B할인점
면 적	5,000	20,000
거 리	1km	2km

① 20%, 16,000명
② 20%, 32,000명
③ 33%, 33,000명
④ 50%, 80,000명
⑤ 70%, 112,000명

13 부동산 경기순환과 경기변동에 관한 설명으로 틀린 것은?
① 무작위적 변동이란 예기치 못한 사태로 인해 초래되는 비주기적 경기변동 현상을 말한다.
② 부동산 경기는 일반경기와 마찬가지로 주기와 진폭이 불분명하고 불규칙적인 특징이 있다.
③ 부동산 경기변동은 일반 경기변동에 비해 저점이 깊고 정점이 높은 경향이 있다.
④ 부동산 경기측정지표로 거래량, 건축허가량, 입주물량, 미분양물량 등이 사용된다.
⑤ 하향국면에서 직전국면 거래사례가격은 현재시점에서 새로운 거래가격의 하한선이 되는 경향이 있다.

14 다음은 A부동산 투자에 따른 1년간 예상 현금흐름이다. 운영경비비율(OER)과 부채감당률(DCR)을 순서대로 나열한 것은? (단, 주어진 조건에 한함)

- 총투자액: 100억원(자기자본 60억원)
- 세전현금흐름: 6억원
- 부채서비스액: 4억원
- 유효총소득승수: 5

① 0.5, 0.4
② 0.5, 2.5
③ 2.0, 0.4
④ 2.0, 2.0
⑤ 2.0, 2.5

15 주거분리와 여과과정에 관한 설명으로 옳지 않은 것은?
① 저가주택이 수선되거나 재개발되어 상위계층의 사용으로 전환되는 것을 상향여과라 한다.
② 민간주택시장에서 저가주택이 발생하는 것은 시장이 하향여과작용을 통해 자원할당기능을 원활하게 수행하고 있기 때문이다.
③ 주거입지는 침입과 천이현상으로 인해 변화할 수 있다.
④ 주거분리는 도시 전체에서뿐만 아니라 지리적으로 인접한 근린지역에서도 발생할 수 있다.
⑤ 하향여과는 고소득층 주거지역에서 주택의 개량을 통한 가치상승분이 주택개량비용보다 큰 경우에 발생한다.

16 도시성장구조이론에 관한 설명으로 옳지 않은 것은?
① 버제스(Burgess)의 동심원이론은 도시생태학적 관점에서 접근하였다.
② 해리스(Harris)와 울만(Ullman)의 다핵심이론은 도시가 그 도시 내에서도 수개의 핵심이 형성되면서 성장한다는 이론이다.
③ 동심원이론은 도시가 그 중심에서 동심원상으로 확대되어 분화되면서 성장한다는 이론이다.
④ 다핵심이론과 호이트(Hoyt)의 선형이론의 한계를 극복하기 위해서 개발된 동심원이론에서 점이지대는 저소득지대와 통근자지대 사이에 위치하고 있다.
⑤ 선형이론은 도시가 교통망을 따라 확장되어 부채꼴 모양으로 성장한다는 이론이다.

17 투자대상 부동산 현금흐름분석에 관한 설명으로 옳은 것은? (단, 다른 조건은 일정함)
① 매각시점에 미상환저당잔액이 있다면 세전매각현금흐름이 총매각대금보다 크다.
② 운영과정에서 발생하는 부채서비스액, 자본적 지출, 건물의 감가상각비, 대손충당금 등은 영업경비에 포함된다.
③ 매각현금흐름분석에서 세후지분복귀액은 순매도액에서 미상환저당잔금을 공제한 값이다.
④ 순영업소득을 지분투자자는 세전현금흐름으로, 저당투자자는 부채서비스액으로 나누어 갖는다.
⑤ 순영업소득의 산정과정에서 해당 부동산의 재산세는 차감하지 않으나 영업소득세는 차감한다.

18
지분투자자 甲은 자기자본 10억원으로 다음과 같이 부동산 포트폴리오를 구성하였다. 포트폴리오의 기대수익률은 얼마인가?

구 분	투자비중	연간 기대수익률
A부동산	25%	8%
B부동산	50%	12%
C부동산	25%	6%

① 연 9%
② 연 9.5%
③ 연 10%
④ 연 10.5%
⑤ 연 11%

19
다음 중 법령을 기준으로 현재 우리나라에서 시행되고 있는 제도를 모두 고른 것은?

㉠ 개발행위허가제 ㉡ 택지소유상한제
㉢ 주택청약종합저축제도 ㉣ 토지초과이득세제
㉤ 개발권양도제도 ㉥ 공한지세

① ㉠, ㉢
② ㉡, ㉣
③ ㉠, ㉡, ㉢
④ ㉡, ㉢, ㉣
⑤ ㉠, ㉡, ㉢, ㉣

20
부동산 정책의 공적개입 필요성에 관한 설명으로 옳지 않은 것은?

① 정부가 부동산 시장에 개입하는 논리에는 부(-)의 외부효과 방지와 공공재 공급 등이 있다.
② 부동산 시장은 불완전정보, 공급의 비탄력성으로 인한 수요·공급 시차로 인하여 시장실패가 나타날 수 있다.
③ 정부는 토지를 경제적·효율적으로 이용하고 공공복리의 증진을 도모하기 위하여 용도지역제를 활용하고 있다.
④ 정부는 주민의 편의를 위해 공공재인 도로, 공원 등의 도시계획시설을 공급하고 있다.
⑤ 공공재는 시장기구에 맡겨둘 경우 경합성과 배제성으로 인하여 무임승차자(free rider) 현상이 발생할 수 있다.

21
우리나라에서 현재(2025. 10. 01.) 시행하지 않는 부동산 정책을 모두 고른 것은?

㉠ 종합토지세 ㉡ 공한지세
㉢ 토지거래허가제 ㉣ 택지소유상한제
㉤ 분양가상한제 ㉥ 개발이익환수제
㉦ 실거래가신고제 ㉧ 부동산실명제

① ㉠, ㉡, ㉣
② ㉠, ㉤, ㉥
③ ㉠, ㉥, ㉦
④ ㉡, ㉢, ㉤
⑤ ㉣, ㉦, ㉧

22
베버의 최소비용이론에 관한 설명으로 틀린 것은?

① 최소비용으로 제품을 생산할 수 있는 곳을 공장의 최적 입지로 본다.
② 공업입지의 입지요인으로 수송비, 인건비, 집적이익을 제시하였다.
③ 운송비의 관점에서 특정 공장이 원료지향적인지 또는 시장지향적인지를 판단하기 위해 원료지수 개념을 사용한다.
④ 중량감소산업의 경우에는 시장지향형 입지가, 중량증가 산업의 경우에는 원료지향형 입지가 유리하다.
⑤ 다른 생산조건이 동일하다면 수송비는 원료와 제품의 무게, 원료와 제품이 수송되는 거리에 의해 결정된다.

23
A, B쇼핑센터는 15km 떨어져 있다. A쇼핑센터의 매장면적은 1,000m²이며 B쇼핑센터의 매장면적은 4,000m²이다. 그렇다면 두 쇼핑센터 간의 상권분기점은 A쇼핑센터로부터 얼마나 떨어져 있게 되는가? [컨버스(P. D. Converse)의 분기점모형을 응용하시오]

① 3km
② 4km
③ 5km
④ 9km
⑤ 24km

24
다음은 부동산 투자분석기법에 관한 내용이다. 틀린 것은?

① 총소득승수는 총투자액을 가능총소득 또는 유효총소득으로 나눈 값이다.
② 순소득승수는 총투자액을 순영업소득으로 나눈 값이다.
③ 채무불이행률은 순영업소득이 영업경비와 부채서비스액을 감당할 수 있는 능력이 있는가를 측정한다.
④ 지분투자수익률은 세전현금흐름을 지분투자액으로 나눈 비율이다.
⑤ 세후현금흐름승수는 지분투자액을 세후현금흐름으로 나눈 값이다.

25 부동산 마케팅에 관한 설명으로 옳지 않은 것은?
① 고객점유마케팅 전략에 해당되는 4P MIX 전략은 유통경로(place), 제품(product), 위치선점(position), 판매촉진(promotion)으로 구성된다.
② AIDA 원리는 소비자가 대상 상품을 구매할 때까지 나타나는 심리 변화의 4단계를 의미한다.
③ 시장점유마케팅 전략에 해당되는 STP 전략은 시장세분화(segmentation), 표적시장선정(targeting), 포지셔닝(positioning)으로 구성된다.
④ 부동산 공급자가 부동산 시장을 점유하기 위한 일련의 활동을 시장점유마케팅 전략이라 한다.
⑤ 고객점유마케팅 전략은 AIDA 원리를 적용하여 소비자의 욕구를 충족시키기 위해 수행된다.

26 부동산 개발에 대한 설명으로 틀린 것은?
① 부동산 개발이란 토지를 건설공사의 수행 또는 형질변경의 방법으로 조성하는 행위 및 건축물을 건축·대수선·리모델링 또는 용도변경하거나 공작물을 설치하는 행위로 시공을 담당하는 행위를 제외한다.
② 개발사업에 대한 타당성 분석 결과가 동일한 경우에도 분석된 사업안은 개발업자에 따라 채택될 수도 있고, 그렇지 않을 수도 있다.
③ 감응도 분석은 부동산 시장의 추세를 파악하는 데 도움을 주는 것으로, 미래의 추세를 정확하게 파악하는 것이 주된 목적이다.
④ 개발사업에 있어서 법률적 위험은 용도지역지구제와 같은 공법적 측면과 소유권 관계와 같은 사법적 측면에서 발생할 수 있다.
⑤ 공사기간이 지체되면 시행자는 추가비용의 증가로 개발사업의 수익성은 악화된다.

27 1년 후 신역사가 들어선다는 정보가 있다. 이 정보의 현재가치는? (단, 제시된 가격은 개발정보의 실현 여부에 의해 발생하는 가격 차이만을 반영하고, 주어진 조건에 한함)

- 역세권 인근에 일단의 토지가 있다.
- 역세권개발계획에 따라 1년 후 신역사가 들어설 가능성은 40%로 알려져 있다.
- 이 토지의 1년 후 예상가격은 신역사가 들어서는 경우 8억 8천만원, 들어서지 않는 경우 6억 6천만원이다.
- 투자자의 요구수익률은 연 10%다.

① 1억원 ② 1억 1천만원
③ 1억 2천만원 ④ 1억 3천만원
⑤ 1억 4천만원

28 다음은 부동산개발과정에 내재하는 위험에 관한 설명이다. ( )에 들어갈 내용으로 옳게 연결된 것은?

- (㉠)은 정부의 정책이나 용도지역제와 같은 토지이용규제의 변화로 인해 발생하기도 한다.
- (㉡)은 개발된 부동산이 분양이나 임대가 되지 않거나, 계획했던 가격 이하나 임대료 이하로 매각되거나 임대되는 경우를 말한다.
- (㉢)은 인플레이션이 심할수록, 개발기간이 연장될수록 더 커진다.
- 토지이용계획이 확정된 토지를 구입하는 것은 (㉣)을 감소시키기 위한 방법이다.
- 최대가격보증계약을 통해 개발업자는 (㉤)을 줄일 수 있다.

① ㉠: 법률적 위험, ㉡: 시장위험, ㉢: 비용위험, ㉣: 법률적 위험, ㉤: 비용위험
② ㉠: 법률적 위험, ㉡: 관리위험, ㉢: 시장위험, ㉣: 관리위험, ㉤: 시장위험
③ ㉠: 비용위험, ㉡: 사업위험, ㉢: 계획위험, ㉣: 비용위험, ㉤: 법률적 위험
④ ㉠: 계획위험, ㉡: 시장위험, ㉢: 비용위험, ㉣: 법률적 위험, ㉤: 법률적 위험
⑤ ㉠: 시장위험, ㉡: 계획위험, ㉢: 사업위험, ㉣: 시장위험, ㉤: 계획위험

29 부동산 금융에 관한 설명으로 틀린 것은?
① MPTS(mortgage pass-through securities)의 경우 중도상환 위험은 증권투자자가 부담한다.
② MBB(mortgage backed bond)의 경우 주택저당대출채권 소유권은 증권발행기관이 보유하고, 원리금수취권은 증권투자자가 보유하는 형태를 취한다.
③ 제1차 저당대출시장은 저당대출을 원하는 수요자와 저당대출을 제공하는 금융기관으로 형성되는 시장을 말하며, 주택담보대출시장이 여기에 해당한다.
④ 다른 대출조건이 동일한 경우, 일반적으로 고정금리 주택저당대출의 금리는 변동금리 주택저당대출의 금리보다 높다.
⑤ CMO(collateralized mortgage obligations)의 증권발행자는 일반적으로 상환우선순위와 만기가 다른 다양한 저당담보부증권(MBS)을 발행한다.

30 재무비율에 관한 설명으로 옳지 않은 것은?
① 총투자수익률(ROI)은 순영업소득(NOI)을 총투자액으로 나눈 비율이다.
② 지분투자수익률(ROE)은 세후현금흐름(ATCF)을 지분투자액으로 나눈 비율이다.
③ 유동비율은 유동자산을 유동부채로 나눈 비율이다.
④ 순소득승수(NIM)는 총투자액을 순영업소득으로 나눈 값이다.
⑤ 부채감당률(DCR)이 1보다 작으면 순영업소득으로 원리금 지불능력이 충분하다.

31 원리금상환방식에 따른 저당상환방법에 대한 다음의 설명 중 옳은 것은? (단, 다른 조건은 일정함)
① 원리금균등분할상환(CPM: Constant Payment Mortgage Loan)은 점증상환대출(GPM: Graduated Payment Mortgage)에 비해 상대적으로 상환 초기에 원리금이 적다.
② 원금균등분할상환(CAM: Constant Amortization Mortgage Loan)은 대출기간 내내 동일한 원리금을 납부한다.
③ 점증상환대출(GPM: Graduated Payment Mortgage)은 미래에 소득이 보장되는 젊은 부부에게 상대적으로 불리하다.
④ 원리금균등분할상환(CPM: Constant Payment Mortgage Loan)에 의하면 대출기간 중 매회 납부하는 원리금상환액 중 대출원금분할상환액의 규모는 점점 증가한다.
⑤ 원금균등분할상환(CAM: Constant Amortization Mortgage Loan)은 대출기간 중 매회 납부하는 원리금상환액 중 이자지급액의 규모가 점점 증가한다.

32 A는 주택 구입을 위해 연초에 6억원을 대출받았다. A가 받은 대출 조건이 다음과 같을 때, 대출금리(㉠)와 3회차에 상환할 원리금(㉡)은? (단, 주어진 조건에 한함)

- 대출금리: 고정금리
- 대출기간: 30년
- 원리금 상환조건: 원금균등상환방식
  매년 말 연단위로 상환
- 1회차 원리금상환액: 4,400만원

① ㉠: 연 4%, ㉡: 4,240만원
② ㉠: 연 4%, ㉡: 4,320만원
③ ㉠: 연 5%, ㉡: 4,240만원
④ ㉠: 연 5%, ㉡: 4,320만원
⑤ ㉠: 연 6%, ㉡: 4,160만원

33 부동산 관리에 대한 설명으로 틀린 것은?
① 협의의 관리란 위생, 설비, 보안 등을 다루는 기술적 관리를 의미한다.
② 인력관리 및 임대차 계약관리는 경제적 관리의 범주에 포함된다.
③ 건물과 부지의 부적응을 개선시키는 활동은 기술적 관리에 해당한다.
④ 대상부동산의 물리적, 기능적인 하자에 대한 기술적인 조치를 하는 것을 기술적 관리라고 한다.
⑤ 경제적 관리는 부동산의 관리에 있어서 특히 중요한 관리이다.

34 다음은 원가법에서 감가수정에 관한 기술이다. 틀린 것은?
① 정액법은 감가가 진행됨에 따라 매년 감가액은 일정하나, 감가누계액은 비례하여 증가하게 된다.
② 정률법은 매년의 감가율은 일정하며 감가가 진행됨에 따라 감가누계액은 체감한다.
③ 상환기금법은 내용연수가 만료되는 때에 있어서의 감가누계상당액과 그에 대한 복리계산의 이자상당분을 포함하여 당해 내용연수로 상환하는 방법이다.
④ 감가수정방법에는 내용연수를 기준으로 하는 방법과 관찰감가법 및 분해법 등이 있다.
⑤ 정률법은 잔존가격이 '0'인 경우에는 적용하기가 곤란하다.

35 다음 중 「부동산 가격공시에 관한 법률」에 따른 부동산공시제도의 내용으로 옳지 않은 것은?
① 공시지가는 정책적인 지도와 부동산 가격산정의 기준이지만 사적인 거래의 구속력은 없다.
② 표준지공시지가는 공공사업용지의 취득에 따른 보상 및 국·공유지의 취득 또는 처분 그리고 주거용지·공업용지 등의 공급이나 분양 등을 목적으로 지가를 산정하는 기준이다.
③ 표준지공시지가와 비교하여 개별적으로 토지를 평가할 때 시점수정은 필요하지만 사정보정은 필요 없다.
④ 공동주택의 공시가격은 표준공동주택의 공시가격을 기준으로 1,200개의 비교평가표를 적용해 개별공동주택의 공시가격을 결정·공시한다.
⑤ 단독주택가격, 공동주택가격은 재산세·종합부동산세 등 보유세 과표, 증여세 과표로 사용되지만 개발사업 시행시 보상평가 등의 기준으로 활용되지 않는다.

36 다음 자료를 활용하여 공시지가기준법으로 평가한 대상토지의 감정평가액(원/m²)은? (단, 주어진 조건에 한함)

- 소재지 등: A시 B구 C동 100, 일반상업지역, 상업용
- 기준시점: 2025. 7. 26.
- 표준지공시지가(A시 B구 C동, 2025. 01. 01. 기준)

기호	소재지	용도지역	이용상황	공시지가 (원/m²)
1	C동 80	일반공업지역	상업용	2,000,000
2	C동 120	일반상업지역	상업용	3,000,000

- 지가변동률(A시 B구, 2025. 01. 01. ~ 2025. 7. 26.)
  - 공업지역: 4% 상승
  - 상업지역: 5% 상승
- 지역요인: 표준지와 대상토지는 인근지역에 위치하여 지역요인은 동일함
- 개별요인: 대상토지는 표준지 기호 1, 2에 비해 각각 가로조건에서 10% 우세하고, 다른 조건은 동일함(상승식으로 계산할 것)
- 그 밖의 요인으로 보정할 사항 없음

① 1,144,000원 ② 2,155,000원
③ 3,100,000원 ④ 3,288,000원
⑤ 3,465,000원

37 감정평가과정상 지역분석과 개별분석에 관한 설명으로 틀린 것은?

① 지역분석은 그 지역에 속하는 부동산의 최유효이용을 중심으로 가격형성요인을 판단하는 작업이다.
② 지역분석에 있어서 중요한 대상지역은 인근지역, 유사지역 및 동일수급권이다.
③ 지역분석은 부동산의 특성 중 부동성 및 인접성과 밀접한 관련이 있다.
④ 개별분석보다 지역분석을 먼저 실시하는 것이 일반적이다.
⑤ 지역분석은 대상지역에 대한 거시적인 분석인 반면, 개별분석은 대상부동산에 대한 미시적인 분석이다.

38 다음 자료를 활용하여 산정한 대상부동산의 수익가액은? (단, 연간 기준, 수익가액은 십만원 이하 절사하며, 주어진 조건에 한함)

- 가능총소득(PGI): 44,000,000원
- 공실손실상당액 및 대손충당금: 가능총소득의 10%
- 운영경비(OE): 가능총소득의 2.5%
- 대상부동산의 가치구성비율: 토지(50%), 건물(50%)
- 토지환원율: 5%, 건물환원율: 10%
- 환원방법: 직접환원법
- 환원율 산정방법: 물리적 투자결합법

① 396,000,000원 ② 431,000,000원
③ 513,000,000원 ④ 670,000,000원
⑤ 792,000,000원

39 부동산의 가격(price)과 가치(value)에 관한 설명으로 틀린 것은?

① 가격은 특정 부동산에 대한 교환의 대가로서 매수인이 지불한 금액이다.
② 가치는 효용에 중점을 두며, 장래 기대되는 편익은 금전적인 것뿐만 아니라 비금전적인 것을 포함할 수 있다.
③ 가격은 대상부동산에 대한 과거의 값이지만, 가치는 장래 기대되는 편익을 현재가치로 환원한 현재의 값이다.
④ 가치란 감정평가목적에 따라 다양한 값을 갖는다.
⑤ 주어진 시점에서 대상부동산의 가격은 여러 개가 존재한다.

40 표준지공시지가에 관한 설명이다. 틀린 것은?

① 표준지공시지가의 공시기준일은 매년 1월 1일이다.
② 개별공시지가는 5월 31일까지 공시하여야 한다.
③ 표준지로 선정된 토지, 조세 또는 부담금 등의 부과대상이 아닌 토지에 대하여는 개별공시지가를 결정·공시하지 아니할 수 있다.
④ 토지가격비준표는 주변토지와의 비교표로서 표준지공시지가를 산정하기 위해 필요한 것이다.
⑤ 개별공시지가는 국세나 지방세를 산정하는 기준으로 사용된다.

민법·민사특별법

41 불공정한 법률행위에 관한 설명으로 옳지 않은 것은? (다툼이 있으면 판례에 따름)

① 특별한 사정이 없는 한 경매에도 불공정한 법률행위에 관한 민법 제104조가 적용된다.
② 불공정한 법률행위에 해당하는지는 법률행위가 이루어진 시점을 기준으로 약속된 급부와 반대급부 사이의 객관적 가치를 비교 평가하여 판단하여야 한다.
③ 불공정한 법률행위가 성립하기 위한 요건인 궁박, 경솔, 무경험은 그 중 일부만 갖추어져도 충분하다.
④ 궁박은 급박한 곤궁을 의미하는 것으로서 심리적 원인에 기인할 수도 있다.
⑤ 무경험은 어느 특정영역에 있어서의 경험부족이 아니라 거래일반에 대한 경험부족을 뜻한다.

42 통정허위표시를 기초로 새로운 법률상 이해관계를 맺은 제3자에 관한 설명으로 틀린 것은? (다툼이 있으면 판례에 따름)

① 가장소비대차에 기한 채권을 가압류한 자는 통정허위표시를 기초로 새로운 법률상 이해관계를 맺은 제3자에 해당한다.
② 통정허위표시에 의한 전세권에 저당권을 취득한 자는 통정허위표시를 기초로 새로운 법률상 이해관계를 맺은 제3자에 해당한다.
③ 채권의 가장양도에서 변제 전 채무자는 통정허위표시를 기초로 새로운 법률상 이해관계를 맺은 제3자에 해당한다.
④ 파산선고를 받은 가장채권자의 파산관재인은 통정허위표시를 기초로 새로운 법률상 이해관계를 맺은 제3자에 해당한다.
⑤ 가장채무를 보증하고 그 보증채무를 이행한 보증인은 통정허위표시를 기초로 새로운 법률상 이해관계를 맺은 제3자에 해당한다.

43 착오에 관한 설명으로 틀린 것을 모두 고른 것은? (다툼이 있으면 판례에 따름)

> ㉠ 매도인의 하자담보책임이 성립하면 착오를 이유로 한 매수인의 취소권은 배제된다.
> ㉡ 경과실로 인해 착오에 빠진 표의자가 착오를 이유로 의사표시를 취소한 경우, 상대방에 대하여 불법행위를 인한 손해배상책임을 지지 않는다.
> ㉢ 상대방이 표의자의 착오를 알고 이용한 경우라도 표의자는 착오가 중대한 과실로 인한 것이라면 의사표시를 취소할 수 없다.
> ㉣ 매도인이 매수인의 채무불이행을 이유로 계약을 적법하게 해제한 후에도 매수인은 착오를 이유로 취소권을 행사할 수 있다.

① ㉠, ㉡ ② ㉠, ㉢
③ ㉠, ㉣ ④ ㉡, ㉢
⑤ ㉡, ㉣

44 甲은 친구 乙로부터 丙 소유의 X토지를 매수할 대리권을 수여받아, 乙을 대리하여 丙과 X에 관한 매매계약을 체결하였다. 이에 관한 설명으로 옳지 않은 것은? (다툼이 있으면 판례에 따름)

① 매매계약 내용의 중요부분에 관하여 乙의 착오가 있는 경우, 甲에게는 착오가 없더라도 乙은 자신의 착오를 이유로 매매계약을 취소할 수 있다.
② 甲의 사기로 丙이 매도의 의사표시를 한 경우, 乙이 그 사실을 몰랐더라도 丙은 사기를 이유로 그 의사표시를 취소할 수 있다.
③ 丙이 이중매매를 하였고 위 매매계약이 제2매매인 경우에 甲이 丙의 배임행위에 적극가담하였다면, 乙이 그 사정을 몰랐더라도 매매계약은 무효이다.
④ 매매계약이 乙에게 불공정한 법률행위에 해당하는지 판단할 때 경솔, 무경험은 乙이 아닌 甲을 기준으로 판단한다.
⑤ 丙의 채무불이행이 있는 경우, 甲은 특별한 사정이 없는 한 채무불이행을 이유로 한 계약해제권을 가지지 않는다.

45 甲은 허가받을 것을 전제로 토지거래허가구역 내 자신의 토지에 대해 乙과 매매계약을 체결하였다. 다음 설명 중 틀린 것을 모두 고른 것은? (다툼이 있으면 판례에 따름)

> ㉠ 甲은 특별한 사정이 없는 한 乙의 매매대금 이행제공이 있을 때까지 허가신청절차 협력의무의 이행을 거절할 수 없다.
> ㉡ 乙이 계약금 전액을 지급한 후, 당사자의 일방이 이행에 착수하기 전이라도 특별한 사정이 없는 한 甲은 계약금의 배액을 상환하고 계약을 해제할 수 없다.
> ㉢ 일정기간 내 허가를 받기로 약정한 경우, 특별한 사정이 없는 한 그 허가를 받지 못하고 약정기간이 경과하였다는 사정만으로 매매계약은 확정적 무효가 되는 것은 아니다.

① ㉠   ② ㉡   ③ ㉠, ㉢
④ ㉡, ㉢   ⑤ ㉠, ㉡, ㉢

46 계약의 무권대리에 관한 설명으로 옳은 것은? (다툼이 있으면 판례에 따름)

① 무권대리행위의 목적이 가분적인 경우, 본인은 상대방의 동의 없이 그 일부에 대하여 추인할 수 있다.
② 계약체결 당시 상대방이 대리인의 대리권 없음을 알았다는 사실에 관한 주장·증명책임은 무권대리인에게 있다.
③ 상대방이 무권대리로 인하여 취득한 권리를 양도한 경우, 본인은 그 양수인에게 추인할 수 없다.
④ 무권대리의 추인은 다른 의사표시가 없는 한 추인한 때로부터 그 효력이 생긴다.
⑤ 계약체결 당시 대리인의 무권대리 사실을 알 수 있었던 상대방은 최고권을 행사할 수 없다.

47 법률행위의 부관인 조건에 관한 설명으로 옳지 않은 것은? (다툼이 있으면 판례에 따름)

① 물권행위에는 조건을 붙일 수 있다.
② 당사자의 특별한 의사표시가 없는 한 정지조건이든 해제조건이든 그 성취의 효력은 소급하지 않는다.
③ 조건의 성취를 의제하는 효과를 발생시키는 조건성취 방해행위에는 과실에 의한 행위도 포함된다.
④ 부첩(夫妾)관계의 종료를 해제조건으로 하는 부동산 증여계약은 해제조건만 무효이다.
⑤ 조건이 되기 위해서는 법률이 요구하는 것이 아니라 당사자가 임의로 부가한 것이어야 한다.

48 법률행위에 관한 다음 설명 중 틀린 것은? (다툼이 있으면 판례에 따름)

① 처음부터 허가를 잠탈할 목적으로 체결된 토지거래허가구역 내의 토지거래계약은 추인하면 효력이 생긴다.
② 상대방의 강박으로 체결한 교환계약은 추인할 수 있는 법률행위이다.
③ 무권대리인이 본인을 대리하여 상대방과 체결한 임대차계약을 본인이 추인하면 계약시에 소급하여 그 효력이 생긴다.
④ 통정허위표시에 의한 부동산매매계약은 추인할 수 있는 법률행위이다.
⑤ 미성년자는 법정대리인의 동의나 허락 없이 자신의 부동산을 매도한 계약을 단독으로 추인할 수 없다.

49 법률행위의 무효와 추인에 관한 설명으로 틀린 것을 모두 고른 것은? (다툼이 있으면 판례에 따름)

> ㉠ 무효인 법률행위의 추인은 무효원인이 소멸된 후 본인이 무효임을 모르고 추인하여도 그 효력이 인정된다.
> ㉡ 무권리자의 처분이 계약으로 이루어진 경우, 권리자가 추인하면 원칙적으로 계약의 효과는 추인한 때부터 권리자에게 귀속된다.
> ㉢ 양도금지특약에 위반하여 무효인 채권양도에 대해 양도대상이 된 채권의 채무자가 승낙하면 다른 약정이 없는 한 양도의 효과는 양도시에 소급하여 발생한다.

① ㉠   ② ㉡   ③ ㉠, ㉢
④ ㉡, ㉢   ⑤ ㉠, ㉡, ㉢

50 법률행위 등에 관한 설명으로 옳은 것은? (다툼이 있으면 판례에 따름)

① 농지법상 농지취득자격증명은 농지취득의 원인이 되는 매매계약의 효력발생요건이다.
② 의사표시가 발송된 후라면 도달하기 전이라도 표의자는 그 의사표시를 철회할 수 없다.
③ 어떤 해악의 고지 없이 단순히 각서에 서명날인할 것만을 강력히 요구하는 행위는 강박에 의한 의사표시의 강박행위에 해당한다.
④ 표의자가 과실로 인하여 상대방의 소재를 알지 못한 경우에는 민사소송법의 공시송달규정에 의하여 의사표시를 송달할 수 있다.
⑤ 개업공인중개사가 임대인으로서 직접 중개의뢰인과 체결한 주택임대차계약은 무효가 아니다.

TEST 02

51 甲으로부터 X토지를 매수한 乙은 X토지를 다시 丙에게 매도하고 3자간에 중간생략등기의 합의를 하였다. 이에 대한 설명으로 옳은 것은? (다툼이 있으면 판례에 따름)
① 甲의 乙에 대한 매매대금채권의 행사는 제한받는다.
② 乙의 甲에 대한 소유권이전등기청구권은 소멸한다.
③ 丙은 甲에게 직접 소유권이전등기를 청구할 수 없다.
④ 만약 X토지가 토지거래허가구역에 소재한다면, 丙은 직접 甲에게 허가신청절차의 협력을 구할 수 있다.
⑤ 만약 중간생략등기의 합의가 없다면, 丙은 甲의 동의나 승낙 없이는 乙의 소유권이전등기청구권을 양도받아 甲에게 소유권이전등기를 청구할 수 없다.

52 물권적 청구권에 관한 설명으로 옳은 것은? (다툼이 있으면 판례에 따름)
① 저당권자는 목적물에서 임의로 분리, 반출된 물건을 자신에게 반환할 것을 청구할 수 없다.
② 진정명의회복을 원인으로 한 소유권이전등기청구권의 법적 성질은 채권적 청구권이다.
③ 소유자는 소유권을 방해하는 자에 대해 민법 제214조에 기해 방해배제비용을 청구할 수 있다.
④ 미등기 무허가건물의 양수인은 소유권에 기한 방해배제청구권을 행사할 수 있다.
⑤ 소유권에 기한 방해배제청구권은 현재 계속되고 있는 방해의 원인과 함께 방해결과의 제거를 내용으로 한다.

53 점유자와 회복자의 관계에 관한 설명으로 옳은 것은? (다툼이 있으면 판례에 따름)
① 선의의 점유자라도 점유물의 사용으로 인한 이익은 회복자에게 반환하여야 한다.
② 임차인이 지출한 유익비는 임대인이 아닌 점유회복자에 대해서도 민법 제203조 제2항에 근거하여 상환을 청구할 수 있다.
③ 과실수취권 있는 선의의 점유자란 과실수취권을 포함하는 본권을 가진다고 오신할 만한 정당한 근거가 있는 점유자를 가리킨다.
④ 선의점유자에 대해서는 점유에 있어서의 과실(過失) 유무를 불구하고 불법행위를 이유로 한 손해배상책임이 배제된다.
⑤ 점유물이 타주점유자의 책임 있는 사유로 멸실된 경우, 그가 선의의 점유자라면 현존 이익의 범위에서 손해배상책임을 진다.

54 물권의 소멸에 관한 설명으로 옳지 않은 것은? (다툼이 있으면 판례에 따름)
① X토지에 甲이 1번 저당권, 乙이 2번 저당권을 취득하고, 丙이 X토지를 가압류한 후 乙이 X토지를 매수하여 소유권을 취득한 경우 乙의 저당권은 혼동으로 소멸하지 않는다.
② 유치권자가 유치권 성립 후에 이를 포기하는 의사표시를 한 경우에도 점유를 반환하여야 유치권이 소멸한다.
③ 점유권과 소유권은 혼동으로 소멸하지 아니한다.
④ 지역권은 20년간 행사하지 않으면 시효로 소멸한다.
⑤ 후순위 저당권이 존재하는 주택을 대항력을 갖춘 임차인이 경매절차에서 매수한 경우, 임차권은 혼동으로 소멸한다.

55 부동산물권의 변동에 관한 설명으로 옳은 것은? (다툼이 있으면 판례에 따름)
① 건물의 신축에 의한 소유권취득은 소유권보존등기를 필요로 한다.
② 형성판결에 기한 부동산물권의 변동시기는 확정판결시이다.
③ 상속인은 상속받은 부동산을 등기하여야 소유권을 취득한다.
④ 경매로 인한 부동산소유권의 취득시기는 소유권이전등기를 한 때이다.
⑤ 관습상 법정지상권은 설정등기를 하여야 취득한다.

56 부동산 점유취득시효에 관한 설명으로 옳지 않은 것은? (다툼이 있으면 판례에 따름)
① 부동산에 대한 압류 또는 가압류는 취득시효의 중단사유에 해당하지 않는다.
② 취득시효기간 중 계속해서 등기명의자가 동일한 경우, 점유개시 후 임의의 시점을 시효기간의 기산점으로 삼을 수 있다.
③ 시효완성자는 시효완성 당시의 진정한 소유자에 대하여 채권적 등기청구권을 가진다.
④ 시효완성 후 그에 따른 소유권이전등기 전에 소유자가 부동산을 처분하면 시효완성자에 대하여 채무불이행책임을 진다.
⑤ 시효완성자가 소유자에게 등기이전을 청구하더라도 특별한 사정이 없는 한, 부동산의 점유로 인한 부당이득반환의무를 지지 않는다.

57 X토지를 3분의 1씩 공유하는 甲, 乙, 丙의 공유물분할에 관한 설명으로 옳지 않은 것은? (다툼이 있으면 판례에 따름)

① 甲은 乙과 丙의 동의를 얻지 않고서 공유물의 분할을 청구할 수 있다.
② 甲, 乙, 丙이 3년간 공유물을 분할하지 않기로 합의한 것은 유효하다.
③ 공유물분할의 소에서 법원은 X를 甲의 단독소유로 하고 乙과 丙에게 지분에 대한 합리적인 가액을 지급하도록 할 수 있다.
④ 甲의 지분 위에 설정된 근저당권은 공유물분할이 되어도 특단의 합의가 없는 한 X전부에 관하여 종전의 지분대로 존속한다.
⑤ 甲, 乙, 丙 사이에 공유물분할에 관한 협의가 성립하였으나 분할협의에 따른 지분이전등기에 협조하지 않으면 공유물분할의 소를 제기할 수 있다.

58 지상권에 관한 설명으로 옳지 않은 것은? (다툼이 있으면 판례에 따름)

① 저당물의 담보가치를 유지하기 위해 설정된 지상권은 피담보채권이 소멸하면 함께 소멸한다.
② 기존 건물의 사용을 목적으로 설정된 지상권은 그 존속기간을 30년 미만으로 정할 수 있다.
③ 수목의 소유를 목적으로 하는 지상권이 존속기간의 만료로 소멸한 경우, 특약이 없는 한 지상권자가 존속기간 중 심은 수목의 소유권은 지상권설정자에게 귀속된다.
④ 양도가 금지된 지상권의 양수인은 양수한 지상권으로 지상권설정자에게 대항할 수 있다.
⑤ 토지양수인이 지상권자의 지료 지급이 2년 이상 연체되었음을 이유로 지상권소멸청구를 하는 경우, 종전 토지소유자에 대한 연체기간의 합산을 주장할 수 없다.

59 乙은 자기 소유의 X토지에 관하여 채권자 甲에게 저당권을 설정하였다. X토지에 Y건물이 존재할 때, 저당권자 甲이 X토지와 Y건물에 대해 일괄경매를 청구할 수 없는 경우를 모두 고른 것은? (다툼이 있으면 판례에 따름)

㉠ 甲이 저당권을 취득하기 전, 이미 X토지 위에 乙의 Y건물이 존재한 경우
㉡ 甲이 저당권을 취득한 후, 乙이 X토지 위에 Y건물을 축조하여 소유하고 있는 경우
㉢ 甲이 저당권을 취득한 후, 丙이 X토지에 지상권을 취득하여 Y건물을 축조하고 乙이 그 건물의 소유권을 취득한 경우

① ㉠
② ㉡
③ ㉠, ㉢
④ ㉡, ㉢
⑤ ㉠, ㉡

60 유치권의 소멸사유에 해당하는 것을 모두 고르면?

㉠ 유치권의 포기
㉡ 유치물의 점유의 상실
㉢ 목적물의 전부멸실
㉣ 피담보채권의 소멸
㉤ 소유자의 목적물 양도

① ㉠, ㉡
② ㉡, ㉢
③ ㉡, ㉢, ㉣
④ ㉠, ㉡, ㉢, ㉤
⑤ ㉠, ㉡, ㉢, ㉣

61 유치권에 관한 설명으로 옳은 것은? (다툼이 있으면 판례에 의함)

① 유치권자가 제3자와의 점유매개관계에 의해 유치물을 간접점유하는 경우, 유치권은 소멸하지 않는다.
② 유치권자는 매수인에 대하여 피담보채권의 변제를 청구할 수 있다.
③ 유치권을 행사하는 동안에는 피담보채권의 소멸시효가 진행하지 않는다.
④ 원칙적으로 유치권은 채권자 자신 소유 물건에 대해서도 성립한다.
⑤ 유치권자가 유치물인 주택에 거주하며 이를 사용하는 경우, 특별한 사정이 없는 한 채무자는 유치권소멸을 청구할 수 있다.

62 지역권에 관한 설명으로 옳은 것은? (다툼이 있으면 판례에 따름)

① 지역권은 요역지와 분리하여 양도할 수 있다.
② 공유자 중 1인이 지역권을 취득하더라도 특별한 사정이 없는 한 다른 공유자는 이를 취득하지 못한다.
③ 통행지역권을 주장하는 자는 통행으로 편익을 얻는 요역지가 있음을 주장·증명해야 할 필요 없다.
④ 요역지의 불법점유자는 통행지역권을 시효취득할 수 없다.
⑤ 지역권은 계속되고 표현된 것이더라도 시효취득할 수 없다.

63 甲은 자신의 소유 X건물에 관하여 乙과 전세금 3억원으로 하는 전세권설정계약을 체결하고 乙 명의로 전세권설정등기를 마쳐주었다. 이에 관한 설명으로 옳은 것은? (다툼이 있으면 판례에 따름)

① 협의한 전세권 존속기간이 시작되기 전에 乙 앞으로 전세권설정등기가 마쳐진 경우, 그 등기는 특별한 사정이 없는 한 유효로 추정된다.
② 전세권존속기간을 15년으로 정하면 그 기간은 유효하다.
③ 甲이 X건물의 소유를 위해 그 대지에 임차권을 취득하였다면, 乙의 전세권의 효력은 그 임차권에 미치지 않는다.
④ 乙의 전세권이 법정갱신된 경우, 乙은 전세권갱신에 관한 등기 없이는 甲에 대하여 갱신된 전세권을 주장할 수 없다.
⑤ 乙이 甲에게 전세금으로 지급하기로 한 3억원은 현실적으로 수수되어야 하므로 乙의 甲에 대한 기존의 채권으로 전세금에 갈음할 수 없다.

64 저당권의 효력이 미치는 범위에 관한 설명으로 옳지 않은 것은? (다툼이 있으면 판례에 따름)

① 담보권 실행을 위하여 저당부동산을 압류한 경우, 저당부동산의 압류 이후 발생한 차임채권에는 저당권의 효력이 미친다.
② 주물 그 자체의 효용과는 직접 관계 없지만 주물 소유자의 상용에 공여되고 있는 물건이 경매목적물로 평가되었다면 경매의 매수인이 소유권을 취득한다.
③ 구분건물의 전유부분에 대한 저당권의 효력은 특별한 사정이 없는 한 대지사용권에도 미친다.
④ 기존건물에 부합된 증축부분이 기존건물에 대한 경매절차에서 경매목적물로 평가되지 아니하였더라도 경매의 매수인이 증축부분의 소유권을 취득한다.
⑤ 특약이 없는 한 건물에 대한 저당권의 효력은 건물의 소유를 목적으로 하는 지상권에도 미친다.

65 계약의 성립에 관한 설명으로 옳지 않은 것은? (다툼이 있으면 판례에 따름)

① 청약자가 청약의 의사표시를 발송한 후 상대방에게 도달 전에 사망한 경우, 그 청약은 효력을 상실한다.
② 명예퇴직의 신청이 근로계약에 대한 합의해지의 청약에 해당하는 경우, 이에 대한 사용자의 승낙으로 근로계약이 합의해지되기 전에는 근로자는 임의로 그 청약의 의사표시를 철회할 수 있다.
③ 승낙기간을 정하지 않은 청약은 청약자가 상당한 기간 내에 승낙의 통지를 받지 못한 때에는 그 효력을 잃는다.
④ 당사자 사이에 동일한 내용의 청약이 상호 교차된 경우에는 양 청약이 상대방에게 도달한 때에 계약이 성립한다.
⑤ 매도인이 매수인에게 매매계약의 합의해제를 청약한 경우, 매수인이 그 청약에 대하여 조건을 가하여 승낙한 때에는 그 합의해제의 청약은 거절된 것으로 본다.

66 특별한 사정이 없는 한 동시이행의 관계에 있는 경우를 모두 고른 것은? (다툼이 있으면 판례에 따름)

㉠ 임대차계약 종료에 따른 임차인의 임차목적물반환의무와 임대인의 권리금 회수 방해로 인한 손해배상의무
㉡ 주택임대차보호법상 임차권등기명령에 따라 행해진 임차권등기의 말소의무와 임대차보증금 반환의무
㉢ 구분소유적 공유관계의 해소로 인하여 공유지분권자 상호 간에 발생한 지분이전등기의무

① ㉠
② ㉢
③ ㉠, ㉡
④ ㉡, ㉢
⑤ ㉠, ㉡, ㉢

67 쌍무계약상 위험부담에 관한 설명으로 옳은 것은? (다툼이 있으면 판례에 따름)

① 계약당사자는 위험부담에 관한 민법 규정과 다른 약정을 할 수 없다.
② 쌍무계약에서 계약 당사자 일방의 채무가 채권자의 책임 있는 사유로 불능이 된 경우, 채무자는 상대방의 이행을 청구할 수 없다.
③ 부동산 매매계약에서 매매목적물이 이행기 전에 강제수용된 경우, 매수인이 대상청구권을 행사하면 매도인은 매매대금 지급을 청구할 수 없다.
④ 채권자의 수령지체 중 당사자 모두에게 책임 없는 사유로 불능이 된 경우, 채무자는 상대방의 이행을 청구할 수 없다.
⑤ 채무자의 책임 있는 사유로 후발적 불능이 발생한 경우, 위험부담의 법리가 적용되지 않는다.

68 제3자를 위한 계약에 관한 설명으로 옳지 않은 것은? (다툼이 있으면 판례에 따름)

① 요약자는 원칙적으로 제3자의 권리와 별도로 낙약자에 대하여 제3자에게 급부를 이행할 것을 요구할 수 있는 권리를 가진다.
② 제3자가 수익의 의사표시를 한 경우, 계약의 당사자가 제3자의 권리를 임의로 변경·소멸시키는 행위를 하더라도 특별한 사정이 없는 한 제3자에 대하여 효력이 없다.
③ 요약자와 수익자 사이의 법률관계(대가관계)의 효력 상실을 이유로 요약자는 낙약자와 요약자 사이의 법률관계(기본관계)상 낙약자에게 부담하는 채무의 이행을 거절할 수 있다.
④ 채무자와 인수인 사이의 계약으로 체결되는 중첩적 채무인수의 경우, 채권자의 수익의 의사표시는 그 계약의 성립요건 또는 효력발생요건이 아니다.
⑤ 낙약자와 요약자 사이의 계약(기본관계)이 무효가 된 경우, 낙약자는 특별한 사정이 없는 한 제3자를 상대로 그가 제3자에게 한 급부를 부당이득으로 반환청구할 수 없다.

69 계약금에 관한 설명으로 옳은 것을 모두 고른 것은? (다툼이 있으면 판례에 따름)

㉠ 계약금은 별도의 약정이 없는 한 해약금의 성질을 가진다.
㉡ 매수인이 이행기 전에 중도금을 지급한 경우, 매도인은 특별한 사정이 없는 한 계약금의 배액을 상환하여 계약을 해제할 수 있다.
㉢ 매도인이 계약금의 배액을 상환하여 계약을 해제하는 경우, 그 이행의 제공을 하였는데 매수인이 수령하지 않으면 이를 공탁하여야 한다.

① ㉠
② ㉠, ㉡
③ ㉠, ㉢
④ ㉡, ㉢
⑤ 없음

70 매도인의 담보책임에 관한 설명으로 옳지 않은 것은? (다툼이 있으면 판례에 따름)

① 수량지정매매에 해당하는 부동산매매계약에서 실제면적이 계약면적에 미달하는 경우, 매수인은 그 매매계약이 그 미달 부분만큼 무효임을 들어 일반 부당이득반환청구도 할 수 있다.
② 저당권이 설정된 부동산의 매수인이 저당권의 행사로 그 소유권을 취득할 수 없는 경우, 악의의 매수인이라도 특별한 사정이 없는 한 계약을 해제할 수 있다.
③ 매매계약 내용의 중요부분에 착오가 있는 경우, 매수인은 매도인의 하자담보책임이 성립하는지와 상관없이 착오를 이유로 그 매매계약을 취소할 수 있다.
④ 매수인이 하자의 발생과 확대에 잘못이 있는 경우, 법원은 매도인의 손해배상액을 산정함에 있어 매수인의 과실을 직권으로 참작하여 그 범위를 정해야 한다.
⑤ 타인의 권리를 매매한 자가 그 권리를 이전할 수 없게 된 경우, 매도인은 선의의 매수인에 대하여 불능 당시의 시가를 표준으로 이행이익을 배상할 의무가 있다.

71 매매의 일방예약에 관한 설명으로 옳은 것은? (다툼이 있으면 판례에 따름)

① 일방예약이 성립하려면 본계약인 매매계약의 요소가 되는 내용이 확정되어야 한다.
② 예약완결권의 행사기간 도과 전에 예약완결권자가 예약 목적물인 부동산을 인도받은 경우에도, 그 기간이 도과되면 예약완결권은 소멸된다.
③ 예약완결권은 당사자 사이에 행사기간을 약정한 때에도 그 예약이 성립한 때로부터 10년 내에 이를 행사하여야 한다.
④ 상가에 관하여 매매예약이 성립한 이후 법령상의 제한에 의해 일시적으로 분양이 금지되었다면 이후 다시 허용된 경우에도, 그 예약완결권 행사는 이행불능이라 할 수 있다.
⑤ 예약완결권 행사의 의사표시를 담은 소장 부본의 송달로써 예약완결권을 재판상 행사하는 경우, 그 행사가 유효하기 위해서는 그 소장 부본이 제척기간 내에 상대방에게 발송되어야 한다.

72 임대차에 관한 설명으로 옳은 것을 모두 고른 것은? (다툼이 있으면 판례에 따름)

> ㉠ 임대차가 종료된 경우, 그 임대목적물이 임대인이 아닌 타인 소유라도 특별한 사정이 없는 한 임차인은 임대인에게 임대차 종료일까지의 연체 차임뿐만 아니라 그 이후부터 인도완료일까지 차임 상당의 부당이득금도 반환할 의무가 있다.
> ㉡ 임대인이 임차인에게 필요비상환의무를 이행하지 않는 경우, 임차인은 지출한 필요비 금액의 한도에서 차임의 지급을 거절할 수 있다.
> ㉢ 임차인이 임대인의 동의 없이 임차물을 제3자에게 전대한 경우, 임대인은 임대차계약의 존속 여부를 불문하고 제3자에게 불법점유를 이유로 한 차임 상당액의 손해배상청구를 할 수 있다.
> ㉣ 임차인이 임대인의 동의를 얻어 임차물을 전대한 경우, 전대인과 전차인이 전대차계약상의 차임을 감액하여 전차인이 임대인에 대하여 직접 부담하는 의무의 범위가 변경되더라도 특별한 사정이 없는 한 전차인은 변경된 전대차계약의 내용을 임대인에게 주장할 수 있다.

① ㉠, ㉡   ② ㉢, ㉣
③ ㉠, ㉡, ㉢   ④ ㉠, ㉡, ㉣
⑤ ㉡, ㉢, ㉣

73 임차인의 부속물매수청구권에 관한 설명으로 옳은 것을 모두 고른 것은? (다툼이 있으면 판례에 따름)

> ㉠ 임차인의 지위와 분리하여 부속물매수청구권만을 양도할 수 있다.
> ㉡ 임차목적물의 구성부분은 부속물매수청구권의 객체가 될 수 있다.
> ㉢ 임대차계약이 임차인의 채무불이행으로 해지된 경우에도 부속물매수청구권은 인정된다.
> ㉣ 건물임차인이 자신의 비용을 들여 증축한 부분을 임대인 소유로 하기로 한 약정이 유효한 때에는 임차인의 유익비상환청구가 허용되지 않는다.

① ㉠   ② ㉣
③ ㉠, ㉢   ④ ㉡, ㉣
⑤ ㉢, ㉣

74 乙은 甲 소유의 X토지를 건물을 소유할 목적으로 임차하였다. 그 후 乙은 甲의 동의를 받지 않고 X토지를 丙에게 전대하였다. 다음 중 틀린 것은? (다툼이 있으면 판례에 의함)

① 乙은 丙에게 X토지를 인도하여 丙이 사용·수익할 수 있도록 할 의무가 있다.
② 甲은 乙과의 임대차계약을 해지하지 않은 경우, 甲은 丙에게 불법점유를 이유로 손해배상을 청구할 수 없다.
③ 甲은 乙과의 임대차계약이 존속하는 동안에는 丙에게 불법점유를 이유로 부당이득반환을 청구할 수 없다.
④ 임대차기간 만료시에 丙이 신축한 건물이 X토지에 현존한 경우, 甲이 X토지의 임대를 원하지 않으면 丙은 甲에게 건물을 매수할 것을 청구할 수 있다.
⑤ 만약 乙이 甲의 동의를 얻지 않고 부득이한 사정으로 배우자 丁에게 X토지를 전대한 경우, 乙의 행위가 甲에 대한 배신적 행위라고 볼 수 없다면 甲은 임대차계약을 해지할 수 없다.

75 乙은 식당을 운영하기 위해 甲으로부터 그 소유의 서울특별시 소재 X상가건물을 보증금 10억원, 월 임료 100만원, 기간은 정함이 없는 것으로 하여 임차하는 상가임대차계약을 체결하였다. 상가건물 임대차보호법상 乙의 주장이 인정되지 않는 것을 모두 고른 것은? (다툼이 있으면 판례에 따름)

> ㉠ X상가건물을 인도받고 사업자등록을 마친 乙이 대항력을 주장하는 경우
> ㉡ 乙이 甲에게 1년의 존속기간을 주장하는 경우
> ㉢ 乙이 甲에게 계약갱신요구권을 주장하는 경우

① ㉠   ② ㉢   ③ ㉠, ㉡
④ ㉡, ㉢   ⑤ ㉠, ㉡, ㉢

76 X부동산을 취득하려는 甲은 乙과 명의신탁을 약정하였다. 乙은 그 약정에 따라 계약당사자로서 선의의 丙으로부터 X부동산을 매수하여 자신의 명의로 등기한 후 甲에게 인도하였다. 다음 중 옳은 것은? (다툼이 있으면 판례에 의함)

① 甲과 乙의 명의신탁약정은 유효하다.
② 甲은 乙에게 제공한 부동산매수자금 회수를 담보하기 위하여 X부동산에 대하여 유치권을 행사할 수 없다.
③ 甲은 乙을 상대로 부당이득반환으로 X부동산의 등기이전을 청구할 수 있다.
④ 丙은 특별한 사정이 없는 한 乙 명의의 등기말소를 청구할 수 있다.
⑤ 乙이 자의로 X부동산에 대한 소유권을 甲에게 이전등기하였더라도 甲은 소유권을 취득하지 못한다.

77 주택임차인 乙이 보증금을 지급하고 대항요건을 갖춘 후 임대인 甲이 그 주택의 소유권을 丙에게 양도하였다. 이에 관한 설명으로 옳은 것은? (다툼이 있으면 판례에 따름)

① 甲은 특별한 사정이 없는 한 보증금반환의무를 면한다.
② 임차주택 양도 전 발생한 연체차임채권은 특별한 사정이 없는 한 丙에게 승계된다.
③ 임차주택 양도 전 보증금반환채권이 가압류된 경우, 丙은 제3채무자의 지위를 승계하지 않는다.
④ 丙이 乙에게 보증금을 반환하면 특별한 사정이 없는 한 甲에게 부당이득반환을 청구할 수 있다.
⑤ 만약 甲이 채권담보를 목적으로 임차주택을 丙에게 양도한 경우, 甲은 특별한 사정이 없는 한 보증금반환의무를 면한다.

78 집합건물의 소유 및 관리에 관한 법률에 대한 설명으로 틀린 것은? (다툼이 있으면 판례에 의함)

① 전유부분에 대한 저당권의 효력은 특별한 사정이 없는 한 대지권에는 미치지 않는다.
② 규약은 특별한 사정이 없는 한 관리단집회에서 구분소유자 및 의결권의 각 4분의 3 이상의 찬성으로 변경될 수 있다.
③ 재건축의 결의가 법정정족수 미달로 무효인 경우에는 구분소유자 등의 매도청구권이 발생하지 않는다.
④ 공용부분 관리비에 대한 연체료는 전 구분소유자의 특별승계인에게 승계되는 공용부분 관리비에 포함되지 않는다.
⑤ 관리단은 구분소유관계가 성립하는 건물이 있는 경우, 특별한 조직행위가 없어도 당연히 구분소유자 전원을 구성원으로 하여 성립하는 단체이다.

79 乙은 甲에 대한 1억원의 차용금채무를 담보하기 위해 자신의 X건물(시가 2억원)에 관하여 甲 명의로 소유권이전등기를 마쳤다. 이에 관한 설명으로 옳은 것은? (다툼이 있으면 판례에 따름)

① 甲은 X건물의 화재로 乙이 취득한 화재보험금청구권에 대하여 물상대위권을 행사할 수 없다.
② 甲은 乙로부터 X건물을 임차하여 사용하고 있는 丙에게 소유권에 기하여 그 반환을 청구할 수 있다.
③ 甲은 담보권실행으로서 乙로부터 임차하여 X건물을 점유하고 있는 丙에게 그 인도를 청구할 수 있다.
④ 甲은 乙로부터 X건물을 임차하여 사용하고 있는 丙에게 임료 상당의 부당이득반환을 청구할 수 있다.
⑤ 甲이 X건물을 선의의 丁에게 소유권이전등기를 해 준 경우, 乙은 丁에게 소유권이전등기말소를 청구할 수 있다.

80 乙의 저당권이 설정되어 있는 丙소유의 X주택을 甲은 丙으로부터 보증금 2억원에 임차하여 대항요건을 갖추고 확정일자를 받아 거주하고 있다. 그 후 丁이 X주택에 저당권을 취득한 다음 저당권실행을 위한 경매에서 戊가 X주택의 소유권을 취득하였다. 다음 설명 중 틀린 것은? (다툼이 있으면 판례에 따름)

① 甲이 丁보다 매각대금으로부터 우선변제를 받는다.
② 戊가 임대인 丙의 지위를 승계한다.
③ 甲이 적법한 배당요구를 하여도 乙보다 보증금 2억원에 대해 우선변제를 받을 수 없다.
④ 甲은 戊로부터 보증금을 전부 받을 때까지 임대차관계의 존속을 주장할 수 없다.
⑤ 乙의 저당권은 소멸한다.

Test 03 실전모의고사

제한시간 100분

정답 및 해설 ▶ P. 131

부동산학개론

01 다음은 부동산의 개념에 관한 설명이다. 틀린 것은?
① 명인방법을 갖춘 수목의 집단, 미분리과실, 농작물 등은 토지의 정착물이지만 토지의 일부가 아닌 독립된 부동산으로 간주된다.
② 부동산의 물리적 개념은 부동산 활동의 대상인 무형적 측면의 부동산을 이해하는 데 도움이 된다.
③ 토지 및 그 정착물은 「민법」상 부동산에 해당한다.
④ 부동산을 상품, 생산재, 자산, 소비재 등의 개념으로 인식하는 것은 부동산의 경제적 개념에 해당된다.
⑤ 토지와 그 토지 위의 정착물이 각각 독립된 거래의 객체이면서도 마치 하나의 결합된 상태로 다루어져 부동산 활동의 대상으로 삼을 때, 이를 복합부동산이라 한다.

02 부동산 용어에 대한 설명 중 옳은 것은?
① 복합부동산은 부동산을 기술적·법률적·경제적 개념으로 파악하는 것을 말한다.
② 준부동산은 토지와 결합한 상태의 정착물을 말한다.
③ 획지는 토지를 이용함에 공·사법상 구속력이 있는 법률적으로 구획된 단위 토지를 말한다.
④ 협의의 부동산은 토지 및 그 정착물로 「민법」상의 개념에 해당한다.
⑤ 나지는 지목이 '대'로 설정된 토지를 말한다.

03 주택법령상 주택의 정의에 관한 설명으로 옳은 것은?
① 민영주택은 임대주택을 제외한 주택을 말한다.
② 세대구분형 공동주택은 공동주택의 주택 내부 공간의 일부를 세대별로 구분하여 생활이 가능한 구조로 하되, 그 구분된 공간의 일부를 구분소유 할 수 있는 주택으로서 대통령령으로 정하는 건설기준, 설치기준, 면적기준 등에 적합한 주택을 말한다.
③ 도시형 생활주택은 300세대 미만의 국민주택규모에 해당하는 주택으로서 대통령령으로 정하는 주택을 말한다.
④ 에너지절약형 친환경주택은 저에너지 건물 조성기술 등 대통령령으로 정하는 기술을 이용하여 에너지 사용량을 절감하거나 이산화탄소 배출량을 증대할 수 있도록 건설된 주택을 말한다.
⑤ 장수명 주택은 구조적으로 오랫동안 유지·관리될 수 있는 내구성을 갖추고 있어 내부 구조를 쉽게 변경할 수 없는 주택을 말한다.

04 토지의 정착물에 해당하지 않는 것은?
① 구거
② 다년생 식물
③ 컨테이너 숙소
④ 교량
⑤ 담장

05 토지의 특성과 감정평가에 관한 내용이다. ( )에 들어갈 것으로 옳은 것은?

- (㉠)은 장래편익의 현재가치로 평가하게 한다.
- (㉡)은 원가방식의 평가를 어렵게 한다.
- (㉢)은 개별요인의 분석과 사정보정을 필요하게 한다.

① ㉠: 영속성, ㉡: 부증성, ㉢: 개별성
② ㉠: 개별성, ㉡: 영속성, ㉢: 부동성
③ ㉠: 영속성, ㉡: 개별성, ㉢: 부증성
④ ㉠: 부증성, ㉡: 영속성, ㉢: 개별성
⑤ ㉠: 영속성, ㉡: 개별성, ㉢: 부동성

06 토지의 이용목적과 활동에 따른 토지 관련 용어에 관한 설명으로 옳은 것은?

① 택지(宅地)는 공간정보의 구축 및 관리 등에 관한 법령과 부동산등기법령에서 정한 하나의 등록단위로 표시하는 토지를 말한다.
② 공지(空地)는 과거에는 소유권이 인정되는 전·답 등이었으나, 지반이 절토되어 무너져 내린 토지로 바다나 하천으로 변한 토지를 말한다.
③ 부지(敷地)는 건부지 중 건물을 제외하고 남은 부분의 토지로, 건축법령에 의한 건폐율 등의 제한으로 인해 필지 내에 비어있는 토지를 말한다.
④ 소지(素地)는 대지 등으로 개발되기 이전의 자연 상태로서의 토지를 말한다.
⑤ 포락지(浦落地)는 소유권이 인정되지 않는 바다와 육지 사이의 해변 토지를 말한다.

07 수요의 가격탄력성에 관한 설명으로 틀린 것은? (단, 수요의 가격탄력성은 절댓값을 의미하며, 다른 조건은 불변이라고 가정함)

① 미세한 가격변화에 수요량이 무한히 크게 변화하는 경우 완전탄력적이다.
② 대체재의 존재 여부는 수요의 가격탄력성을 결정하는 중요한 요인 중 하나이다.
③ 수요의 가격탄력성이 비탄력적이라는 것은 가격의 변화율에 비해 수요량의 변화율이 작다는 것을 의미한다.
④ 공급이 증가할 때 수요가 비탄력적일수록 가격 하락폭은 더 작아진다.
⑤ 일반적으로 재화의 용도가 다양할수록 수요의 가격탄력성은 커진다.

08 부동산에 관한 수요와 공급의 가격탄력성에 관한 설명으로 틀린 것은? (단, 다른 조건은 동일함)

① 아파트에 대한 대체재가 감소함에 따라 아파트 수요의 가격탄력성이 작아진다.
② 공급의 가격탄력성이 완전탄력적일 때 수요가 증가할 경우 균형거래량은 감소하고 균형가격은 변하지 않는다.
③ 일반적으로 주택을 건축하는 데 소요 기간이 짧아질수록 공급의 가격탄력성은 커진다.
④ 임대주택 수요의 가격탄력성이 1인 경우, 임대주택의 임대료가 하락하더라도 전체 임대료 수입은 변하지 않는다.
⑤ 공급의 가격탄력성이 수요의 가격탄력성보다 작은 경우 공급자가 수요자보다 세금부담이 더 크다.

09 아파트시장에서 아파트의 수요곡선을 우측(우상향)으로 이동시킬 수 있는 요인은 모두 몇 개인가? (단, 다른 조건은 동일함)

┌─────────────────────────────┐
│ ㉠ 아파트 가격의 하락
│ ㉡ 총부채원리금상환비율(DSR) 규제 완화
│ ㉢ 모기지 대출(mortgage loan) 금리의 상승
│ ㉣ 부채감당률(DCR) 규제 강화
│ ㉤ 대체주택 가격의 상승
│ ㉥ 가구수 증가
│ ㉦ 수요자의 실질 소득 감소
└─────────────────────────────┘

① 2개　② 3개
③ 4개　④ 5개
⑤ 6개

10 다음 중 부동산 수요와 공급에 관한 설명으로 틀린 것은? (단, 다른 조건은 동일함)

① 수요와 공급이 동일한 폭과 크기로 증가하면 균형가격은 변하지 않고 균형거래량은 증가한다.
② 수요와 공급이 동일한 폭과 크기로 감소하면 균형가격은 변하지 않고 균형거래량은 감소한다.
③ 건축기술의 발달로 기존에 비해 공사기간이 단축되면, 주택공급은 보다 탄력적이 된다.
④ 해당 부동산의 가격변화로 공급량이 변한 경우 좌표평면상에서 동일한 공급곡선상에서 점의 이동이 나타난다.
⑤ 임대료 이외의 요인의 변화로 수요량이 변한 경우, 좌표평면상에서 동일한 수요곡선상에서 점의 이동이 나타난다.

11 아파트 가격이 5% 하락함에 따라 아파트의 수요량이 4% 증가, 아파트 공급량 6% 감소, 연립주택의 수요량이 2% 증가하는 경우, (㉠) 아파트 공급의 가격탄력성, (㉡) 아파트와 연립주택의 관계는? (단, 수요의 가격탄력성은 절댓값이며, 주어진 조건에 한함)

① ㉠: 탄력적　㉡: 보완재
② ㉠: 비탄력적　㉡: 보완재
③ ㉠: 탄력적　㉡: 대체재
④ ㉠: 비탄력적　㉡: 대체재
⑤ ㉠: 단위탄력적　㉡: 대체재

12 저량(stock)의 경제변수가 아닌 것은?

① 가계 자산　② 주택 가격
③ 주택 재고량　④ 주택보급률
⑤ 신규주택공급량

13 부동산투자회사법령상 부동산투자회사에 관한 설명으로 틀린 것은?

① 부동산투자회사는 실체형 회사인 자기관리 부동산투자회사와 명목형 회사인 위탁관리 부동산투자회사 및 기업구조조정 부동산투자회사로 구분할 수 있다.
② 위탁관리 부동산투자회사는 본점 외의 지점을 설치할 수 없으며, 직원을 고용하거나 상근 임원을 둘 수 없다.
③ 감정평가사 또는 공인중개사로서 해당 분야에 5년 이상 종사한 사람은 자기관리 부동산투자회사의 상근 자산운용 전문인력이 될 수 있다.
④ 자기관리 부동산투자회사의 설립자본금은 5억원 이상으로 한다.
⑤ 영업인가를 받거나 등록을 한 날부터 6개월이 지난 기업구조조정 부동산투자회사의 자본금은 70억원 이상이 되어야 한다.

14 다음에서 설명하는 민간투자 사업방식은?

> ㉠ 시설의 소유권은 시설의 준공과 함께 정부 등에 귀속
> ㉡ 사업시행자는 일정기간의 시설관리 운영권을 획득
> ㉢ 사업시행자는 시설의 최종수요자로부터 이용료를 징수하여 투자비를 회수
> ㉣ SOC시설 소유권을 민간에 넘기는 것이 부적절한 경우에 주로 사용

① BOT(build-operate-transfer)방식
② BTO(build-transfer-operate)방식
③ BLT(build-lease-transfer)방식
④ LBO(lease-build-operate)방식
⑤ BOO(build-own-operate)방식

15 부동산투자분석에 관한 내용으로 옳지 않은 것은?

① 동일한 현금흐름을 가지는 투자안이라도 투자자의 요구수익률에 따라 순현재가치는 달라질 수 있다.
② 서로 다른 내부수익률을 가지는 두 자산에 동시에 투자하는 투자안의 내부수익률은 각 자산의 내부수익률을 더한 것과 같다.
③ 동일한 투자안에 대해 내부수익률이 복수로 존재할 수 있다.
④ 내부수익률법에서는 내부수익률과 요구수익률을 비교하여 투자의사결정을 한다.
⑤ 투자규모에 차이가 나는 상호배타적인 투자안을 검토할 때, 순현재가치법과 수익성지수법을 통한 의사결정이 달라질 수 있다.

16 농지지역인 A지역이 1년 후에 신도시로 개발되면 토지가치가 8억 8천만원이 되고 그렇지 않으면 6억 6천만원이 된다고 하자. 이때 개발될 확률과 그렇지 않을 확률은 70%와 30%이며 요구수익률이 10%라 할 때, 투자자가 3천만원의 정보비용을 지출하였다면 투자자의 실현된 초과이윤은? (단, 다른 조건은 일정함)

① 2천만원 ② 3천만원
③ 6천만원 ④ 7천만원
⑤ 8천만원

17 우리나라 주거정책에 관한 설명으로 틀린 것은 몇 개인가?

> ㉠ 우리나라는 주거에 대한 권리를 인정하고 있지 않다.
> ㉡ 공공임대주택, 주거급여제도, 주택청약종합저축제도는 현재 우리나라에서 시행되고 있다.
> ㉢ 주택바우처는 저소득 임차가구에 주택임대료를 일부 지원해주는 소비자 보조방식의 일종으로 임차인의 주거지 선택을 용이하게 할 수 있다.
> ㉣ 주거급여법상 주거급여란 주거급여로서 주거안정에 필요한 임차료, 수선유지비, 그 밖의 수급품을 지급하는 것을 말한다.
> ㉤ 임대료를 균형가격 이하로 통제하면 민간임대주택의 공급량은 증가하고 질적 수준은 저하된다.

① 1개 ② 2개
③ 3개 ④ 4개
⑤ 5개

18 부동산 경기변동과 관련된 설명으로 옳은 것은?

① 부동산 경기변동은 도시별로 다르게 변동할 수 있지만, 같은 지역에서는 하위(부분)시장마다 동일한 경기변동 양상을 띤다.
② 양도소득세 중과 폐지 후 주택거래량 증가는 경기변동 요인 중 추세적 변동요인에 속한다.
③ 부동산 경기는 각 주기별 순환국면이 일정한 경향을 보인다.
④ 봄·가을의 반복적인 주택거래 건수 증가는 무작위적 변동요인에 속한다.
⑤ 일반적으로 거래량, 건축허가량, 미분양물량 등이 부동산 경기의 측정지표로 주로 사용된다.

19 부동산 시장의 효율성에 관한 설명으로 옳지 않은 것은? (단, 다른 조건은 고려하지 않음)
① 약성 효율적 시장은 현재의 시장가치가 과거의 추세를 충분히 반영하고 있는 시장이다.
② 준강성 효율적 시장은 어떤 새로운 정보가 공표되는 즉시 시장가치에 반영되는 시장이다.
③ 강성 효율적 시장은 공표된 것이건 공표되지 않은 것이건 어떠한 정보도 이미 시장가치에 반영되어 있는 시장이다.
④ 부동산 시장은 주식 시장이나 일반 상품시장보다 더 불완전하고 비효율적이므로 할당 효율적일 수 없다.
⑤ 부동산 시장의 제약조건을 극복하는 데 소요되는 거래비용이 타 시장보다 부동산 시장을 더 비효율적이게 하는 주요한 요인이다.

20 A도시와 B도시 사이에 C도시가 있다. 레일리(Reilly)의 소매인력법칙을 적용할 경우, C도시에서 A도시, B도시로 구매 활동에 유입되는 비율은? (단, C도시의 인구는 모두 A도시 또는 B도시에서 구매하고, 주어진 조건에 한함)

- A도시 인구수 : 45,000명
- B도시 인구수 : 20,000명
- C도시에서 A도시 간의 거리 : 36km
- C도시에서 B도시 간의 거리 : 18km

① A : 36%, B : 64% ② A : 38%, B : 62%
③ A : 40%, B : 60% ④ A : 42%, B : 58%
⑤ A : 44%, B : 56%

21 다음의 개발방식은?

- 대지로서의 효용증진과 공공시설의 정비를 목적으로 하며, 택지개발사업에 주로 활용되는 방식이다.
- 사업 후 개발토지 중 사업에 소요된 비용과 공공용지를 제외한 토지를 당초의 토지소유자에게 되돌려 주는 방식이다.
- 개발사업시 사업재원으로 확보해 놓은 토지를 체비지라고 한다.

① 환지방식 ② 신탁방식
③ 수용방식 ④ 매수방식
⑤ 합동방식

22 부동산분석기법에서 재무비율과 승수에 대한 설명 중 틀린 것은?
① 회계적 이익률법에서는 투자안의 회계적 이익률이 목표이익률보다 작은 투자안 중에서 회계적 이익률이 가장 작은 투자안을 선택한다.
② 대부비율이 100%이면 부채비율은 무한대이다.
③ 총소득승수의 역수는 총자산회전율이다.
④ 부채감당률이란 순영업소득이 부채서비스액의 몇 배가 되는가를 나타내는 비율이다.
⑤ 대부비율이 50%이면, 부채비율은 100%이다.

23 레버리지(leverage) 효과에 대한 다음의 설명 중 틀린 것은?
① 정(+)의 레버리지인 경우 투자금액 대비 융자비율(LTV)이 클수록 지렛대효과가 크다.
② 융자를 받아 아파트를 매수한 경우 차입금리보다 집값 상승률이 높아 양도차익을 보는 경우 또한 지렛대 효과로 볼 수 있다.
③ 중립적 레버리지란 부채비율이 변화해도 자기자본수익률은 변하지 않는 경우를 의미한다.
④ 정(+)의 레버리지효과를 예상하고 투자했을 때 부채비율이 커질수록 경기변동이나 금리변동에 따른 투자위험이 감소한다.
⑤ 총투자수익률보다 차입이자율이 낮다면 정(+)의 레버리지를 기대할 수 있다.

24 부동산 마케팅 전략에 관한 설명으로 틀린 것은?
① 시장점유마케팅 전략은 수요자 측면의 접근으로 목표시장을 선정하거나 시장점유율을 높이는 것을 말한다.
② 적응가격 전략이란 동일하거나 유사한 제품으로 다양한 수요자들의 구매를 유입하고, 구매량을 늘리도록 유도하기 위하여 가격을 다르게 하여 판매하는 것을 말한다.
③ 마케팅 믹스란 기업의 부동산 상품이 표적시장에 도달하기 위해 이용하는 마케팅에 관련된 여러 요소들의 조합을 말한다.
④ 시장세분화 전략이란 수요자 집단을 인구·경제적 특성에 따라 세분하고, 세분된 시장에서 상품의 판매지향점을 분명히 하는 것을 말한다.
⑤ 고객점유 전략은 소비자의 구매의사결정 과정의 각 단계에서 소비자와의 심리적인 접점을 마련하고 전달하려는 정보의 취지와 강약을 조절하는 것을 말한다.

25 다음은 매장의 매출액이 손익분기점 매출액 이하이면 기본임대료만 지급하고, 손익분기점 매출액 초과이면 초과매출액에 대하여 일정 임대료율을 적용한 추가임대료를 기본임대료에 가산하여 임대료를 지급하는 비율임대차(percentage lease) 방식의 임대차계약의 조건이다. 이 임대차계약에서 계약기간 동안 지급할 것으로 예상되는 임대료의 합계는? (단, 주어진 조건에 한함)

> ㉠ 계약기간: 1년(1월 ~ 12월)
> ㉡ 매장 임대면적: 200㎡
> ㉢ 임대면적당 기본임대료: 월 5만원/㎡
> ㉣ 손익분기점 매출액: 월 2,000만원
> ㉤ 각 월별 예상매출액
> 　 - 1월 ~ 7월: 8만원/㎡
> 　 - 8월 ~ 12월: 20만원/㎡
> ㉥ 손익분기점 초과시 초과매출액에 대한 임대료율: 10%

① 11,000만원　　② 11,500만원
③ 12,000만원　　④ 12,500만원
⑤ 13,000만원

26 원리금상환방식에 관한 설명으로 옳은 것은? (단, 다른 조건은 일정하다)

① 원금균등상환방식은 매기 이자상환액이 감소하는 만큼 원금상환액이 증가한다.
② 원금균등상환방식은 원리금균등상환방식에 비해 전체 대출기간 만료시 누적원리금상환액이 더 크다.
③ 대출실행시점에서 총부채상환비율(DTI)은 체증(점증)상환방식이 원금균등상환방식보다 더 작다.
④ 대출금을 조기상환하는 경우 원리금균등상환방식에 비해 원금균등상환방식의 잔액이 더 크다.
⑤ 체증(점증)상환방식은 대출잔액이 지속적으로 감소하므로 다른 상환방식에 비해 이자부담이 작다.

27 부동산 관리에 관하여 다음 설명과 모두 관련이 있는 것은?

> • 포트폴리오 관리 및 분석
> • 부동산 투자의 위험 관리
> • 재투자 · 재개발 과정 및 투자분석
> • 임대마케팅 시장분석

① 자산관리(asset management)
② 시설관리(facility management)
③ 부동산관리(property management)
④ 건설사업관리(construction management)
⑤ 임대차관리(leasing management)

28 다음은 주택저당채권의 유동화(liquidation of mortgage)에 관한 설명이다. 옳은 것은?

① 2차 저당시장이란 주택저당대출을 원하는 자금 수요자와 저당대부를 제공하는 금융기관으로 이루어지는 시장이다.
② 일반적으로 2차 저당시장에서 발행되는 유가증권은 주택대출금리보다 더 높은 금리를 갖는다.
③ 저당의 유동화는 주식시장과 같은 다른 자본시장의 침체시 자금흐름이 왜곡되는 것을 방지할 수 있는 제도적 장치로서 기능을 발휘한다.
④ 2차 저당시장이란 금융기관이 수취한 예금 등으로 주택담보대출을 제공하는 시장을 말한다.
⑤ 저당채권의 유동화는 금융기관의 유동성을 감소시킨다.

29 부동산 투자의 수익과 위험에 관한 설명으로 옳지 않은 것은?

① 다양한 자산들로 분산된 포트폴리오는 체계적 위험을 감소시킨다.
② 위험회피형 투자자는 위험 증가에 따른 보상으로 높은 기대수익률을 요구한다.
③ 동일한 자산들로 구성된 포트폴리오라도 자산들의 구성비중에 따라 포트폴리오의 수익과 위험이 달라진다.
④ 시장상황에 대한 자산가격의 민감도가 높을수록 수익률의 표준편차는 커진다.
⑤ 지분투자수익률은 지분투자자의 투자성과를 나타낸다.

30 다음 부동산 투자 타당성분석방법 중 할인기법을 모두 고른 것은?

> ㉠ 순현재가치법　　㉡ 내부수익률법
> ㉢ 현가회수기간법　㉣ 회계적수익률법

① ㉠, ㉡　　② ㉡, ㉢
③ ㉠, ㉡, ㉢　④ ㉠, ㉢, ㉣
⑤ ㉡, ㉢, ㉣

31 시장상황별 추정 수익률의 예상치가 다음과 같은 투자자산의 분산은?

시장상황	수익률	확률
호 황	20%	0.6
불 황	10%	0.4

① 0.0012　　② 0.0014
③ 0.0024　　④ 0.0048
⑤ 0.0096

32 부동산 투자 의사결정방법에 관한 설명으로 옳은 것은?

① 수익성지수법은 투자된 현금유출의 현재가치를 이 투자로부터 발생되는 현금유입의 현재가치로 나눈 것이다.
② 회계적 이익률법에서는 상호배타적인 투자안일 경우에 목표이익률보다 큰 투자안 중에서 회계적 이익률이 가장 큰 투자안을 선택한다.
③ 순현가법은 화폐의 시간가치를 고려하지 않는 방법으로 순현가가 "0"보다 작으면 그 투자안을 기각한다.
④ 내부수익률은 투자안의 순현가를 "0"으로 만드는 할인율을 의미하며, 투자대안으로부터 기대되는 요구수익률을 의미한다.
⑤ 회수기간법은 화폐의 시간적 가치를 고려하지 않는 방법으로, 회수기간이 보다 짧은 투자안을 기각하는 투자결정법이다.

33 사업주(sponsor)가 특수목적회사인 프로젝트 회사를 설립하여 프로젝트 금융을 활용하는 경우에 관한 설명으로 옳은 것은? (단, 프로젝트 회사를 위한 별도의 보증이나 담보 제공은 없음)

① 프로젝트 사업의 자금은 차주가 임의로 관리한다.
② 사업주의 재무상태표에 해당 부채가 표시된다.
③ 분양형 개발사업의 핵심 상환재원은 준공 이후 발생하는 임대료·관리비 등의 영업현금흐름이다.
④ 일정한 요건을 갖춘 명목상 프로젝트 회사는 법인세 감면을 받을 수 있다.
⑤ 프로젝트 금융의 상환재원은 사업주의 모든 자산을 기반으로 한다.

34 다음의 조건을 가진 오피스텔의 대부비율(LTV)은? (단, 연간 기준이며, 주어진 조건에 한함)

㉠ 순영업소득 4,000만원
㉡ 매매가격 4억원
㉢ 부채감당률 2
㉣ 저당상수 0.1

① 20%   ② 30%
③ 40%   ④ 50%
⑤ 60%

35 감정평가에 관한 규칙상 시장가치기준에 관한 설명으로 틀린 것은?

① 대상물건에 대한 감정평가액은 원칙적으로 시장가치를 기준으로 결정한다.
② 감정평가법인등은 법령에 다른 규정이 있는 경우에는 대상물건의 감정평가액을 시장가치 외의 가치를 기준으로 결정할 수 있다.
③ 감정평가법인등은 대상물건의 특성에 비추어 사회통념상 필요하다고 인정되는 경우에는 대상물건의 감정평가액을 시장가치 외의 가치를 기준으로 결정할 수 있다.
④ 감정평가법인등은 감정평가 의뢰인이 요청하여 시장가치 외의 가치를 기준으로 감정평가할 때에는 해당 시장가치 외의 가치의 성격과 특징을 검토하지 않는다.
⑤ 감정평가법인등은 시장가치 외의 가치를 기준으로 하는 감정평가의 합리성 및 적법성이 결여(缺如)되었다고 판단할 때에는 의뢰를 거부하거나 수임(受任)을 철회할 수 있다.

36 다음과 같은 조건에서 대상부동산의 수익환원법에 의한 감정평가액은?

㉠ 유효총소득 5,000만원
㉡ 영업경비 2,000만원
㉢ 토지와 건물의 가격구성비 5:5
㉣ 자본수익률 5%
㉤ 잔존내용연수 50년
㉥ 자본회수방법은 직선법에 의할 것

① 450,000,000원   ② 470,000,000원
③ 490,000,000원   ④ 500,000,000원
⑤ 550,000,000원

37 현재 대상부동산의 가치는 3억원이다. 향후 1년 동안 예상되는 현금흐름이 다음 자료와 같을 경우, 대상부동산의 자본환원율(종합환원율)은? (단, 가능총소득에는 기타소득이 포함되어 있지 않고, 주어진 조건에 한함)

• 가능총소득 : 20,000,000원
• 기타소득 : 1,000,000원
• 공실손실상당액 : 3,000,000원
• 영업경비 : 4,500,000원

① 4.0%   ② 4.5%
③ 5.5%   ④ 6.0%
⑤ 6.5%

38 감정평가에 관한 규칙상 주된 평가방법으로 수익환원법을 적용해야 하는 것은 모두 몇 개인가?

┌─────────────────────────────────┐
│ ㉠ 광업재단   ㉡ 상표권   │
│ ㉢ 영업권   ㉣ 전용측선이용권│
│ ㉤ 과수원   ㉥ 특허권   │
└─────────────────────────────────┘

① 2개 ② 3개
③ 4개 ④ 5개
⑤ 6개

39 부동산 가격의 제원칙에 관한 내용으로 옳지 않은 것은?

① 부동산의 가격이 대체·경쟁관계에 있는 유사한 부동산의 영향을 받아 형성되는 것은 대체의 원칙에 해당된다.
② 부동산의 가격이 경쟁을 통해 초과이윤이 없어지고 적합한 가격이 형성되는 것은 경쟁의 원칙에 해당된다.
③ 부동산의 가격이 부동산을 구성하고 있는 각 요소가 기여하는 정도에 영향을 받아 형성되는 것은 기여의 원칙에 해당된다.
④ 부동산의 가격이 내부적인 요인에 의하여 긍정적 또는 부정적 영향을 받아 형성되는 것은 적합의 원칙에 해당된다.
⑤ 부동산 가격의 제원칙은 최유효이용의 원칙을 상위원칙으로 하나의 체계를 형성하고 있다.

40 다음 자료를 활용하여 공시지가기준법으로 산정한 대상토지의 가액(원/m²)은? (단, 주어진 조건에 한함)

- 대상토지: A시 B구 C동 320번지, 일반상업지역
- 기준시점: 2024.10.30.
- 비교표준지: A시 B구 C동 300번지, 일반상업지역, 2024.01.01. 기준 공시지가 10,000,000원/m²
- 지가변동률(A시 B구, 2024.01.01. ~ 2024.10.30.): 상업지역 5% 상승
- 지역요인: 대상토지와 비교표준지의 지역요인은 동일함
- 개별요인: 대상토지는 비교표준지에 비해 가로조건 10% 우세, 환경조건 20% 열세하고, 다른 조건은 동일함(상승식으로 계산할 것)
- 그 밖의 요인 보정치: 1.50

① 9,240,000원 ② 11,340,000원
③ 13,860,000원 ④ 17,010,000원
⑤ 20,790,000원

민법·민사특별법

41 乙은 대리권 없이 甲을 위하여 甲소유의 X토지를 丙에게 매도하였다. 이에 관한 설명으로 옳지 않은 것은? (다툼이 있으면 판례에 따름)

① 乙이 丙으로부터 받은 매매대금을 甲이 수령한 경우, 특별한 사정이 없는 한 甲은 위 매매계약을 추인한 것으로 본다.
② 甲이 乙을 상대로 위 매매계약의 추인을 한 경우, 그 사실을 丙이 안 때에는 甲은 丙에게 추인의 효력을 주장할 수 있다.
③ 甲을 단독상속한 乙이 자신의 매매행위가 무효임을 주장하는 것은 신의칙에 반하여 허용되지 않는다.
④ 丙이 甲에게 기간을 정하여 그 추인 여부의 확답을 최고하였으나 甲이 기간 내에 확답을 발송하지 않으면 추인은 거절한 것으로 본다.
⑤ 甲이 추인을 하더라도 丙은 乙을 상대로 무권대리인의 책임에 따른 손해배상을 청구할 수 있다.

42 불공정한 법률행위에 관한 설명으로 틀린 것은? (다툼이 있으면 판례에 따름)

① 불공정한 법률행위에는 무효행위의 전환에 관한 법리가 적용될 수 없다.
② 경락대금과 목적물의 시가에 현저한 차이가 있는 경우에도 불공정한 법률행위가 성립할 수 없다.
③ 급부와 반대급부 사이에 현저한 불균형이 있는 경우, 원칙적으로 그 법률행위 전부가 무효이다.
④ 대리인에 의한 법률행위에서 궁박은 본인을 기준으로 판단한다.
⑤ 계약의 피해당사자가 급박한 곤궁 상태에 있었더라도 그 상대방에게 폭리행위의 악의가 없었다면 불공정한 법률행위는 성립하지 않는다.

43 통정허위표시에 관한 설명으로 옳지 않은 것은? (다툼이 있으면 판례에 따름)

① 가장양수인으로부터 소유권이전등기청구권 보전을 위한 가등기를 경료받은 자는 특별한 사정이 없는 한 선의로 추정된다.
② 가장행위가 무효이더라도 당연히 은닉행위도 무효가 되는 것은 아니다.
③ 통정허위표시로서 의사표시가 무효라고 주장하는 자는 그 무효사유에 해당하는 사실을 증명할 책임이 있다.
④ 통정허위표시가 성립하기 위해서는 표의자의 진의와 표시의 불일치에 관하여 상대방과의 사이에 합의가 있어야 한다.
⑤ 가장근저당권설정계약이 유효하다고 믿고 그 피담보채권을 가압류한 자는 통정허위표시의 무효로 대항할 수 없는 제3자에 해당하지 않는다.

44 착오에 의한 의사표시에 관한 설명으로 옳지 않은 것은? (다툼이 있으면 판례에 따름)

① 토지매매에 있어서 특별한 사정이 없는 한, 매수인이 측량을 통하여 매매목적물이 지적도상의 그것과 정확히 일치하는지 확인하지 않은 경우 중대한 과실이 인정된다.
② 상대방이 표의자의 진의에 동의한 경우 표의자는 착오를 이유로 의사표시를 취소할 수 없다.
③ 상대방에 의해 유발된 동기의 착오는 동기가 표시되지 않았더라도 중요부분의 착오가 될 수 있다.
④ 상대방이 표의자의 착오를 알면서 이용한 경우에는 착오가 표의자의 중대한 과실로 인한 것이더라도 표의자는 착오에 의한 의사표시를 취소할 수 있다.
⑤ 제3자의 기망행위에 의해 표시상의 착오에 빠진 경우에 사기가 아닌 착오를 이유로 의사표시를 취소할 수 있다.

45 甲은 토지거래허가구역 내에 있는 자신의 X토지에 대해 허가를 받을 것을 전제로 乙에게 매도하는 계약을 체결하였으나 아직 허가는 받지 않은 상태이다. 이에 관한 설명으로 옳지 않은 것은? (다툼이 있으면 판례에 따름)

① 乙은 甲에게 계약의 이행을 청구할 수 없다.
② 甲이 토지거래허가신청절차에 협력하지 않는 경우, 乙은 이를 이유로 계약을 해제할 수 있다.
③ 토지거래허가구역 지정이 해제된 경우, 특별한 사정이 없는 한 위 매매계약은 확정적으로 유효하다.
④ 甲과 乙이 토지거래허가를 받으면 위 매매계약은 소급해서 유효로 되므로 허가 후에 새로 매매계약을 체결할 필요는 없다.
⑤ 甲의 사기에 의하여 위 매매계약이 체결된 경우, 乙은 토지거래허가를 신청하기 전이라도 甲의 사기를 이유로 매매계약을 취소할 수 있다.

46 강행법규에 위반한 법률행위에 관한 설명으로 옳은 것은? (다툼이 있으면 판례에 따름)

① 강행법규에 위반한 자가 스스로 그 약정의 무효를 주장하는 것은 특별한 사정이 없는 한 신의칙에 반한다.
② 형사사건에 대한 의뢰인과 변호사의 성공보수약정은 강행법규위반으로서 무효일 뿐 반사회적 법률행위는 아니다.
③ 부동산을 등기하지 않고 순차적으로 매도하는 중간생략등기합의는 강행법규에 위반하여 무효이다.
④ 개업공인중개사가 중개의뢰인과 직접 거래하는 행위를 금지하는 공인중개사법 규정은 강행규정이 아니라 단속규정이다.
⑤ 강행법규를 위반하여 무효인 계약에 대해서는 그 상대방의 선의, 무과실에 따라 표현대리 법리가 적용된다.

47 甲의 임의대리인 乙은 甲의 승낙을 얻어 복대리인 丙을 선임하였다. 이에 관한 설명으로 옳은 것은? (다툼이 있으면 판례에 따름)

① 丙은 乙의 대리인이 아니라 甲의 대리인이다.
② 乙의 대리권은 丙의 선임으로 소멸한다.
③ 丙의 대리권은 특별한 사정이 없는 한 乙이 사망하더라도 소멸하지 않는다.
④ 丙은 甲의 지명이나 승낙 기타 부득이한 사유가 없더라도 복대리인을 선임할 수 있다.
⑤ 만약 甲의 지명에 따라 丙을 선임한 경우, 乙은 甲에게 그 부적임을 알고 통지나 해임을 하지 않더라도 책임이 없다.

48 권한을 넘은 표현대리에 관한 설명으로 옳지 않은 것은? (다툼이 있으면 판례에 따름)

① 권한을 넘은 표현대리에 관한 규정은 법정대리에도 적용된다.
② 대리인이 그 권한 외의 법률행위를 한 경우, 대리인에게 그 권한이 있다고 상대방이 믿을 만한 정당한 이유가 있는지 여부는 대리행위 당시를 기준으로 결정해야 한다.
③ 복대리인 선임권이 없는 대리인에 의하여 선임된 복대리인의 권한은 기본대리권이 될 수 없다.
④ 대리권소멸 후의 표현대리가 인정되는 경우, 그 표현대리의 권한을 넘은 대리행위가 있을 때에는 권한을 넘은 표현대리가 성립할 수 있다.
⑤ 대리행위의 표시를 하지 아니하고 자기가 본인인 것처럼 기망하여 본인 명의로 직접 법률행위를 한 경우, 특별한 사정이 없는 한 권한을 넘은 표현대리는 성립할 수 없다.

49 미성년자 甲은 자신의 자전거를 乙에게 매도하는 계약을 체결하였고 甲은 미성년자임을 이유로 계약을 취소하려고 한다. 이에 관한 설명으로 옳지 않은 것은? (다툼이 있으면 판례에 따름)

① 甲은 계약을 취소하면 그가 악의인 경우에도 그 현존이익의 한도에서 상환할 책임이 있다.
② 甲은 법정대리인의 동의 없이 단독으로 계약을 취소할 수 있다.
③ 甲의 취소권의 행사기간은 법원의 직권조사사항이다.
④ 甲의 법정대리인이 취소할 수 있는 법률행위를 추인하는 경우, 그 추인은 취소의 원인이 소멸된 후에 하여야만 효력이 있다.
⑤ 甲의 취소권은 추인할 수 있는 날로부터 3년 내에, 법률행위를 한 날로부터 10년 내에 행사하여야 한다.

50 법률행위의 조건에 관한 설명으로 옳은 것은? (다툼이 있으면 판례에 따름)

① 법률행위에 조건이 붙어 있는지 여부는 사실인정의 문제로서 그 조건의 존재를 주장하는 자가 이를 증명하여야 한다.
② 조건의 성취가 미정한 권리의무는 일반규정에 의하여 담보로 할 수 없다.
③ 법률행위 당시 이미 성취된 조건을 해제조건으로 하는 법률행위는 조건 없는 법률행위이다.
④ 법률행위 당시 조건이 이미 성취된 경우, 그 조건이 정지조건이면 그 법률행위는 무효이다.
⑤ 해제조건이 선량한 풍속 기타 사회질서에 위반한 것인 때에는 특별한 사정이 없는 한 조건 없는 법률행위로 된다.

51 물권변동에 관한 설명으로 옳지 않은 것은? (다툼이 있으면 판례에 따름)

① 별도의 공시방법을 갖추면 토지 위에 식재된 입목을 그 토지와 독립하여 거래의 객체로 할 수 있다.
② 지역권은 20년간 행사하지 않으면 시효로 소멸한다.
③ 취득시효에 의한 소유권취득의 효력은 점유를 개시한 때로 소급한다.
④ 부동산 공유자가 자기 지분을 포기한 경우, 그 지분은 이전등기 없이도 다른 공유자에게 각 지분의 비율로 귀속된다.
⑤ 공유물분할의 조정절차에서 협의에 의하여 조정조서가 작성되더라도 그 즉시 공유관계가 소멸하지는 않는다.

52 등기의 추정력에 관한 설명으로 옳지 않은 것은? (다툼이 있으면 판례에 따름)

① 소유권이전등기의 원인으로 주장된 계약서가 진정하지 않은 것으로 증명되었다면 그 등기의 적법추정은 복멸된다.
② 소유권이전청구권 보전을 위한 가등기가 있으면 소유권이전등기를 청구할 어떤 법률관계가 있다고 추정된다.
③ 신축된 건물은 소유권보존등기의 명의자가 이를 신축한 것이 아니라면 그 보존등기의 권리 추정력은 깨어진다.
④ 토지에 대한 소유권보존등기의 추정력은 그 보존등기 명의인 이외의 자가 당해 토지를 사정받은 것으로 밝혀지면 깨어진다.
⑤ 등기가 원인 없이 말소된 경우 그 회복등기가 마쳐지기 전이라도 말소된 등기의 등기명의인은 적법한 권리자로 추정된다.

53 점유에 관한 설명으로 옳지 않은 것은? (다툼이 있으면 판례에 따름)

① 건물 공유자 중 일부만이 당해 건물을 점유하고 있는 경우에는 그 건물의 부지는 건물 공유자 전원이 공동으로 점유하는 것으로 볼 수 없다.
② 선의의 점유자라도 본권에 관한 소에 패소한 때에는 그 소가 제기된 때로부터 악의의 점유자로 본다.
③ 선의의 점유자에게 과실취득권이 있다는 이유만으로 불법행위로 인한 손해배상책임이 배제되지는 않는다.
④ 진정한 소유자가 점유자를 상대로 소유권이전등기의 말소청구소송을 제기하여 점유자의 패소가 확정된 경우, 그 소가 제기된 때부터 점유자의 점유는 악의의 점유로 전환된다.
⑤ 악의의 점유자는 과실(過失)로 인하여 과실(果實)을 훼손한 경우 그 대가를 보상하여야 한다.

54 지상권에 관한 설명으로 옳지 않은 것은? (다툼이 있으면 판례에 따름)

① 지상권자는 지상권을 유보한 채 지상물 소유권만을 양도할 수 있고, 지상물 소유권을 유보한 채 지상권만을 양도할 수도 있다.
② 나대지(裸垈地)에 저당권을 설정하면서 그 대지의 담보가치를 유지하기 위해 무상의 지상권을 설정하고 채무자로 하여금 그 대지를 사용하도록 한 경우, 제3자가 그 대지를 무단으로 점유·사용한 것만으로는 특별한 사정이 없는 한 지상권자는 그 제3자에게 지상권침해를 이유로 손해배상을 청구할 수 없다.
③ 지료연체를 이유로 한 지상권 소멸청구에 의해 지상권이 소멸한 경우, 지상권자는 지상물에 대한 매수청구권을 행사할 수 없다.
④ 담보가등기가 마쳐진 나대지(裸垈地)에 그 소유자가 건물을 신축한 후 그 가등기에 기한 본등기가 경료되어 대지와 건물의 소유자가 달라진 경우, 특별한 사정이 없는 한 관습상 법정지상권이 성립된다.
⑤ 법정지상권을 취득한 건물소유자가 법정지상권의 설정등기를 경료함이 없이 건물을 양도하는 경우, 특별한 사정이 없는 한 토지소유자는 건물의 양수인을 상대로 건물의 철거를 청구할 수 없다.

55 부동산 소유권의 점유취득시효에 관한 설명으로 옳지 않은 것은? (다툼이 있으면 판례에 따름)

① 취득시효기간이 진행하는 중에 등기명의인이 변동된 경우, 취득시효기간의 기산점을 임의로 선택하거나 소급하여 20년 이상 점유한 사실만을 내세워 시효완성을 주장할 수 없다.
② 취득시효가 완성되기 전에 등기명의인이 바뀐 경우에는 시효완성자는 취득시효완성 당시의 등기명의인에게 취득시효를 주장할 수 있다.
③ 취득시효완성 후 등기명의인이 변경되면 설사 등기원인이 취득시효 완성 전에 존재하였더라도, 시효완성자는 변경된 등기명의인에게 취득시효를 주장할 수 없다.
④ 시효완성자는 취득시효완성에 따른 등기를 하지 않더라도 시효완성 당시의 등기명의인에 대하여 취득시효를 주장할 수 있다.
⑤ 취득시효완성 후 등기명의인이 바뀐 경우, 등기명의가 바뀐 시점으로부터 다시 취득시효기간이 경과하더라도 취득시효완성을 주장할 수 없다.

56 민법상 합유에 관한 설명으로 옳은 것은? (특약은 없으며, 다툼이 있으면 판례에 따름)

① 합유자의 권리는 합유물 전부에 미치지 않는다.
② 합유자는 합유물의 분할을 청구할 수 있다.
③ 합유자 중 1인이 사망하면 그의 상속인이 합유자의 지위를 승계하지 않는다.
④ 합유물의 보존행위는 합유자 각자가 할 수 없다.
⑤ 합유자는 그 전원의 동의 없이 합유지분을 처분할 수 있다.

57 물권적 청구권에 관한 설명으로 옳지 않은 것은? (다툼이 있으면 판례에 따름)

① 지역권자는 지역권을 방해하는 자에 대하여 방해의 제거를 청구할 수 있다.
② 간접점유자는 제3자의 점유침해에 대하여 물권적 청구권을 행사할 수 있다.
③ 직접점유자가 임의로 점유를 타인에게 양도한 경우에는 그 점유이전의 간접점유자의 의사에 반하더라도 간접점유자의 점유가 침탈된 경우에 해당하지 않는다.
④ 부동산 양도담보의 피담보채무가 전부 변제되었음을 이유로 양도담보설정자가 행사하는 소유권이전등기말소청구권은 소멸시효에 걸린다.
⑤ 민법 제205조 제2항이 정하는 점유물방해제거청구권의 행사를 위한 '1년의 제척기간'은 출소기간이다.

58 법정지상권이 성립하는 경우를 모두 고른 것은? (특별한 사정은 없고, 다툼이 있으면 판례에 따름)

㉠ X토지에 저당권을 설정한 甲이 저당권자 乙의 동의를 얻어 Y건물을 신축하였으나 저당권 실행 경매에서 丙이 X토지의 소유권을 취득한 경우
㉡ 甲소유의 X토지와 그 지상건물에 공동저당권이 설정된 후 지상건물을 철거하고 Y건물을 신축하였고 저당권의 실행으로 X토지의 소유자가 달라진 경우
㉢ X토지를 소유하는 甲이 乙과 함께 그 지상에 Y건물을 신축·공유하던 중 X토지에 저당권을 설정하였고 저당권 실행 경매에서 丙이 X토지의 소유권을 취득한 경우

① ㉠
② ㉢
③ ㉠, ㉡
④ ㉡, ㉢
⑤ ㉠, ㉡, ㉢

59 지역권에 관한 설명으로 옳지 않은 것은? (다툼이 있으면 판례에 따름)

① 통행지역권의 점유취득시효는 승역지 위에 도로를 설치하여 늘 사용하는 객관적 상태를 전제로 한다.
② 요역지의 공유자 중 1인이 지역권을 취득한 때에는 다른 공유자도 이를 취득한다.
③ 요역지의 공유자 중 1인에 의한 지역권소멸시효의 중단은 다른 공유자에게는 효력이 없다.
④ 점유로 인한 지역권취득기간의 중단은 지역권을 행사하는 모든 공유자에 대한 사유가 아니면 그 효력이 없다.
⑤ 통행지역권을 시효취득한 요역지 소유자는 특별한 사정이 없는 한 승역지에 대한 도로 설치 및 사용에 의하여 승역지 소유자가 입은 손해를 보상하여야 한다.

60 전세권에 관한 설명으로 옳은 것은? (다툼이 있으면 판례에 따름)

① 전세권이 성립한 후 목적물의 소유권이 이전되더라도 전세금반환채무가 당연히 신소유자에게 이전되는 것은 아니다.
② 전세권의 존속기간이 시작되기 전에 마친 전세권설정등기는 특별한 사정이 없는 한 그 기간이 시작되기 전에는 무효이다.
③ 전세권을 설정하는 때에는 전세금이 반드시 현실적으로 수수되어야 한다.
④ 건물의 일부에 전세권이 설정된 경우 전세권의 목적물이 아닌 나머지 부분에 대해서도 경매를 신청할 수 있다.
⑤ 전세권자가 통상의 필요비를 지출한 경우 그 비용의 상환을 청구하지 못한다.

61 유치권에 관한 설명으로 옳은 것은? (다툼이 있으면 판례에 따름)

① 피담보채권이 존재한다면 타인의 물건에 대한 점유가 불법행위로 인한 것인 때에도 유치권이 성립한다.
② 유치권자가 유치물 소유자의 승낙 없이 유치물을 임대한 경우, 특별한 사정이 없는 한 유치물의 소유자는 유치권의 소멸을 청구할 수 없다.
③ 목적물에 대한 점유를 상실한 경우, 유치권자가 점유회수의 소를 제기하여 점유를 회복할 수 있다는 것만으로는 유치권이 인정되지 않는다.
④ 채무자를 직접점유자로 하여 채권자가 간접점유를 하였더라도 채권자는 유효하게 유치권을 취득할 수 있다.
⑤ 저당물의 제3취득자가 저당물의 개량을 위하여 유익비를 지출한 때에는 민법 제367조에 의한 비용상환청구권을 피담보채권으로 삼아 유치권을 행사할 수 있다.

62 甲은 乙에게 1억원을 대여하면서 乙 소유의 Y건물에 저당권을 취득하였다. 다음 설명 중 틀린 것을 모두 고른 것은? (다툼이 있으면 판례에 따름)

> ㉠ 乙이 甲에게 피담보채권 전부를 변제한 경우, 甲의 저당권은 말소등기를 하여야 소멸한다.
> ㉡ 甲은 Y건물의 소실로 인하여 乙이 취득한 화재보험금청구권에 대하여 물상대위권을 행사할 수 없다.
> ㉢ 甲은 저당권을 피담보채권과 분리하여 제3자에게 양도할 수 있다.

① ㉠ ② ㉡ ③ ㉠, ㉡
④ ㉡, ㉢ ⑤ ㉠, ㉡, ㉢

63 시효취득의 대상이 아닌 것은? (다툼이 있으면 판례에 따름)

① 지상권
② 저당권
③ 소유권
④ 계속되고 표현된 지역권
⑤ 동산질권

64 민법상 계약 성립에 관한 설명으로 옳은 것은? (다툼이 있으면 판례에 따름)

① 청약은 불특정 다수인을 상대로 할 수 없다.
② 청약은 특별한 사정이 없는 한 철회할 수 있다.
③ 격지자 간의 계약은 다른 의사표시가 없으면 승낙의 통지가 도달한 때에 성립한다.
④ 청약자가 청약의 의사표시를 발송한 후 제한능력자가 되면 청약의 효력은 상실된다.
⑤ 청약자가 청약에 "일정기간 내에 이의를 제기하지 않으면 승낙한 것으로 본다."는 뜻을 표시한 경우, 이의 없이 그 기간이 지나도 그 계약은 성립하지 않는다.

65 계약에 관한 설명으로 옳은 것을 모두 고른 것은? (다툼이 있으면 판례에 따름)

㉠ 어느 일방이 교섭단계에서 계약이 확실하게 체결되리라는 정당한 기대 내지 신뢰를 부여하여 상대방이 그 신뢰에 따라 행동하였음에도 상당한 이유 없이 계약의 체결을 거부하여 손해를 입혔다면 불법행위를 구성할 수 있다.
㉡ 관습에 의하여 승낙의 의사표시가 필요하지 아니한 경우, 계약의 성립시기는 청약자가 승낙의 의사표시로 인정되는 사실을 알게 된 때이다.
㉢ 승낙기간을 정하지 아니한 계약의 청약을 한 자가 상당한 기간 내에 승낙의 통지를 받은 때에는 계약이 성립한다.
㉣ 목적이 불능인 계약을 체결할 때에 그 불능을 알 수 있었을 자는 상대방이 그 불능을 알 수 있었더라도 이행이익을 넘지 않은 한도에서 상대방에게 신뢰이익을 배상하여야 한다.

① ㉠, ㉡
② ㉠, ㉢
③ ㉡, ㉣
④ ㉠, ㉢, ㉣
⑤ ㉡, ㉢, ㉣

66 甲은 그 소유의 X주택을 乙에게 매도하기로 약정하였는데, 인도와 소유권이전등기를 마치기 전에 X주택이 소실되었다. 이에 관한 설명으로 옳지 않은 것은? (다툼이 있으면 판례에 따름)

① X주택이 乙의 과실로 소실된 경우, 甲은 乙에게 대금지급을 청구할 수 있다.
② X주택이 甲의 과실로 소실된 경우, 乙은 甲에게 이행불능에 따른 손해배상을 청구할 수 있다.
③ X주택이 불가항력으로 소실된 경우, 甲은 乙에게 대금지급을 청구할 수 없다.
④ 乙의 수령지체 중에 X주택이 甲과 乙에게 책임 없는 사유로 소실된 경우, 甲은 乙에게 대금지급을 청구할 수 없다.
⑤ 乙이 이미 대금을 지급하였는데 X주택이 불가항력으로 소실된 경우, 乙은 甲에게 부당이득을 이유로 대금의 반환을 청구할 수 있다.

67 동시이행관계가 인정되는 것을 모두 고른 것은? (특별한 사정이 없고, 다툼이 있으면 판례에 따름)

㉠ 매매계약상 매도인의 소유권이전의무가 이행불능이 되어 생긴 손해배상채무와 매수인의 대금지급채무
㉡ 매매계약상 매도인의 소유권이전의무와 매수인의 대금지급의무 중 어느 하나를 선이행의무로 약정한 경우, 각 의무의 이행기가 모두 지난 후의 쌍방의 의무
㉢ 근저당권 실행을 위한 경매가 무효로 되어 근저당권자가 채무자인 소유자를 대위하여 낙찰자에 대한 소유권이전등기말소청구권을 행사하는 경우, 낙찰자의 소유권이전등기말소의무와 근저당권자의 배당금반환의무

① ㉠
② ㉡
③ ㉠, ㉡
④ ㉡, ㉢
⑤ ㉠, ㉡, ㉢

68 甲(요약자)과 乙(낙약자)은 丙을 수익자로 하는 제3자를 위한 계약을 체결하였다. 다음 설명 중 옳은 것은? (다툼이 있으면 판례에 따름)

① 甲은 대가관계의 부존재를 이유로 자신이 기본관계에 기하여 乙에게 부담하는 채무의 이행을 거부할 수 있다.
② 甲과 乙 간의 계약이 해제된 경우, 乙은 丙에게 급부한 것이 있다면 丙을 상대로 부당이득반환을 청구할 수 있다.
③ 丙이 수익의 의사표시를 한 후 甲이 乙의 채무불이행을 이유로 계약을 해제하면, 丙은 乙에게 그 채무불이행으로 자기가 입은 손해의 배상을 청구할 수 없다.
④ 甲과 乙 간의 계약이 甲의 착오로 취소된 경우, 丙은 착오취소로써 대항할 수 없는 제3자의 범위에 속하지 않는다.
⑤ 수익의 의사표시를 한 丙은 甲에게 그 이행을 청구할 수 있다.

69 계약의 해제와 해지에 관한 설명으로 옳은 것은? (다툼이 있으면 판례에 따름)

① 해지의 의사표시는 도달되더라도 철회할 수 있으나 해제의 의사표시는 철회할 수 없다.
② 채무불이행을 원인으로 계약을 해제하면 그와 별도로 손해배상을 청구하지 못한다.
③ 당사자 일방이 2인인 경우, 특별한 사정이 없는 한 그 중 1인의 해제권이 소멸하더라도 다른 당사자의 해제권은 소멸하지 않는다.
④ 당사자 사이에 별도의 약정이 없는 한 합의해지로 인하여 반환할 금전에는 그 받은 날로부터의 이자를 더하여 지급할 의무가 없다.
⑤ 소유권이전등기의무의 이행불능을 이유로 매매계약을 해제하기 위해서는 그와 동시이행관계에 있는 잔대금지급의무의 이행제공이 필요하다.

70 매매의 일방예약에 관한 설명으로 틀린 것은? (다툼이 있으면 판례에 따름)

> ㉠ 매매의 일방예약은 상대방이 매매를 완결할 의사를 표시하는 때에 매매의 효력이 생긴다.
> ㉡ 예약완결권은 형성권이다.
> ㉢ 매매예약이 성립한 이후 상대방의 예약완결권 행사 전에 목적물이 전부 멸실되어 이행불능이 된 경우에도 예약완결권을 행사할 수 있다.
> ㉣ 예약완결권은 당사자 사이에 그 행사기간을 약정하지 않은 경우 그 예약이 성립한 날로부터 5년 내에 이를 행사하여야 한다.

① ㉠, ㉡
② ㉡, ㉢
③ ㉢, ㉣
④ ㉠, ㉢
⑤ ㉡, ㉣

71 계약에 관한 설명으로 틀린 것은? (다툼이 있으면 판례에 의함)

① 환매특약은 매매계약과 동시에 이루어져야 한다.
② 승낙자가 청약에 대해 조건을 붙여 승낙한 때에는 청약을 거절하고 새로 청약한 것으로 본다.
③ 매매목적물을 인도하기 전에 매수인이 매매대금을 모두 지급하였더라도 그 이후의 과실수취권은 매도인에게 있다.
④ 매매계약이 취소되어 효력을 상실하면 그에 부수하는 환매특약도 효력을 상실한다.
⑤ 청약은 구체적·확정적 의사표시이어야 한다.

72 매도인의 담보책임에 관한 설명으로 옳은 것을 모두 고른 것은? (다툼이 있으면 판례에 따름)

> ㉠ 변제기에 이르지 않은 채권의 매도인이 채무자의 자력을 담보한 경우, 변제기의 자력을 담보한 것으로 추정한다.
> ㉡ 매매의 목적 부동산에 설정된 저당권 행사로 매수인이 그 소유권을 취득할 수 없는 경우, 저당권 설정 사실에 관하여 악의의 매수인은 그 입은 손해의 배상을 청구할 수 없다.
> ㉢ 매매의 목적이 된 권리가 타인에게 속하여 매도인이 그 권리를 취득한 후 매수인에게 이전할 수 없는 때에는 매수인이 계약 당시 그 권리가 매도인에게 속하지 아니함을 알았더라도 손해배상을 청구할 수 있다.

① ㉠
② ㉡
③ ㉢
④ ㉠, ㉡
⑤ ㉡, ㉢

73 다음 중 과실(過失)이 있는 경우에만 인정되는 것은?

① 임차인의 차임감액청구권
② 전세권설정자의 부속물매수청구권
③ 물건의 하자로 인한 매도인의 담보책임
④ 이행불능으로 인한 계약해제권과 손해배상청구권
⑤ 건물 소유를 목적으로 하는 토지임대차에 있어 임차인의 임대인에 대한 건물매수청구권

74 甲은 건물 소유를 목적으로 乙 소유의 X토지를 임차한 후, 그 지상에 Y건물을 신축하여 소유하고 있다. 위 임대차계약이 종료된 후, 甲이 乙에게 Y건물에 관하여 지상물매수청구권을 행사하는 경우에 관한 설명으로 옳은 것은? (다툼이 있으면 판례에 따름)

① 특별한 사정이 없는 한 Y건물이 미등기 무허가건물이라면 매수청구권의 대상이 될 수 없다.
② 임대차기간이 만료되면 甲이 Y건물을 철거하기로 한 약정은 특별한 사정이 없는 한 유효하다.
③ Y건물이 X토지와 제3자 소유의 토지 위에 걸쳐서 건립되었다면, 甲은 Y건물 전체에 대하여 매수청구를 할 수 없다.
④ 甲의 차임연체를 이유로 임대차계약이 해지된 경우, 甲은 매수청구권을 행사할 수 있다.
⑤ 甲이 적법하게 매수청구권을 행사한 후에도 Y건물의 점유·사용을 통하여 X토지를 계속하여 점유·사용하였다면, 甲은 乙에게 X토지 임료 상당액의 부당이득반환 의무를 지지 않는다.

75 甲 소유의 X주택에 대하여 乙은 甲과 임대차계약을 체결한 다음 즉시 대항요건을 갖추고 확정일자를 받아 현재 거주하고 있다. 다음 설명 중 틀린 것은?

① 묵시적 갱신으로 인한 임대차계약의 존속기간은 2년이다.
② 임대차계약이 묵시적으로 갱신된 경우, 乙은 언제든지 甲에게 계약해지를 통지할 수 있다.
③ 임대차기간을 1년으로 약정한 경우, 乙은 그 기간이 유효함을 주장할 수 있다.
④ 乙은 임대차가 끝나기 전에는 X주택의 소재지를 관할하는 법원에 임차권등기명령을 신청할 수 없다.
⑤ 임대차기간이 만료하기 전에 甲이 丙에게 X주택을 매도하고 소유권이전등기를 마친 경우, 乙은 丙에게 임차권을 주장할 수 없다.

76. 신탁자 甲과 그의 친구인 수탁자 乙이 X부동산에 대하여 명의신탁약정을 한 후, 乙이 직접 계약당사자가 되어 丙으로부터 X를 매수하고 소유권이전등기를 마쳤다. 다음 설명으로 옳지 않은 것은? (다툼이 있으면 판례에 따름)

① 甲과 乙 사이의 명의신탁약정은 무효이다.
② 丙이 甲·乙 사이의 명의신탁약정 사실을 몰랐다면 乙은 X의 소유권을 취득한다.
③ 丙이 甲·乙 사이의 명의신탁약정 사실을 안 경우, 乙이 그 사정을 아는 丁에게 X를 매도하여 소유권이전등기를 마쳤다면 丁은 X의 소유권을 취득하지 못한다.
④ 乙이 X의 소유자가 된 경우 甲으로부터 제공받은 매수자금 상당액을 甲에게 부당이득으로 반환하여야 한다.
⑤ 丙이 甲·乙 사이의 명의신탁약정 사실을 알았는지 여부는 매매계약을 체결할 당시를 기준으로 판단하여야 한다.

77. 상가건물 임대차보호법에 관한 설명으로 틀린 것은? (다툼이 있으면 판례에 의함)

① 사업자등록의 대상이 아닌 건물의 임대차에는 이 법이 적용되지 않는다.
② 임대차기간을 정하지 않은 경우 그 기간은 1년으로 본다.
③ 임차인이 상가건물을 인도받고 부가가치세법 등에 의한 사업자등록을 신청하면 그 다음 날부터 제3자에 대한 대항력이 생긴다.
④ 대항력 있는 임차인이 적법하게 상가건물을 전대하여 전차인이 이를 직접점유하면서 그 명의로 부가가치세법 등에 의한 사업자등록을 하였다면, 임차인의 대항력이 유지되지 않는다.
⑤ 서울에 있는 상가건물을 보증금 5억원, 월세 5,000만원에 임차한 계약에도 계약갱신요구권이 인정된다.

78. 가등기담보 등에 관한 법률에 관한 설명으로 옳은 것은? (다툼이 있으면 판례에 의함)

① 매매대금의 지급을 담보하기 위하여 가등기를 한 경우에도 가등기담보 등에 관한 법률이 적용된다.
② 후순위권리자는 청산기간에 한정하여 그 피담보채권의 변제기가 도래하기 전이라도 담보목적 부동산의 경매를 청구할 수 있다.
③ 부동산의 평가액이 피담보채권액에 미달하는 경우에는 가등기담보권의 실행통지를 할 필요가 없다.
④ 양도담보 목적 부동산을 양수한 제3자가 악의인 경우에도 채무자는 제3자 명의의 등기말소를 청구할 수 없다.
⑤ 채권자가 담보목적 부동산의 소유권을 취득하기 위하여는 가등기담보권의 실행통지가 상대방에게 도달한 날로부터 1개월이 지나야 한다.

79. 집합건물의 소유 및 관리에 관한 법률에 관한 설명으로 옳은 것을 모두 고른 것은?

㉠ 구분소유자가 10인 이상일 때에는 관리단을 대표하고 관리단의 사무를 집행할 관리인을 선임하여야 한다.
㉡ 전유부분에 관한 담보책임의 존속기간은 사용검사일부터 기산한다.
㉢ 구조상 공용부분에 관한 물권의 득실변경은 그 등기를 해야 효력이 발생한다.
㉣ 관리단집회 결의나 다른 구분소유자의 동의 없이 구분소유자 1인이 공용부분을 독점적으로 점유·사용하는 경우, 다른 구분소유자는 공용부분의 보존행위로서 그 인도를 청구할 수 있다.

① ㉠
② ㉢
③ ㉠, ㉡
④ ㉠, ㉣
⑤ ㉡, ㉢, ㉣

80. 주택임대차보호법에 관한 설명으로 틀린 것은? (다툼이 있으면 판례에 따름)

① 주민등록의 신고는 행정청에 도달한 때 효력이 발생하는 것이 아니라 행정청이 수리한 때 효력이 발생한다.
② 등기명령의 집행에 따라 주택 전부에 대해 타인 명의의 임차권등기가 끝난 뒤 소액보증금을 내고 그 주택을 임차한 자는 최우선변제권을 행사할 수 없다.
③ 임차권보다 선순위의 저당권이 존재하는 주택이 경매로 매각된 경우, 경매의 매수인은 임대인의 지위를 승계한다.
④ 소액임차인은 경매신청의 등기 전까지 임대차계약서에 확정일자를 받지 않아도 최우선변제권을 행사할 수 있다.
⑤ 주택임차인의 우선변제권은 대지의 환가대금에도 미친다.

부동산학개론

01 부동산의 개념에 관한 설명으로 틀린 것은?
① 「민법」 부동산은 토지 및 그 정착물이다. 여기서 정착물이란 토지나 건물에 항구적으로 부착된 물건을 말한다.
② 경제적 측면의 부동산은 부동산 가치에 영향을 미치는 수익성, 위험, 수급 조절, 시장정보 등을 포함한다.
③ 공간적 측면의 부동산에는 지하, 지표, 공중공간이 포함된다.
④ 등기·등록의 공시방법을 갖춤으로써 부동산에 준하여 취급되는 동산은 준부동산으로 간주한다.
⑤ 물리적 측면의 부동산에는 생산요소, 자산, 상품, 공간, 자연이 포함된다.

02 한국표준산업분류상 부동산 관련 서비스업에 해당하지 않는 것은?
① 부동산 분양 대행업
② 주거용 부동산 관리업
③ 부동산 중개 및 대리업
④ 사무실용 부동산 임대업
⑤ 비주거용 부동산 관리업

03 토지의 분류 및 용어에 관한 설명으로 옳은 것은?
① 획지(劃地)는 하나의 필지 중 일부에 대해서도 성립한다.
② 건부지(建敷地)는 건축물의 부지로 이용 중인 토지 또는 건축물의 부지로 이용가능한 토지를 말한다.
③ 나지(裸地)는 택지 중 정착물이 없는 토지로서 공법상 제한이 없는 토지를 말한다.
④ 제내지(堤內地)는 제방으로부터 하심측으로의 토지를 말한다.
⑤ 일단지(一團地)는 용도상 불가분의 관계에 있는 두 필지 이상을 합병한 토지를 말한다.

04 어떤 부동산에 대한 수요 및 공급함수가 각각 $Q_{D1} = 1,000 - P$, $Q_S = 3P$이다. 소득증가로 수요함수가 $Q_{D2} = 1,200 - P$로 변한다면 균형가격과 균형거래량은 어떻게 변하는가? [여기서 P는 가격(단위: 만원), Q_{D1}과 Q_{D2}는 수요량(단위: m^2), Q_S는 공급량(단위: m^2), 다른 조건은 일정하다고 가정함]
① 균형가격은 250만원에서 300만원으로 상승, 균형거래량은 750m^2에서 900m^2로 증가
② 균형가격은 300만원에서 400만원으로 상승, 균형거래량은 600m^2에서 800m^2로 증가
③ 균형가격은 400만원에서 300만원으로 하락, 균형거래량은 600m^2에서 800m^2로 증가
④ 균형가격은 300만원에서 400만원으로 상승, 균형거래량은 900m^2에서 1,200m^2로 증가
⑤ 균형가격은 900만원에서 1,000만원으로 상승, 균형거래량은 900m^2에서 600m^2로 감소

05 부동산 매매시장에서 수요와 공급의 가격탄력성에 관한 설명으로 틀린 것은? (단, x축은 수량, y축은 가격, 수요의 가격탄력성은 절댓값을 의미하며, 다른 조건은 동일함)
① 공급의 가격탄력성이 완전비탄력적이면 가격의 변화와는 상관없이 공급량이 고정된다.
② 수요의 가격탄력성이 비탄력적이면 가격의 변화율보다 수요량의 변화율이 더 작다.
③ 공급의 가격탄력성이 탄력적이라면 가격의 변화율보다 공급량의 변화율이 더 크다.
④ 미세한 가격변화에 수요량이 무한히 크게 변화하는 경우 완전탄력적이다.
⑤ 수요곡선이 우하향하는 선분의 경우 수요곡선상의 측정지점에 따라 가격탄력성은 일정하다.

06 다음 중 신규 아파트 공급증가요인은 모두 몇 개인가? (단, 다른 조건은 동일함)

┌─────────────────────────────────────┐
│ ㉠ 아파트 사업부지 가격의 하락   │
│ ㉡ 주택담보대출금리의 하락   │
│ ㉢ 아파트 가격 상승 예상   │
│ ㉣ PF 대출금리 하락   │
│ ㉤ 주택담보대출인정비율(LTV) 완화   │
│ ㉥ 양도소득세 중과세   │
└─────────────────────────────────────┘

① 1개　　　　② 2개
③ 3개　　　　④ 4개
⑤ 5개

07 부동산 조세 유형 중 보유과세를 모두 고른 것은?

┌─────────────────────────────┐
│ ㉠ 취득세　　　㉡ 상속세   │
│ ㉢ 재산세　　　㉣ 종합부동산세 │
│ ㉤ 양도소득세   │
└─────────────────────────────┘

① ㉠, ㉡　　　　② ㉡, ㉢
③ ㉢, ㉣　　　　④ ㉡, ㉢, ㉣
⑤ ㉢, ㉣, ㉤

08 오피스텔 시장에서 수요의 가격탄력성은 0.5이고, 오피스텔의 대체재인 아파트 가격에 대한 오피스텔 수요의 교차탄력성은 0.3이다. 오피스텔 가격, 오피스텔 수요자의 소득, 아파트 가격이 각각 5%씩 상승함에 따른 오피스텔 전체 수요량의 변화율이 1%라고 하면, 오피스텔 수요의 소득탄력성은? (단, 오피스텔과 아파트 모두 정상재이고, 수요의 가격탄력성은 절댓값으로 나타내며, 다른 조건은 동일함)

① 0.2　　　　② 0.4
③ 0.6　　　　④ 0.8
⑤ 1.0

09 A와 B부동산 시장 함수조건 하에서 가격변화에 따른 동태적 장기 조정과정을 설명한 거미집이론(Cob-web theory)에 의한 모형형태는? (단, P는 가격, Qd는 수요량, Qs는 공급량이고, 가격변화에 수요는 즉각적인 반응을 보이지만 공급은 시간적인 차이를 두고 반응하며, 다른 조건은 동일함)

- A부동산 시장: $5P = 500 - Q_D$, $2P = 300 + 10Q_S$
- B부동산 시장: $P = 400 - 3Q_D$, $2P = 100 + 6Q_S$

① A: 수렴형, B: 발산형
② A: 발산형, B: 순환형
③ A: 순환형, B: 발산형
④ A: 수렴형, B: 순환형
⑤ A: 발산형, B: 수렴형

10 외부효과에 관한 내용으로 (　　)에 들어갈 것으로 옳은 것은?

- 부동산의 특성 중에서 (㉠)은 외부효과를 발생시킨다.
- 부동산 시장 참여자가 자신들의 행동이 초래하는 외부효과를 의사결정에서 감안하도록 만드는 과정을 외부효과의 (㉡)라 한다.

① ㉠: 부동성, ㉡: 유동화
② ㉠: 부동성, ㉡: 내부화
③ ㉠: 인접성, ㉡: 유동화
④ ㉠: 개별성, ㉡: 내부화
⑤ ㉠: 개별성, ㉡: 유동화

11 부동산 경기변동에 관한 설명으로 옳은 것은?
① 상향시장 국면에서는 부동산 가격이 지속적으로 하락하고 거래량은 감소한다.
② 후퇴시장 국면에서는 경기상승이 지속적으로 진행되어 경기의 정점에 도달한다.
③ 하향시장 국면에서는 건축허가신청이 지속적으로 증가한다.
④ 회복시장 국면에서는 매수자가 주도하는 시장에서 매도자가 주도하는 시장으로 바뀌는 경향이 있다.
⑤ 안정시장 국면에서는 과거의 거래가격을 새로운 거래가격의 기준으로 활용하기 어렵다.

12 A도시와 B도시 사이에 위치하고 있는 C도시는 A도시로부터 5km, B도시로부터 10km 떨어져 있다. A도시의 인구는 5만명, B도시의 인구는 10만명, C도시의 인구는 3만명이다. 레일리(W. Reilly)의 소매인력법칙(law of retail gravitation)을 적용할 경우, C도시에서 A도시와 B도시로 구매 활동에 유인되는 인구규모는? (단, C도시의 모든 인구는 A도시와 B도시에서만 구매함)

	A도시	B도시
①	5,000명	25,000명
②	10,000명	20,000명
③	15,000명	15,000명
④	20,000명	10,000명
⑤	25,000명	5,000명

13 다음 중 유량(flow)의 경제변수가 아닌 것은?
① 소득
② 수출
③ 재산
④ 소비
⑤ 투자

14 부동산 개발방식을 설명한 것 중 옳지 않은 것은?
① 환지방식이란 택지개발 전 토지의 지목·위치·면적 등을 고려하여 택지가 개발된 후 개발된 토지를 원래의 토지소유자에게 환지계획에 따라 재배분하는 방식이다.
② 등가교환방식은 토지소유자가 현물출자한 토지 위에 개발업자가 건축자금을 부담하여 건축한 건물의 건축면적을 토지소유자와 개발업자가 전체 투입자금 비율로 나누는 공동사업 유형이다.
③ 개발신탁에서 토지소유자는 부동산신탁회사에 소유권을 넘기고 부동산신탁회사가 자금을 조달하여 사업을 시행한다.
④ 사업수탁방식의 경우 사업 전반이 토지소유자의 명의로 행해지며 개발비용은 토지소유자와 개발업자가 나누어 부담한다.
⑤ 대규모 개발사업에서는 법인 간에 컨소시엄을 구성하여 사업을 수행하는 것이 적합하다.

15 부동산의 수요와 공급에 관한 설명으로 옳지 않은 것은? (단, 우하향하는 수요곡선과 우상향하는 공급곡선을 가정하며, 다른 조건은 동일함)
① 단기적으로 가격이 상승해도 부동산의 공급량이 크게 증가할 수 없기 때문에 공급이 비탄력적이다.
② 부동산의 공급량은 주어진 가격 수준에서 일정기간에 판매하고자 하는 최대수량이다.
③ 용도전환 및 개발이 가능한 장기에는 공급의 탄력성이 커진다.
④ 부동산의 수요량은 구매능력을 갖춘 수요자들이 구매하려는 수량이므로 유효수요를 의미한다.
⑤ 공급의 가격탄력성이 작을수록 수요변화시 균형가격의 변동폭은 작지만 균형거래량의 변동폭은 크다.

16 주택법령상 준주택에 해당하지 않는 것은?
① 건축법령상 숙박시설 중 생활숙박시설
② 건축법령상 업무시설 중 오피스텔
③ 건축법령상 공동주택 중 기숙사
④ 건축법령상 제2종 근린생활시설 중 다중생활시설
⑤ 건축법령상 노유자시설 중 노인복지시설로서 노인복지법상 노인복지주택

17 주택정책에 관한 설명으로 틀린 것은?
① 행복주택은 국가나 지방자치단체의 재정이나 주택도시기금의 자금을 지원받아 대학생, 사회초년생, 신혼부부 등 젊은 층의 주거안정을 목적으로 공급하는 공공임대주택을 말한다.
② 영구임대주택은 국가나 지방자치단체의 재정을 지원받아 최저소득 계층의 주거안정을 위하여 50년 이상 또는 영구적인 임대를 목적으로 공급하는 공공임대주택을 말한다.
③ PIR이란 가구의 소득 대비 주택가격의 배수로서, 주택수요자의 주택구매능력을 측정하는 지표이다.
④ 주거급여법상 주거급여제도는 소비자 보조방식의 일종이다.
⑤ 공공임대주택 공급정책은 입주자가 주거지를 자유롭게 선택할 수 있는 것이 장점이다.

18 A지역 주택시장의 시장수요함수는 $Q_D = -2P + 2,400$이고 시장공급함수는 $Q_S = 3P - 1,200$이다. 정부가 부동산 거래세를 공급측면에 단위당 세액 20만원의 종량세 형태로 부과하는 경우에 A지역 주택시장의 경제적 순손실은? (단, Q_D: 수요량, Q_S: 공급량, P: 가격, 단위는 만호, 만원이며, 다른 조건은 동일함)

① 60억원 ② 120억원
③ 240억원 ④ 360억원
⑤ 480억원

19 레버리지효과(leverage effect)에 대한 다음 설명 중 옳은 것은?

① 부채비율의 증가를 통해 종합자본환원율을 증대시키기 위해 차입을 한다.
② 총자본수익률이 저당수익률보다 작은 경우, 대출비율을 높일수록 자기자본에 대한 투자수익률은 증가한다.
③ 중립적 지렛대란 부채비율이 커질수록 자기자본수익률이 하락하는 것을 말한다.
④ 차입을 하지 않고 전부 자기자본으로 투자하는 경우, 지렛대효과는 나타나지 않지만 금융적 위험은 제거할 수 있다.
⑤ 정(+)의 레버리지효과를 예상하고 투자한 경우에는 부채비율이 커질수록 경기변동이나 금리변동에 따른 투자 위험은 오히려 감소한다.

20 부동산 투자위험과 관련된 설명으로 틀린 것은?

① 사업상 위험이란 투자부동산을 현금으로 전환하는 과정에서 발생하는 시장가치의 손실가능성을 의미한다.
② 운영위험이란 사무실의 관리, 근로자의 파업, 영업경비의 변동 등으로 인해 야기될 수 있는 수익성의 불확실성을 폭넓게 지칭하는 개념이다.
③ 위치적 위험이란 부동산의 물리적 위치의 고정성 때문에 사업상 안게 되는 위험이며, 환경이 변하면 대상부동산의 상대적 위치가 변화하는 위험이다.
④ 투자기간 동안의 전반적인 물가상승으로 인해 발생하는 위험을 구매력 하락위험이라고 한다.
⑤ 부동산 조세나 감가상각방법의 변경, 부동산의 사용이나 임대료에 관한 법령의 변경도 부동산 수익에 관한 불확실성을 야기시키는 원인이 된다.

21 부동산 투자의 위험과 수익에 대한 설명으로 틀린 것은?

① 기대수익률은 경제상황별 확률에 경제상황별 추정수익률을 곱하여 가중평균하여 구한다.
② 수익률의 분포가 정규분포라면 수익률의 분산이나 표준편차로 위험을 측정할 수 있다.
③ 위험과 수익의 상쇄관계라고 하는 것은 투자자들이 투자안의 위험이 증가됨에 따라 요구수익률을 증가시키는 것을 의미한다.
④ 실제수익률이 기대수익률에 가까울 가능성이 크다는 것은 그만큼 투자안의 위험이 높고 표준편차가 크다는 의미이다.
⑤ 표준편차나 분산의 값이 클수록 투자안의 위험도 커진다.

22 부동산 투자분석기법의 설명 중 틀린 것은? (단, 다른 조건은 일정불변이다)

① 순현가(NPV)가 0보다 큰 투자안은 투자자의 요구수익률을 충족하고도 남는다는 것을 의미한다.
② 순현가(NPV)가 0보다 큰 투자안의 내부수익률은 요구수익률보다 크다.
③ 순현가(NPV)가 0보다 큰 투자안의 수익성지수(PI)는 1보다 크다.
④ 순현가(NPV)법에서 재투자율로는 시장이자율을 적용한다.
⑤ 투자안의 부채감당률(DCR)이 1보다 크면, 차입자나 대출자는 상대적으로 위험이 작아진다.

23 다음은 수익률(rate of return)을 설명한 것이다. 틀린 것은?

① 내부수익률은 투자대상 자체의 현금흐름(cash flow)으로부터 추계한다.
② 요구수익률은 주어진 위험수준에서 투자자가 만족할 수 있는 최소한의 수익률로서 해당 투자에 대한 기회비용이다.
③ 실현수익률은 투자한 후에 달성되는 수익률로 역사적 수익률 또는 사후적 수익률이다.
④ 종합자본환원율, 지분배당률, 세후수익률은 수익률의 일종이다.
⑤ 어떤 투자안으로부터 발생하는 실현수익률이 내부수익률보다 크면 투자안을 채택한다.

24 부동산 증권에 관한 설명으로 옳은 것을 모두 고른 것은?

> ㉠ MPTS(Mortgage Pass-Through Securities)는 채권을 표시하는 증권으로 원리금수취권과 주택저당에 대한 채권을 모두 투자자에게 이전하는 증권이다.
> ㉡ MBB(Mortgage-Backed Bond)는 모기지 풀(Pool)에서 발생하는 현금흐름으로 채권의 원리금이 지급되고, 모기지 풀의 현금흐름으로 채권의 원리금 지급이 안 될 경우 발행자가 초과부담을 제공하는 채권이다.
> ㉢ CMO(Collateralized Mortgage Obligation)는 원금과 조기상환대금을 받아 갈 순서를 정한 증권으로 증권별로 만기가 일치하도록 만든 자동이체형 증권이다.
> ㉣ MPTB(Mortgage Pay-Through Bond)는 채권으로 발행자의 대차대조표에 부채로 표시된다.
> ㉤ 금융기관은 MBS(Mortgage-Backed Securities)를 통해 자기자본비율(BIS)을 높일 수 있다.

① ㉠, ㉡, ㉢
② ㉠, ㉡, ㉣
③ ㉠, ㉢, ㉤
④ ㉡, ㉣, ㉤
⑤ ㉢, ㉣, ㉤

25 프로젝트 파이낸싱(PF)에 관한 설명으로 옳지 않은 것은?
① 사업주의 대차대조표에 부채로 표시되어 사업주의 부채비율에 영향을 미친다.
② 프로젝트 자체의 수익성과 향후 현금흐름을 기초로 개발에 필요한 자금을 조달한다.
③ 대출기관은 시행사에게 원리금상환을 요구하고, 시행사가 원리금을 상환하지 못하면 책임준공의 의무가 있는 시공사에게 채무상환을 요구할 수 있다.
④ 금융기관은 부동산개발사업의 사업주와 자금공여 계약을 체결한다.
⑤ 프로젝트 파이낸싱의 구조는 비소구금융이 원칙이나, 제한적 소구금융의 경우도 있다.

26 다음 보기에는 지분금융, 메자닌금융(mezzanine financing), 부채금융이 있다. 이 중 지분금융(equity financing)을 모두 고른 것은?

> ㉠ 저당금융
> ㉡ 신탁증서금융
> ㉢ 부동산 신디케이트(syndicate)
> ㉣ 자산유동화증권(ABS)
> ㉤ 신주인수권부사채

① ㉢
② ㉡, ㉤
③ ㉢, ㉣
④ ㉢, ㉤
⑤ ㉠, ㉢, ㉤

27 다음 주택저당증권(MBS : Mortgage Backed Securities)의 내용 중 틀린 것은?
① 저당채권이체증권(MPTS)은 증권발행기관이 이자율 위험, 중도상환 위험, 채무불이행의 위험 등을 부담한다.
② 주택저당담보부채권(MBB)은 원리금수취권과 주택저당채권의 소유권을 발행기관이 보유하고 있는 채권형태이다.
③ 저당대출자동이체채권(MPTB)은 저당채권이체증권(MPTS)과 주택저당담보부채권(MBB)을 혼합한 성격의 주택저당증권(mortgage backed securities)이다.
④ 다계층저당증권(CMO)은 주택저당채권의 상환기간보다 단기에 원금과 이자의 상환이 완료되는 채권도 만들 수 있다.
⑤ 다계층저당증권(CMO)의 경우, 하나의 저당 풀(pool)에서 저리의 우량등급 채권에서부터 고금리 투기등급 장기 채권까지 다양한 증권을 발행할 수 있다.

28 부동산투자회사법령상 부동산투자회사에 관한 내용으로 옳지 않은 것은?
① 영업인가를 받거나 등록을 한 날부터 최저자본금준비기간이 지난 자기관리 부동산투자회사의 최저자본금은 70억원 이상이 되어야 한다.
② 최저자본금준비기간이 끝난 후에는 매 분기 말 현재 총자산의 100분의 80 이상을 부동산, 부동산 관련 증권 및 현금으로 구성하여야 한다. 이 경우 총자산의 100분의 70 이상은 부동산(건축 중인 건축물을 포함한다)이어야 한다.
③ 부동산투자회사는 부동산 등 자산의 운용에 관하여 회계처리를 할 때에는 금융감독원이 정하는 회계처리기준에 따라야 한다.
④ 부동산투자회사의 상근 임원은 다른 회사의 상근 임직원이 되거나 다른 사업을 하여서는 아니 된다.
⑤ 위탁관리 부동산투자회사란 자산의 투자·운용을 자산관리회사에 위탁하는 부동산투자회사를 말한다.

29 A금융기관은 원금균등분할상환방식과 원리금균등분할상환방식의 대출을 제공하고 있다. 두 방식에 의해 산정한 첫 번째 월불입액의 차액은? (단, 주어진 조건에 한함)

- 주택가격 : 6억원
- 담보인정비율(LTV) : 50%
- 대출조건(매월말 상환) : 대출기간은 30년, 대출이자율은 연 6%(월 0.5%, 월 저당상수 = 0.006443)
- 원금균등분할상환방식 : 3년 거치 후 원금균등분할상환하며, 거치기간 동안에는 이자만 지급함
- 원리금균등분할상환방식 : 거치기간 없음

① 332,900원
② 432,900원
③ 532,900원
④ 632,900원
⑤ 732,900원

30 우리나라 주택금융에 관한 설명으로 틀린 것은?
① 한국주택금융공사에서 발행하는 다계층저당증권(CMO)에서 선순위증권의 신용등급은 후순위증권의 신용등급보다 높다.
② 다른 조건이 동일할 때, 변동금리 주택담보대출의 조정주기가 짧을수록 차입자는 불리하다.
③ 주택연금이란 만 55세 이상이 소유주택을 담보로 맡기고 평생 또는 일정한 기간 동안 매월 연금방식으로 노후생활 자금을 지급받는 정부보증의 금융상품이다.
④ 한국주택금융공사는 주택모기지론에 소요되는 자금을 주로 주택저당채권담보부채권(MBB)과 주택저당증권(MBS)의 발행을 통해서 조달하고 있다.
⑤ CMO의 투자자는 대출금의 중도상환에 따른 위험을 부담하지 않으므로 발행자가 부담한다.

31 주택저당채권 유동화에 대한 설명으로 틀린 것은?
① 주택저당채권의 유동화는 1차 저당시장과 2차 저당시장에서 동시에 이루어진다.
② 저당이 유동화되기 위해서는 2차 저당시장에서 발행되는 투자 금융상품의 수익률이 1차 저당시장 주택대출금리보다 더 낮아야 한다.
③ 대출기관의 융자여력을 높여서 주택금융을 활성화하는 데 크게 기여하는 시장은 2차 저당시장이다.
④ 2차 저당시장은 1차 저당시장에 자금을 공급하는 역할을 한다.
⑤ 주택자금대출시장은 1차 저당시장에 해당한다.

32 부동산 마케팅에 관한 설명으로 옳은 것은?
① 표적시장(Target market)은 목표시장에서 고객의 욕구를 파악하여 경쟁 제품과 차별성을 가지도록 제품 개념을 정하고 소비자의 지각 속에 적절히 위치시키는 것이다.
② 포지셔닝(Positioning)은 세분화된 시장 중 가장 좋은 시장기회를 제공해 줄 수 있는 특화된 시장이다.
③ 4P에 의한 마케팅 믹스 전략의 구성요소는 제품(Product), 유통경로(Place), 판매촉진(Promotion), 포지셔닝(Positioning)이다.
④ STP란 시장세분화(Segmentation), 표적화(Targeting), 가격(Price)을 표상하는 약자이다.
⑤ 고객점유마케팅 전략은 AIDA(Attention, Interest, Desire, Action) 원리를 적용하여 소비자의 욕구를 충족시키기 위한 마케팅 전략이다.

33 다음에서 설명하는 내용을 모두 충족하는 민간투자사업방식은?

- 시설을 준공한 후, 소유권을 정부 또는 지방자치단체에 귀속시키고, 그 대가로 받은 시설의 관리운영권을 가지고 해당 시설을 직접 운영하여 수익을 획득하는 방식이다.
- 대표적인 사업으로 도로, 터널, 철도, 항만 등이 있으며, 시설 이용자로부터 이용료를 징수할 수 있어 자체적으로 수익을 낼 수 있는 사회기반시설의 사업방식으로 활용되고 있다.

① BOO(build-own-operate) 방식
② BTO(build-transfer-operate) 방식
③ BOT(build-own-transfer) 방식
④ BLT(build-lease-transfer) 방식
⑤ BTL(build-transfer-lease) 방식

34 부동산 관리의 위탁관리방식에 관한 설명으로 옳지 않은 것은?
① 신뢰도가 높은 업체를 선정하는 것이 중요하다.
② 관리업무의 전문성과 효율성을 제고할 수 있다.
③ 오피스빌딩과 같은 대형건물의 관리에 유용하다.
④ 관리환경 변화에 대한 예측과 적응에 유리하다.
⑤ 자기관리방식보다 기밀유지 측면에서 유리하다.

35 도시 및 부동산 개발에 관한 설명으로 옳지 않은 것은?
① 부동산개발업의 관리 및 육성에 관한 법령상 부동산 개발이란 토지를 건설공사의 수행 또는 형질변경의 방법으로 조성하면서 시공을 담당하는 행위를 말한다.
② 부동산개발업의 관리 및 육성에 관한 법령상 부동산개발업이란 타인에게 공급할 목적으로 부동산 개발을 수행하는 업을 말한다.
③ 부동산개발업의 관리 및 육성에 관한 법령상 공급이란 부동산 개발을 수행하여 그 행위로 조성·건축·대수선·리모델링·용도변경 또는 설치되거나 될 예정인 부동산, 그 부동산의 이용권으로서 대통령령으로 정하는 권리의 전부 또는 일부를 타인에게 판매 또는 임대하는 행위를 말한다.
④ 도시개발법령상 도시개발사업이란 도시개발구역에서 주거, 상업, 산업, 유통, 정보통신, 생태, 문화, 보건 및 복지 등의 기능이 있는 단지 또는 시가지를 조성하기 위하여 시행하는 사업을 말한다.
⑤ 도시 및 주거환경정비법령상 건축물이 훼손되거나 일부가 멸실되어 붕괴 그 밖의 안전사고의 우려가 있는 건축물은 노후·불량건축물에 해당한다.

36 원가법에서 감가수정에 관한 설명 중 옳은 것은?

㉠ 감가수정은 취득가격을 기준으로 하지만, 감가상각은 재조달원가를 기준으로 행한다.
㉡ 상환기금법은 대상물건의 내용연수가 만료되는 때의 감가누계상당액과 그에 대한 단리계산의 이자 상당액을 포함하여 당해 내용연수로 상환하는 방법이다.
㉢ 정액법에서 감가총액은 재조달원가에서 잔존가격을 공제한 값이다.
㉣ 관찰감가법은 감정평가사가 직접 관찰하여 감가액을 산정하므로 주관적이다.
㉤ 감가요인을 물리적·기능적·경제적 요인으로 세분하고, 치유가능·치유불능 항목으로 세분하여 각각의 발생감가의 합계액을 감가수정액으로 하는 방법이 분해법이다.

① ㉠, ㉡, ㉤
② ㉠, ㉡, ㉣
③ ㉢, ㉣, ㉤
④ ㉡, ㉢, ㉤
⑤ ㉠, ㉢, ㉣

37 감정평가의 지역분석에 관한 내용으로 옳은 것은?
① 인근지역이란 감정평가의 대상이 된 부동산이 속한 지역으로서 부동산의 이용이 동질적이고 가치형성요인 중 지역요인을 공유하는 지역을 말한다.
② 유사지역이란 대상부동산이 속한 지역으로서 인근지역과 유사한 특성을 갖는 지역을 말한다.
③ 동일수급권이란 대상부동산과 수요·공급 관계가 성립하고 가치 형성에 서로 영향을 미치지 않는 관계에 있는 다른 부동산이 존재하는 권역을 말한다.
④ 지역분석은 대상지역 내 토지의 최유효이용 및 대상부동산의 가격을 판정하는 것이다.
⑤ 지역분석은 개별분석 이후에 실시하는 것이 일반적이다.

38 다음과 같은 자료에 따라 평가한 대상부동산의 수익가액은? (단, 자본회수방법은 직선법에 의한다)

㉠ 평가대상 부동산의 예상 유효총소득 : 4,000만원
㉡ 예상 영업경비 : 625만원
㉢ 토지가액비율 : 50%
㉣ 건물가액비율 : 50%
㉤ 전형적인 자본수익률 : 10%
㉥ 건물의 경과연수 : 10년
㉦ 건물의 전체 경제적 연수 : 50년

① 300,000,000원
② 320,000,000원
③ 350,000,000원
④ 400,000,000원
⑤ 470,000,000원

39 공시지가기준법에 의한 토지의 감정평가시 개별요인 세항목의 비교내용이 다음의 표와 같을 때 개별요인 비교치(격차율)는? (단, 주어진 자료 이외의 내용은 없음)

조건	항목	세항목	비교내용
접근조건	교통의 편부	취락과의 접근성	대상토지가 5% 우세
		농로의 상태	대상토지가 10% 열세
자연조건	일조 등	일조, 통풍 등	대상토지가 5% 우세
	토양, 토질	토양·토질의 양부	대상토지가 10% 열세
획지조건	면적, 경사 등	경사도	대상토지가 10% 열세
	경작의 편부	형상에 의한 장애 정도	동일함
행정적 조건	행정상의 조장 및 규제 정도	용도지역	동일함
기타조건	기타	장래의 동향	대상토지가 10% 열세

① 0.723 ② 0.755
③ 0.850 ④ 0.943
⑤ 0.934

40 부동산 가격공시에 관한 법률에 규정된 내용으로 틀린 것은?
① 국토교통부장관은 표준주택가격을 조사·산정하고자 할 때에는 한국부동산원에 의뢰한다.
② 표준주택가격은 국가·지방자치단체 등이 그 업무와 관련하여 개별주택가격을 산정하는 경우에 그 기준이 된다.
③ 표준주택으로 선정된 단독주택, 그 밖에 대통령령으로 정하는 단독주택에 대하여는 개별주택가격을 결정·공시하지 아니할 수 있다.
④ 개별주택가격 및 공동주택가격은 주택시장의 가격정보를 제공하고, 국가·지방자치단체 등이 과세 등의 업무와 관련하여 주택의 가격을 산정하는 경우에 그 기준으로 활용될 수 있다.
⑤ 개별주택가격 및 공동주택가격에 이의가 있는 자는 그 결정·공시일부터 30일 이내에 서면(전자문서를 포함한다)으로 시장·군수 또는 구청장에게 이의를 신청할 수 있다.

민법·민사특별법

41 통정허위표시의 무효를 이유로 대항할 수 없는 '제3자'에 해당하지 않는 자는? (다툼이 있으면 판례에 따름)
① 가장소비대차의 계약상의 지위를 이전 받은 자
② 가장매매의 목적물에 대하여 저당권을 취득한 자
③ 가장의 금전소비대차에 기한 대여금채권을 가압류한 자
④ 가장매매에 의한 매수인으로부터 목적 부동산을 매수하여 소유권이전등기를 마친 자
⑤ 가장의 전세권설정계약에 기하여 등기가 마쳐진 전세권에 관하여 저당권을 취득한 자

42 임의대리에 관한 설명으로 옳지 않은 것은? (다툼이 있으면 판례에 따름)
① 권한을 정하지 아니한 대리인은 대리의 목적물에 대해 모든 개량행위를 할 수 있다.
② 대리권은 그 권한에 부수하여 필요한 한도에서 상대방의 의사표시를 수령하는 수령대리권을 포함하는 것이 원칙이다.
③ 수권행위는 묵시적인 의사표시로 할 수 있다.
④ 대리권의 존속 중 원인된 법률관계가 종료하기 전에는 본인은 수권행위를 철회할 수 있다.
⑤ 대리인에 대한 성년후견의 개시는 대리권의 소멸사유이다.

43 사기·강박에 의한 의사표시에 관한 설명으로 옳은 것은? (다툼이 있으면 판례에 따름)
① 피기망자에게 손해를 가할 의사는 사기에 의한 의사표시의 성립요건이다.
② 상대방이 불법으로 어떤 해악을 고지하였다면, 표의자가 이로 말미암아 공포심을 느끼지 않았더라도 강박에 의한 의사표시에 해당한다.
③ 상대방의 대리인이 한 사기는 제3자의 사기에 해당한다.
④ 단순히 상대방의 피용자에 지나지 않는 사람이 한 강박은 제3자의 강박에 해당하지 않는다.
⑤ 매도인을 기망하여 부동산을 매수한 자로부터 그 부동산을 다시 매수한 제3자는 특별한 사정이 없는 한 선의로 추정된다.

44 반사회적 법률행위에 관한 설명으로 틀린 것을 모두 고르면? (다툼이 있으면 판례에 의함)

㉠ 도박자금에 제공할 목적으로 금전을 대여하는 행위는 반사회적 법률행위에 해당한다.
㉡ 소송에서의 증언을 조건으로 통상 용인되는 수준을 넘는 대가를 받기로 한 약정은 반사회적 법률행위에 해당하지 않는다.
㉢ 공무원의 직무행위에 관하여 부정한 청탁의 대가로 금전을 지급하기로 한 약정은 반사회적 법률행위에 해당한다.
㉣ 부동산에 대한 강제집행을 면할 목적으로 그 부동산에 허위의 근저당권을 설정하는 행위는 반사회적 법률행위에 해당한다.

① ㉠, ㉢
② ㉡, ㉣
③ ㉡, ㉢
④ ㉡, ㉢, ㉣
⑤ ㉠, ㉡, ㉣

45 불공정한 법률행위(민법 제104조)에 관한 설명으로 옳지 않은 것은? (다툼이 있으면 판례에 따름)

① 무상계약에는 제104조가 적용되지 않는다.
② 대가관계를 상정할 수 있는 한 단독행위의 경우에도 제104조가 적용될 수 있다.
③ 경매절차에서 경매부동산의 매각대금이 시가에 비해 현저히 저렴한 경우에는 제104조가 적용될 수 있다.
④ 불공정한 법률행위에서 궁박, 경솔, 무경험은 법률행위 당시를 기준으로 판단하여야 한다.
⑤ 불공정한 법률행위는 추인에 의해서도 유효로 될 수 없다.

46 법률행위의 대리에 관한 설명으로 틀린 것은? (다툼이 있으면 판례에 의함)

㉠ 대리인이 성년후견 개시의 심판을 받으면 대리권은 소멸한다.
㉡ 대리인이 수인인 때에는 원칙적으로 각자가 본인을 대리한다.
㉢ 대리인은 본인의 허락이 있으면 당사자 쌍방을 대리할 수 있다.
㉣ 대리인이 대리권을 남용한 경우, 상대방이 그 사실을 알았거나 알 수 있었을 경우에도 대리행위는 본인에게 효력이 있다.

① ㉠, ㉣
② ㉡, ㉢
③ ㉡, ㉣
④ ㉠, ㉢
⑤ ㉢, ㉣

47 甲은 자신의 X토지를 매도할 대리권을 乙에게 수여하였고, 乙은 甲을 위한 것임을 표시하고 X토지에 대하여 丙과 매매계약을 체결하였다. 다음 설명 중 옳은 것은? (다툼이 있으면 판례에 따름)

① 丙이 매매계약을 적법하게 해제한 경우, 그 해제로 인한 원상회복의무는 乙과 丙이 부담한다.
② 丙이 매매계약을 적법하게 해제한 경우, 丙은 乙에게 손해배상을 청구할 수 없다.
③ 丙의 채무불이행이 있는 경우, 乙은 특별한 사정이 없는 한 계약을 해제할 수 있다.
④ 만약 甲이 매매계약의 체결과 이행에 관하여 포괄적 대리권을 수여한 경우, 乙은 특별한 사정이 없는 한 약정된 매매대금 지급기일을 연기해 줄 권한은 없다.
⑤ 乙은 甲으로부터 수권이 없는 한 丙으로부터 매매계약에 따른 중도금이나 잔금을 수령할 수 없다.

48 표현대리에 관한 설명으로 옳지 않은 것은? (다툼이 있으면 판례에 따름)

① 표현대리행위가 성립하는 경우, 상대방에게 과실이 있더라도 과실상계의 법리를 유추적용하여 본인의 책임을 경감할 수 없다.
② 상대방의 유권대리 주장에는 표현대리의 주장이 포함되는 것은 아니므로 이 경우 법원은 표현대리의 성립여부까지 판단해야 하는 것은 아니다.
③ 민법 제126조의 권한을 넘은 표현대리 규정은 법정대리에도 적용된다.
④ 복대리인의 대리행위에 대해서는 표현대리가 성립할 수 없다.
⑤ 수권행위가 무효인 경우, 민법 제129조의 대리권 소멸 후의 표현대리가 적용되지 않는다.

49 조건과 기한에 관한 설명으로 옳지 않은 것은?

① 기성조건이 정지조건이면 조건 없는 법률행위가 된다.
② 불능조건이 해제조건이면 조건 없는 법률행위가 된다.
③ 불법조건은 그 조건만이 무효가 되고 그 법률행위는 조건 없는 법률행위로 된다.
④ 기한은 당사자의 특약에 의해서도 소급효를 인정할 수 없다.
⑤ 기한은 원칙적으로 채무자의 이익을 위한 것으로 추정한다.

50 취소에 관한 설명으로 옳지 않은 것은? (다툼이 있으면 판례에 따름)

① 매도인에 의해 매매계약이 적법하게 해제된 후에는 매수인은 그 매매계약을 착오를 이유로 취소할 수 없다.
② 법률행위의 취소를 전제로 한 이행거절 가운데는 특별한 사정이 없는 한 취소의 의사표시가 포함된 것으로 볼 수 있다.
③ 취소할 수 있는 법률행위가 일단 취소된 후에는 취소할 수 있는 법률행위의 추인에 의하여 이를 다시 확정적으로 유효하게 할 수는 없다.
④ 취소권은 추인할 수 있는 날로부터 3년 내에 법률행위를 한 날로부터 10년 내에 행사하여야 한다.
⑤ 취소할 수 있는 법률행위의 취소권의 행사기간은 제척기간이다.

51 물권변동에 관한 설명으로 옳지 않은 것은? (다툼이 있으면 판례에 따름)

① 강제경매로 인해 성립한 관습상 법정지상권을 법률행위에 의해 양도하기 위해서는 등기가 필요 없다.
② 부동산 합유지분의 포기가 적법하더라도 그에 관한 등기가 경료되지 않았다면 그 포기된 합유지분은 나머지 잔존 합유지분권자들에게 귀속되지 않는다.
③ 건물의 신축에 의한 소유권취득은 소유권보존등기를 필요로 하지 않는다.
④ 소유권이전의 약정을 내용으로 하는 화해조서는 민법 제187조(등기를 요하지 아니하는 부동산물권취득)의 판결에 포함되지 않는다.
⑤ 공유물분할의 조정절차에서 공유자 사이에 공유토지에 관한 현물분할의 협의가 성립하여 그 합의사항을 조서에 기재함으로써 조정이 성립하더라도 등기없이 그 협의에 따른 새로운 법률관계가 창설되는 것은 아니다.

52 甲은 乙에 대한 채무를 담보하고자 그 소유 X토지에 乙 명의의 저당권과 함께 X토지의 담보가치 유지만을 위한 乙 명의의 무상의 지상권을 설정하였다. 이후 甲과 丙은 X토지에 Y건물을 축조하였다. 다음 설명 중 틀린 것은? (다툼이 있으면 판례에 따름)

① 乙의 피담보채권이 소멸하면 乙 명의의 지상권도 소멸한다.
② 乙이 지상권침해를 이유로 丙에 대하여 Y의 철거를 청구할 경우, 특별한 사정이 없는 한 丙은 甲에 대한 채권을 이유로 乙에게 대항할 수 없다.
③ 乙은 丙에게 X의 사용·수익을 이유로 부당이득의 반환을 청구할 수 있다.
④ Y의 축조로 X의 교환가치가 피담보채권액 미만으로 하락하면 乙은 甲에게 저당권침해를 이유로 손해배상을 청구할 수 있다.
⑤ 乙의 지상권은 용익물권이므로 그 피담보채무의 범위 확인을 구하는 청구는 부적법하다.

53 등기에 관한 설명으로 옳은 것은? (다툼이 있으면 판례에 따름)

① 등기는 물권의 효력발생요건이자 효력존속요건에 해당한다.
② 동일인 명의로 소유권보존등기가 중복으로 된 경우에는 특별한 사정이 없는 한 후행등기가 무효이다.
③ 매도인이 매수인에게 소유권이전등기를 마친 후 매매계약의 합의해제에 따른 매도인의 등기말소청구권의 법적성질은 채권적 청구권이다.
④ 소유자의 대리인으로부터 토지를 적법하게 매수하였더라도 소유권이전등기가 위조된 서류에 의하여 마쳐졌다면 그 등기는 무효이다.
⑤ 무효등기의 유용에 관한 합의는 반드시 명시적으로 이루어져야 한다.

TEST 04

54 甲 소유의 건물을 매수한 乙은 다시 이를 丙에게 매도하였으며, 甲·乙·丙은 甲에게서 丙으로 소유권이전등기를 해주기로 합의하였다. 다음 중 틀린 것은? (다툼이 있으면 판례에 의함)

> ㉠ 乙의 甲에 대한 소유권이전등기청구권은 소멸한다.
> ㉡ 甲으로부터 丙 명의로 경료된 소유권이전등기는 유효하다.
> ㉢ 만약 甲과 乙 사이에 매매대금을 인상하는 약정을 체결한 경우, 甲은 인상분의 미지급을 이유로 丙의 소유권이전등기청구를 거절할 수 없다.
> ㉣ 만약 乙이 丙에게 소유권이전등기청구권을 양도하고 그 사실을 甲에게 통지한 경우, 그 사실만으로도 丙은 직접 甲에 대하여 이전등기를 청구할 수 있다.

① ㉠, ㉡　　② ㉠, ㉢
③ ㉢, ㉣　　④ ㉠, ㉢, ㉣
⑤ ㉠, ㉡, ㉣

55 공동소유에 관한 설명으로 틀린 것은? (다툼이 있으면 판례에 따름)

① 합유자의 1인이 사망하면 특별한 사정이 없는 한 그의 상속인이 그 지분을 포괄적으로 승계한다.
② 합유자는 합유물의 분할을 청구할 수 없다.
③ 비법인사단의 사원은 정관 기타 규약에 좇아 총유물을 사용할 수 있다.
④ 공유물분할금지의 약정은 갱신할 수 있다.
⑤ 각 공유자는 자신의 지분을 자유롭게 처분할 수 있다.

56 乙은 자신소유의 토지에 관하여 甲에게 지상권을 설정해주었다. 이에 관한 설명으로 옳은 것은? (다툼이 있으면 판례에 따름)

① 甲이 戊에게 지상권을 목적으로 하는 저당권을 설정한 경우, 지료연체를 원인으로 하는 乙의 지상권소멸청구는 戊에게 통지한 후 즉시 효력이 생긴다.
② 甲의 권리가 법정지상권일 경우, 지료에 관한 협의나 법원의 지료결정이 없더라도 乙은 지료연체를 주장할 수 있다.
③ 지료를 연체한 甲이 丙에게 지상권을 양도한 경우, 乙은 지료약정이 등기되지 않았더라도 연체사실로 丙에게 대항할 수 있다.
④ 乙의 토지를 양수한 丁은 자신에 대한 연체기간이 2년이 되지 않는다면 甲의 乙에 대한 지료연체액을 합산하여 2년의 지료가 연체되었더라도 지상권소멸을 청구할 수 없다.
⑤ 甲은 그가 乙의 토지에 신축한 X건물의 소유권을 유보하여 지상권을 양도할 수 없다.

57 상린관계에 관한 설명으로 옳지 않은 것은?

① 경계에 설치된 담이 공유인 경우, 공유자는 그 분할을 청구할 수 있다.
② 인접하여 토지를 소유한 자는 다른 관습이 없으면 공동비용으로 통상의 경계표나 담을 설치할 수 있다.
③ 경계표 설치를 위한 측량비용은 다른 관습이 없으면 토지의 면적에 비례하여 부담한다.
④ 인접지의 수목뿌리가 경계를 넘은 경우, 토지소유자는 임의로 그 뿌리를 제거할 수 있다.
⑤ 건물을 축조함에는 특별한 관습 또는 약정이 없으면 경계로부터 반미터 이상의 거리를 두어야 한다.

58 점유에 관한 설명으로 틀린 것은? (다툼이 있으면 판례에 의함)

① 물건을 매수하여 점유하고 있으나 매매가 무효인 것을 모르는 매수인은 자주점유자이다.
② 권원의 성질상 자주점유인지 타주점유인지 불분명한 점유는 자주점유로 추정된다.
③ 피상속인의 점유가 소유의 의사가 없는 경우 그 상속으로 인한 점유도 타주점유이다.
④ 자주점유는 무주물 선점에 의한 소유권취득의 요건이다.
⑤ 건물소유자가 현실적으로 건물이나 그 부지를 점거하지 않고 있다면 특별한 사정이 없는 한 건물의 부지에 대한 점유가 인정되지 않는다.

59 점유자와 회복자의 관계에 관한 설명으로 틀린 것은? (다툼이 있으면 판례에 따름)

① 점유물이 점유자의 책임 있는 사유로 멸실된 경우, 선의의 타주점유자는 손해 전부를 배상해야 한다.
② 악의의 점유자는 특별한 사정이 없는 한 통상의 필요비를 청구할 수 없다.
③ 점유자의 유익비상환청구에 대해 법원은 회복자의 청구에 의해 상당한 상환기간을 허여할 수 있다.
④ 이행지체로 인해 매매계약이 해제된 경우, 선의의 점유자인 매수인에게 과실취득권이 인정되지 않는다.
⑤ 은비(隱秘)에 의한 점유자는 점유물의 과실을 취득하지 못한다.

60 지역권에 관한 내용 중 틀린 것은? (다툼이 있으면 판례에 의함)

㉠ 지역권에 저당권을 설정하는 계약은 유효이다.
㉡ 통행지역권은 요역지의 소유자가 승역지 위에 도로를 설치하여 승역지를 사용하는 객관적 상태가 민법 제245조에 규정된 기간 계속된 경우에 한하여 그 시효취득을 인정할 수 있다.
㉢ 통행지역권은 토지소유자에게만 인정되고 지상권자, 전세권자 등에게는 인정되지 않는다.
㉣ 토지의 불법점유자는 통행지역권의 시효취득을 주장할 수 없다.

① ㉡, ㉣
② ㉠, ㉣
③ ㉡, ㉢
④ ㉠, ㉢
⑤ ㉢, ㉣

61 유치권에 관한 설명으로 틀린 것은? (다툼이 있으면 판례에 따름)

㉠ 유치권자와 유치물의 소유자 사이에 유치권을 포기하기로 특약한 경우, 제3자는 특약의 효력을 주장할 수 없다.
㉡ 유치권자는 채권의 변제를 받기 위하여 유치물을 경매할 수 없다.
㉢ 채무자는 상당한 담보를 제공하고 유치권의 소멸을 청구할 수 있다.
㉣ 임차인은 임대인과의 약정에 의한 권리금반환채권으로 임차건물에 유치권을 행사할 수 없다.

① ㉠, ㉢
② ㉡, ㉢
③ ㉢, ㉣
④ ㉠, ㉡
⑤ ㉡, ㉣

62 전세권에 관한 설명으로 옳은 것은? (다툼이 있으면 판례에 따름)

① 건물 일부의 전세권자는 나머지 건물 부분에 대해서도 경매신청권이 있다.
② 전세권 설정계약의 당사자는 전세권의 사용·수익권능을 배제하고 채권담보만을 위한 전세권을 설정할 수 있다.
③ 전세권설정시 전세금 지급은 전세권 성립의 요소이다.
④ 전세권자는 특별한 사정이 없는 한 전세권의 존속기간 내에서 전세목적물을 타인에게 전전세 할 수 없다.
⑤ 전세권이 소멸된 경우, 전세권자의 전세목적물의 인도는 전세금의 반환보다 선이행되어야 한다.

63 저당권에 관한 설명으로 틀린 것은? (다툼이 있으면 판례에 따름)

① 저당권은 피담보채권과 분리하여 타인에게 양도할 수 없다.
② 저당부동산에 대하여 소유권을 취득한 제3자는 그 저당물의 경매에서 경매인이 될 수 있다.
③ 건물저당권의 효력은 특별한 사정이 없는 한 그 건물의 소유를 목적으로 한 지상권에 미치지 않는다.
④ 저당부동산에 대한 압류가 있는 경우, 압류 이전의 저당권 설정자의 저당부동산에 관한 차임채권에는 저당권의 효력이 미치지 않는다.
⑤ 저당부동산에 대하여 소유권을 취득한 제3자는 부동산의 보존·개량을 위해 지출한 비용을 그 부동산의 경매대가에서 우선 변제받을 수 있다.

64 근저당권에 관한 설명으로 옳은 것은? (다툼이 있으면 판례에 따름)

① 채권최고액에는 피담보채무의 이자가 포함되지 않는다.
② 피담보채무 확정 전에는 채무자를 변경할 수 없다.
③ 근저당권자가 피담보채무의 불이행을 이유로 경매신청을 한 경우, 특별한 사정이 없는 한 피담보채무액은 매수인이 매각대금을 완납한 때 확정된다.
④ 물상보증인은 채권최고액을 초과하는 부분의 채권액까지 변제할 의무를 부담한다.
⑤ 특별한 사정이 없는 한, 존속기간이 있는 근저당권은 그 기간이 만료한 때 피담보채무가 확정된다.

65 甲은 승낙기간을 2024. 5. 8.로 하여 자신의 X주택을 乙에게 5억원에 팔겠다고 하고, 그 청약은 乙에게 2024. 5. 1.에 도달하였다. 이에 관한 설명으로 틀린 것을 모두 고른 것은? (다툼이 있으면 판례에 따름)

㉠ 乙이 2024. 5. 15. 승낙한 경우, 계약은 성립할 여지가 없다.
㉡ 乙이 5억원을 7억원으로 잘못 읽어, 2024. 5. 8. 甲에게 7억원에 매수한다는 승낙이 도달하면 계약은 성립한다.
㉢ 乙의 승낙의 의사표시가 2024. 5. 7. 발송되어 2024. 5. 10. 甲에게 도달한 경우, 계약은 2024. 5. 6. 성립한다.

① ㉠
② ㉡
③ ㉠, ㉡
④ ㉡, ㉢
⑤ ㉠, ㉡, ㉢

66 계약금에 관한 설명으로 옳은 것은? (다툼이 있으면 판례에 의함)

① 계약금에 의해 해제권이 유보된 경우, 채무불이행을 이유로 계약을 해제할 수 없다.
② 매도인이 이행에 전혀 착수하지 않았다면 매수인은 중도금을 지급한 후에도 계약금을 포기하고 계약을 해제할 수 있다.
③ 매도인이 계약금의 배액을 상환하고 계약을 해제한 경우, 매수인은 매도인에게 손해배상을 청구할 수 있다.
④ 계약금의 포기나 배액상환에 의한 해제권 행사를 배제하는 당사자의 약정은 무효이다.
⑤ 매도인은 매수인에게 이행을 최고하고 대금지급을 구하는 소송을 제기한 후에도 매수인은 계약금을 포기하고 계약을 해제할 수 있다.

67 매매계약에 관한 설명으로 옳은 것은? (다툼이 있으면 판례에 따름)

① 매매목적물과 대금은 반드시 계약 체결 당시에 구체적으로 특정할 필요는 없고, 이를 나중에라도 구체적으로 특정할 수 있는 방법과 기준이 정해져 있으면 매매계약은 성립한다.
② 매도인이 매수인에게 현존하는 타인 소유의 물건을 매도하기로 약정한 경우, 그 매매계약은 원시적 불능에 해당하여 효력이 없다.
③ 매매예약완결권은 당사자 사이에 다른 약정이 없는 한 10년 내에 이를 행사하지 않으면 시효로 소멸한다.
④ 매도인과 매수인이 해제권을 유보하기 위해 계약금을 교부하기로 합의한 후 매수인이 약정한 계약금의 일부만 지급한 경우, 매도인은 실제 지급받은 금원의 배액을 상환하고 매매계약을 해제할 수 있다.
⑤ 매매계약에 관한 비용은 다른 약정이 없으면 매수인이 부담한다.

68 제3자를 위한 계약에 관한 설명으로 틀린 것은? (다툼이 있으면 판례에 따름)

㉠ 수익자는 계약의 해제권은 없으나 해제를 원인으로 한 원상회복청구권이 있다.
㉡ 수익의 의사표시를 한 수익자는 낙약자에게 직접 그 이행을 청구할 수 있다.
㉢ 낙약자는 요약자와의 계약에서 발생한 항변으로 수익자에게 대항할 수 없다.
㉣ 계약당사자가 제3자에 대하여 가진 채권에 관하여 그 채무를 면제하는 계약도 제3자를 위한 계약에 준하는 것으로서 유효하다.

① ㉢, ㉣
② ㉡, ㉣
③ ㉠, ㉣
④ ㉠, ㉢
⑤ ㉡, ㉢

69 매도인의 담보책임에 관한 설명으로 틀린 것은?

㉠ 저당권이 설정된 부동산의 매수인이 그 소유권을 보존하기 위해 출재한 경우, 매수인은 매도인에게 그 상환을 청구할 수 있다.
㉡ 매매의 목적이 된 부동산에 대항력을 갖춘 임대차가 있는 경우, 선의의 매수인은 그로 인해 계약의 목적을 달성할 수 없음을 이유로 계약을 해제할 수 있다.
㉢ 매매의 목적인 권리의 일부가 타인에게 속하고 잔존한 부분만이면 매수하지 아니하였을 경우, 악의의 매수인은 그 사실을 안 날로부터 1년 내에 해제권을 행사할 수 있다.
㉣ 매매계약 당시에 그 목적물의 일부가 멸실된 경우, 악의의 매수인도 대금의 감액을 청구할 수 있다.

① ㉠, ㉣
② ㉢, ㉣
③ ㉠, ㉢
④ ㉡, ㉢
⑤ ㉡, ㉣

70 甲은 자신의 X토지를 乙에게 매도하고 중도금을 수령하였다. 그 후 그 X토지가 공용수용되어 乙에게 소유권을 이전할 수 없게 되었다. 다음 설명 중 틀린 것은? (다툼이 있으면 판례에 따름)

① 乙이 매매대금 전부를 지급하여도 甲의 수용보상금청구권 자체가 乙에게 귀속되는 것은 아니다.
② 乙은 甲의 수용보상금청구권의 양도를 청구할 수 없다.
③ 乙은 이미 지급한 중도금을 부당이득으로 반환청구할 수 있다.
④ 乙은 계약체결상의 과실을 이유로 신뢰이익의 배상을 청구할 수 없다.
⑤ 乙은 매매계약을 해제하고 손해배상을 청구할 수 없다.

71 부동산의 교환계약에 관한 설명으로 옳은 것을 모두 고른 것은? (다툼이 있으면 판례에 따름)

㉠ 요물·쌍무계약이다.
㉡ 일방이 금전의 보충지급을 약정한 경우 그 금전에 대하여는 매매대금에 관한 규정을 준용한다.
㉢ 다른 약정이 없는 한 각 당사자는 목적물의 하자에 대해 담보책임을 부담한다.
㉣ 당사자가 자기 소유 목적물의 시가를 묵비하여 상대방에게 고지하지 않은 경우, 특별한 사정이 없는 한 상대방의 의사결정에 불법적인 간섭을 한 것이다.

① ㉠, ㉡
② ㉡, ㉢
③ ㉠, ㉡, ㉢
④ ㉡, ㉢, ㉣
⑤ ㉠, ㉡, ㉢, ㉣

72 계약해제에 관한 내용 중 옳은 것은? (다툼이 있으면 판례에 의함)

① 계약의 합의해제는 단독행위의 일종이다.
② 매매계약을 합의해제한 후 그 합의해제를 무효화시키고, 해제된 매매계약을 부활시키는 약정은 계약자유의 원칙상 적어도 당사자 사이에서는 가능하다.
③ 부수적 채무의 불이행을 이유로도 계약을 해제할 수 있다.
④ 계약성립 후 매매목적물에 가압류가 되었다는 사유만으로 매수인은 매도인의 계약위반을 이유로 계약을 해제할 수 있다.
⑤ 계약당사자의 일방이 상대방에게 대하여 일정한 기간을 정하여 그 기간 내에 이행이 없을 때에는 계약을 해제하겠다는 의사표시를 한 경우, 위의 기간경과만으로 그 계약이 해제된 것으로 볼 수는 없다.

73 동시이행의 항변권에 관한 설명으로 틀린 것은? (다툼이 있으면 판례에 의함)

① 선이행의무를 부담하는 당사자 일방은 상대방의 이행이 곤란할 현저한 사유가 있으면 자기의 채무이행을 거절할 수 있다.
② 당사자 일방의 책임 있는 사유로 채무이행이 불능으로 되어 그 채무가 손해배상채무로 바뀌게 되면 동시이행관계는 소멸한다.
③ 채무자는 상대방의 이행제공이 없는 한 이행기에 채무를 이행하지 않더라도 이행지체책임이 없다.
④ 상대방이 채무내용에 좇은 이행을 제공한 때에는 동시이행의 항변권을 행사할 수 없다.
⑤ 쌍무계약이 무효가 되어 각 당사자가 서로 취득한 것을 반환하여야 할 경우, 각 당사자의 반환의무는 동시이행관계에 있다.

74 민법의 규정보다 임차인에게 불리하게 그 내용을 약정한 경우에도 유효인 것은?

① 건물임차인의 부속물매수청구권
② 임차인의 필요비상환청구권
③ 토지임차인의 임대차갱신청구권
④ 토지임차인의 지상물매수청구권
⑤ 임차인의 차임감액청구권

75 乙은 건물의 소유를 목적으로 甲 소유의 X토지를 임차한 후, 甲의 동의 없이 이를 丙에게 전대하였다. 이에 관한 설명으로 옳은 것은? (다툼이 있으면 판례에 따름)

① 甲은 丙에게 X토지의 반환을 청구할 수 없다.
② 甲은 乙에 대한 임대차계약의 차임청구권을 상실한다.
③ 甲과 乙 사이의 임대차계약은 무단전대를 이유로 甲의 해지의 의사표시가 없더라도 해지의 효력이 발생한다.
④ 임대차 및 전대차기간 만료시에 丙이 신축한 건물이 X토지에 현존하고 甲이 임대차계약의 갱신을 거절한 경우, 丙은 甲에게 건물매수를 청구할 수 없다.
⑤ 甲과 乙 사이의 임대차계약이 존속하더라도 甲은 X토지의 불법점유를 이유로 丙에게 차임상당의 부당이득반환을 청구할 수 있다.

76 乙은 甲 소유의 X상가건물을 甲으로부터 임차하고 인도 및 사업자등록을 마쳤다. 다음 중 乙의 임대차가 제3자에 대하여 효력이 있는 경우는? (다툼이 있으면 판례에 따름)

㉠ 乙이 폐업한 경우
㉡ 乙이 폐업신고를 한 후에 다시 같은 상호 및 등록번호로 사업자등록을 한 경우
㉢ 丙이 乙로부터 X건물을 적법하게 전차하여 직접 점유하면서 임차인 乙 명의로 사업자등록을 하고 사업을 운영하는 경우
㉣ 임대차계약이 보증금 4억원, 월차임 600만원인 경우

① ㉠, ㉣
② ㉡, ㉣
③ ㉠, ㉡
④ ㉡, ㉢
⑤ ㉢, ㉣

77 다음 중 가등기담보 등에 관한 법률이 적용되는 경우를 모두 고른 것은? (다툼이 있으면 판례에 의함)

> ㉠ 1억원을 차용하면서 시가 2억원 상당의 부동산에 대해 대물변제의 예약을 하고 가등기한 경우
> ㉡ 1억원의 토지매매대금의 지급담보와 그 불이행의 경우의 제재를 위해 2억원 상당의 부동산에 가등기한 경우
> ㉢ 1천만원을 차용하면서 2천만원 상당의 고려청자를 양도담보로 제공한 경우
> ㉣ 1억원을 차용하면서 3천만원 상당의 부동산을 양도담보로 제공한 경우
> ㉤ 3억원을 차용하면서 이미 2억원의 채무에 대한 저당권이 설정된 6억원 상당의 부동산에 가등기한 경우

① ㉠, ㉡　　② ㉡, ㉤
③ ㉠, ㉤　　④ ㉠, ㉣, ㉤
⑤ ㉠, ㉡, ㉤

78 집합건물의 소유 및 관리에 관한 법령상 집합건물에 관한 설명으로 틀린 것을 모두 고른 것은? (다툼이 있으면 판례에 따름)

> ㉠ 집합건축물대장에 등록되지 않은 경우에는 구분소유가 성립할 수 없다.
> ㉡ 공용부분의 사용과 비용부담은 전유부분의 지분비율에 따른다.
> ㉢ 집합건물의 공용부분은 시효취득의 대상이 될 수 없다.
> ㉣ 구분소유자는 규약 또는 공정증서로써 달리 정하더라도 그가 가지는 전유부분과 분리하여 대지사용권을 처분할 수 없다.

① ㉠, ㉡　　② ㉢, ㉣
③ ㉠, ㉢　　④ ㉡, ㉣
⑤ ㉠, ㉡, ㉣

79 주택임대차보호법에 관한 내용 중 틀린 것은? (다툼이 있으면 판례에 의함)

① 다른 특별한 규정이 없는 한, 미등기주택에 대해서도 이 법이 적용된다.
② 이미 저당권이 설정된 주택을 임차하여 대항력을 갖춘 경우, 후순위 저당권이 실행되더라도 매수인이 된 자에게 대항할 수 없다.
③ 주택임대차보호법상 대항력을 갖춘 임차인의 보증금반환채권이 가압류된 상태에서 주택이 양도된 경우, 양수인은 채권가압류의 제3채무자 지위를 승계하지 않는다.
④ 주택 전부를 일시적으로 사용하기 위한 임대차인 것이 명백한 경우에는 주택임대차보호법이 적용되지 않는다.
⑤ 대항력을 갖춘 임차권 있는 주택이 양도되어 양수인에게 임대인의 지위가 승계된 경우, 양도인의 임차보증금반환채무가 소멸된다.

80 강제집행의 면탈 또는 법령상 제한을 회피할 목적으로 甲은 乙 소유의 X부동산을 매수하고자 자신의 배우자 丙과 X부동산의 매수에 관한 명의신탁약정을 체결하였다. 그에 따라 丙은 乙과 X부동산 매매계약을 체결하고, 甲의 자금으로 그 대금을 지급하여 丙 명의로 등기 이전을 마쳤다. 이에 관한 설명으로 틀린 것은? (다툼이 있으면 판례에 따름)

① 甲과 丙 사이의 명의신탁약정은 무효이다.
② 丙이 X부동산의 소유권을 취득한 경우 甲은 丙에게 제공한 X부동산의 매수자금 상당액을 부당이득으로 반환청구할 수 있다.
③ 乙이 매매계약 체결 당시 그 명의신탁약정이 있다는 사실을 몰랐다면, 그 후 명의신탁약정 사실을 알게 되었어도 丙은 X부동산의 소유권을 취득한다.
④ 乙이 매매계약 체결 당시 그 명의신탁약정이 있다는 사실을 알았다면 丙은 X부동산의 소유권을 취득할 수 없다.
⑤ X부동산의 소유권을 유효하게 취득한 丙이 명의신탁약정 외의 적법한 원인에 의하여 甲 앞으로 X부동산에 대한 소유권이전등기를 마친다고 해도 그 소유권이전등기는 무효이다.

Test 05 실전모의고사

부동산학개론

01 토지의 정착물과 동산에 관한 설명으로 옳지 않은 것은?
① 부동산과 동산은 공시방법을 달리하며, 동산은 공신의 원칙이 인정되나 부동산은 공신의 원칙이 인정되지 않는다.
② 토지의 정착물 중 명인방법을 구비한 수목의 집단은 토지와 독립적인 거래의 객체가 될 수 있다.
③ 토지의 정착물 중 도로와 교량 등은 토지와 독립적인 것이 아니라 토지의 일부로 간주된다.
④ 제거하여도 건물의 기능 및 효용의 손실이 없는 부착된 물건은 일반적으로 동산으로 취급한다.
⑤ 임차인이 설치한 영업용 선반·카운터 등 사업이나 생활의 편의를 위해 설치한 정착물은 일반적으로 부동산으로 취급한다.

02 주택법령상 주택의 유형과 내용에 관한 설명으로 틀린 것은?
① 건강친화형 주택이란 건강하고 쾌적한 실내환경의 조성을 위하여 실내공기의 오염물질 등을 최소화할 수 있도록 대통령령으로 정하는 기준에 따라 건설된 주택을 말한다.
② 도시형 생활주택은 300세대 미만의 국민주택규모로 구성된다.
③ 토지임대부 분양주택의 경우, 토지의 소유권은 분양주택건설사업을 시행하는 자가 가지고, 건축물 및 복리시설 등에 대한 소유권은 주택을 분양받은 자가 가진다.
④ 장수명 주택은 구조적으로 오랫동안 유지·관리될 수 있는 내구성을 갖추고, 입주자의 필요에 따라 내부 구조를 쉽게 변경할 수 있는 가변성과 수리 용이성 등이 우수한 주택을 말한다.
⑤ 세대구분형 공동주택은 주택 내부 공간의 일부를 세대별로 구분하여 생활이 가능한 구조이어야 하며, 그 구분된 공간의 일부를 구분소유 할 수 있다.

03 부동산 활동과 관련된 다음의 내용을 설명하는 용어로 옳게 연결된 것은?

> ㉠ 인근지역의 주위환경 등의 사정으로 보아 현재의 용도에서 장래 택지 등 다른 용도로의 전환이 객관적으로 예상되는 토지
> ㉡ 택지 등 다른 용도로 조성되기 이전 상태의 토지

① ㉠: 후보지, ㉡: 소지
② ㉠: 후보지, ㉡: 공지
③ ㉠: 이행지, ㉡: 소지
④ ㉠: 이행지, ㉡: 공지
⑤ ㉠: 성숙지, ㉡: 소지

04 다음 중 아파트 신규 공급증가요인으로 옳은 것은 몇 개인가? (단, 다른 조건은 일정하다고 가정한다)

> ㉠ 아파트담보대출 이자율 상승
> ㉡ 건축원자재 가격 하락
> ㉢ 아파트 가격 상승 예상
> ㉣ 아파트건설사업자 증가
> ㉤ 건설기술 발전에 따른 원가절감
> ㉥ 아파트 가격 상승

① 2개　　　　② 3개
③ 4개　　　　④ 5개
⑤ 6개

05 부동산 시장의 수요과 공급의 가격탄력성에 관한 설명으로 옳지 않은 것은? (단, 다른 조건은 동일함)
① 측정하는 기간이 길수록 수요의 탄력성은 더 탄력적이다.
② 공급의 탄력성은 생산요소를 쉽게 얻을 수 있는 상품일수록 더 탄력적이다.
③ 수요의 탄력성은 탄력적일 경우 임대료가 상승하면 전체 임대수입은 감소한다.
④ 대체재가 많을수록 수요의 탄력성은 더 탄력적이다.
⑤ 제품의 가격이 가계소득에서 차지하는 비중이 작은 필수재일수록 수요의 탄력성이 더 탄력적이다.

06 어느 지역의 아파트에 대한 수요의 가격탄력성은 0.2이고 소득탄력성은 0.4이다. 아파트 가격이 10% 하락과 동시에 소득이 변하여 전체 수요량이 4% 증가하였다면, 이때 소득의 변화율은? (단, 오피스텔은 정상재이고, 수요의 가격탄력성은 절댓값으로 나타내며, 다른 조건은 동일함)

① 1% 증가　　② 1% 감소
③ 4% 증가　　④ 4% 감소
⑤ 5% 증가

07 부동산 개발에 관한 설명으로 옳은 것은?

㉠ 특정지역의 총체적인 경제활동, 고용, 지역인구 등 모든 부동산 수요의 원천에 관한 분석은 시장성 분석에서 행한다.
㉡ 개발사업에 대한 타당성 분석 결과가 동일한 경우에도 분석된 사업안은 개발업자에 따라 채택될 수도 있고 그렇지 않을 수도 있다.
㉢ 흡수율 분석의 궁극적인 목적은 과거 및 현재의 추세를 정확하게 파악하는 데 있다.
㉣ 개발 초기에 선분양으로 수분양자를 미리 확보할 경우 시행자가 부담하는 시장위험은 증가하지만 개발이익은 증가하는 것이 일반적이다.
㉤ 시장성 분석은 개발된 부동산이 현재나 미래의 시장상황에서 분양되거나 임대될 수 있는 가능성을 조사하는 것을 말한다.

① ㉠, ㉡　　② ㉠, ㉢
③ ㉡, ㉤　　④ ㉡, ㉣
⑤ ㉢, ㉤

08 부동산 시장의 특성으로 옳은 것은?

① 일반 상품의 시장과 달리 조직성을 갖고 지역을 확대하는 특성이 있다.
② 토지의 인문적 특성인 지리적 위치의 고정성으로 인하여 개별화 된다.
③ 매매의 단기성으로 인하여 유동성과 환금성이 우수하다.
④ 거래정보의 대칭성으로 인하여 정보수집이 쉽고 은밀성이 축소된다.
⑤ 부동산의 개별성으로 인한 부동산 상품의 비표준화로 복잡·다양하게 된다.

09 부동산 매매시장에서 수요와 공급의 가격탄력성에 관한 설명으로 틀린 것은? (단, x축은 수량, y축은 가격, 수요의 가격탄력성은 절댓값을 의미하며, 다른 조건은 동일함)

① 수요가 증가할 때, 공급이 비탄력적일수록 균형가격은 더 상승하고 균형거래량은 덜 증가한다.
② 수요가 증가할 때, 공급이 비탄력적일수록 균형거래량 증가폭은 작아진다.
③ 공급이 증가할 때, 수요가 탄력적일수록 균형거래량은 더 증가한다.
④ 수요의 가격탄력성이 완전탄력적이면 가격의 변화와는 상관없이 수요량이 고정된다.
⑤ 공급의 가격탄력성이 탄력적이면 가격의 변화율보다 공급량의 변화율이 더 크다.

10 부동산 경기변동에 관한 설명 중 옳은 것은?

㉠ 부동산 경기순환은 일반경기에 비해 정점이 더 높고, 저점이 더 깊다.
㉡ 대학교 근처의 임대주택이 방학을 주기로 공실이 높아지는 것은 무작위적 변동에 해당한다.
㉢ 장기적 변동이란 예기치 못한 사태로 인해 초래되는 비주기적 경기변동을 말한다.
㉣ 부동산 경기는 주기 순환국면이 불규칙적인 경향을 보인다.
㉤ 후퇴시장에서 부동산 전문업자들은 매수자 중시에서 매도자 중시로 전환한다.

① ㉠, ㉣　　② ㉠, ㉡
③ ㉠, ㉣, ㉤　　④ ㉠, ㉡, ㉢
⑤ ㉠, ㉢, ㉤

11 지대이론에 관한 설명으로 옳은 것은?

① 마샬(A. Marshall)의 준지대설에 따르면, 생산을 위하여 사람이 만든 기계나 기구들로부터 얻은 일시적인 소득은 준지대에 속한다.
② 튀넨(J. H. von Thünen)의 위치지대설에 따르면, 비옥도 차이에 기초한 지대에 의해 비농업적 토지이용이 결정된다.
③ 마르크스(K. Marx)의 절대지대설에 따르면, 최열등지에서는 지대가 발생하지 않는다.
④ 리카도(D. Ricardo)의 차액지대설에서 지대는 토지의 생산성과 운송비의 차이에 의해 결정된다.
⑤ 헤이그(R. Haig)의 마찰비용이론에서 지대는 마찰비용과 교통비의 합으로 산정된다.

12 우리나라의 부동산제도와 근거법률의 연결이 옳은 것은?
① 실거래가신고제 - 「부동산 거래신고 등에 관한 법률」
② 검인계약서제 - 「부동산등기법」
③ 개발부담금제 - 「재건축 초과이익 환수에 관한 법률」
④ 토지은행제 - 「공익사업을 위한 토지 등의 취득 및 보상에 관한 법률」
⑤ 분양가상한제 - 「건축물의 분양에 관한 법률」

13 허프(D. Huff)의 상권확률모형에 관한 설명 중 옳은 것으로 연결된 것은?

㉠ 허프 모형을 활용하여 상권의 규모 또는 매장의 매출액을 추정할 수 있다.
㉡ 교통조건이 나쁠수록 거리마찰계수가 커지게 된다.
㉢ 전문품의 경우 일상용품보다는 거리마찰계수가 작다.
㉣ 허프 모형을 적용하기 전에 공간(거리) 마찰계수가 먼저 정해져야 한다.

① ㉠, ㉡
② ㉡, ㉢
③ ㉠, ㉡, ㉢
④ ㉡, ㉢, ㉣
⑤ ㉠, ㉡, ㉢, ㉣

14 임대주택정책 관련 설명으로 틀린 것은? (단, 다른 조건은 일정함)
① 임대료 상한제에서 임대료 상한을 균형임대료보다 낮게 설정해야 저소득층의 주거비 부담 완화 효과를 기대할 수 있다.
② 분양전환공공임대주택이란 일정 기간 임대 후 분양전환할 목적으로 공급하는 공공임대주택을 말한다.
③ 공공주택 특별법상 국민임대주택이란 국가나 지방자치단체의 재정이나 주택도시기금의 자금을 지원받아 저소득 서민의 주거안정을 위하여 20년 이상 장기간 임대를 목적으로 공급하는 공공임대주택을 말한다.
④ 행복주택이란 국가나 지방자치단체의 재정이나 주택도시기금의 자금을 지원받아 대학생, 사회초년생, 신혼부부 등 젊은 층의 주거안정을 목적으로 공급하는 공공임대주택을 말한다.
⑤ 기존주택전세임대주택이란 국가나 지방자치단체의 재정이나 주택도시기금의 자금을 지원받아 기존주택을 임차하여 「국민기초생활 보장법」에 따른 수급자 등 저소득층과 청년 및 신혼부부 등에게 전대(轉貸)하는 공공임대주택을 말한다.

15 공장부지의 입지요인에 관한 설명 중 틀린 것은?
① 등비용선이란 최소수송비 지점으로부터 기업이 입지를 바꿀 경우, 이에 따른 추가적인 수송비의 부담액이 동일한 지점을 연결한 곡선을 의미한다.
② 베버의 최소비용이론에서 운송비·노동비·집적이익을 고려하여 비용이 최소화되는 지점이 공장의 최적입지가 된다고 보았다.
③ 뢰시(A. Lösch)의 최대수요이론은 장소에 따라 수요가 차별적이라는 전제하에 수요측면에서 경제활동의 공간조직과 상권조직을 파악한 것이다.
④ 보편원료를 많이 사용하는 기업과 중량감소산업은 원료지향형 입지를 선호한다.
⑤ 편재원료를 많이 사용하는 기업은 원료지향입지를 선호한다.

16 부동산 투자와 관련된 재무비율과 승수를 설명한 것으로 틀린 것은? (단, 다른 조건은 일정함)
① 부채감당률이 1인 경우, 세전현금흐름은 0이 된다.
② 어림셈법으로 분석할 경우 승수는 작을수록, 수익률은 클수록 유리하다.
③ 세전현금흐름승수는 지분투자액을 세전현금흐름으로 나눈 값이다.
④ 지분투자수익률이란 총투자액에 대한 세후현금흐름의 비율이다.
⑤ 어림셈법에 의한 투자대안 판단시 사용지표에 따라 투자결정이 달라질 수 있다.

17 다음 중 우리나라 정부의 부동산 시장에 대한 직접개입 수단으로 옳은 것은 몇 개인가?

㉠ 공공토지비축 ㉡ 취득세
㉢ 종합부동산세 ㉣ 토지수용
㉤ 개발부담금   ㉥ 공영개발
㉦ 공공임대주택 ㉧ 총부채상환비율(DTI)

① 3개
② 4개
③ 5개
④ 6개
⑤ 7개

18 토지정책에 관한 설명으로 옳은 것은?
① 토지정책수단 중 토지비축제도, 토지수용, 금융지원, 보조금 지급은 간접개입방식이다.
② 개발부담금제는 개발이 제한되는 지역의 토지소유권에서 개발권을 분리하여 개발이 필요한 다른 지역에 개발권을 양도할 수 있도록 하는 제도이다.
③ 토지선매에 있어 시장·군수·구청장은 토지거래계약허가를 받아 취득한 토지를 그 이용목적대로 이용하고 있지 아니한 토지에 대해서 선매자에게 강제로 수용하게 할 수 있다.
④ 개발권양도제는 개발사업의 시행으로 이익을 얻은 사업시행자로부터 개발이익의 일정액을 환수하는 제도이다.
⑤ 토지적성평가제는 토지에 대한 개발과 보전의 경합이 발생했을 때 이를 합리적으로 조정하는 수단이다.

19 다음 부동산 관련 조세 중 국세만으로 묶인 것은?
① 상속세, 취득세, 양도소득세
② 증여세, 등록면허세, 양도소득세
③ 취득세, 등록면허세, 종합부동산세
④ 증여세, 양도소득세, 종합부동산세
⑤ 재산세, 등록면허세, 상속세

20 부동산 투자에서 (㉠) 타인자본을 40% 활용하는 경우와 (㉡) 타인자본을 활용하지 않는 경우, 각각의 1년간 자기자본수익률(%)은? (단, 소수점 둘째 자리에서 반올림하며, 주어진 조건에 한함)

- 부동산 매입가격: 20,000만원
- 1년 후 부동산 처분
- 순영업소득(NOI): 연 700만원(기간 말 발생)
- 보유기간 동안 부동산 가격 상승률: 연 2%
- 대출조건: 이자율 연 5%, 대출기간 1년, 원리금은 만기 일시상환

① ㉠: 5.0, ㉡: 5.2
② ㉠: 5.5, ㉡: 5.2
③ ㉠: 5.5, ㉡: 5.3
④ ㉠: 5.6, ㉡: 5.5
⑤ ㉠: 5.8, ㉡: 5.5

21 부동산 투자에서 위험과 수익에 관한 설명으로 옳은 것은? (단, 위험회피형 투자자라고 가정한다)
① 기대수익률과 위험(분산)은 부(−)의 상관관계를 갖는다.
② 위험조정할인율이란 현금유입의 현재가치와 현금유출의 현재가치를 같게 만드는 할인율이다.
③ 요구수익률이란 투자에 대한 위험이 주어졌을 때 투자대안을 채택하기 위해 충족되어야 할 최대한의 수익률이다.
④ 투자자의 요구수익률은 비체계적 위험이 증대됨에 따라 상승한다.
⑤ 효율적 전선(efficient frontier)에서 수익률을 증가시키기 위해서는 추가적인 위험을 부담해야 한다.

22 다음은 부동산 투자분석기법 중 어림셈법 및 재무비율에 대한 설명이다. 틀린 것은? (단, 다른 요인은 일정하다고 가정한다)
① 순영업소득이 일정할 때, 부채서비스액이 클수록 부채감당률은 작아진다.
② 유효총소득이 일정할 때, 영업경비나 부채서비스액이 커지면 채무불이행률은 작아진다.
③ 총소득승수 × 총자산회전율 = 1이다.
④ 순소득승수가 커질수록 종합자본환원율은 작아진다.
⑤ 지분비율이 80%이면 부채비율은 25%이다.

23 A부동산의 1년 동안 예상되는 현금흐름이다. 다음 중 옳은 것은? (단, 주어진 조건에 한함)

- A부동산 가격: 15억원
- 자기자본: 10억원, 대출: 5억원
- 순영업소득: 1억 5,000만원
- 영업소득세: 5,000만원
- 저당지불액: 8,000만원

① 부채비율: 20%
② 순소득승수: 15
③ 지분투자수익률: 30%
④ 부채감당비율: 53%
⑤ 자본환원이율: 10%

24 부동산 투자시 위험과 수익과의 관계에 관한 설명으로 옳은 것을 모두 고른 것은?

㉠ 위험회피형 투자자는 위험 증가에 따른 보상으로 높은 기대수익률을 요구한다.
㉡ 위험과 수익과의 상쇄관계는 위험이 크면 클수록 요구하는 수익률이 작아지는 것을 의미한다.
㉢ 위험의 크기에 관계없이 기대수익률에만 의존해서 행동하는 투자유형을 위험선호형이라 한다.
㉣ 요구수익률은 무위험률과 위험할증률을 합산하여 계산해야 한다.
㉤ 평균-분산모형에서, 기대수익률이 같다면 위험이 작은 투자안을 선택하고, 위험이 같다면 기대수익률이 높은 투자안을 선택하는 투자안의 선택기준을 지배원리(dominance principle)라고 한다.

① ㉠, ㉡
② ㉡, ㉢
③ ㉠, ㉣, ㉤
④ ㉡, ㉢, ㉤
⑤ ㉢, ㉣, ㉤

25 대출상환방식에 관한 설명으로 옳은 것을 모두 고른 것은? (단, 대출금액과 기타 대출조건은 동일함)

㉠ 상환 첫 회의 원리금상환액은 원리금균등상환방식이 원금균등상환방식보다 크다.
㉡ 체증(점증)상환방식의 경우, 미래소득이 감소될 것으로 예상되는 은퇴 예정자에게 적합하다.
㉢ 원금균등상환방식의 경우, 매기에 상환하는 원리금이 점차적으로 감소한다.
㉣ 원리금균등상환방식의 경우, 매기에 상환하는 원금액이 점차적으로 늘어난다.

① ㉠, ㉡
② ㉠, ㉢
③ ㉠, ㉣
④ ㉡, ㉣
⑤ ㉢, ㉣

26 시장상황별 수익률의 예상치가 다음과 같은 경우 기대수익률과 분산은?

시장상황	수익률	확률
불황	20%	30%
보통	30%	40%
호황	40%	30%

① 기대수익률: 20%, 분산: 0.004
② 기대수익률: 20%, 분산: 0.006
③ 기대수익률: 30%, 분산: 0.004
④ 기대수익률: 30%, 분산: 0.006
⑤ 기대수익률: 30%, 분산: 0.04

27 공급자 금융인 프로젝트 파이낸싱(Project Financing)기법에 대한 설명 중 틀린 것은? (단, 별도의 프로젝트 회사를 설립 후 사업은 진행된다고 가정한다)

① 사업주(sponsor)와 법적으로 독립된 프로젝트로부터 발생하는 미래 현금흐름을 상환재원으로 자금을 조달하는 것이기 때문에 프로젝트가 도산시 프로젝트로부터 발생하는 현금흐름이나 자산의 범위 내에서 채권 청구가 가능하다.
② 부외금융효과를 누릴 수 있어 채무자의 채무수용능력이 제고된다.
③ 사업시행자의 원리금상환은 해당 프로젝트에서 발생하는 현금흐름에 의존한다.
④ 사업주의 재무상태표에 해당 부채가 인식된다.
⑤ 프로젝트 파이낸싱은 비소구금융(non-recourse financing)이지만 현실적으로 여러 가지 위험 배분의 조합이 원용되므로 완전한 비소구방식은 거의 없으며, 제한적 소구금융(limited non-recourse financing)이 일반적이어서 이해당사자 간의 위험배분이 가능하다.

28 분석대상 도시 인근에 A, B, C 세 개의 쇼핑센터가 있다. 허프(Huff)의 상권분석모형을 적용할 경우, 각 쇼핑센터의 이용객수는? (단, 거리마찰계수: 2, 도시 인구의 40%가 위 쇼핑센터의 이용객이고, A, B, C 중 한 곳에서만 쇼핑함)

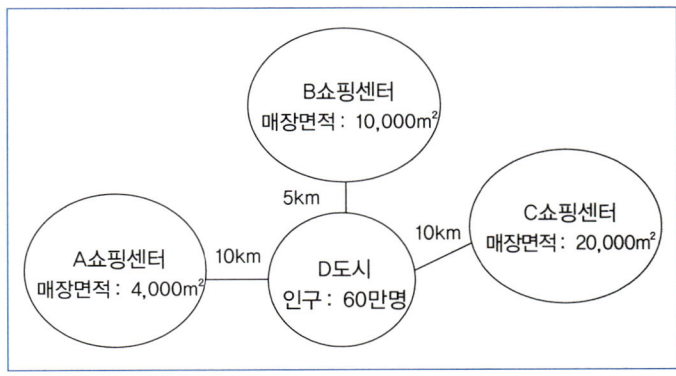

① A: 15,000명, B: 150,000명, C: 75,000명
② A: 15,000명, B: 155,000명, C: 70,000명
③ A: 15,000명, B: 160,000명, C: 65,000명
④ A: 16,000명, B: 150,000명, C: 74,000명
⑤ A: 16,000명, B: 155,000명, C: 69,000명

29 부동산 관리에 관한 설명 중 옳지 않은 것은?

① 자산관리(AM)란 소유주나 기업의 부를 극대화하기 위하여 자산의 가치를 증진시킬 수 있는 다양한 방법을 모색하는 적극적인 관리를 말한다.
② 시설관리(FM)는 각종 부동산 시설을 운영하고 유지하는 것으로 시설사용자나 기업의 요구에 부응하는 소극적인 관리에 해당한다.
③ 대상부동산의 물리적·기능적인 하자에 대한 기술적인 조치를 하는 것을 기술적 관리라고 한다.
④ 자가관리는 소유자의 의사능력과 지휘통제력이 발휘될 수 있으며 의사결정과 업무처리가 신속하다.
⑤ 혼합관리는 건물관리의 전문성을 통하여 노후화의 최소화 및 효율적 관리가 가능하여 대형 사무실용 부동산 등의 관리에 유용한 방식으로 가장 진보된 방식이다.

30 주택담보대출로 5억원을 연리 6%의 고정금리로 10년 동안 매월 원리금을 균등하게 상환하기로 약정하였다. 매월 지급해야 할 저당지불액은 얼마인가? (단, 기말 불입을 가정하며, 가장 가까운 근사치를 고르시오)

> 월리 0.5%, 120개월 자본환원계수는 다음과 같다.
> ㉠ 일시불의 내가계수 : 3.310204
> ㉡ 일시불의 현가계수 : 0.302096
> ㉢ 연금의 내가계수 : 462.040895
> ㉣ 연금의 현가계수 : 139.580772
> ㉤ 감채기금계수 : 0.002164

① 3,216,400원 ② 3,582,155원
③ 4,331,000원 ④ 4,557,600원
⑤ 5,002,100원

31 다음은 주택저당채권 유동화에 관한 설명이다. 옳은 것은?

① 주택저당채권 유동화란 주택을 담보로 저당을 설정하고 이 저당채권의 현금흐름을 담보로 유가증권인 채권(債券)을 발행하여 유통시키는 주택금융제도이다.
② 주택자금 차입자와 주택저당대출기관으로 구성되는 시장은 2차 저당시장이다.
③ 1차 저당시장에서 주택저당 관련 채권이 증권화된다.
④ 주택저당채권 자산보유자와 저당담보부채권(MBS)에 투자하려는 기관투자자로 구성되는 시장을 1차 저당시장이라 한다.
⑤ 우리나라에서는 주택저당담보채권 유동화 및 증권화가 되고 있지 않다.

32 다음에 해당하는 민간투자사업방식은?

> • 민간사업자가 기숙사를 개발하여 준공과 동시에 그 소유권을 공공에 귀속시켰다.
> • 민간사업자는 30년간 시설관리 운영권을 갖고, 공공은 그 시설을 임차하여 사용하고 있다.

① BOT(Build-Own-Transfer) 방식
② BTO(Build-Transfer-Operate) 방식
③ BTL(Build-Transfer-Lease) 방식
④ BLT(Build-Lease-Transfer) 방식
⑤ BOO(Build-Own-Operate) 방식

33 부동산 마케팅 전략에 관한 설명으로 옳지 않은 것은?

① 시장점유마케팅 전략에는 STP 전략과 4P Mix 전략이 있다.
② 시장점유마케팅 전략은 AIDA원리로 대표되는 소비자 중심의 마케팅 전략이다.
③ 관계마케팅 전략은 생산자와 소비자의 지속적인 관계를 통해서 상호 이익이 되는 장기적인 관점의 마케팅 전략이다.
④ STP 전략 중 시장세분화 전략은 부동산 시장을 명확한 여러 개의 구매자 집단으로 나누는 것을 말한다.
⑤ 제품 포지셔닝이란 표적 고객의 마음속에 특정 상품이나 서비스가 자리 잡는 느낌을 말하며, 고객에게 자사의 상품과 서비스 이미지를 자리 잡게 디자인하는 활동을 말한다.

34 감정평가에 관한 규칙상 감정평가방법에 관한 설명으로 틀린 것은?

① 자동차의 주된 평가방법과 선박 및 항공기의 주된 평가방법은 동일하다.
② 「집합건물의 소유 및 관리에 관한 법률」에 따른 구분소유권의 대상이 되는 건물부분과 그 대지사용권을 일괄하여 감정평가하는 경우 거래사례비교법을 주된 평가방법으로 적용한다.
③ 임대료를 평가할 때는 임대사례비교법을 주된 평가방법으로 적용한다.
④ 영업권, 특허권 등 무형자산은 수익환원법을 주된 평가방법으로 적용한다.
⑤ 건물의 주된 평가방법은 원가법이다.

35 다음과 같이 조사된 건물의 기준시점 현재의 원가법에 의한 감정평가액은? (단, 감가수정은 정액법에 의함)

- 기준시점 : 2024. 5. 30.
- 준공시점 : 2022. 5. 30.
- 재조달원가 : 300,000,000원
- 기준시점 현재 잔존내용연수 : 48년
- 내용연수 만료시 잔존가치율 : 10%

① 252,320,000원　② 262,925,000원
③ 289,200,000원　④ 294,000,000원
⑤ 294,800,000원

36 감정평가의 규칙상 물건별 감정평가방법을 연결한 것이다. 틀린 것은?

① 건물 - 원가법
② 토지 - 공시지가기준법
③ 자동차 - 수익환원법
④ 과수원 - 거래사례비교법
⑤ 선박 - 원가법

37 원가방식에 관한 설명으로 옳은 것을 모두 고른 것은?

㉠ 원가법과 적산법은 원가방식에 해당한다.
㉡ 재조달원가는 실제로 생산 또는 건설된 방법 여하에 불구하고 도급방식을 기준으로 산정한다.
㉢ 대상부동산이 가지는 물리적 특성인 지리적 위치의 고정성에 의해서 경제적 감가요인이 발생한다.
㉣ 정액법, 정률법, 상환기금법은 대상부동산의 내용연수를 기준으로 하는 감가수정방법에 해당한다.

① ㉠, ㉡　② ㉢, ㉣
③ ㉠, ㉡, ㉣　④ ㉠, ㉢, ㉣
⑤ ㉠, ㉡, ㉢, ㉣

38 부동산 감정평가에서 감가요인 중 기능적 감가와 가장 관련성이 깊은 부동산 가격 제 원칙으로 옳은 것은?

① 외부성의 원칙
② 적합의 원칙
③ 균형의 원칙
④ 기여의 원칙
⑤ 잉여생산성의 원칙

39 다음 자료를 활용하여 수익환원법을 적용한 평가대상 부동산의 수익가액은? (단, 주어진 조건에 한하며 연간 기준임)

- 가능총소득 : 5,000만원
- 공실손실상당액 : 가능총소득의 5%
- 영업경비 : 유효총소득의 50%
- 토지가액 : 건물가액 = 40% : 60%
- 토지환원이율 : 5%
- 건물환원이율 : 10%

① 255,470,000원　② 296,875,000원
③ 312,456,000원　④ 370,000,000원
⑤ 400,000,000원

40 부동산 가격공시에 관한 법률의 규정에 관한 설명으로 틀린 것은?

① 표준지공시지가는 국가·지방자치단체 등의 기관이 그 업무와 관련하여 지가를 산정하거나 감정평가법인등이 개별적으로 토지를 감정평가하는 경우에 그 기준이 된다.
② 표준지공시지가 공시사항에는 표준주택의 용도, 연면적, 구조 및 사용승인일, 표준주택의 대지면적 및 형상이 포함된다.
③ 표준주택가격은 국가·지방자치단체 등의 기관이 그 업무와 관련하여 개별주택가격을 산정하는 경우에 그 기준이 된다.
④ 개별공시지가에 대하여 이의가 있는 자는 개별공시지가의 결정·공시일로부터 30일 이내에 서면으로 시장·군수·구청장에게 이의를 신청할 수 있다.
⑤ 국토교통부장관이 공동주택의 적정가격을 조사·산정하는 경우에는 인근유사 공동주택의 거래가격·임대료 및 당해 공동주택과 유사한 이용가치를 지닌다고 인정되는 공동주택의 건설에 필요한 비용추정액 등을 종합적으로 참작하여야 한다.

민법 · 민사특별법

41 의사표시의 효력발생에 관한 설명으로 옳지 않은 것은? (다툼이 있으면 판례에 따름)
① 미성년자는 그 행위능력이 제한되고 있는 범위에서 수령무능력자이다.
② 의사표시의 효력발생시기에 관해 도달주의를 규정하고 있는 민법 제111조는 임의규정이다.
③ 상대방이 정당한 사유 없이 의사표시의 수령을 거절하더라도 상대방이 그 의사표시의 내용을 알 수 있는 객관적 상태에 놓여 있다면 그 의사표시는 효력이 있다.
④ 재단법인 설립행위의 효력발생을 위해서는 의사표시의 도달이 요구되지 않는다.
⑤ 의사표시의 발신 후 표의자가 사망하였다면, 그 의사표시는 상대방에게 도달하더라도 무효이다.

42 대리에 관한 설명으로 옳은 것은? (다툼이 있으면 판례에 따름)
① 대리행위가 강행법규에 위반하여 무효가 된 경우에도 표현대리 법리가 적용될 수 있다.
② 본인의 허락이 없는 자기계약은 본인이 추인하여도 유효한 대리행위로 될 수 없다.
③ 상대방 없는 단독행위의 무권대리는 본인의 추인 여부와 관계없이 확정적으로 유효이다.
④ 대리인이 자기의 이익을 위한 배임적 의사표시를 하였고 상대방도 이를 안 경우, 본인은 그 대리인의 행위에 대하여 책임이 없다.
⑤ 권한을 정하지 아니한 임의대리인은 본인의 미등기부동산에 관한 보존등기를 할 수 없다.

43 다음 중 무효인 법률행위는? (다툼이 있으면 판례에 따름)
① 상대방의 강박에 의해 매매계약을 체결한 경우
② 공인중개사 자격이 없는 자가 우연히 1회성으로 행한 중개행위에 대한 적정한 수준의 수수료 약정
③ 민사사건에서 변호사와 의뢰인 사이에 체결된 적정한 수준의 성공보수약정
④ 상대방에게 표시된 동기가 반사회질서적인 법률행위
⑤ 진의 아닌 의사표시

44 다음 중 취소원인이 있는 법률행위를 모두 고른 것은?

㉠ 통정허위표시
㉡ 불법조건이 붙은 법률행위
㉢ 강행법규에 위반한 매매계약
㉣ 상대방의 사기로 체결한 교환계약
㉤ 원시적·객관적 전부불능인 임대차계약

① ㉡
② ㉣
③ ㉠, ㉤
④ ㉢, ㉣
⑤ ㉣, ㉤

45 법률행위의 효력에 관한 설명으로 옳은 것은? (다툼이 있으면 판례에 따름)
① 불공정한 법률행위에 무효행위 전환에 관한 규정은 적용될 수 없다.
② 불공정한 법률행위에 관한 규정이 경매에도 적용된다.
③ 강제집행을 면할 목적으로 허위의 근저당권을 설정하는 행위는 반사회질서의 법률행위로 무효로 되는 것은 아니다.
④ 상대방에게 표시되거나 알려진 법률행위의 동기가 반사회적인 경우라도 그 법률행위는 무효라고 할 수 없다.
⑤ 소송에서 증언할 것을 조건으로 대가를 지급하기로 하는 약정은 그 상당성 여부와 관계없이 무효이다.

46 착오로 인한 의사표시에 관한 설명으로 옳은 것은? (다툼이 있으면 판례에 따름)
① 표의자가 경과실로 인한 착오로 의사표시를 하고 그 착오를 이유로 의사표시를 취소한 경우, 표의자는 그 취소로 인한 손해를 배상할 책임이 있다.
② 착오로 인한 의사표시의 취소에 관한 민법 제109조 제1항은 당사자의 합의로 그 적용을 배제할 수 없다.
③ 매도인이 매수인의 채무불이행을 이유로 매매계약을 적법하게 해제한 후에도 매수인은 착오를 이유로 매매계약을 취소할 수 있다.
④ 매도인의 하자담보책임이 성립하는 경우, 매매계약 내용의 중요 부분에 착오가 있더라도 매수인은 착오를 이유로 매매계약을 취소할 수 없다.
⑤ 상대방이 표의자의 착오를 알고 이를 이용한 경우라도 의사표시의 착오가 표의자의 중대한 과실로 인한 것이라면 표의자는 착오를 이유로 의사표시를 취소할 수 없다.

47 甲의 무권대리인 乙이 甲을 대리하여 丙과 매매계약을 체결하였고, 그 당시 丙은 제한능력자가 아닌 乙이 무권대리인임을 과실 없이 알지 못하였다. 이에 관한 설명으로 옳지 않은 것은? (다툼이 있으면 판례에 따름)

① 乙과 丙 사이에 체결된 매매계약은 甲이 추인하지 않는 한 甲에 대하여 효력이 없다.
② 甲이 乙에게 추인의 의사표시를 하였으나 丙이 그 사실을 알지 못한 경우, 丙은 매매계약을 철회할 수 있다.
③ 甲을 단독 상속한 乙이 丙에게 추인거절권을 행사하는 것은 신의칙에 반하여 허용될 수 없다.
④ 乙의 무권대리행위가 제3자의 위법행위로 야기된 경우, 乙은 과실이 없으므로 丙에게 무권대리행위로 인한 책임을 지지 않는다.
⑤ 丙이 乙에게 가지는 계약의 이행 또는 손해배상청구권의 소멸시효는 丙이 이를 선택할 수 있는 때부터 진행한다.

48 민법상 비진의 의사표시로서 무효가 아닌 것을 모두 고른 것은? (다툼이 있으면 판례에 따름)

㉠ 공무원이 한 사직의 의사표시
㉡ 학교법인이 사립학교법상의 제한규정 때문에 그 학교의 교직원들의 명의를 빌려서 금융기관으로부터 금원을 차용한 경우에 교직원들의 채무부담의사표시
㉢ 재산을 강제로 뺏긴다는 것이 표의자의 본심으로 잠재되어 있었으나, 표의자가 강박에 의하여서나마 증여를 하기로 하고 그에 따라 한 증여의 의사표시

① ㉠
② ㉢
③ ㉠, ㉡
④ ㉡, ㉢
⑤ ㉠, ㉡, ㉢

49 법률행위의 무효에 관한 설명으로 틀린 것을 모두 고른 것은? (다툼이 있으면 판례에 의함)

㉠ 무효인 법률행위를 추인하면 특별한 사정이 없는 한 처음부터 새로운 법률행위를 한 것으로 본다.
㉡ 추인 요건을 갖추면 취소로 무효가 된 법률행위의 추인도 허용된다.
㉢ 사회질서의 위반으로 무효인 법률행위는 추인의 대상이 될 수 있다.
㉣ 무효인 법률행위에 따른 법률효과를 침해하는 것처럼 보이는 위법행위가 있다면 그 손해배상을 청구할 수 있다.

① ㉠, ㉡
② ㉠, ㉢
③ ㉡, ㉣
④ ㉠, ㉢, ㉣
⑤ ㉡, ㉢, ㉣

50 법률행위의 조건과 기한에 관한 설명으로 옳지 않은 것은? (다툼이 있으면 판례에 따름)

① 기한의 이익은 특약이나 법률행위의 성질로 분명하지 아니한 경우에는 채무자를 위한 것으로 추정한다.
② 채무자가 담보를 손상하게 한 때에 그는 기한의 이익을 주장하지 못한다.
③ 조건 있는 법률행위의 당사자는 조건의 성부가 미정인 동안에는 조건의 성취로 인하여 생길 상대방의 이익을 해하지 못한다.
④ '공인중개사 시험에 응시하여 최종 합격하면 자동차를 사준다'는 법률행위를 한 경우, 이는 특별한 사정이 없는 한 정지조건부 법률행위이다.
⑤ 불법조건이 붙은 법률행위는 그 조건만 무효이다.

51 부동산 소유권이전등기청구권에 관한 설명으로 틀린 것은? (다툼이 있으면 판례에 따름)

① 교환으로 인한 이전등기청구권은 채권적 청구권이다.
② 점유취득시효 완성으로 인한 이전등기청구권의 양도는 특별한 사정이 없는 한 양도인의 채무자에 대한 통지만으로 대항력이 생긴다.
③ 매수인이 부동산을 인도받아 사용·수익하고 있더라도 매수인의 매도인에 대한 소유권이전등기청구권은 소멸시효에 걸린다.
④ 점유취득시효 완성으로 인한 이전등기청구권은 시효완성자의 점유가 계속되는 한 시효로 소멸하지 않는다.
⑤ 매매로 인한 이전등기청구권의 양도는 특별한 사정이 없는 한 양도인의 채무자에 대한 통지만으로 대항력이 생기지 않는다.

52 공유에 관한 설명으로 옳은 것은? (다툼이 있으면 판례에 따름)

① 공유자 1인이 무단으로 공유물을 임대하고 보증금을 수령한 경우, 다른 공유자에게 지분비율에 상응하는 보증금액을 부당이득으로 반환하여야 한다.
② 공유자들이 공유물의 무단점유자에게 가지는 차임 상당의 부당이득반환채권은 특별한 사정이 없는 한 불가분채권에 해당한다.
③ 공유물의 소수지분권자가 다른 공유자와 협의 없이 공유물의 일부를 독점적으로 사용하는 경우, 다른 소수지분권자는 공유물에 대한 보존행위로서 공유물의 인도를 청구할 수 있다.
④ 구분소유적 공유관계의 성립을 주장하는 자는 구분소유약정의 대상이 되는 해당 토지의 위치를 증명하면 족하고, 그 면적까지 증명할 필요는 없다.
⑤ 공유물분할청구의 소가 제기된 경우, 법원은 청구권자가 요구한 분할방법에 구애받지 않고 공유자의 지분 비율에 따라 합리적으로 분할하면 된다.

53 점유자와 회복자의 관계에 관한 설명으로 틀린 것은? (다툼이 있으면 판례에 따름)

① 악의의 점유자는 통상의 필요비의 상환을 청구할 수 있다.
② 악의의 점유자에게도 유익비상환청구권이 인정된다.
③ 악의의 점유자가 책임 있는 사유로 점유물을 훼손한 경우, 손해의 전부를 배상해야 한다.
④ 점유자가 유익비를 지출한 경우, 회복자의 선택에 좇아 그 지출금액이나 증가액의 상환을 청구할 수 있다.
⑤ 무효인 매매계약의 매수인이 점유목적물에 필요비 등을 지출한 후 매도인이 그 목적물을 제3자에게 양도한 경우, 점유자인 매수인은 양수인에게 비용상환을 청구할 수 없다.

54 지역권에 관한 설명으로 옳은 것을 모두 고른 것은? (다툼이 있으면 판례에 따름)

> ㉠ 지역권은 요역지와 분리하여 양도하거나 처분하지 못한다.
> ㉡ 소유권에 기한 소유물반환청구권에 관한 규정은 지역권에 준용된다.
> ㉢ 통행지역권을 주장하는 사람은 통행으로 편익을 얻는 요역지가 있음을 주장·증명할 필요 없다.
> ㉣ 자기 소유의 토지에 도로를 개설하여 타인에게 영구적으로 사용하도록 약정하고 대금을 수령하는 것은 지역권 설정에 관한 합의라고 볼 수 없다.

① ㉠
② ㉡
③ ㉡, ㉢
④ ㉠, ㉣
⑤ ㉢, ㉣

55 물권에 관한 설명으로 틀린 것은? (다툼이 있으면 판례에 따름)

① 물건 이외의 재산권도 물권의 객체가 될 수 있다.
② 물권은 부동산등기규칙에 의해 창설될 수 없다.
③ 구분소유의 목적이 되는 건물의 등기부상 표시에서 전유부분의 면적 표시가 잘못된 경우, 그 잘못 표시된 면적만큼의 소유권보존등기를 말소할 수 있다.
④ 1필의 토지의 일부를 객체로 하여 지상권을 설정할 수 있다.
⑤ 기술적인 착오로 지적도의 경계선이 실제 경계선과 다르게 작성된 경우, 토지의 경계는 실제 경계선에 의해 확정된다.

56 지상권에 관한 설명으로 옳지 않은 것은? (다툼이 있으면 판례에 따름)

① 지상권의 설정은 처분행위이므로 토지소유자가 아니어서 처분권한이 없는 자는 지상권설정계약을 체결할 수 없다.
② 분묘기지권을 시효로 취득한 자는 토지소유자가 지료를 청구한 날로부터 지료지급의무가 있다.
③ 토지와 건물을 함께 매도하였으나 토지에 대해서만 소유권이전등기가 이루어진 경우, 매도인인 건물소유자를 위한 관습법상의 법정지상권은 인정되지 않는다.
④ 동일인 소유에 속하는 토지와 건물이 매매를 이유로 그 소유자를 달리하게 된 경우, 건물의 소유를 위하여 토지에 임대차계약을 체결하였다면 관습법상의 법정지상권은 인정되지 않는다.
⑤ 나대지에 저당권을 설정하면서 그 대지의 담보가치를 유지하기 위해 무상의 지상권이 설정된 경우, 피담보채권이 시효로 소멸하면 지상권도 소멸한다.

57 점유에 관한 설명으로 옳지 않은 것은? (다툼이 있으면 판례에 따름)

① 건물에 대하여 유치권을 행사하는 자는 건물의 부지를 점유하는 자에 해당하지 않는다.
② 미등기건물을 양수하여 사실상의 처분권을 가진 자는 토지소유자에 대하여 건물부지의 점유·사용에 따른 부당이득반환의무를 진다.
③ 간접점유가 인정되기 위해서는 직접점유자와 간접점유자 사이에 점유매개관계가 존재하여야 한다.
④ 계약명의신탁약정에 따라 명의수탁자 명의로 등기된 부동산을 명의신탁자가 점유하는 경우, 특별한 사정이 없는 한 명의신탁자의 점유는 타주점유에 해당한다.
⑤ 선의의 타주점유자는 자신에게 책임있는 사유로 점유물이 멸실되더라도 현존이익의 범위에서만 손해배상책임을 진다.

58
혼동에 의한 물권소멸에 관한 설명으로 틀린 것을 모두 고른 것은? (다툼이 있으면 판례에 의함)

㉠ 甲의 토지 위에 乙이 1번 저당권, 丙이 2번 저당권을 가지고 있다가 乙이 증여를 받아 토지 소유권을 취득하면 1번 저당권은 소멸하지 않는다.
㉡ 乙이 甲의 토지 위에 지상권을 설정받고, 丙이 그 지상권 위에 저당권을 취득한 후 乙이 甲으로부터 그 토지를 매수한 경우, 乙의 지상권은 소멸한다.
㉢ 甲의 토지를 乙이 점유하다가 乙이 이 토지의 소유권을 취득하더라도 乙의 점유권은 소멸한다.
㉣ 甲의 토지 위에 乙이 지상권, 丙이 저당권을 가지고 있는 경우, 丙이 그 소유권을 취득하면 丙의 저당권은 소멸하지 않는다.

① ㉠, ㉡
② ㉡, ㉢
③ ㉢, ㉣
④ ㉠, ㉣
⑤ ㉡, ㉢, ㉣

59
전세권에 관한 설명으로 틀린 것은? (다툼이 있으면 판례에 따름)

① 건물전세권자와 인지(隣地)소유자 사이에는 상린관계에 관한 규정이 준용된다.
② 건물전세권이 법정갱신된 경우, 전세권자는 이를 등기하지 않아도 그 목적물을 취득한 제3자에게 대항할 수 있다.
③ 토지전세권의 존속기간을 약정하지 않은 경우, 각 당사자는 6개월이 경과해야 상대방에게 전세권의 소멸통고를 할 수 있다.
④ 존속기간의 만료로 전세권이 소멸하면, 전세권의 용익물권적 권능은 소멸한다.
⑤ 전세금은 반드시 현실적으로 수수되어야만 하는 것은 아니고 기존의 채권으로 전세금의 지급에 갈음할 수 있다.

60
민법상 유치권에 관한 설명으로 옳은 것은? (다툼이 있으면 판례에 따름)

① 유치권자는 유치물에 대한 경매권이 없다.
② 유치권 발생을 배제하는 특약은 무효이다.
③ 건물신축공사를 도급받은 수급인이 사회통념상 독립한 건물이 되지 못한 정착물을 토지에 설치한 상태에서 공사가 중단된 경우, 그 토지에 대해 유치권을 행사할 수 있다.
④ 유치권은 피담보채권의 변제기가 도래하지 않으면 성립할 수 없다.
⑤ 유치권자는 자기 재산과 동일한 주의로 유치물을 점유해야 한다.

61
관습법상 법정지상권에 관한 설명으로 옳은 것을 모두 고른 것은? (다툼이 있으면 판례에 의함)

㉠ 법정지상권을 양도하기 위해서는 등기하여야 한다.
㉡ 법정지상권자는 그 지상권을 등기하여야 지상권을 취득할 당시의 토지소유자로부터 토지를 양수한 제3자에게 대항할 수 있다.
㉢ 동일인 소유의 건물과 토지가 매매로 인하여 서로 소유자가 다르게 되었으나, 당사자가 그 건물을 철거하기로 합의한 때에는 관습법상 법정지상권이 성립하지 않는다.

① ㉠
② ㉡
③ ㉢
④ ㉠, ㉢
⑤ ㉡, ㉢

62
저당권에 관한 설명으로 옳지 않은 것은? (다툼이 있으면 판례에 따름)

① 채권자와 제3자가 불가분적 채권자의 관계에 있다고 볼 수 있는 경우에는 그 제3자 명의의 저당권등기도 유효하다.
② 근저당권설정자가 적법하게 기본계약을 해지하면 피담보채권은 확정된다.
③ 무효인 저당권등기의 유용은 그 유용의 합의 전에 등기상 이해관계가 있는 제3자가 없어야 한다.
④ 저당부동산의 제3취득자는 부동산의 개량을 위해 지출한 유익비를 그 부동산의 경매대가에서 우선 변제받을 수 없다.
⑤ 저당권자가 저당부동산을 압류한 이후에는 저당권설정자의 저당부동산에 관한 차임채권에도 저당권의 효력이 미친다.

63
근저당권에 관한 설명으로 옳은 것은? (다툼이 있으면 판례에 따름)

① 근저당권의 피담보채무가 확정되기 이전에는 채무자를 변경할 수 없다.
② 근저당권의 확정 전에 발생한 원본채권으로부터 그 확정 후에 발생하는 이자는 채권최고액의 범위 내에서 여전히 담보된다.
③ 선순위근저당권자가 경매를 신청하는 경우, 후순위근저당권의 피담보채권의 확정시기는 경매개시결정시이다.
④ 근저당권의 존속 중에 피담보채권이나 기본계약과 분리하여 근저당권만을 양도할 수도 있다.
⑤ 채권의 총액이 채권최고액을 초과하는 경우, 채무자 겸 근저당권설정자는 근저당권의 확정 전이라도 채권최고액을 변제하고 근저당권의 말소를 청구할 수 있다.

64 다음은 계약에 관한 설명이다. 틀린 것은? (다툼이 있으면 판례에 의함)
① 격지자 간의 계약은 승낙의 통지를 발송한 때 성립한다.
② 청약자가 그 통지를 발송한 후 도달 전에 사망한 경우, 청약은 원칙적으로 효력을 상실한다.
③ 불특정 다수인에 대한 승낙은 효력이 없다.
④ 청약자가 미리 정한 기간 내에 이의를 하지 아니하면 승낙한 것으로 본다는 뜻을 표시한 경우, 특별한 사정이 없으면 상대방은 이에 구속되지 않는다.
⑤ 계약의 합의해제에 관한 청약에 대하여 상대방이 조건을 붙이거나 변경을 가하여 승낙한 경우에는 그 청약은 효력을 잃는다.

65 甲은 그 소유의 X부동산에 관하여 乙과 매매의 일방예약을 체결하면서 예약완결권은 乙이 가지고 20년 내에 행사하기로 약정하였다. 이에 관한 설명으로 옳은 것은? (다툼이 있으면 판례에 따름)
① 乙이 예약체결시로부터 1년 뒤에 예약완결권을 행사한 경우, 매매는 예약체결시로 소급하여 그 효력이 발생한다.
② 乙의 예약완결권은 형성권에 속하므로 甲과의 약정에도 불구하고 그 행사기간은 10년으로 단축된다.
③ 乙이 가진 예약완결권은 재산권이므로 특별한 사정이 없는 한 타인에게 양도할 수 있다.
④ 乙이 예약완결권을 행사기간 내에 행사하였는지에 관해 甲의 주장이 없다면 법원은 이를 고려할 수 없다.
⑤ 乙이 예약완결권을 행사하더라도 甲의 승낙이 있어야 비로소 매매계약은 그 효력이 발생한다.

66 이행지체로 인한 계약의 해제에 관한 설명으로 옳은 것은? (다툼이 있으면 판례에 따름)
① 채무자에 대한 이행의 최고는 반드시 미리 일정기간을 명시하여 최고하여야 한다.
② 이행지체를 원인으로 한 계약의 해제는 손해배상의 청구에 영향을 미친다.
③ 계약당사자 중 한 사람이 정기행위를 일정한 시기에 이행하지 않으면 특별한 사정이 없는 한 상대방은 이행의 최고 없이는 계약을 해제할 수 없다.
④ 당사자의 일방 또는 쌍방이 수인인 경우, 계약의 해제는 그 1인에 대하여 하면 효력이 없다.
⑤ 쌍무계약에서 당사자의 일방이 이행을 제공하더라도 상대방이 채무를 이행할 수 없음이 명백한지의 여부는 계약체결시를 기준으로 판단하여야 한다.

67 제3자를 위한 계약에 대한 다음 설명 중 옳지 않은 것은? (다툼이 있는 경우에는 판례에 의함)
① 낙약자는 요약자와 수익자 사이의 법률관계에 기한 항변으로 수익자에게 대항하지 못하고, 요약자도 대가관계의 부존재나 효력의 상실을 이유로 자신이 기본관계에 기하여 낙약자에게 부담하는 채무의 이행을 거부할 수 없다.
② 낙약자가 수익자에게 대금을 지급한 후 계약이 무효가 된 경우, 낙약자는 특별한 사정이 없는 한 수익자에게 대금반환을 청구할 수 있다.
③ 제3자를 위한 계약의 당사자가 아닌 수익자는 계약의 해제권이나 해제를 원인으로 하는 원상회복청구권이 있다고 볼 수 없다.
④ 계약의 당사자가 제3자에 대하여 가진 채권에 관하여 그 채무를 면제하는 계약도 제3자를 위한 계약에 준하는 것으로서 유효하다.
⑤ 제3자의 수익의 의사표시 후에도 요약자는 낙약자의 채무불이행을 이유로 제3자의 동의 없이 계약을 해제할 수 있다.

68 동시이행의 항변권에 관한 설명으로 옳지 않은 것은? (다툼이 있으면 판례에 따름)
① 동시이행관계에 있는 쌍방의 채무 중 어느 한 채무가 이행불능으로 인하여 손해배상채무로 변경된 경우도 다른 채무와 동시이행의 관계에 있다.
② 선이행의무 있는 중도금지급을 지체하던 중 매매계약이 해제되지 않고 잔대금 지급기일이 도래하면, 특별한 사정이 없는 한 중도금과 이에 대한 지급일 다음날부터 잔대금지급일까지의 지연손해금 및 잔대금 지급의무와 소유권이전의무는 동시이행관계이다.
③ 일방의 의무가 선이행의무라도 상대방의 이행이 곤란할 현저한 사유가 있는 때에는 상대방이 그 채무이행을 제공할 때까지 자기의 채무이행을 거절할 수 있다.
④ 동시이행관계의 경우 일방의 채무의 이행기가 도래하더라도 상대방 채무의 이행제공이 있을 때까지 그 일방은 이행지체책임을 지지 않는다.
⑤ 동시이행항변권에 따른 이행지체 책임 면제의 효력은 그 항변권을 행사해야 발생한다.

69 임대차에 관한 설명으로 옳지 않은 것은? (다툼이 있으면 판례에 따름)

① 부동산 소유자인 임대인은 특별한 사정이 없는 한 임대차기간을 영구로 정하는 부동산 임대차계약을 체결할 수 있다.
② 부동산임차인은 특별한 사정이 없는 한 지출한 필요비의 한도에서 차임의 지급을 거절할 수 있다.
③ 임대인이 임차인의 의사에 반하여 보존행위를 하는 경우, 임차인이 이로 인하여 임차목적을 달성할 수 없는 때에는 임대차계약을 해지할 수 있다.
④ 기간의 약정이 없는 토지 임대차의 임대인이 임대차계약의 해지를 통고한 경우, 그 해지의 효력은 임차인이 통고를 받은 날부터 1개월 후에 발생한다.
⑤ 임차인이 임대인의 동의 없이 임차권을 양도한 경우, 임대인은 특별한 사정이 없는 한 임대차계약을 해지할 수 있다.

70 법률행위에 관한 설명으로 옳은 것은? (다툼이 있으면 판례에 의함)

① 타인소유의 부동산은 매매의 목적물이 될 수 없다.
② 정지조건부 법률행위에서 조건의 성취는 법률행위의 효력발생요건이다.
③ 사회질서의 위반을 이유로 하는 법률행위의 무효는 선의의 제3자에게 대항할 수 없다.
④ 불공정한 법률행위는 추인하면 유효로 된다.
⑤ 계약이 체결된 후 매매목적 건물이 전소된 경우, 그 매매계약은 무효이다.

71 매매에 관한 설명으로 틀린 것은? (다툼이 있으면 판례에 따름)

㉠ 매매비용을 매수인이 전부 부담한다는 약정은 특별한 사정이 없는 한 유효하다.
㉡ 부동산 환매계약에서 환매기간을 정하지 않은 경우, 그 기간은 5년으로 한다.
㉢ 매매목적물이 인도되지 않고 대금도 완제되지 않은 경우, 목적물로부터 생긴 과실은 매수인에게 속한다.
㉣ 환매계약에서 환매기간을 정한 경우, 환매권의 행사로 발생한 소유권이전등기청구권은 특별한 사정이 없는 한 그 환매기간 내에 행사하지 않으면 소멸한다.

① ㉠, ㉡ ② ㉢, ㉣
③ ㉠, ㉢ ④ ㉡, ㉢
⑤ ㉡, ㉣

72 계약금에 관한 설명으로 틀린 것을 모두 고른 것은? (다툼이 있으면 판례에 따름)

㉠ 계약금은 별도의 약정이 없는 한 위약금으로 추정된다.
㉡ 해약금에 기해 계약을 해제하는 경우에는 원상회복의 문제가 생길 수 있다.
㉢ 토지거래허가구역 내 토지에 관한 매매계약을 체결하고 계약금만 지급한 상태에서 거래허가를 받은 경우, 다른 약정이 없는 한 매도인은 계약금의 배액을 상환하고 계약을 해제할 수 없다.
㉣ 계약금만 수령한 매도인이 매수인에게 계약의 이행을 최고하고 매매잔금의 지급을 청구하는 소송을 제기한 경우, 다른 약정이 없는 한 매수인은 계약금을 포기하고 계약을 해제할 수 없다.

① ㉢, ㉣ ② ㉡, ㉣
③ ㉡, ㉢, ㉣ ④ ㉠, ㉡, ㉢
⑤ ㉠, ㉡, ㉢, ㉣

73 청약과 승낙에 관한 설명으로 틀린 것은?

㉠ 불특정 다수인에 대한 승낙은 효력이 없으나, 불특정 다수인에 대한 청약은 효력이 있다.
㉡ 청약과 승낙은 각각 그 도달시에 효력이 생긴다.
㉢ 승낙기간을 정하지 않은 청약은 상당한 기간 내에 승낙의 통지를 받지 못한 때에도 그 효력이 상실되지 않는다.
㉣ 승낙기간을 정하지 않은 청약에 대하여 연착된 승낙은 청약자가 이를 새로운 청약으로 볼 수 있다.

① ㉠, ㉢ ② ㉡, ㉣
③ ㉠, ㉡ ④ ㉡, ㉢
⑤ ㉢, ㉣

74 乙은 건물의 소유를 목적으로 甲으로부터 X토지를 10년간 임차하여 그 위에 자신의 건물을 신축하였다. 이에 관한 설명으로 틀린 것은? (다툼이 있으면 판례에 따름)

① 특별한 사정이 없는 한 甲이 X토지의 소유자가 아닌 경우에도 임대차 계약은 유효하게 성립한다.
② 甲과 乙 사이에 반대약정이 없으면 乙은 甲에 대하여 임대차등기절차에 협력할 것을 청구할 수 있다.
③ 乙이 현존하는 지상건물을 등기해도 임대차를 등기하지 않은 때에는 제3자에 대해 임대차의 효력이 없다.
④ 10년의 임대차 기간이 경과한 때 乙의 지상건물이 현존하는 경우 乙은 임대차 계약의 갱신을 청구할 수 있다.
⑤ 乙의 차임연체액이 2기의 차임액에 달하는 경우, 특약이 없는 한 甲은 임대차 계약을 해지할 수 있다.

75 甲은 乙에게 빌려준 5,000만원을 담보하기 위해 乙 소유의 X토지(시가 2억원)에 가등기를 마친 다음, 丙이 X토지에 대해 저당권을 취득하였다. 다음 설명 중 틀린 것은? (다툼이 있으면 판례에 따름)

① 丙은 청산기간 내에는 그의 피담보채권 변제기가 도래하기 전이라도 X토지의 경매를 청구할 수 있다.
② 甲이 청산기간이 지나기 전에 가등기에 의한 본등기를 마치면 그 본등기는 무효이다.
③ 乙이 변제기에 甲에게 변제하지 못하면, 甲은 담보목적물에 대한 경매를 청구할 수 있다.
④ 乙의 채무변제의무와 甲의 가등기말소의무는 동시이행의 관계에 있지 않다.
⑤ 甲의 가등기담보권 실행을 위한 경매절차에서 X토지의 소유권을 丁이 취득한 경우, 피담보채권을 모두 변제받지 못한 甲의 가등기담보권은 소멸하지 않는다.

76 甲은 乙소유의 X상가건물을 乙로부터 보증금 3억원, 월차임 700만원에 임차하여 상가건물 임대차보호법상의 대항요건을 갖추고 영업하고 있다. 다음 설명 중 옳은 것은?

① 임대차계약이 종료 후 보증금이 반환되지 않은 경우, 甲은 X건물의 소재지 관할법원에 임차권등기명령을 신청할 수 있다.
② 당사자가 임대차기간을 6개월로 정한 경우, 乙은 그 기간이 유효함을 주장할 수 없다.
③ 임대차기간이 끝나기 전에 乙이 X상가건물을 丙에게 매도하고 소유권이전등기를 마친 경우, 甲은 丙에게 임차권을 주장할 수 없다.
④ 계약갱신을 요구할 권리가 甲에게 인정되지 않는다.
⑤ X건물이 경매로 매각된 경우, 甲은 보증금에 대해 일반채권자보다 우선하여 변제받을 수 없다.

77 주택임대차보호법에 관한 다음 설명 중 틀린 것은? (다툼이 있으면 판례에 의함)

① 임대차 성립 당시 임대인의 소유였던 대지가 타인에게 양도되어 임차주택과 대지의 소유자가 서로 달라지게 된 경우, 임차인은 대지의 환가대금에 대하여 우선변제권을 행사할 수 있다.
② 점포 및 사무실로 사용되던 건물에 근저당권이 설정된 후 그 건물이 주거용 건물로 용도 변경되어 이를 임차한 소액임차인은 특별한 사정이 없는 한 주택임대차보호법 제8조에 의하여 보증금 중 일정액을 근저당권자보다 우선하여 변제받을 권리가 없다.
③ 임차인의 배우자나 자녀의 주민등록도 대항요건인 주민등록에 해당한다.
④ 임대차기간이 종료된 경우라도 임차인이 보증금을 반환받지 못하였다면 임대차관계는 존속한다.
⑤ 실제 임대차계약의 주된 목적이 주택을 사용·수익하려는 것인 이상, 처음 임대차계약을 체결할 당시에는 보증금액이 많아 주택임대차보호법상 소액임차인에 해당하지 않았지만 그 후 새로운 임대차계약에 의하여 정당하게 보증금을 감액하여 소액임차인에 해당하게 되었다면, 특별한 사정이 없는 한 그러한 임차인은 같은 법상 소액임차인으로 보호받을 수 있다.

78 집합건물과 관련한 다음 설명 중 틀린 것은? (다툼이 있으면 판례에 의함)

① 규약에서 달리 정한 바가 없으면, 관리위원회 위원은 부득이한 사유가 있는 경우를 제외하고는 서면이나 대리인을 통하여 의결권을 행사할 수 없다.
② 구분소유자가 아닌 자도 관리인이 될 수 있다.
③ 집합건물의 특별승계인은 승계 전에 발생한 체납관리비 채권 전체 중에서 전 입주자의 공용부분에 관한 관리비만 승계한다.
④ 재건축결의가 있으면 집회를 소집한 자는 지체 없이 그 결의에 찬성하지 아니한 구분소유자에게 그 결의 내용에 따른 재건축에 참가할 것인지 여부를 회답할 것을 서면으로 촉구하여야 하며, 2월 이내에 회답하지 아니한 구분소유자는 재건축에 참가하겠다는 뜻을 회답한 것으로 본다.
⑤ 1동의 건물 중 구분된 건물부분이 구조상, 이용상 독립성을 가지고 있는 경우에 구분건물로 할 것인지 여부는 특별한 사정이 없는 한 구분건물소유자의 구분소유의사에 따라 결정된다.

79 주택임대차보호법에 관한 설명으로 옳은 것은? (다툼이 있으면 판례에 의함)

① 주택임차권의 대항력의 요건인 주민등록의 신고는 행정청이 수리하기 전이라도 행정청에 도달함으로써 바로 신고로서의 효력이 발생한다.
② 주택임차인이 그 지위를 강화하고자 별도로 전세권설정등기를 한 경우, 임차인의 지위에서 경매법원에 배당요구를 하였다면 전세권에 관하여도 배당요구가 있는 것으로 본다.
③ 우선변제권을 가진 주택임차인으로부터 임차권과 분리하여 임차보증금반환채권만을 양수한 채권양수인도 우선변제권자의 지위에서 배당요구를 할 수 있다.
④ 근저당권이 설정된 사무실용 건물이 주거용 건물로 용도 변경된 후 이를 임차한 소액임차인은 특별한 사정이 없는 한 보증금 중 일정액을 근저당권자에 우선하여 변제받을 수 있다.
⑤ 다세대주택의 임차인이 동·호수의 표시 없이 지번을 정확하게 기재하여 주민등록을 마쳤다면 대항력을 취득한다.

80 甲은 법률상 배우자 乙과 조세포탈·강제집행의 면탈 또는 법령상 제한의 회피를 목적으로 하지 않고 명의신탁약정을 체결하였고, 이에 따라 자신의 X토지를 乙명의로 소유권이전등기를 마쳐주었다. 다음 설명 중 옳은 것은? (다툼이 있으면 판례에 따름)

① 乙은 甲에 대해 X토지의 소유권을 주장할 수 있다.
② 戊가 乙 명의의 등기를 위조하여 자신 명의로 소유권이전등기를 한 경우, 甲은 직접 戊에 대해 무효등기의 말소를 청구할 수 있다.
③ 丁이 X토지를 불법점유하는 경우, 甲은 직접 丁에 대해 소유물반환청구권을 행사할 수 없다.
④ 乙로부터 X토지를 매수한 丙이 乙의 甲에 대한 배신행위에 적극가담한 경우, 乙과 丙 사이의 계약은 유효이다.
⑤ 丙이 乙과의 매매계약에 따라 X토지에 대한 소유권이전등기를 마친 경우, 특별한 사정이 없는 한 丙이 선의인 경우에만 X토지의 소유권을 취득한다.

부동산학개론

01 다음의 내용과 관련된 부동산 활동상의 토지 분류에 해당하는 것은?

- 주택지가 대로변에 접하여 상업지로 전환 중인 토지
- 공업지가 경기불황으로 공장가동률이 저하되어 주거지로 전환 중인 토지
- 도로변 과수원이 전으로 전환 중인 토지

① 이행지 ② 우등지
③ 체비지 ④ 한계지
⑤ 후보지

02 부동산학에 관한 설명으로 틀린 것은?
① 부동산학의 연구대상은 부동산 활동 및 부동산 현상을 포함한다.
② 과학을 순수과학과 응용과학으로 구분할 때, 부동산학은 응용과학에 속한다.
③ 부동산학의 접근방법 중 종합식 접근방법은 부동산을 기술적·경제적·법률적 측면 등의 복합개념으로 이해하여, 이를 종합해서 이론을 구축하는 방법이다.
④ 부동산학은 다양한 학문과 연계되어 있다는 점에서 종합 학문적 성격을 지닌다.
⑤ 복합개념의 부동산이란 토지와 건물이 각각 독립된 거래의 객체이면서도 마치 하나로 결합된 상태로 다루어져 부동산 활동의 대상으로 삼을 때를 가리킨다.

03 토지 관련 용어의 설명으로 틀린 것은?
① 소유권이 인정되지 않는 바다와 육지 사이의 해변 토지를 포락지(浦落地)라 한다.
② 도시개발사업에 소요된 비용과 공공용지를 제외한 후 도시개발사업 전 토지의 위치·지목·면적 등을 고려하여 토지 소유자에게 재배분하는 토지를 환지(換地)라 한다.
③ 후보지(候補地)는 임지지역, 농지지역, 택지지역 상호간에 다른 지역으로 전환되고 있는 어느 지역의 토지를 말한다.
④ 일단지(一團地)란 용도상 불가분의 관계에 있는 2필지 이상의 일단의 토지를 말한다.
⑤ 부지(敷地)는 도로부지, 하천부지와 같이 일정한 용도로 이용되는 토지를 말한다.

04 아파트에 대한 수요와 공급의 탄력성에 관한 설명 중 틀린 것은? (단, 다른 조건은 일정함)
① 주거용 오피스텔과 아파트가 대체재인 경우, 아파트 가격이 하락하면 주거용 오피스텔 수요는 감소한다.
② 주거용 오피스텔과 아파트가 대체재인 경우, 아파트 수요가 감소하면 주거용 오피스텔 수요는 증가한다.
③ 수요 증가폭과 공급 감소폭이 동일한 경우에 균형거래량은 증가한다.
④ 수요와 공급이 동일한 폭과 크기로 증가하면 균형가격은 변하지 않는다.
⑤ 해당 부동산의 가격변화는 동일한 공급곡선상에서 점의 이동으로 나타난다.

05 주택수요가 완전비탄력적일 때, 주택공급이 증가하면 나타나는 시장의 변화로 옳은 것은? (단, 다른 조건은 일정함)
① 균형가격은 불변이고 균형거래량은 알 수 없다.
② 균형가격은 알 수 없고 균형거래량은 증가한다.
③ 균형가격은 상승하고 균형거래량은 증가한다.
④ 균형가격은 하락하고 균형거래량은 불변이다.
⑤ 균형가격은 불변이고 균형거래량은 증가한다.

06 아파트에 대한 수요의 가격탄력성과 소득탄력성이 각각 0.5와 1.0이다. 아파트 가격이 2% 상승하고 소득이 2% 감소한 경우, 아파트 수요량의 전체 변화율(%)은? (단, 아파트는 정상재이고, 가격탄력성은 절댓값으로 나타내며, 다른 조건은 일정하다)
① 1.0% 감소 ② 3.0% 감소
③ 3.0% 증가 ④ 4.0% 감소
⑤ 4.0% 증가

07 부동산 수요의 탄력성에 대한 설명으로 옳은 것은? (단, 다른 조건은 일정함)

① 수요의 가격탄력성이 1보다 작다는 것은 가격의 변화율이 수요량의 변화율보다 작다는 것을 의미한다.
② 해당 재화 수요의 소득탄력성이 0보다 크거나 1보다는 작다면 소득이 증가할 때 수요가 감소한다는 것을 의미한다.
③ A재화보다 B재화의 수요의 가격탄력성이 더 크다는 것은 A재화는 B재화에 비하여 대체재가 풍부하지 못하기 때문이라고 할 수 있다.
④ 시장수요곡선이 개별수요곡선보다 더 탄력적인 이유는 시장수요곡선은 개별수요곡선의 수직적 합이기 때문이다.
⑤ 부동산 수요의 가격탄력성이 0일 경우에는 임대료의 인상·인하와 관계없이 임대인의 전체수입은 변하지 않는다.

08 다음은 부동산 수요와 공급의 탄력성에 대한 설명이다. 틀린 것은? (단, 다른 조건은 일정함)

① 대체재의 출현으로 수요의 가격탄력성이 커지면 부동산 수요곡선이 우측으로 이동한다.
② 수요의 가격탄력성이 2일 때 부동산 가격이 10% 하락하면 수요량은 20% 증가한다.
③ 수요의 소득탄력성이 -0.2인 판잣집의 경우 열등재에 해당된다.
④ 수요의 가격탄력성이 공급의 가격탄력성보다 큰 경우에는 거미집모형은 수렴형의 형태를 보이게 된다.
⑤ 수요곡선 기울기의 절댓값이 공급곡선 기울기의 절댓값보다 크다면 발산형 형태를 띤다.

09 다음 중 아파트 수요곡선을 우측으로 이동시키는 경우는 모두 몇 개인가? (단, 다른 조건은 일정함)

㉠ 아파트 가격 하락
㉡ 아파트 대체 주택 수요 감소
㉢ 건축원자재 가격 하락
㉣ 주택담보대출시 은행 대출심사조건 강화
㉤ 주택 소비자 실질소득 증가
㉥ 주택 가격 상승 기대감 고조

① 2개 ② 3개
③ 4개 ④ 5개
⑤ 6개

10 지대이론 및 도시공간구조이론에 관한 설명으로 옳지 않은 것은?

① 리카도(D. Ricardo)는 비옥한 토지의 희소성과 수확체감의 법칙으로 인해 지대가 발생한다고 보았다.
② 마샬(A. Marshall)은 일시적으로 토지와 유사한 성격을 가지는 생산요소에 귀속되는 소득을 준지대로 보았다.
③ 알론소(W. Alonso)는 각 토지의 이용은 최고의 지대지불의사가 있는 용도에 할당된다고 보았다.
④ 호이트(H. Hoyt)는 저급주택지가 고용기회가 많은 도심지역과의 교통이 편리한 지역에 선형으로 입지한다고 보았다.
⑤ 해리스(C. Harris)와 울만(E. Ullman)은 도시 내부의 토지이용이 단일한 중심이 아니라 여러 개의 전문화된 중심으로 이루어진다고 보았다.

11 각 지역과 산업별 고용자수가 다음과 같을 때, A지역과 B지역에서 입지계수(LQ)에 따른 기반산업의 개수는? (단, 주어진 조건에 한하며, 결과값은 소수점 셋째 자리에서 반올림함)

구 분		A지역	B지역	전지역 고용자수
X산업	고용자수	30	50	80
	입지계수	0.79	?	
Y산업	고용자수	30	30	60
	입지계수	?	?	
Z산업	고용자수	30	20	50
	입지계수	?	0.76	
고용자수 합계		90	100	190

① A지역: 0개, B지역: 1개
② A지역: 1개, B지역: 0개
③ A지역: 1개, B지역: 1개
④ A지역: 1개, B지역: 2개
⑤ A지역: 2개, B지역: 1개

12 A와 B도시 사이에 C마을이 있다. 허프의 확률모형을 적용할 경우, C마을에서 A도시와 B도시로 구매 활동에 유인되는 인구수는? (단, C마을 인구의 60%만 A도시 또는 B도시에서 구매하고, 공간의 마찰계수는 2로 가정하며, 주어진 조건에 한함)

① A: 3천명, B: 9천명
② A: 4천명, B: 8천명
③ A: 5천명, B: 7천명
④ A: 5천 5백명, B: 6천 5백명
⑤ A: 6천명, B: 6천명

13 부동산 수익률에 관한 설명으로 옳은 것을 모두 고른 것은? (단, 다른 조건은 일정함)

> ㉠ 요구수익률이란 투자자가 투자하기 위한 최소한의 수익률을 말하는 것으로 시간에 대한 비용은 고려하지 않는다.
> ㉡ 실현수익률이란 투자가 이루어지고 난 후 현실적으로 달성된 수익률로서 역사적 수익률을 의미한다.
> ㉢ 기대수익률이 요구수익률보다 높으면, 대상부동산에 대하여 수요가 증가하여 기대수익률이 상승한다.

① ㉠
② ㉡
③ ㉠, ㉡
④ ㉠, ㉢
⑤ ㉠, ㉡, ㉢

14 지대 및 도시공간구조이론에 관한 설명 중 옳은 것은?

> ㉠ 입찰지대란 단위면적의 토지에 대해 토지이용자가 지불하고자 하는 최대금액으로 초과이윤이 0이 되는 수준의 지대를 말한다.
> ㉡ 전용(이전)수입이란 어떤 생산요소가 현재 용도에서 다른 용도로 이전되지 않도록 하기 위해 지급되어야 하는 최소한의 금액을 말한다.
> ㉢ 선형이론에서는 도시의 공간구조형성을 침입, 경쟁, 천이 등의 과정으로 설명하고 있다.
> ㉣ 경제지대란 생산요소가 얻는 총소득 중에서 전용수입을 초과하는 부분으로 요소 공급자의 잉여에 해당한다.
> ㉤ 다핵심이론에서 다핵발생요인으로 이질활동은 집적이익이 있기 때문에 특정지역에 서로 집적하려는 경향, 지대지불능력의 차이 등이 있다.

① ㉠, ㉡, ㉢
② ㉡, ㉢, ㉣
③ ㉠, ㉡, ㉣
④ ㉢, ㉣, ㉤
⑤ ㉡, ㉣, ㉤

15 다음은 부동산 경기변동에 대한 설명이다. 틀린 설명은?

① 부동산 경기의 회복 징후로는 건축 인·허가 증가, 공실률 및 공가율의 감소, 미분양물량 감소, 거래량 증가 등을 들 수 있다.
② 택지분양이 활발하다고 해서 항상 경기가 좋은 것은 아니다.
③ 무작위적 변동은 50년 또는 그 이상의 기간으로 측정된다.
④ 부동산 경기는 일반 경기변동에 대응하여 민감하게 작용하지 못하고 대체로 늦게 뒤따르는 시차를 가진다.
⑤ 부동산 시장은 하향시장·회복시장·상향시장·후퇴시장 및 안정시장으로 나눌 수 있다.

16 부동산 마케팅에 관한 설명으로 옳지 않은 것은?

① STP란 시장세분화(Segmentation), 표적시장(Target Market), 포지셔닝(Positioning)을 말한다.
② 4P 마케팅 믹스 전략에서의 4P는 유통경로(Place), 제품(Product), 가격(Price), 판매촉진(Promotion)을 말한다.
③ 바이럴 마케팅(viral marketing) 전략은 SNS, 블로그 등 다양한 매체를 통해 해당 브랜드나 제품에 대해 입소문을 내게 하여 마케팅효과를 극대화시키는 것을 말한다.
④ AIDA 원리에 따르면 소비자의 구매의사결정은 행동(Action), 관심(Interest), 욕망(Desire), 주의(Attention)의 단계를 순차적으로 거친다.
⑤ 관계마케팅 전략은 공급자와 소비자 간의 장기적·지속적인 상호작용을 중요시하는 전략을 말한다.

17 다음 표와 같은 투자사업(A~C)이 있다. 모두 사업기간이 1년이며, 사업 초기(1월 1일)에 현금지출만 발생하고 사업 말기(12월 31일)에는 현금유입만 발생한다고 한다. 할인율이 연 5%라고 할 때 다음 중 옳은 것은?

투자사업	초기 현금지출	말기 현금유입
A	3,800만원	6,825만원
B	1,250만원	2,940만원
C	1,800만원	4,725만원

① 수익성지수(PI)가 가장 큰 사업은 B이다.
② 순현재가치(NPV)가 가장 큰 사업은 B이다.
③ 수익성지수가 가장 작은 사업은 C이다.
④ A와 C의 순현재가치는 같다.
⑤ A의 순현재가치는 B의 순현재가치의 1.2배이다.

18 거미집모형에 관한 설명으로 옳은 것은? (단, 다른 조건은 동일함)

① 수요의 가격탄력성이 공급의 가격탄력성보다 크면 순환형이다.
② 가격이 변동하면 수요와 공급은 모두 즉각적으로 반응한다는 가정을 전제하고 있다.
③ 공급자는 현재와 미래의 가격을 동시에 고려해 미래의 공급을 결정한다는 가정을 전제하고 있다.
④ 수요와 공급의 동시적 관계로 가정하여 균형의 변화를 정태적으로 분석한 모형이다.
⑤ 수요곡선의 기울기 절댓값이 공급곡선의 기울기 절댓값보다 작으면 수렴형이다.

19 택지개발방식 중 환지방식에 관한 설명으로 옳지 않은 것을 모두 고른 것은?

㉠ 사업자로서는 상대적으로 사업시행이 간단하고 용이하다.
㉡ 개발이익은 토지소유자, 사업자 등이 향유한다.
㉢ 사업자의 초기 사업비 부담이 크고, 토지소유자의 저항이 심할 수 있다.
㉣ 감보된 토지는 새로이 필요로 하는 공공시설 용지로 사용되고, 나머지 체비지는 환지한다.
㉤ 환지의 형평성을 기하기 위해 사업시행기간이 장기화될 수 있다.
㉥ 혼용방식은 수용 또는 사용방식과 환지방식을 혼용하여 시행하는 방식이다.

① ㉠, ㉡, ㉢
② ㉠, ㉢, ㉣
③ ㉠, ㉣, ㉤
④ ㉡, ㉤, ㉥
⑤ ㉣, ㉤, ㉥

20 주택 후분양제에 관한 설명으로 옳은 것으로 연결된 것은?

㉠ 공정률 80% 정도 진행된 후 분양하는 방식으로 건설자금은 주택건설사업가가 직접 조달하는 제도이다.
㉡ 후분양제도는 선분양에 비해 주택공급을 위축시킬 우려가 있다.
㉢ 후분양제도는 초기 주택건설자금의 대부분을 주택수요자로부터 조달하므로 건설자금에 대한 이자의 일부를 주택수요자가 부담하게 된다.
㉣ 주택수요자 입장에서 견본주택만을 보고 투자 판단을 하므로 입주 후 부실시공에 따른 위험을 수요자가 부담해야 하는 제도이다.

① ㉠, ㉡
② ㉡, ㉢
③ ㉠, ㉡, ㉢
④ ㉡, ㉢, ㉣
⑤ ㉠, ㉡, ㉢, ㉣

21 베버(A. Weber)의 최소비용이론에 관한 설명으로 틀린 것은? (단, 기업은 단일 입지 공장이고, 다른 조건은 동일함)

① 원료지수(material index)가 1보다 큰 공장은 원료 지향 입지를 선호한다.
② 등비용선(isodapane)은 최소운송비 지점으로부터 기업이 입지를 바꿀 경우, 운송비와 노동비가 동일한 지점을 연결한 곡선을 의미한다.
③ 공장입지의 중요한 결정요인이 수송비이지만, 이 비용은 직접적으로 고려되지 않고 수송중량과 수송거리의 함수로 고려하고 있다.
④ 제품 중량이 국지원료 중량보다 큰 제품을 생산하는 공장은 시장 지향 입지를 선호한다.
⑤ 운송비는 원료와 제품의 무게, 원료와 제품이 수송되는 거리에 의해 결정된다.

22 다음은 투자대상 임대주택의 1년간 예상 현금흐름이다. 이 자료를 이용하여 산정한 임대주택의 세후현금흐름은? (단, 주어진 조건에 한함)

- 임대가능면적: 500m²
- m²당 월별 임대료: 1만원
- 공실: 가능총소득의 10%
- 원금상환액: 100만원
- 이자지급액: 100만원
- 유지관리비: 2,000만원
- 재산세: 500만원
- 자본적 지출: 200만원
- 건물주의 월급: 500만원
- 임대건물 감가상각비: 300만원
- 자본이득세: 1,500만원
- 영업소득세율: 30%

① 1,250만원 ② 1,950만원
③ 2,120만원 ④ 2,500만원
⑤ 3,300만원

23 부동산 금융에 관한 설명으로 옳은 것은? (단, 주어진 조건에 한함)

① 콜옵션(call option)은 저당대출 대출자에게 주어진 조기상환권이다.
② 금융기관은 위험을 줄이기 위해 부채감당률이 1보다 작은 대출안의 작은 순서대로 대출을 실행한다.
③ 대출수수료와 조기상환수수료를 차입자가 부담하는 경우, 차입자의 실효이자율은 조기상환시점이 앞당겨질수록 하락한다.
④ 대출조건이 동일할 경우 대출채권의 듀레이션(평균회수기간)은 원리금균등분할상환방식이 원금균등분할상환방식보다 더 길다.
⑤ 고정금리방식의 대출에서 총상환액은 원리금균등분할상환방식이 원금균등분할상환방식보다 더 작다.

24 부동산 개발에 관한 설명으로 옳은 것을 모두 고른 것은?

㉠ 부동산개발업의 관리 및 육성에 관한 법령상 부동산 개발은 토지를 건설공사의 수행 또는 형질변경의 방법으로 조성하는 행위 및 건축물을 건축, 대수선, 리모델링 또는 용도를 변경하거나 공작물을 설치하는 행위를 말하며, 시공을 담당하는 행위는 제외한다.
㉡ 혼용방식은 개발 전의 면적·등급·지목 등을 고려하여, 개발된 토지를 토지 소유주에게 종전의 토지위치에 재배분하는 것을 말한다.
㉢ 시장성 분석은 수요·공급분석을 통하여 대상부동산이 언제 얼마만큼 시장에서 매각 또는 임대될 수 있는지를 파악하는 것이다.
㉣ 도시개발사업을 시행하는 지역의 지가가 인근의 다른 지역에 비하여 현저히 높아 수용 또는 사용방식으로 시행하는 것이 어려운 경우 환지방식을 적용할 수 있다.

① ㉠, ㉢ ② ㉢, ㉣
③ ㉠, ㉡, ㉣ ④ ㉠, ㉢, ㉣
⑤ ㉡, ㉢, ㉣

25 다음은 위험과 수익에 관한 설명이다. 틀린 것은?

① 일반적으로 위험과 수익은 비례관계를 가지고 있으므로 부담하는 위험이 크면 클수록 요구하는 수익률도 커진다.
② 무위험률은 순수한 시간가치에 대한 대가로서 일반경제 상황과 개별투자위험에 따라 달라진다.
③ 정부가 보증하는 국공채의 실질이자율, 정기예금이자율은 무위험률과 관계가 있다.
④ 투자자의 요구수익률은 시장위험과 개별투자가 안고 있는 위험이 증대됨에 따라 아울러 상승한다. 이때 증대되는 시장위험에 대한 대가를 위험할증률이라 한다.
⑤ 장래 기대되는 수익의 흐름이 주어져 있을 때 투자에 대한 위험이 높으면 높을수록 높은 할인율이 적용되어 부동산의 가치는 낮아진다.

26 부동산 투자타당성 분석기법에 관한 설명으로 옳지 않은 것은?

① 수익성지수는 투자 개시시점에서의 순현가와 현금지출의 현재가치 비율이다.
② 내부수익률법은 화폐의 시간가치를 고려한다.
③ 동일한 투자안에 대해서 복수의 내부수익률이 존재할 수 있다.
④ 내부수익률은 순현가가 '0'이 되는 할인율이다.
⑤ 순현가법에 적용되는 할인율은 요구수익률이다.

27 부동산 투자분석기법에 관한 설명으로 틀린 것은?

① 순현가법은 가치의 가산원리가 적용되나 내부수익률법은 적용되지 않는다.
② 단순회수기간법은 할인율을 고려하지 않으며, 자본회수기간 이후의 현금흐름을 고려하지 않는 단점이 있다.
③ 내부수익률이 요구수익률보다 작은 경우에는 투자가치가 없다고 판단한다.
④ 순소득승수가 작을수록 자본회수기간은 길어진다.
⑤ 부채감당률이 1보다 작다는 것은 순영업소득이 매 기간의 원리금상환액을 감당하기에 부족하다는 것을 의미한다.

28 가격이 7억원인 아파트를 투자하기 위해 3억원을 대출받았다. 대출이자율은 연 6%이며, 20년간 원리금균등상환방식으로 매년 상환하기로 했다. 3회차 상환해야 할 원금상환액은? [단, 저당상수(6%, 20년) : 0.087, 연불입조건]

① 7,200,860원 ② 8,702,750원
③ 9,101,160원 ④ 10,001,200원
⑤ 10,500,500원

29 금융기관이 대출비율(loan to value) 60%와 총부채상환비율(debt to income) 45% 중에서 적은 금액을 한도로 주택담보대출을 제공하고 있다. 다음과 같은 상황일 때 차입자의 첫 월불입액은?

- 주택가격이 1억원이고 차입자의 연소득은 1천만원이다.
- 대출기간은 25년, 대출이자율은 연 6%, 그리고 원리금균등분할상환방식이다. (월 저당상수 = 0.006443)
- 차입자는 대출을 최대한 많이 받고 싶어한다.
- 숫자는 소수점 첫째 자리 이하에서 절상한다.

① 386,580원 ② 375,000원
③ 270,150원 ④ 250,000원
⑤ 240,000원

30 다음의 자료를 이용해 5년 후 융자잔액을 구하면? (단, 근사치로 구하시오)

1. 최초 융자원금 1,000만원, 상환기간 20년, 고정금리, 대출이자율 10%, 원리금균등상환조건(CPM)
2. 연금의 현가계수(10%, 5년) : 3.79
   연금의 현가계수(10%, 15년) : 7.60
   연금의 현가계수(10%, 20년) : 8.51

① 8,930,669원 ② 7,890,300원
③ 5,050,070원 ④ 7,000,000원
⑤ 6,300,200원

31 주택저당채권의 유동화에 관한 설명으로 틀린 것은?

① 저당유동화제도가 활성화되기 위해서는 대출심사 기준이 표준화되고, 저당권용 보험 등이 정착되어 증권투자 위험을 감소시켜야 한다.
② 차입자와 대출자 간에 주택저당채권이 형성되는 시장은 1차 저당시장이고, 주택저당채권이 유동화·증권화되는 시장은 2차 저당시장이다.
③ 2차 저당시장은 증권투자자로부터 자금을 조달하여 주택자금 대출기관에 주택자금을 공급해주는 역할을 한다.
④ 주택저당채권의 유동화를 통해 저당대출기관은 장기 고정자산을 단기 유동자산으로 전환시켜 저당대출로 인한 유동성 위험과 금리 위험을 감소 내지는 제거할 수 있다.
⑤ 증권발행자 입장에서 MPTS 발행액만큼 부채로 인식된다.

32 우리나라 부동산투자회사에 대한 설명으로 틀린 것은?

① 부동산투자회사는 발기설립의 방법으로 하여야 하며, 자기관리 부동산투자회사 설립자본금은 5억원 이상이어야 한다.
② 부동산투자회사는 영업인가를 받거나 등록을 한 날부터 2년 이내에 발행되는 주식총수의 100분의 30 이상을 일반의 청약에 제공하여야 한다.
③ 기업구조조정 부동산투자회사는 주주 1인과 그 특별관계자는 최저자본금 준비기간이 끝난 후에는 부동산투자회사가 발행한 주식총수의 50%를 초과하여 주식을 소유하지 못한다.
④ 부동산투자회사는 영업인가를 받거나 등록을 하고 최저자본금 이상을 갖추기 전에는 현물출자를 받는 방식으로 신주를 발행할 수 없다.
⑤ 부동산투자회사는 최저자본금 준비기간이 끝난 후에는 매 분기말 현재 총자산의 100분의 80 이상을 부동산과 부동산관련 유가증권 및 현금으로 구성하여야 한다. 이 경우 총자산의 100분의 70 이상은 부동산이어야 한다.

33 부동산의 관리방식에는 자가관리방식, 위탁관리방식 및 혼합관리방식으로 나눌 수 있다. 그중 위탁관리방법에 의한 장점에 대한 설명으로 틀린 것은?

① 전문적 관리로 재산가치를 극대화할 수 있다.
② 관리업무의 타성화를 방지할 수 있다.
③ 경영합리화를 통한 관리비 등의 규모의 경제를 가져온다.
④ 계획관리와 전문적 서비스를 받을 수 있다.
⑤ 관리체계의 강한 지휘통제력을 발휘할 수 있다.

34 부동산 개발의 사업타당성분석에 관한 설명으로 옳지 않은 것은?

① 물리적 타당성분석은 대상 부지의 지형, 지세, 토질과 같은 물리적 요인들이 개발대상 부동산의 건설 및 운영에 적합한지 여부를 분석하는 과정이다.
② 법률적 타당성분석은 대상 부지와 관련된 법적 제약조건을 분석해서 대상 부지 내에서 개발 가능한 용도와 개발규모를 판단하는 과정이다.
③ 경제적 타당성분석은 개발사업에 소요되는 비용, 수익, 시장수요와 공급 등을 분석하는 과정이다.
④ 민감도분석은 사업타당성분석의 주요 변수들의 초기 투입값을 변화시켰을 때 수익성의 변화를 예측하는 과정이다.
⑤ 투자결정분석은 부동산 개발에 영향을 미치는 인근 환경요소의 현황과 전망을 분석하는 과정이다.

35 감정평가에 관한 규칙상 감정평가에 관한 설명으로 옳지 않은 것은?

① 토지를 감정평가할 때에 감정평가 및 감정평가사에 관한 법률에 따라 공시지가기준법을 적용하여야 한다.
② 공시지가기준법에 따라 토지를 감정평가할 때에는 비교표준지 선정, 시점수정, 지역요인 비교, 개별요인 비교, 그 밖의 요인 보정의 순서에 따라야 한다.
③ 건물을 감정평가할 때에 원가법을 원칙적으로 적용하여야 한다.
④ 과수원을 감정평가할 때에 수익환원법을 원칙적으로 적용하여야 한다.
⑤ 자동차를 감정평가할 때에 거래사례비교법을 원칙적으로 적용하여야 하나, 본래 용도의 효용가치가 없는 물건은 해체처분가액으로 감정평가할 수 있다.

36 수익방식의 직접환원법에 의한 대상부동산의 시산가액은? (단, 주어진 조건에 한함)

- 가능총수익: 연 2천만원
- 공실 및 대손: 가능총수익의 10%
- 임대경비비율: 유효총수익의 30%
- 가격구성비: 토지, 건물 각각 50%
- 토지환원율: 연 5%, 건물환원율: 연 7%

① 190,000,000원 ② 200,000,000원
③ 210,000,000원 ④ 220,000,000원
⑤ 230,000,000원

37 A군 B면 C리 준공업지역 내의 공업용 토지를 감정평가할 때 적용할 사항으로 틀린 것을 모두 고른 것은?

㉠ C리에 준공업지역 내의 이용상황이 공업용인 표준지가 없어 동일수급권인 인근 D리의 준공업지역에 소재하는 공업용 표준지를 비교표준지로 선정하였다.
㉡ 공시지가기준법 적용에 따른 시점수정시 지가변동률을 적용하는 것이 적절하지 아니하여 통계청이 조사·발표하는 소비자물가지수에 따라 산정된 소비자물가상승률을 적용하였다.
㉢ C리에 소재하는 유사물건이 소유자의 이민으로 인해 시세보다 저가로 최근에 거래되었는데, 어느 정도 저가로 거래되었는지는 알 수 없어 비교사례로 선정하지 않았다.
㉣ 평가대상토지와 표준지와의 면적이 상이하여 면적비교치를 적용하여 감정평가하였다.

① ㉠, ㉣ ② ㉠, ㉡
③ ㉠, ㉢ ④ ㉡, ㉣
⑤ ㉢, ㉣

38 부동산 가격공시에 관한 법률상의 규정에 관한 설명으로 틀린 것은?

① 표준주택가격의 공시사항에는 표준주택의 용도, 연면적, 구조 및 사용승인일, 표준주택의 대지면적 및 형상이 포함된다.
② 표준지공시지가는 국가·지방자치단체 등의 기관이 그 업무와 관련하여 지가를 산정하거나 감정평가법인등이 개별적으로 토지를 감정평가하는 경우에 그 기준이 된다.
③ 국토교통부장관이 공동주택의 적정가격을 조사·산정하는 경우에는 인근 유사공동주택의 거래가격·임대료 및 당해 공동주택과 유사한 이용가치를 지닌다고 인정되는 공동주택의 건설에 필요한 비용추정액 등을 종합적으로 참작하여야 한다.
④ 개별공시지가에 대하여 이의가 있는 자는 개별공시지가의 결정·공시일로부터 30일 이내에 서면으로 시장·군수·구청장에게 이의를 신청할 수 있다.
⑤ 토지 감정평가시 개별공시지가는 감정평가법인등이 지가변동률을 산정하는 경우에 그 기준이 된다.

39 다음 자료를 활용하여 원가법으로 산정한 대상건물의 시산가액은? (단, 주어진 조건에 한함)

- 대상건물 현황: 철근콘크리트조, 단독주택, 연면적 250㎡
- 기준시점: 2025.10.21.
- 사용승인일: 2017.10.21.
- 사용승인일의 신축공사비: 1,200,000원/㎡(신축공사비는 적정함)
- 건축비지수(건설공사비지수)
  - 2017.10.21.: 100
  - 2025.10.21.: 150
- 경제적 내용연수: 40년
- 감가수정방법: 정액법
- 내용연수 만료시 잔존가치 없음

① 246,000,000원 ② 252,000,000원
③ 258,000,000원 ④ 330,000,000원
⑤ 360,000,000원

40 부동산평가활동에서 부동산 가격의 원칙에 관한 설명으로 옳지 않은 것은?

① 기여의 원칙이란 부동산 가격이 대상부동산의 각 구성요소가 기여하는 정도의 합으로 결정된다는 것을 말한다.
② 최유효이용이란 객관적으로 보아 양식과 통상의 이용능력을 지닌 사람이 대상토지를 합법적이고 합리적이며 최고최선의 방법으로 이용하는 것을 말한다.
③ 변동의 원칙이란 가치형성요인이 시간의 흐름에 따라 지속적으로 변화함으로써 부동산 가격도 변화한다는 것을 말한다.
④ 적합의 원칙이란 부동산의 유용성이 최고도로 발휘되기 위해서는 부동산 구성요소의 결합에 균형이 있어야 한다는 것을 말한다.
⑤ 예측의 원칙이란 평가활동에서 가치형성요인의 변동추이 또는 동향을 주시해야 한다는 것을 말한다.

민법·민사특별법

41 "부동산 매매계약에서 당사자 쌍방이 모두 X토지를 그 목적물로 삼았으나 X토지의 지번에 착오를 일으켜 계약체결시에 계약서상으로는 그 목적물을 Y토지로 표시한 경우라도, X토지를 매매 목적물로 한다는 당사자 쌍방의 의사합치가 있은 이상 그 매매계약은 X토지에 관하여 성립한 것으로 보아야 한다."고 하는 법률행위의 해석방법은?

① 문언해석   ② 통일적 해석
③ 자연적 해석   ④ 규범적 해석
⑤ 보충적 해석

42 甲이 乙에게 X토지를 매도 후 등기 전에 丁이 丙의 임의대리인으로서 甲의 배임행위에 적극 가담하여 甲으로부터 X토지를 매수하고 丙 명의로 소유권이전등기를 마쳤다. 이에 관한 설명으로 옳지 않은 것은? (다툼이 있으면 판례에 따름)

① 수권행위의 하자유무는 丙을 기준으로 판단한다.
② 대리행위의 하자유무는 특별한 사정이 없는 한 丁을 기준으로 판단한다.
③ 대리행위의 하자로 인하여 발생한 효과는 특별한 사정이 없는 한 丙에게 귀속된다.
④ 乙은 반사회질서의 법률행위임을 이유로 甲과 丙 사이의 계약이 무효임을 주장할 수 있다.
⑤ 丁이 甲의 배임행위에 적극 가담한 사정을 丙이 모른다면, 丙 명의로 경료된 소유권이전등기는 유효하다.

43 통정허위표시에 관한 설명으로 옳지 않은 것은? (다툼이 있으면 판례에 따름)

① 채무자의 법률행위가 통정허위표시인 경우에도 채권자취소권의 대상이 될 수 있다.
② 가장 근저당권설정계약이 유효하다고 믿고 그 피담보채권을 가압류한 자는 허위표시의 무효로부터 보호되는 선의의 제3자에 해당한다.
③ 의사표시의 진의와 표시의 불일치에 관하여 상대방과 사이에 합의가 있으면 통정허위표시가 성립한다.
④ 통정허위표시에 따른 법률효과를 침해하는 것처럼 보이는 위법행위가 있는 경우에도 그에 따른 손해배상을 청구할 수 없다.
⑤ 자신의 채권을 보전하기 위해 가장양도인의 가장양수인에 대한 권리를 대위행사하는 채권자는 허위표시를 기초로 새로운 법률상의 이해관계를 맺은 제3자에 해당한다.

44 착오로 인한 의사표시에 관한 설명으로 옳은 것은? (다툼이 있으면 판례에 따름)

① 착오로 인한 불이익이 법령의 개정 등 사정의 변경으로 소멸하였다면 그 착오를 이유로 한 취소권의 행사는 신의칙에 의해 제한될 수 있다.
② 과실로 착오에 빠져 의사표시를 한 후 착오를 이유로 이를 취소한 자는 상대방에게 신뢰이익을 배상하여야 한다.
③ 착오를 이유로 의사표시를 취소하려는 자는 자신의 착오가 중과실로 인한 것이 아님을 증명하여야 한다.
④ 법률에 관해 경과실로 착오를 한 경우, 표의자는 그것이 법률행위의 중요부분에 관한 것이더라도 그 착오를 이유로 취소할 수 없다.
⑤ 전문가의 진품감정서를 믿고 이를 첨부하여 서화 매매계약을 체결한 후에 그 서화가 위작임이 밝혀진 경우, 매수인은 하자담보책임을 묻는 외에 착오를 이유로 하여 매매계약을 취소할 수 없다.

45 임의대리인의 권한에 관한 설명으로 옳지 않은 것을 모두 고른 것은? (다툼이 있으면 판례에 따름)

┌───
│ ㉠ 부동산 매도의 대리권을 수여받은 자는 그 부동산의 매도 후 해당 매매계약을 합의해제할 권한이 있다.
│ ㉡ 자동차 매도의 대리권을 수여받은 자가 본인의 허락 없이 본인의 자동차를 스스로 시가보다 저렴하게 매수하는 계약을 체결한 경우, 그 매매계약은 유동적 무효이다.
│ ㉢ 통상의 오피스텔 분양에 관해 대리권을 수여받은 자는 본인의 명시적 승낙이 없더라도 부득이한 사유없이 복대리인을 선임할 수 있다.
│ ㉣ 원인된 계약관계가 종료되더라도 수권행위가 철회되지 않았다면 대리권은 소멸하지 않는다.
└───

① ㉠, ㉡ ② ㉡, ㉢
③ ㉢, ㉣ ④ ㉠, ㉡, ㉣
⑤ ㉠, ㉢, ㉣

46 무권대리인 乙이 甲을 대리하여 甲의 토지에 대한 임대차계약을 丙과 체결하였다. 다음 설명 중 옳은 것은? (다툼이 있으면 판례에 따름)

① 乙·丙 사이의 임대차계약은 甲이 추인하지 아니하면, 특별한 사정이 없는 한 甲에 대하여 효력이 없다.
② 甲이 임대기간을 단축하여 위 임대차계약을 추인한 경우, 丙의 동의가 없더라도 그 추인은 효력이 있다.
③ 丙이 계약 당시에 乙에게 대리권 없음을 알았던 경우에는 丙의 甲에 대한 최고권이 인정되지 않는다.
④ 甲은 위 임대차계약을 묵시적으로 추인할 수 없다.
⑤ 甲이 추인하면, 특별한 사정이 없는 한 위 임대차계약은 추인한 때부터 효력이 생긴다.

47 甲은 자신의 X토지를 乙에게 증여하고, 세금을 아끼기 위해 이를 매매로 가장하여 乙 명의로 소유권이전등기를 마쳤다. 그 후 乙은 X토지를 丙에게 매도하고 소유권이전등기를 마쳤다. 다음 설명 중 틀린 것을 모두 고른 것은? (다툼이 있으면 판례에 따름)

┌───
│ ㉠ 甲과 乙 사이의 매매계약은 유효이다.
│ ㉡ 甲과 乙 사이의 증여계약은 무효이다.
│ ㉢ 甲은 丙에게 X토지의 소유권이전등기 말소를 청구할 수 있다.
│ ㉣ 丙이 甲과 乙 사이에 증여계약이 체결된 사실을 알지 못한 데 과실이 있다면 丙은 소유권을 취득하지 못한다.
└───

① ㉠ ② ㉠, ㉢
③ ㉡, ㉣ ④ ㉡, ㉢, ㉣
⑤ ㉠, ㉡, ㉢, ㉣

48 甲은 토지거래허가구역에 있는 자신 소유의 X토지에 관하여 허가를 받을 것을 전제로 乙과 매매계약을 체결한 후 계약금을 수령하였으나 아직 토지거래허가는 받지 않았다. 이에 관한 설명으로 옳지 않은 것을 모두 고른 것은? (다툼이 있으면 판례에 따름)

┌───
│ ㉠ 甲은 乙에게 계약금의 배액을 상환하면서 매매계약을 해제할 수 있다.
│ ㉡ 甲이 허가신청절차에 협력하지 않는 경우, 乙은 甲의 채무불이행을 이유로 하여 매매계약을 해제할 수 있다.
│ ㉢ 乙은 부당이득반환청구권을 행사하여 甲에게 계약금의 반환을 청구할 수 있다.
│ ㉣ 매매계약 후 X에 대한 토지거래허가구역 지정이 해제되었다면 더 이상 토지거래허가를 받을 필요 없이 매매계약은 확정적으로 유효로 된다.
└───

① ㉠, ㉡ ② ㉡, ㉢
③ ㉢, ㉣ ④ ㉠, ㉡, ㉢
⑤ ㉠, ㉢, ㉣

49 법률행위의 취소에 관한 설명으로 옳지 않은 것은? (다툼이 있으면 판례에 따름)

① 취소할 수 있는 행위로부터 취득한 권리의 전부를 취소권자의 상대방이 제3자에게 양도하는 경우는 법정추인 사유에 해당한다.
② 취소권자가 취소할 수 있는 법률행위를 적법하게 추인한 경우, 그 법률행위를 다시 취소할 수 없다.
③ 법률행위의 취소를 전제로 한 소송상의 이행청구나 이를 전제로 한 이행거절에는 취소의 의사표시가 포함되어 있다고 볼 수 있다.
④ 취소할 수 있는 법률행위는 취소권자가 추인할 수 있는 후에 이의를 보유하지 않고 이행청구를 하면 추인한 것으로 본다.
⑤ 취소할 수 있는 법률행위로 취득한 권리를 취소권자의 상대방이 제3자에게 양도한 경우, 법정추인이 되지 않는다.

50 법률행위의 부관에 관한 설명으로 옳은 것은?

① 정지조건 있는 법률행위는 조건이 성취한 때로부터 그 효력을 잃는다.
② 조건이 법률행위의 당시에 이미 성취할 수 없는 불능조건인 경우에는 그 조건이 해제조건이면 그 법률행위는 무효로 한다.
③ 종기(終期) 있는 법률행위는 기한이 도래한 때로부터 그 효력이 생긴다.
④ 기한의 이익이 상대방에게도 있는 경우에 당사자 일방은 그 상대방의 손해를 배상하고 기한의 이익을 포기할 수 있다.
⑤ 조건의 성취가 미정한 권리의무는 일반규정에 의하여 처분, 상속 또는 담보로 할 수 없다.

51 乙은 甲의 X토지를 임차하여 점유하고 있는데, 丙이 무단으로 X토지 위에 건축폐자재를 적치(積置)하여 乙의 토지사용을 방해하고 있다. 이에 관한 설명으로 옳지 않은 것은? (다툼이 있으면 판례에 따름)

① 甲은 丙에 대하여 소유권에 기한 방해배제청구권을 행사할 수 있다.
② 乙은 丙에 대하여 소유권에 기한 방해배제청구권을 행사할 수 없지만, 甲의 소유권에 기한 방해배제청구권을 대위 행사할 수 있다.
③ 丙이 X토지를 자신의 것으로 오신하여 건축폐자재를 적치한 경우라 하더라도, 乙은 丙에 대하여 점유권에 기한 방해배제청구권을 행사할 수 있다.
④ 甲은 丙에 대하여 점유권에 기한 방해배제청구권을 행사할 수 없지만, 乙의 점유권에 기한 방해배제청구권을 대위 행사할 수 있다.
⑤ X토지에 대한 임대차 계약이 종료되면 甲은 乙에 대하여 임대차 계약상 반환청구권을 행사할 수 있는데, 이는 채권적 청구권으로 물권적 청구권과 별개로 행사할 수 있다.

52 점유에 관한 설명으로 옳지 않은 것은? (다툼이 있으면 판례에 의함)

① 피상속인의 사망을 알지 못한 상속인은 피상속인의 점유를 승계하지 못한다.
② 점유자가 상대방의 사기로 물건을 인도한 경우에는 점유물반환청구를 할 수 없다.
③ 점유물반환청구에 대하여 점유는 점유물에 대한 본권이 있다는 이유로 반환을 거부할 수 없다.
④ 점유자는 과실 없이 점유하는 것으로 추정되지 않는다.
⑤ 직접점유가 침탈된 경우 직접점유자가 반환받을 수 없는 때에는 간접점유자는 자기에게 반환할 것을 청구할 수 있다.

53 물권의 효력에 관한 설명으로 옳지 않은 것은? (다툼이 있는 경우에는 판례에 의함)

① 甲의 부동산을 乙이 불법점유 중인 상태에서 甲이 그 부동산의 소유권을 丙에게 양도한 경우, 甲은 乙에게 소유권에 기한 방해배제를 청구할 수 없다.
② A 소유의 부동산 위에 甲의 1번 저당권, 乙의 전세권, 丙의 2번 저당권이 순차로 설정된 경우, 丙이 위 부동산에 대하여 경매를 신청하여 매각된 경우에는 乙의 전세권은 소멸한다.
③ 甲의 토지 위에 乙이 무단으로 비닐하우스를 설치하고 이를 丙이 乙로부터 매수하여 점유하는 경우, 甲은 丙에 대하여 비닐하우스의 철거를 청구하여야 한다.
④ 甲의 자전거를 수리하여 생긴 수리비채권을 확보하기 위하여 乙이 자전거를 유치하던 중 丙이 그 자전거를 절취한 경우, 乙은 유치권에 기한 반환청구권을 행사할 수 있다.
⑤ 甲이 채권담보의 목적으로 乙에게 자신의 부동산을 이전하였는데, 甲이 변제기에 乙에게 채무를 이행함으로써 가지게 되는 소유권이전등기말소청구권은 소멸시효에 걸리지 않는다.

54 총유에 관한 설명으로 옳지 않은 것은? (다툼이 있으면 판례에 따름)

① 비법인사단이 총유물에 관한 매매계약을 체결하는 행위는 총유물의 처분행위가 아니다.
② 비법인사단이 타인 간의 금전채무를 보증하는 행위는 총유물의 관리·처분행위가 아니다.
③ 총유물의 보존행위는 특별한 사정이 없는 한 구성원이 단독으로 결정할 수 없다.
④ 비법인사단의 대표자는 총유재산에 관한 소송에서 단독으로 당사자가 될 수 없다.
⑤ 비법인사단인 주택조합이 주체가 되어 신축 완공한 건물로서 일반에게 분양되는 부분은 조합원 전원의 총유에 속한다.

55 공유물분할에 관한 설명으로 옳지 않은 것은? (다툼이 있으면 판례에 따름)

① 공유자는 특별한 사정이 없는 한 언제든지 공유물의 분할을 청구할 수 있다.
② 공유관계가 존속하는 한 공유물분할청구권만이 독립하여 시효로 소멸될 수 없다.
③ 부동산의 일부 공유지분 위에 저당권이 설정된 후 그 공유부동산이 현물분할된 경우, 저당권은 원칙적으로 저당권설정자에게 분할된 부분에 집중된다.
④ 공유물분할청구의 소에서 법원은 원칙적으로 공유물분할을 청구하는 원고가 구하는 방법에 구애받지 않고 재량에 따라 합리적 방법으로 분할을 명할 수 있다.
⑤ 공유물분할청구권은 형성권에 해당한다.

56 부동산에 관한 등기 또는 등기청구권 등에 관한 설명으로 옳지 않은 것은? (다툼이 있으면 판례에 따름)

① 甲 → 乙 → 丙의 순으로 매매계약이 체결된 경우, 3자간 중간생략등기의 합의가 있더라도 乙의 甲에 대한 소유권이전등기청구권이 소멸되는 것은 아니다.
② 가등기에 의하여 순위 보전의 대상이 되어 있는 물권변동청구권이 양도된 경우, 양도인과 양수인의 공동신청으로 그 가등기상 권리의 이전등기를 가등기에 대한 부기등기의 형식으로 경료할 수 있다.
③ 무효인 3자간 등기명의신탁에서 부동산을 매수하여 인도받아 계속 점유하는 명의신탁자의 매도인에 대한 소유권이전등기청구권은 소멸시효에 걸리지 않는다.
④ 매수인의 매도인에 대한 소유권이전청구권 보전을 위한 가등기가 경료된 경우, 소유권이전등기를 청구할 어떤 법률관계가 있다고 추정되지 않는다.
⑤ 임야소유권 이전등기에 관한 특별조치법에 의한 소유권보존등기가 경료된 임야에 관하여 그 임야를 사정받은 사람이 따로 있는 것이 사후에 밝혀졌다면, 그 등기는 실체적 권리관계에 부합하는 등기로 추정되지 않는다.

57 지상권에 관한 설명으로 틀린 것은? (다툼이 있으면 판례에 의함)

① 무상의 지상권도 설정할 수 있다.
② 저당권설정자가 담보가치의 하락을 막기 위해 저당권자에게 지상권을 설정해 준 경우, 피담보채권이 소멸하면 그 지상권도 소멸한다.
③ 지상권자는 토지소유자의 의사에 반하여 지상권을 타인에게 양도할 수 없다.
④ 구분지상권은 영구적으로 설정할 수 있다.
⑤ 지상권에 기하여 토지에 부속된 공작물은 토지에 부합하지 않는다.

58 유치권에 관한 설명으로 옳지 않은 것은? (다툼이 있으면 판례에 따름)

① 건물의 임차인이 임대인에게 지급한 임차보증금반환채권은 그 건물에 관하여 생긴 채권이 아니다.
② 임대인이 건물시설을 하지 않아 임차인이 건물을 임차목적대로 사용하지 못하였음을 이유로 하는 손해배상청구권은 그 건물에 관하여 생긴 채권이다.
③ 수급인의 재료와 노력으로 건축되었고 독립한 건물에 해당되는 기성부분에 대하여는 특별한 사정이 없는 한 수급인은 유치권을 가질 수 없다.
④ 채권자가 채무자를 직접점유자로 하여 간접점유하는 경우에는 유치권이 성립하지 않는다.
⑤ 유치권자가 점유침탈로 유치물의 점유를 상실한 경우, 유치권은 원칙적으로 소멸한다.

59 지역권에 관한 설명으로 틀린 것은? (다툼이 있으면 판례에 따름)

① 어느 토지에 대하여 통행지역권을 주장하려면 그 토지의 통행으로 편익을 얻는 요역지가 있음을 주장·증명해야 한다.
② 공유자의 1인이 지역권을 취득한 때에는 다른 공유자도 이를 취득한다.
③ 자기 소유의 토지에 도로를 개설하여 타인에게 영구적으로 사용하도록 약정하고 대금을 수령하는 것은 지역권설정에 관한 합의라고 볼 수 없다.
④ 요역지의 소유권이 양도되면 지역권도 원칙적으로 이전된다.
⑤ 승역지에 관하여 통행지역권을 시효취득한 경우, 특별한 사정이 없는 한 요역지 소유자는 승역지 소유자에게 승역지의 사용으로 입은 손해를 보상해야 한다.

60 전세권에 관한 설명으로 옳지 않은 것은? (다툼이 있으면 판례에 따름)

① 전세권 존속 중에는 장래에 그 전세권이 소멸하는 경우에 전세금반환채권이 발생하는 것을 조건으로 그 장래의 조건부채권을 양도할 수 있다.
② 토지전세권의 존속기간을 약정하지 아니한 경우 각 당사자는 언제든지 상대방에 대하여 전세권의 소멸을 통고할 수 있다.
③ 토지전세권의 존속기간을 1년 미만으로 정한 때에는 이를 1년으로 한다.
④ 전세권자가 그 목적물의 성질에 의하여 정하여진 용법으로 이를 사용, 수익하지 아니한 경우에는 전세권설정자는 전세권의 소멸을 청구할 수 있다.
⑤ 건물전세권이 법정갱신된 경우, 전세권자는 등기 없이도 전세권설정자나 그 목적물을 취득한 제3자에 대하여 갱신된 권리를 주장할 수 있다.

61 저당권의 객체가 될 수 없는 것은?

① 광업권　　② 지상권
③ 지역권　　④ 전세권
⑤ 등기된 입목

62 관습상 법정지상권에 관한 설명으로 옳지 않은 것은? (다툼이 있으면 판례에 따름)

① 토지공유자 중 1인이 다른 공유자의 지분 과반수의 동의를 얻어 공유토지 위에 건물을 건축한 후 토지와 건물의 소유자가 달라진 경우, 관습상 법정지상권은 성립하지 않는다.
② 강제경매에 있어 관습상 법정지상권이 인정되기 위해서는 매각대금 완납시를 기준으로 해서 토지와 그 지상 건물이 동일인의 소유에 속하여야 한다.
③ 관습상 법정지상권자는 토지소유자로부터 토지를 양수한 자에 대하여 등기 없이도 자신의 권리를 주장할 수 있다.
④ 시공회사가 자기소유의 토지 위에 수위실을 건축한 후에 그 부지를 타인에게 매도한 경우, 특별한 사정이 없는 한 법정지상권이 성립할 수 있다.
⑤ 구분소유적 공유관계에 있는 자가 자신의 특정 소유가 아닌 부분에 건물을 신축한 경우, 관습상 법정지상권이 성립하지 않는다.

63 유치권에 관한 설명으로 옳은 것은? (다툼이 있으면 판례에 따름)

① 채무자는 상당한 담보를 제공하고 유치권의 소멸을 청구할 수 있는데, 유치물 가액이 피담보채권액보다 적을 경우에는 피담보채권액에 해당하는 담보를 제공하여야 한다.
② 유치권자가 유치물에 대한 점유를 빼앗긴 경우에도 점유물반환청구권을 보유하고 있다면 점유를 회복하기 전에도 유치권이 인정된다.
③ 유치권의 존속 중에 유치물의 소유권이 제3자에게 양도된 경우에는 유치권자는 그 제3자에 대하여 유치권을 행사할 수 없다.
④ 유익비상환청구권을 담보하기 위하여 유치권을 행사하고 있는 경우에도, 법원이 유익비상환청구에 대하여 상당한 상환기간을 허락하면 유치권이 소멸한다.
⑤ 수급인은 도급계약에 따라 자신의 재료와 노력으로 건축된 자기 소유의 건물에 대해서도 도급인으로부터 공사대금을 지급받을 때까지 유치권을 가진다.

64 저당권에 관한 설명으로 옳은 것을 모두 고른 것은? (다툼이 있으면 판례에 따름)

㉠ 저당권이 설정된 건물이 증축된 경우에 기존 건물에 대한 저당권은 법률에 특별한 규정 또는 설정행위에서 다른 약정이 없다면, 증축되어 부합된 건물부분에 대해서도 그 효력이 미친다.
㉡ 저당부동산의 교환가치를 하락시키는 행위가 있더라도 저당권자는 저당권에 기한 방해배제청구권을 행사할 수 없다.
㉢ 저당물의 제3취득자는 그 부동산의 개량을 위한 유익비를 지출하여 가치의 증가가 현존하더라도, 그 비용을 저당물의 매각대금에서 우선적으로 상환받을 수 없다.
㉣ 채권자 아닌 타인의 명의로 저당권이 설정되었다면, 피담보채권의 실질적 귀속주체가 누구인지를 불문하고 그 효력이 인정되지 않는다.

① ㉠
② ㉢
③ ㉠, ㉢
④ ㉡, ㉣
⑤ ㉠, ㉢, ㉣

65 계약의 성립에 관한 설명으로 옳은 것은? (다툼이 있으면 판례에 따름)

① 민법은 청약의 구속력에 관한 규정에서 철회할 수 있는 예외를 규정하고 있다.
② 승낙기간을 정하지 않은 청약은 청약자가 상당한 기간 내에 승낙 통지를 받지 못한 때에 그 효력을 잃는다.
③ 민법은 격지자 간의 계약은 승낙의 통지가 도달한 때에 성립한다고 규정하고 있다.
④ 청약은 그에 응하는 승낙이 있어야 계약이 성립하므로 구체적이거나 확정적일 필요가 없다.
⑤ 아파트의 분양광고가 청약의 유인인 경우, 피유인자가 이에 대응하여 청약을 하는 것으로써 분양계약은 성립한다.

66 甲 소유의 X토지를 건물 소유의 목적으로 임차한 乙은 甲의 동의 없이 이를 丙에게 전대하였다. 다음 설명 중 옳은 것은? (다툼이 있으면 판례에 따름)

① 乙과 丙 사이의 전대차계약은 무효이다.
② 甲은 임대차계약이 종료되지 않으면 X토지의 불법점유를 이유로 丙에게 차임상당의 부당이득반환을 청구할 수 있다.
③ 甲은 임대차계약이 존속하는 동안에는 X토지의 불법점유를 이유로 丙에게 차임상당의 손해배상을 청구할 수 있다.
④ 만약 乙이 X토지에 신축한 건물의 보존등기를 마친 후 丁이 X토지의 소유권을 취득하였다면, 乙은 丁에게 건물매수청구권을 행사할 수 있다.
⑤ 만약 乙이 X토지에 신축한 건물의 소유권을 임대차종료 전에 戊에게 이전하였다면, 乙의 건물매수청구권은 인정된다.

67 위험부담에 관한 설명으로 옳은 것은? (다툼이 있으면 판례에 따름)

① 후발적 불능이 채무자에게 책임 있는 사유로 생긴 때에는 위험부담의 문제가 발생한다.
② 편무계약의 경우에도 원칙적으로 위험부담의 법리가 적용된다.
③ 당사자 일방이 대상청구권을 행사하려면 상대방에 대하여 반대급부를 이행할 의무가 없다.
④ 당사자 쌍방의 귀책사유 없는 이행불능으로 매매계약이 종료된 경우, 매도인은 이미 지급받은 계약금을 반환하여야 한다.
⑤ 우리 민법은 채권자위험부담주의를 원칙으로 한다.

68 甲은 자신의 X건물(1억원 상당)을 乙의 Y토지(2억원 상당)와 교환하는 계약을 체결하면서 乙에게 1억원의 보충금을 지급하기로 약정하였다. 다음 설명 중 틀린 것은? (다툼이 있으면 판례에 따름)

① 만약 교환계약이 해제된 경우, 甲과 乙의 원상회복의무는 동시이행관계에 있다.
② 乙은 甲의 보충금 미지급을 이유로 교환계약을 해제할 수 없다.
③ 만약 계약체결 후 이행 전에 X건물이 태풍으로 붕괴된 경우, 甲은 乙에게 Y토지의 인도를 청구하지 못한다.
④ 甲과 乙은 담보책임을 부담한다.
⑤ 甲과 乙의 교환계약은 불요식계약이다.

69 매도인의 담보책임에 관한 설명으로 옳지 않은 것은? (다툼이 있으면 판례에 따름)

① 매매계약 내용의 중요 부분에 착오가 있는 경우, 매수인은 매도인의 하자담보책임이 성립하는지와 상관없이 착오를 이유로 그 매매계약을 취소할 수 있다.
② 변제기에 도달한 채권의 매도인이 채무자의 자력을 담보한 때에는 매매계약 당시의 자력을 담보한 것으로 추정한다.
③ 무효인 강제경매절차를 통하여 하자있는 권리를 경락받은 자는 경매의 채무자나 채권자에게 담보책임을 물을 수 없다.
④ 특정물매매의 경우 목적물에 하자가 있더라도 악의의 매수인은 계약을 해제할 수 없다.
⑤ 종류매매의 경우 인도된 목적물에 하자가 있는 때에는 선의의 매수인은 하자 없는 물건을 청구하는 동시에 손해배상을 청구할 수 있다.

70 제3자를 위한 계약에 관한 설명으로 옳지 않은 것은? (다툼이 있으면 판례에 따름)

① 요약자는 낙약자의 채무불이행을 이유로 제3자의 동의 없이 기본관계를 이루는 계약을 해제할 수 있다.
② 낙약자는 기본관계에 기한 항변으로 계약의 이익을 받을 제3자에게 대항할 수 있다.
③ 계약 당사자가 제3자에 대하여 가진 채권에 관하여 그 채무를 면제하는 계약도 제3자를 위한 계약에 준하는 것으로 유효하다.
④ 제3자를 위한 계약의 성립시에 제3자는 요약자와 낙약자에게 계약의 이익을 받을 의사를 표시해야 권리를 직접 취득한다.
⑤ 채무자와 인수인 사이에 체결되는 중첩적 채무인수계약은 제3자를 위한 계약이다.

71 매매에 관한 설명으로 옳은 것을 모두 고른 것은? (다툼이 있으면 판례에 따름)

㉠ 당사자가 매매예약완결권의 행사기간을 약정하지 않은 경우, 완결권은 예약이 성립한 때로부터 10년 내에 행사되어야 하고, 그 기간을 지난 때에는 제척기간의 경과로 인하여 소멸한다.
㉡ 목적물이 일정한 면적을 가지고 있다는 데 주안을 두고 대금도 면적을 기준으로 정하여지는 아파트분양계약은 특별한 사정이 없는 한 수량지정매매에 해당한다.
㉢ 건축목적으로 매매된 토지에 대하여 건축허가를 받을 수 없어 건축이 불가능한 경우, 이와 같은 법률적 제한 내지 장애는 권리의 하자에 해당한다.
㉣ 특정물매매에서 매도인의 하자담보책임이 성립하는 경우, 매수인은 매매계약 내용의 중요부분에 착오가 있더라도 이를 취소할 수 없다.

① ㉠, ㉡
② ㉠, ㉣
③ ㉡, ㉢
④ ㉠, ㉢, ㉣
⑤ ㉡, ㉢, ㉣

72 계약의 해제에 관한 설명으로 옳지 않은 것은? (다툼이 있으면 판례에 따름)

① 계약을 적법하게 해제한 경우, 양 당사자 모두 계약을 이행할 책임을 면한다.
② 매도인의 매매목적물에 관한 소유권이전의무가 매수인의 귀책사유만으로 이행불능이 된 경우, 매수인은 그 이행불능을 이유로 계약을 해제할 수 없다.
③ 계약의 목적달성에 영향을 미치지 않는 부수적 채무의 불이행을 이유로 계약을 해제할 수 없다.
④ 당사자 일방이 이행을 제공하더라도 상대방이 그 채무를 이행하지 아니할 것이 객관적으로 명백한 경우, 그 일방은 이행의 제공 없이 계약을 해제할 수 있다.
⑤ 계약이 해제된 경우 그 원상회복의 범위를 정함에 있어서는 과실상계가 적용된다.

73 다음 중 발신주의가 적용되는 경우를 모두 고른 것은?

㉠ 격지자 간의 계약 성립에 있어 승낙의 통지
㉡ 매매예약완결권 행사 여부의 최고에 대한 확답
㉢ 해제권 행사 여부의 최고에 대한 해제의 통지
㉣ 제3자를 위한 계약에 있어 계약이익 향수 여부의 최고에 대한 수익자의 확답

① ㉠
② ㉢
③ ㉠, ㉡
④ ㉡, ㉣
⑤ ㉢, ㉣

74 동시이행의 항변권에 관한 설명 중 틀린 것은? (다툼이 있으면 판례에 의함)

① 동시이행의 항변권은 당사자가 원용하여야 법원이 그 인정 여부에 대하여 심리할 수 있다.
② 동시이행관계에 있는 어느 일방의 채권이 양도되더라도 그 동일성이 인정되는 한 동시이행관계는 존속한다.
③ 쌍무계약에서 甲과 乙의 채무가 동시이행관계에 있는 경우, 甲은 乙의 이행제공이 없더라도 이행기에 채무를 이행하여야 이행지체책임이 없다.
④ 당사자 쌍방의 채무가 별개의 약정에 기한 것이라도 특약에 의해 동시이행의 항변권이 발생할 수 있다.
⑤ 임대차 종료 후 임차보증금반환의무와 목적물반환의무는 서로 동시이행의 관계에 있다.

75 집합건물의 관리단과 관리인에 관한 설명으로 옳은 것은? (다툼이 있으면 판례에 의함)

① 관리인의 선임은 관리단집회의 소집·개최 없이 서면결의로 할 수 있다.
② 관리단집회에서 적법하게 결의된 사항은 그 결의에 반대한 구분소유자에게는 효력이 없다.
③ 수분양자가 분양대금을 완납하였지만 분양자 측의 사정으로 소유권이전등기를 경료받지 못하였다면, 그는 관리단의 구성원이 되어 의결권을 행사할 수 없다.
④ 구분소유자가 공동이익에 반하는 행위를 하는 경우, 관리인은 직권으로 해당 구분소유자의 전유부분의 사용을 금지할 수 있다.
⑤ 관리단의 재산으로 채무를 전부 변제할 수 없게 된 경우, 각 구분소유자는 연대하여 관리단의 채무 전부를 변제할 책임이 있음이 원칙이다.

76 부동산 실권리자명의 등기에 관한 법률상 명의신탁에 관한 설명으로 옳은 것은? (다툼이 있으면 판례에 따름)

① 투기·탈세 등의 방지라는 법의 목적상 명의신탁은 그 자체로 선량한 풍속 기타 사회질서에 위반된다.
② 명의신탁이 무효인 경우, 신탁자와 수탁자가 혼인하면 명의신탁약정이 체결된 때로부터 위 명의신탁은 유효하게 된다.
③ 부동산 명의신탁약정의 무효는 수탁자로부터 그 부동산을 취득한 악의의 제3자에게 대항할 수 있다.
④ 농지법에 따른 제한을 피하기 위하여 명의신탁을 한 경우에도 그에 따른 수탁자 명의의 소유권이전등기가 불법원인급여라고 할 수 없다.
⑤ 조세포탈 등의 목적 없이 종교단체장의 명의로 그 종교단체 보유 부동산의 소유권을 등기한 경우, 그 단체와 단체장 간의 명의신탁약정은 유효하다.

77 상가건물 임대차보호법에 관한 설명으로 옳은 것은? (다툼이 있으면 판례에 의함)

> ㉠ 서울에 있는 상가건물을 보증금 4억원, 월세 450만원에 임차한 계약은 이 법이 전면적으로 적용된다.
> ㉡ 임차기간을 2년으로 정한 임대차는 그 기간을 1년으로 보므로, 임대인은 임차기간이 1년임을 주장할 수 있다.
> ㉢ 임차인이 상가건물을 인도받고 부가가치세법 등에 의한 사업자등록을 신청하면 사업자등록증이 교부된 다음 날부터 제3자에 대한 대항력이 생긴다.
> ㉣ 상가건물의 인도와 사업자등록의 요건을 구비한 임차인이 폐업신고를 하였다가 다시 같은 상호 및 등록번호로 사업자등록을 하였다면, 처음의 대항력이 그대로 유지되는 것은 아니다.

① ㉠, ㉡
② ㉡, ㉢
③ ㉠, ㉢
④ ㉠, ㉣
⑤ ㉢, ㉣

78 가등기담보 등에 관한 법률에 관한 설명으로 틀린 것은? (단, 이자는 고려하지 않으며, 다툼이 있으면 판례에 따름)

① 1억원을 차용하면서 부동산에 관하여 가등기나 소유권이전등기를 하지 않은 경우에는 동법이 적용되지 않는다.
② 매매대금채무 1억원의 담보로 2억원 상당의 부동산 소유권이전등기를 한 경우에는 동법이 적용되지 않는다.
③ 차용금채무 1억원의 담보로 2억원 상당의 부동산에 대해 대물변제예약을 하고 가등기 한 경우에는 동법이 적용되지 않는다.
④ 차용금채무 3억원의 담보로 이미 2억원의 다른 채무에 대한 저당권이 설정된 4억원 상당의 부동산에 대해 대물변제예약을 하고 가등기한 경우에는 동법이 적용되지 않는다.
⑤ 1억원을 차용하면서 2억원 상당의 그림을 양도담보로 제공한 경우에는 동법이 적용되지 않는다.

79 甲은 법령상 제한을 회피할 목적으로 배우자 乙과 자신 소유의 X건물에 대해 명의신탁약정을 하고, 甲으로부터 乙 앞으로 소유권이전등기를 마쳤다. 다음 설명 중 옳은 것은? (특별한 사정은 없으며, 다툼이 있으면 판례에 따름)

① 甲은 乙을 상대로 진정명의회복을 원인으로 한 소유권이전등기를 청구할 수 없다.
② 甲은 乙을 상대로 부당이득반환을 원인으로 한 소유권이전등기를 청구할 수 없다.
③ 甲은 乙을 상대로 명의신탁해지를 원인으로 한 소유권이전등기를 청구할 수 있다.
④ 乙이 丙에게 X건물을 매도하고 소유권이전등기를 해준 경우, 丙은 소유권을 취득하지 못한다.
⑤ 乙이 丙에게 X건물을 매도하고 소유권이전등기를 해준 경우, 乙은 甲에게 불법행위책임을 부담하지 않는다.

80 선순위 담보권 등이 없는 주택에 대해 대항요건과 확정일자를 갖춘 임대차에 관한 설명으로 옳은 것은? (다툼이 있으면 판례에 따름)

① 임차권은 상속인에게 상속될 수 없다.
② 임차인의 우선변제권은 대지의 환가대금에 미치지 않는다.
③ 임대차가 묵시적으로 갱신된 경우, 그 존속기간은 1년으로 본다.
④ 임차인이 경매절차에서 해당 주택의 소유권을 취득한 경우, 임대인에 대하여 보증금반환을 청구할 수 없다.
⑤ 임차인의 보증금반환채권이 가압류된 상태에서 그 주택이 양도된 경우, 가압류채권자는 양도인에 대하여만 가압류의 효력을 주장할 수 있다.

부동산학개론

01 복합개념의 부동산에 관한 설명 중 틀린 것은?
① 준(의제)부동산이란 부동산과 유사한 공시방법을 갖춘 자동차, 항공기, 건설기계, 20톤 이상의 선박, 입목, 공장재단, 광업재단, 어업권 등을 말한다.
② 부동산 가치는 상대적 위치에 의해 결정되는 경향이 있다.
③ 지리적 좌표로 결정되는 위치를 절대적 위치라고 한다.
④ 부동산의 상대적 위치에 가장 중요한 영향을 미치는 것 중의 하나는 접근성이다.
⑤ 접근성이란 대상부동산이 위치하고 있는 장소에서 다른 장소에 도달하는 데 소요되는 시간, 경비, 노력 등으로 측정되는 절대적 비용을 말한다.

02 토지 관련 용어의 설명으로 옳은 것을 모두 고른 것은?

㉠ 택지는 주거·상업·공업용지 등의 용도로 이용되고 있거나 해당 용도로 이용할 목적으로 조성된 토지를 말한다.
㉡ 표본지란 지가변동률 조사·산정대상 지역에서 행정구역별·용도지역별·이용상황별로 지가변동을 측정하기 위하여 선정한 대표적인 필지를 말한다.
㉢ 소지란 택지 등 다른 용도로 조성되기 이전 상태의 토지를 말한다.
㉣ 이행지는 택지지역·농지지역·임지지역 상호간에 다른 지역으로 전환되고 있는 일단의 토지를 말한다.

① ㉠
② ㉠, ㉡
③ ㉠, ㉡, ㉢
④ ㉡, ㉢, ㉣
⑤ ㉠, ㉡, ㉢, ㉣

03 부동산의 공급에 관한 설명으로 틀린 것은? (단, 다른 조건은 일정하다고 가정함)
① 공공임대주택의 공급은 저소득층 수요의 가격탄력성을 보다 크게 한다.
② 신규주택건설업체의 진입 증가, 건축 원자재가격의 하락 등은 주택 공급 증가요인이다.
③ 양도소득세가 중과되면 주택 공급의 위축으로 장기적으로 가격이 상승할 수 있다.
④ 용도지역지구제와 같은 부동산 정책을 통해서 부동산의 공급을 조절할 수 있다.
⑤ 급격한 인플레는 임대사업자의 실질임대수익을 증가시키는 경향이 있다.

04 다음은 수요의 탄력성에 대한 설명이다. 옳은 것은? (단, 수요의 가격탄력성은 절댓값을 의미하며, 다른 조건은 일정하다고 가정함)
① 수요의 소득탄력성이란 가격변화율에 대한 수요량의 변화율을 말한다.
② 가격변화율보다 수요량의 변화율이 큰 경우, 수요의 가격탄력성은 1보다 작다.
③ 수요가 완전비탄력적인 경우, 가격이 변해도 수요량은 고정된다.
④ 단기는 탄력적, 장기에는 보다 비탄력적이 된다.
⑤ 용도전환이 용이할수록 수요는 보다 비탄력적이다.

05 부동산의 수요와 공급의 가격탄력성에 관한 설명으로 틀린 것은? (단, 다른 조건은 일정한 것으로 가정함)
① 주택착공량을 증가시킬 때, 급격한 공사비 상승은 신규 공급을 보다 비탄력적으로 만든다.
② 수요의 가격탄력성은 가격이 변할 때 수요량이 얼마나 변하는지를 나타내는 것으로, 정량적(quantitative) 지표로 분석한다.
③ 수요의 가격탄력성이 1보다 큰 경우 임대료를 인하하면 임대수입은 종전보다 증가한다.
④ 수요가 증가할 때 공급이 비탄력적일수록 균형거래량은 더 증가한다.
⑤ 아파트 수요의 소득탄력성이 0.2라고 하면, 아파트는 정상재이다.

06 부동산 시장에서의 수요와 공급에 대한 설명이다. 옳지 않은 것은? (단, 다른 조건은 일정함)

① 어느 지역에서 주택가격이 상승하자 이를 보고 지역 주민의 주택가격 상승에 대한 기대감이 더욱 커졌다면 이 변화는 수요곡선을 우측으로 이동시킬 것이다.
② 고가주택이 하향여과되어 당해 저소득층이 입주하는 경우 고가주택시장에서의 고가주택 공급곡선은 좌측으로 이동하였다고 볼 수 있다.
③ 부동산 시장수요곡선은 개별수요곡선을 수평으로 합하여 도출한다.
④ 부동산의 공급량과 그 공급량에 영향을 주는 요인들과의 관계를 나타낸 것이 공급함수이다.
⑤ 건축자재 품귀현상으로 인해 건축비가 상승하였다면 공급이 증가하여 공급곡선은 우측으로 이동할 것이다.

07 아파트 시장의 균형가격과 균형거래량에 관한 설명으로 옳지 않은 것은? (단, 완전탄력적과 완전비탄력적 조건이 없는 경우는 수요와 공급의 법칙에 따르며, 다른 조건은 동일함)

① 수요의 증가폭이 공급의 증가폭보다 클 경우, 균형가격은 하락하고 균형거래량은 증가한다.
② 균형상태인 아파트 시장에서 건축원자재의 가격이 상승하면 균형가격은 상승하고 균형거래량은 감소한다.
③ 공급이 가격에 대해 완전탄력적인 경우, 수요가 증가하면 균형가격은 변하지 않고 균형거래량만 증가한다.
④ 공급이 가격에 대해 완전비탄력적인 경우, 수요가 증가하면 균형가격은 상승하고 균형거래량은 변하지 않는다.
⑤ 공급의 감소폭이 수요의 감소폭보다 클 경우, 균형가격은 상승하고 균형거래량은 감소한다.

08 아파트 수요의 가격탄력성은 1.5이고, 단독주택 가격에 대한 아파트 수요의 교차탄력성이 2일 경우, 아파트 가격이 10% 상승한 경우 아파트 수요량을 종전보다 5% 더 증가시키는 수준으로 유지하고자 한다면 단독주택 가격이 얼마나 인상하면 되는가? (단, 아파트와 단독주택은 대체재이며, 다른 조건은 일정함)

① 30%   ② 7.5%
③ 20%   ④ 10%
⑤ 3.0%

09 효율적 시장 및 할당 효율적 시장이론에 관한 설명으로 옳은 것은 모두 몇 개인가?

㉠ 완전경쟁시장과 강성 효율적 시장에서는 정보비용은 존재하지 않는다.
㉡ 자원이 효율적으로 할당되었다는 말은 부동산 투자와 다른 투자대안에 따르는 위험을 감안하였을 때, 부동산 투자의 수익률과 다른 투자 수익률이 서로 같도록 할당되었다는 것을 의미한다.
㉢ 준강성 효율적 시장에서 공개되지 않은 정보를 이용하여 초과이윤을 얻을 수 있다.
㉣ 불완전경쟁시장에서 발생하는 초과이윤과 정보비용이 일치한다면 할당 효율적일 수 있다.
㉤ 발생하는 초과이윤과 우수한 정보를 획득하기 위해 지불하는 기회비용이 같다고 하면 불완전경쟁시장도 할당 효율적일 수 있다.

① 1개   ② 2개
③ 3개   ④ 4개
⑤ 5개

10 도시공간구조이론에 관한 설명으로 옳지 않은 것은?

① 동심원이론은 도시공간구조의 형성을 침입, 경쟁, 천이 과정으로 설명하였다.
② 동심원이론에 따르면 중심지에서 멀어질수록 지대 및 인구밀도가 낮아진다.
③ 선형이론에서의 점이지대는 중심업무지구에 직장 및 생활터전이 있어 중심업무지구에 근접하여 거주하는 지대를 말한다.
④ 선형이론에 따르면 도시공간구조의 성장 및 분화가 주요 교통노선을 따라 부채꼴 모양으로 확대된다고 보았다.
⑤ 다핵심이론에 따르면 하나의 중심이 아니라 몇 개의 분리된 중심이 점진적으로 통합됨에 따라 전체적인 도시공간구조가 형성된다.

11
마샬(A. Marshall)의 준지대(準地代)에 관한 설명으로 틀린 것은?

① 준지대란 토지와 유사한 성격을 띠는 자본 설비 등에 지급되는 대가를 말한다.
② 토지에 대한 개량공사로 인해 추가적으로 발생하는 일시적인 소득은 준지대에 속한다.
③ 한계생산이론에 입각하여 리카도(D. Ricardo)의 지대론을 재편성한 이론이다.
④ 토지소유자의 노력과 희생 없이 주로 공공사업에 의해 발생하는 지대를 말한다.
⑤ 준지대는 토지 이외의 고정생산요소에 귀속되는 소득으로서, 다른 조건이 동일하다면 일시적으로 지대의 성격을 띠는 초과이윤이다.

12
부동산 수요와 공급의 개념에 관한 설명이다. 옳은 것은? (단, 해당 부동산은 정상재이며 다른 조건은 일정함)

① 부동산 시장분석에서는 유량(flow)분석만을 행할 뿐 저량(stock)분석은 행하지 않는다.
② 수요법칙에 의해 수요곡선은 좌표평면상 우상향하는 형태로 나타나고, 공급법칙에 의해 공급곡선은 우하향하는 형태로 나타난다.
③ 해당 부동산의 대체재 수요가 증가하면 해당 부동산의 수요는 감소한다.
④ 인구증가, 가구분리, 소득수준의 향상, 금리의 인하, 대체재 가격 하락은 아파트 수요의 증가요인이다.
⑤ 건설 노동자 임금, 지대, 철강 가격, 시멘트 가격, 금리, 학교의 질, 소득 등은 주택 공급의 결정요인이다.

13
부동산 상품의 다양한 설명 중 올바른 것은 모두 몇 개인가?

㉠ 부동산은 고가품이기 때문에, 생산자와 소비자가 상대적으로 제한되어 부동산 시장을 불완전하게 한다.
㉡ 부동산의 가격과 가치가 다르게 나타나는 것은 내구성 때문이다.
㉢ 등기·등록의 공시방법을 갖춤으로써 부동산에 준하여 취급되는 동산은 준부동산으로 간주한다.
㉣ 저소득층에 대한 주택서비스 공급은 고가주택으로부터 하향여과되어 공급된다.
㉤ 유동자산을 취급하는 금융기관들은 부동산 시장으로부터 절연되어 있으므로 부동산 가격의 급격한 하락은 금융시장의 안전성과 무관하다.

① 1개   ② 2개   ③ 3개
④ 4개   ⑤ 5개

14
다음은 상업입지론에 관한 설명이다. 옳은 것은?

㉠ 중심지란 각종 재화와 서비스 공급기능이 집중되어 배후지에 재화와 서비스를 공급하는 중심지역을 말한다.
㉡ 중력모형(gravity model)은 중심지 간의 상호작용보다 중심지의 규모와 공간적 배열상태에 더 초점을 두고 있다.
㉢ 허프(D. L. Huff)의 확률모형으로 여러 개의 중심지 간의 상호작용을 통한 시장점유율을 추산할 수 있다.
㉣ 레일리(W. J. Reilly)와 컨버스(P. D. Converse)의 소매중력모형은 두 중심지 간의 상호작용만을 설명하지만 허프(D. L. Huff)의 확률모형은 다수의 중심지 간의 상호작용을 설명할 수 있다.

① ㉠, ㉡   ② ㉡, ㉢
③ ㉠, ㉡, ㉣   ④ ㉠, ㉢, ㉣
⑤ ㉡, ㉢, ㉣

15
다음은 부동산 경기순환에 대한 설명이다. 틀린 것은?

① 하향시장에서 종전의 거래사례가격은 기준시점에서 상한선이 되기도 한다.
② 장기적 변동이란 일반적으로 50년 또는 그 이상의 기간으로 측정되는데, 인근지역의 생애주기현상은 장기적 변동에 해당된다.
③ 계절적 변동이란 예기치 못한 사태로 인해 초래되는 비주기적 경기변동을 말한다.
④ 상향시장에서는 매도자는 거래성립을 미루려는 반면, 매수자는 거래성립을 당기려는 경향이 있다.
⑤ 하향시장에서는 매수자 중시가 더욱 강조된다.

16
레일리(W. Reilly)의 소매중력모형에 따라 C신도시의 소비자가 A도시와 B도시에서 소비하는 월 추정소비액은 각각 얼마인가? (단, C신도시의 인구는 모두 소비자이고, A, B도시에서만 소비하는 것으로 가정함)

- A도시 인구 : 50,000명, B도시 인구 : 32,000명
- C신도시 : A도시와 B도시 사이에 위치
- A도시와 C신도시 간의 거리 : 5km
- B도시와 C신도시 간의 거리 : 2km
- C신도시 소비자의 잠재 월 추정소비액 : 20억원

① A도시 : 2억원   B도시 : 9억원
② A도시 : 2억 5천만원   B도시 : 8억 5천만원
③ A도시 : 3억원   B도시 : 12억원
④ A도시 : 3억 5천만원   B도시 : 16억 5천만원
⑤ A도시 : 4억원   B도시 : 16억원

17 크리스탈러(W. Christaller)의 중심지이론에 관한 설명으로 옳은 것은?

① 최소요구범위 – 중심지 기능이 유지되기 위한 최소한의 수요 요구 규모
② 배후지 – 중심지에 의해 재화와 서비스를 제공 받는 주변지역
③ 최소요구치 – 중심지로부터 어느 기능에 대한 수요가 0이 되는 곳까지의 거리
④ 도달범위 – 판매자가 정상이윤을 얻을 만큼의 충분한 소비자들을 포함하는 경계까지의 거리
⑤ 중심지 재화 및 서비스 – 배후지에서 중심지로 제공되는 재화 및 서비스

18 외부효과에 대한 설명 중 올바른 것은? (단, 다른 조건은 일정불변)

① 외부경제란 거래당사자의 행위가 시장기구를 통하지 않고, 다른 거래당사자에게 미치는 유리한 효과를 지칭한다.
② 사적 비용이 사회적 비용을 초과하는 재화는 시장에서 과대생산된다.
③ 기업이 외부불경제를 발생시킨다면 사적 비용이 사회적 비용보다 클 때이다.
④ 공해를 유발시키는 시멘트 생산회사에 대해 정부가 환경부담금을 부과하면 장기적으로 주택가격을 상승시킨다.
⑤ 외부효과는 어떤 경제주체의 경제활동의 의도적인 결과가 시장을 통하여 다른 경제주체의 후생에 영향을 주는 것을 말한다.

19 다음은 정부의 임대료규제정책이 주택시장에 미치는 영향을 설명한 것이다. 정부의 규제임대료가 시장의 균형임대료보다 낮을 경우에 발생하는 현상 중 틀린 것은?

① 가격 인하로 인한 임대부동산의 질적 수준이 저하된다.
② 균형임대료보다 낮은 규제임대료로 인해 임대주택에 대한 초과수요를 발생시킨다.
③ 정부의 낮은 규제임대료로 인해 임차인들의 주거이동이 활발해진다.
④ 임대주택에 대한 투자를 기피하는 현상이 발생한다.
⑤ 기존의 임대주택이 다른 용도로 전환된다.

20 부동산 조세에 관한 설명으로 옳지 않은 것은? (단, 주어진 조건에 한함)

① 종합부동산세와 재산세의 과세대상은 일치한다.
② 조세의 귀착 문제는 수요와 공급의 상대적 탄력성에 달려 있다.
③ 임대주택에 재산세가 강화되면 장기적으로 임차인에게 전가될 수 있다.
④ 부동산 조세는 자원을 재분배하는 기능이 있다.
⑤ 주택에 보유세가 중과되면 자가소유 수요가 감소할 수 있다.

21 다음과 같은 지대이론을 주장한 학자는?

- 지대는 자연적 기회를 이용하는 반대급부로 토지소유자에게 지불하는 대가로 보았다.
- 토지지대는 토지이용으로부터 얻는 순소득을 의미하며, 이 순소득을 잉여라고 하였다.
- 토지의 몰수가 아닌 지대의 몰수라고 주장하면서 토지가치에 대한 조세 이외의 모든 조세를 철폐하자고 하였다.

① 리카도(D. Ricardo)　② 알론소(W. Alonso)
③ 헨리 조지(H. George)　④ 마르크스(K. Marx)
⑤ 튀넨(J. H. von Thünen)

22 현재 우리나라에서 시행되고 있지 않는 부동산 정책수단을 모두 고른 것은?

㉠ 택지소유상한제	㉡ 부동산거래신고제
㉢ 토지초과이득세	㉣ 주택의 전매제한
㉤ 부동산실명제	㉥ 토지거래허가구역
㉦ 종합부동산세	㉧ 종합토지세

① ㉠, ㉧
② ㉠, ㉢, ㉧
③ ㉠, ㉣, ㉤, ㉥
④ ㉡, ㉢, ㉣, ㉤, ㉦
⑤ ㉡, ㉣, ㉤, ㉥, ㉦, ㉧

23 단순회수기간법으로 다음 투자안들의 투자우선순위로 옳은 것은? (단, 주어진 조건에 한함)

기 간	투자안별 현금흐름(단위 : 만원)		
	A	B	C
현 재	−300	−600	−800
1년	200	400	300
2년	200	200	400
3년	500	200	200

① A ⇨ B ⇨ C
② A ⇨ C ⇨ B
③ B ⇨ A ⇨ C
④ C ⇨ A ⇨ B
⑤ B ⇨ C ⇨ A

24 다음은 투자대상 부동산의 1년간 예상 현금흐름 내역이다. 분석의 내용으로 틀린 것은? (단, 기타소득은 0이고, 원리금상환방식은 원리금균등상환조건이다. 그리고 주어진 조건에 한함)

┌─────────────────────────────────┐
│ ㉠ 부동산 가치 : 1,000,000,000원
│ ㉡ 대부비율 : 50%
│ ㉢ 가능총소득 : 100,000,000원
│ ㉣ 유효총소득 : 95,000,000원
│ ㉤ 순영업소득 : 57,000,000원
│ ㉥ 세전현금흐름 : 17,000,000원
└─────────────────────────────────┘

① 영업경비비율(유효총소득 기준) = 40%
② 부채감당률 = 1.425
③ 지분배당률 = 3.4%
④ 저당상수 = 7%
⑤ 종합자본환원율 = 5.7%

25 부동산 투자에서 수익과 위험에 관한 설명 중 옳지 않은 것은? (단, 투자자는 위험회피적이라고 가정한다)
① 투자사업에 대한 분산이 클수록, 투자에 대한 기피성향이 클수록 투자자의 위험할증률은 더 커지게 된다.
② 경영 및 관리위험은 부동산 경영에 전문지식을 요하며, 경영에 관한 의사결정 등을 잘못한 경우 입게 되는 수익손실위험을 말한다.
③ 투자대안의 기대수익률이 12%이며, 표준편차가 3%일 경우 변이계수는 0.25이다.
④ 분산투자로 비체계적 위험이 완전히 제거되는 것은 두 자산의 수익률 간 상관계수가 0이기 때문이다.
⑤ 보수적 예측은 투자수익의 추계치를 하향조정함으로써 미래에 발생할 수 있는 위험을 상당히 제거할 수 있다는 가정에 근거를 두고 있다.

26 포트폴리오 이론에 따른 부동산 투자의 포트폴리오 분석에 관한 설명으로 옳지 않은 것은?
① 체계적 위험은 분산투자를 통해서도 회피할 수 없다.
② 위험과 수익은 상충관계에 있으므로 효율적 투자선은 우하향하는 곡선이다.
③ 투자자의 무차별곡선과 효율적 투자선의 접점에서 최적의 포트폴리오가 선택된다.
④ 비체계적 위험은 개별적인 부동산의 특성으로 야기되며 분산투자 등으로 회피할 수 있다.
⑤ 포트폴리오 구성자산의 수익률 간 상관계수(ρ)가 '−1'인 경우는 상관계수(ρ)가 '1'인 경우에 비해서 위험회피효과가 더 크다.

27 화폐의 시간가치 계산에 관한 설명으로 옳은 것은?
① 현재 10억원인 아파트가 매년 1.5%씩 가격이 상승한다고 가정할 때, 5년 후 아파트 가격을 산정하는 경우 연금의 현재가치계수를 사용한다.
② 원리금균등상환방식으로 담보대출을 받은 가구가 매월 상환할 금액을 산정하는 경우, 감채기금계수를 사용한다.
③ 연금의 현재가치계수에 감채기금계수를 곱하면 일시불의 현재가치계수이다.
④ 임대기간 동안 월임대료를 모두 적립할 경우, 이 금액의 현재시점 가치를 산정한다면 저당상수를 사용한다.
⑤ 나대지에 투자하여 5년 후 8억원에 매각하고 싶은 투자자는 현재 이 나대지의 구입금액을 산정하는 경우, 저당상수를 사용한다.

28 부동산투자회사법령상 부동산투자회사에 관한 설명으로 틀린 것은?
① 부동산투자회사는 현물출자에 의한 설립을 할 수 없다.
② 자기관리 부동산투자회사란 자산운용 전문인력을 포함한 임직원을 상근으로 두고 자산의 투자·운용을 직접 수행하는 회사를 말한다.
③ 위탁관리 부동산투자회사는 자산의 투자·운용업무를 부동산투자자문회사에 위탁하여야 한다.
④ 부동산투자회사는 그 상호에 부동산투자회사라는 명칭을 사용하여야 한다.
⑤ 위탁관리 부동산투자회사는 본점 외의 지점을 설치할 수 없으며, 직원을 고용하거나 상근 임원을 둘 수 없다.

29 다음은 부동산 투자의 위험과 수익에 대한 설명이다. 틀린 것은? (단, 다른 조건은 일정불변이다)

① 법적위험이란 부동산에 대해 가지는 재산권의 법적 환경변화에 따른 위험으로 법적 환경의 변화는 부동산 투자에 대한 위험을 변화시킨다.
② 정(+)의 레버리지효과는 자기자본수익률이 총자본수익률(종합수익률)보다 작을 때 발생한다.
③ 일반적으로 부담하는 위험이 크면 클수록 요구하는 수익률도 커지는데 이를 위험-수익의 상쇄관계(risk-return trade-off)라 한다.
④ 기대수익률이 동일한 두 개의 투자대안이 있을 경우에 덜 위험한 쪽을 선택하려고 하는 투자자의 행동을 위험혐오적이라 한다.
⑤ 투자자들은 예상되는 인플레율만큼 요구수익률을 더 높이려 한다.

30 우리나라 민간개발방식 중 토지(개발)신탁에 관한 설명으로 틀린 것은?

① 부동산신탁회사는 신탁을 업으로 하는 회사를 말하며, 자본시장과 금융투자업에 관한 법률에 따라 금융위원회의 인가를 받아 업무를 영위한다.
② 부동산신탁회사가 수탁받은 토지를 개발함에 있어 시행자가 된다.
③ 시공사(건설회사)는 부동산신탁회사가 아닌 위탁자에게서 직접 건설대금을 지급받기 때문에 공사비 채권의 안전성이 높아진다.
④ 위탁자에게서 수탁자에게 형식적으로 토지소유권이 이전되는 형태를 띤다.
⑤ 분양목적이 아닌 임대목적인 경우 관리신탁까지 포함하여 신탁계약을 체결할 수 있다.

31 부동산 마케팅 전략에 관한 다음 설명 중 옳은 것은?

① 공급자의 전략 차원으로 표적시장을 선점하거나 틈새시장을 점유하는 마케팅은 고객점유마케팅이다.
② 최근 새로이 대두되고 있는 공급자와 소비자의 상호작용을 중요시하는 마케팅은 관계마케팅이다. 즉, 생산자와 소비자 간의 1회성 거래를 전제로 한 종래의 마케팅 이론에 대한 반성으로 양자 간의 장기적·지속적인 관계유지를 주축으로 하는 마케팅이다.
③ 수요자 집단을 인구·경제학적 특성에 따라 세분하고, 세분된 시장에 있어서 상품의 판매지향점을 분명히 하는 전략은 표적시장선정 전략이다.
④ 동일한 표적시장을 갖는 다양한 공급경쟁자들 사이에서 자신의 상품을 어디에 위치시킬 것인가 하는 전략은 시장세분화 전략이다.
⑤ 아파트 1층에 단독정원을 둔다든가 가정 자동화기기 설치, 녹지공간의 극대화 등은 4P MIX 전략 중 홍보전략에 속한다.

32 다음의 내용에 해당되는 부동산 관리 영역으로 옳은 것은?

- 다수의 투자부동산을 전체적으로 운용하고 적시의 매매시기를 결정하여 양도차익을 극대화하는 포트폴리오의 구성 및 결정을 관리의 대상으로 한다.
- 여러 자산의 수익을 향상시키기 위하여 부동산 운용과정에서 임대차 시장분석을 통해 시장위험(market risk)을 최소화하고, 현금흐름을 향상시키려는 것을 목적으로 한다.
- 개량 및 리모델링·재건축의 결정에 관여하며, 그 여부와 부동산소유자의 절세대책을 수립한다.

① 포트폴리오 관리(Portfolio Management)
② 자산관리(Asset Management)
③ 부동산 관리(Property Management)
④ 시설관리(Facilities Management)
⑤ 건설관리(Construction Management)

33 주택담보대출에 관한 설명 중 틀린 것은? (단, 다른 조건은 일정함)

① 대부비율(LTV)이 높아질수록, 상환기간이 길어질수록 주택담보대출금리는 높아진다.
② 상환기간이 장기일수록 매기 지불해야 하는 원리금상환액은 단기에 비해 작아지지만 대출기관이 부담하는 위험은 커진다.
③ 대출자의 명목이자율은 시장실질이자율, 위험에 대한 대가, 기대인플레율 등으로 구성된다.
④ 고정이자율이 변동이자율보다 초기 대출이자율이 높은 이유는 이자율 변동위험을 대출기관이 부담하기 때문이다.
⑤ 고정금리에서 예상인플레보다 실제인플레가 낮다면 대출자는 인플레에 따른 이자율 위험에 직면한다.

34 저당담보부증권(MBS)에 관련된 설명으로 틀린 것은?

① CMO(collateralized mortgage obligation)의 경우 동일한 저당 풀(pool)로부터 여러 개의 트랜치(tranche)를 발행하는데, 트랜치마다 증권수익률, 중도상환 위험의 정도가 다르다.
② CMO는 MPTS(mortgage pass-through securities)와 MBB(mortgage backed bond) 두 가지 성질을 모두 갖는다.
③ MPTS는 주택저당채권총액과 MPTS의 발행액이 같은 것이 일반적이다.
④ MBB는 주택저당채권을 담보로 하여 발행하되, 발행기관의 신용으로 발행되는 채권형 MBS이다. 그래서 증권 투자자들은 초과담보를 요구하는 것이 일반적이다.
⑤ MBB는 MPTS와 마찬가지로 1차 저당시장에서 차입자가 지불하는 원리금이 증권투자자에게 월별 또는 분기별 바로 이체된다.

35 자본환원율에 관한 설명으로 틀린 것은? (단, 다른 조건은 동일함)

① 부동산 시장이 균형을 이루더라도 자산의 유형, 위치 등 특성에 따라 자본환원율이 서로 다른 부동산들이 존재할 수 있다.
② 자본환원율은 순영업소득을 부동산의 가격으로 나누어 구할 수 있다.
③ 서로 다른 유형별, 지역별 부동산 시장을 비교하여 분석하는데 활용될 수 있다.
④ 투자위험의 증가는 자본환원율을 높이는 요인이 된다.
⑤ 자본환원율은 자본의 기회비용을 반영하며, 금리의 상승은 자본환원율을 낮추는 요인이 된다.

36 다음 자료를 활용하여 원가법으로 평가한 대상건물의 가액은? (단, 주어진 조건에 한함)

- 대상건물 : 철근콘크리트구조, 다가구주택, 연면적 350m²
- 기준시점 : 2024.04.05.
- 사용승인시점 : 2013.06.16.
- 사용승인시점의 적정한 신축공사비 : 1,000,000원/m²
- 건축비지수
 - 기준시점 : 115
 - 사용승인시점 : 100
- 경제적 내용연수 : 50년
- 감가수정방법 : 정액법(만년감가기준)
- 내용연수 만료시 잔존가치 없음

① 313,000,000원 ② 322,000,000원
③ 342,000,000원 ④ 350,000,000원
⑤ 352,000,000원

37 감정평가 유형에 관한 설명으로 옳지 않은 것은?

① 일괄평가란 2개 이상의 대상물건이 일체로 거래되거나 대상물건 상호간에 용도상 불가분의 관계가 있는 경우에는 일괄하여 평가하는 것을 말한다.
② 조건부평가란 일체로 이용되고 있는 물건의 일부만을 평가하는 것을 말한다.
③ 구분평가란 1개의 대상물건이라도 가치를 달리하는 부분은 이를 구분하여 평가하는 것을 말한다.
④ 현황평가란 대상물건의 상태, 구조, 이용방법 등을 있는 그대로 평가하는 것을 말한다.
⑤ 참모평가란 대중평가가 아니라 고용주 혹은 고용기관을 위해 하는 평가를 말한다.

38 다음의 조건을 가진 A부동산에 관한 설명으로 옳지 않은 것은? (단, 주어진 조건에 한함)

- 가능총소득 : 연 1억원
- 공실 및 대손 : 가능총소득의 10%
- 운영경비 : 유효총소득의 30%
- 가격구성비 : 토지 40%, 건물 60%
- 토지환원율 : 연 3%, 건물환원율 : 연 5%

① 유효총소득은 연 9천만원이다.
② 순영업소득은 연 6천 3백만원이다.
③ 수익가액은 15억원이다.
④ 자본환원율은 연 4%이다.
⑤ 운영경비는 연 2천 7백만원이다.

39 감정평가에 관한 규칙의 내용으로 옳지 않은 것은?

① 대상물건에 대한 감정평가액은 시장가치를 기준으로 결정하나, 감정평가 의뢰인이 요청하는 경우 등에는 시장가치 외의 가치를 기준으로 결정할 수 있다.
② 적정한 실거래가는 부동산 거래신고에 관한 법률에 따라 신고된 실제 거래가격으로서 거래 시점이 도시지역은 3년 이내, 그 밖의 지역은 5년 이내인 거래가격 중에서 감정평가법인등이 인근지역의 지가수준 등을 고려하여 감정평가의 기준으로 적용하기에 적정하다고 판단하는 거래가격을 말한다.
③ 가치형성요인은 대상물건의 경제적 가치에 영향을 미치는 일반요인, 지역요인 및 개별요인 등을 말한다.
④ 시장가치는 감정평가의 대상이 되는 토지 등(이하 "대상물건")이 통상적인 시장에서 충분한 기간 동안 거래를 위하여 공개된 후 그 대상물건의 내용에 정통한 당사자 사이에 신중하고 자발적인 거래가 있을 경우 성립될 가능성이 가장 높다고 인정되는 대상물건의 가액을 말한다.
⑤ 유사지역은 감정평가의 대상이 된 부동산이 속한 지역으로서 부동산의 이용이 동질적이고 가치형성요인 중 지역요인을 공유하는 지역을 말한다.

40 표준지공시지가의 이의신청에 관한 설명으로 틀린 것은?

① 이의신청은 표준지공시지가의 공시일부터 30일 이내에 신청할 수 있다.
② 토지소유자, 토지이용자 이외의 자는 표준지공시지가에 대한 이의를 신청할 수 없다.
③ 국토교통부장관은 이의신청기간이 만료된 날부터 30일 이내에 이의신청을 심사하여 그 결과를 신청인에게 서면으로 통지하여야 한다.
④ 이의신청서에는 신청인의 성명 및 주소, 표준지의 지번·지목·실제용도·토지이용상황·주위환경 및 상황, 이의신청의 사유를 기재하여야 한다.
⑤ 국토교통부장관은 이의신청의 내용이 타당하다고 인정될 때는 당해 표준지공시지가를 조정하여 다시 공시하여야 한다.

민법 · 민사특별법

41 사기·강박에 의한 의사표시에 관한 설명으로 옳은 것은? (다툼이 있으면 판례에 따름)

① 신의칙상 고지의무를 부담하는 자는 고지의무의 대상이 되는 사실을 이미 알고 있는자에 대해서도 그 사실을 고지하여야 한다.
② 계약이 제3자의 위법한 사기행위로 체결된 경우, 표의자가 제3자를 상대로 사기로 인한 손해배상을 청구하기 위해서는 그 계약을 취소해야 한다.
③ 강박에 의한 의사표시에 대한 취소권의 행사기간은 소멸시효기간이다.
④ 소송행위가 강박에 의하여 이루어진 경우, 특별한 사정이 없는 한 강박을 이유로 소송행위를 취소할 수 있다.
⑤ 상품의 선전·광고에 다소의 과장이나 허위가 수반되는 것은 그것이 일반 상거래의 관행과 신의칙에 비추어 시인될 수 있는 한 기망성이 결여된다.

42 법률행위의 대리에 관한 설명으로 옳은 것은?

㉠ 계약의 무권대리에 대한 추인은 다른 의사표시가 없으면 추인한 때부터 그 효력이 생긴다.
㉡ 무권대리의 상대방이 상당한 추인기간을 설정한 경우, 그 기간 내에 본인이 확답을 발하지 않은 때에는 추인한 것으로 본다.
㉢ 대리인이 수인인 경우 각자가 본인을 대리하는 것이 원칙이다.
㉣ 채무의 이행의 경우 본인의 허락이 없어도 쌍방대리는 유효하다.

① ㉠, ㉡ ② ㉠, ㉢
③ ㉡, ㉢ ④ ㉡, ㉣
⑤ ㉢, ㉣

43 취소할 수 있는 법률행위에 관한 설명으로 틀린 것은?

㉠ 제한능력자는 취소할 수 있는 법률행위를 단독으로 취소할 수 없다.
㉡ 제한능력자의 법률행위에 대한 법정대리인의 추인은 취소의 원인이 소멸된 후에 하여야 그 효력이 있다.
㉢ 제한능력자가 취소의 원인이 소멸된 후에 이의를 보류하지 않고 채무 일부를 이행하면 추인한 것으로 본다.
㉣ 취소할 수 있는 법률행위의 상대방이 확정된 경우에는 그 취소는 그 상대방에 대한 의사표시로 하여야 한다.

① ㉠, ㉢ ② ㉡, ㉣
③ ㉠, ㉡ ④ ㉢, ㉣
⑤ ㉡, ㉢

44 사기에 의한 의사표시에 관한 설명으로 옳지 않은 것은? (다툼이 있으면 판례에 따름)

① 사기에 의한 의사표시에는 의사와 표시의 불일치가 있을 수 없고, 단지 의사표시의 동기에 착오가 있는 것에 불과하다.
② 사기의 의사표시로 인해 부동산의 소유권을 취득한 자로부터 그 부동산의 소유권을 새로이 취득한 제3자는 특별한 사정이 없는 한 선의로 추정된다.
③ 교환계약의 당사자가 자기 소유의 목적물의 시가를 묵비하는 것은 특별한 사정이 없는 한 기망행위가 되지 않는다.
④ 상대방의 대리인에 의한 사기는 민법 제110조 제2항 소정의 제3자의 사기에 해당하지 않는다.
⑤ 계약이 제3자의 위법한 사기행위로 체결된 경우, 표의자는 그 계약을 취소하지 않는 한 제3자를 상대로 그로 인해 발생한 손해의 배상을 청구할 수 없다.

45 민법상 무권대리와 표현대리에 관한 설명으로 옳은 것은? (다툼이 있으면 판례에 따름)

① 표현대리행위가 성립하는 경우에 상대방에게 과실이 있다면 과실상계의 법리가 유추적용되어 본인의 책임이 경감될 수 있다.
② 권한을 넘은 표현대리에 관한 제126조의 제3자는 당해 표현대리행위의 직접 상대방만을 의미한다.
③ 무권대리행위의 상대방이 제134조의 철회권을 유효하게 행사한 후에도 본인은 무권대리행위를 추인할 수 있다.
④ 계약체결 당시 대리인의 무권대리 사실을 알고 있었던 상대방은 최고권을 행사할 수 없다.
⑤ 대리인이 대리권 소멸 후 선임한 복대리인과 상대방 사이의 법률행위에는 대리권소멸 후의 표현대리가 성립할 수 없다.

46 복대리에 관한 설명으로 옳은 것은?

① 복대리인은 대리인의 대리인이다.
② 법정대리인은 언제나 복임권이 있다.
③ 대리인이 파산하여도 복대리권은 소멸하지 않는다.
④ 임의대리인은 본인의 승낙이 있는 때에 한하여 복임권을 갖는다.
⑤ 복대리인이 선임되면 특별한 사정이 없는 한 대리인의 대리권은 소멸한다.

47 불공정한 법률행위에 관한 설명으로 옳지 않은 것은? (다툼이 있으면 판례에 따름)

① 불공정한 법률행위에 해당하는지는 원칙적으로 법률행위시를 기준으로 판단한다.
② 대리인에 의한 법률행위의 경우, 궁박 상태의 여부는 본인을 기준으로 판단한다.
③ 경매에는 불공정한 법률행위에 관한 민법 제104조가 적용되지 않는다.
④ 불공정한 법률행위는 추인으로 유효로 될 수 없지만 법정추인은 인정된다.
⑤ 불공정한 법률행위는 이를 기초로 새로운 이해관계를 맺은 선의의 제3자에 대해서도 무효이다.

48 대리에 관한 설명으로 틀린 것은? (다툼이 있으면 판례에 의함)

① 매매위임장을 제시하고 자기의 이름으로 매매계약을 체결하는 자는 특별한 사정이 없는 한 본인을 대리하여 매매행위를 하는 것으로 보아야 한다.
② 부동산 매도인과 매수인 쌍방을 대리한 등기신청행위는 허용된다.
③ 부동산 입찰절차에서 동일물건에 관하여 이해관계가 다른 2인 이상의 대리인이 된 경우에는 그 대리인이 한 입찰은 무효이다.
④ 법정대리인이 선임한 복대리인은 임의대리인이다.
⑤ 매매계약의 체결과 이행에 관하여 포괄적으로 대리권을 수여받은 대리인은 중도금이나 잔금을 수령할 권한은 있지만, 특별한 사정이 없는 한 상대방에 대하여 약정된 매매대금지급기일을 연기하여 줄 권한은 없다.

49 甲은 부동산 거래신고 등에 관한 법률상 토지거래허가 구역에 있는 자신 소유의 X토지를 乙에게 매도하는 매매계약을 체결하였다. 아직 토지거래허가(이하 '허가')를 받지 않아 유동적 무효 상태에 있는 법률관계에 관한 설명으로 옳지 않은 것은? (다툼이 있으면 판례에 따름)

① 甲은 허가 전에 乙의 대금지급의무의 불이행을 이유로 매매계약을 해제할 수 없다.
② 甲의 허가신청절차 협력의무와 乙의 대금지급의무는 동시이행관계에 있다.
③ 甲과 乙이 허가신청절차 협력의무 위반에 따른 손해배상액을 예정하는 약정은 유효하다.
④ 甲이 허가신청절차에 협력할 의무를 위반한 경우, 乙은 협력의무 위반을 이유로 매매계약을 해제할 수 없다.
⑤ 甲이 허가신청절차에 협력하지 않는 경우, 乙은 협력의무의 이행을 소구할 수 있다.

50 법률행위의 부관에 관한 설명으로 옳지 않은 것은? (다툼이 있으면 판례에 따름)

① 조건은 의사표시의 일반원칙에 따라 조건의사와 그 표시가 필요하다.
② 법률행위가 정지조건부 법률행위에 해당한다는 사실은 그 법률효과의 발생을 다투려는 자에게 증명책임이 있다.
③ 당사자 사이에 기한이익 상실의 특약이 있는 경우, 특별한 사정이 없는 한 이는 형성권적 기한이익 상실의 특약으로 추정된다.
④ 보증채무에서 주채무자의 기한이익의 포기는 보증인에게 효력이 미치지 아니한다.
⑤ 조건의 성취로 인하여 불이익을 받을 당사자가 신의칙에 반하여 조건의 성취를 방해한 경우, 그러한 행위가 있었던 시점에 조건은 성취된 것으로 의제된다.

51 민법 제187조(등기를 요하지 아니하는 부동산물권취득)에 관한 설명으로 옳은 것은? (다툼이 있으면 판례에 따름)

① 상속인은 상속 부동산의 소유권을 등기하여야 취득한다.
② 민법 제187조 소정의 판결은 이행판결을 의미한다.
③ 부동산 강제경매에서 매수인이 매각 목적인 권리를 취득하는 시기는 등기를 경료한 때이다.
④ 부동산소유권 이전을 내용으로 하는 화해조서에 기한 소유권취득에는 등기를 요한다.
⑤ 신축에 의한 건물소유권취득에는 소유권보존등기를 요한다.

52 甲이 乙소유 X토지에 권원 없이 Y건물을 신축하여 소유하고 있다. 이에 관한 설명으로 옳은 것은? (다툼이 있으면 판례에 따름)

① 乙은 Y를 관리하는 甲의 직원 A에게 X의 반환청구를 할 수 있다.
② 甲이 법인인 경우 乙은 甲의 대표이사 B 개인에게 X의 반환청구를 할 수 있다.
③ 乙이 甲에게 X의 반환청구를 하여 승소한 경우, 乙은 甲에게 Y에서 퇴거할 것을 청구할 수 있다.
④ 미등기인 Y를 丙이 매수하여 인도받았다면 乙은 丙을 상대로 건물철거 청구를 할 수 있다.
⑤ 乙은 甲에 대한 X의 반환청구권을 유보하고 X의 소유권을 丁에게 양도할 수 있다.

53 甲은 X토지에 대하여 등기부취득시효를 주장하고 있다. 이에 관한 설명으로 옳은 것을 모두 고른 것은? (다툼이 있으면 판례에 따름)

㉠ 甲이 개인이 아니라 지방자치단체인 경우 등기부취득시효를 주장할 수 없다.
㉡ 甲의 무과실은 전 시효기간을 통하여 인정되어야 하는 것은 아니다.
㉢ 甲이 X토지에 대하여 무효의 중복된 소유권보존등기를 마친 경우에는 등기부취득시효를 주장할 수 없다.

① ㉠ ② ㉡
③ ㉠, ㉡ ④ ㉡, ㉢
⑤ ㉠, ㉡, ㉢

54 지역권에 관한 설명으로 옳은 것을 모두 고른 것은? (다툼이 있으면 판례에 따름)

㉠ 지상권자는 인접한 토지에 통행지역권을 시효취득할 수 있다.
㉡ 지역권은 요역지와 분리하여 양도하거나 다른 권리의 목적으로 할 수 있다.
㉢ 요역지가 수인의 공유인 경우에 그 1인에 의한 지역권 소멸시효의 정지는 다른 공유자를 위하여 효력이 없다.
㉣ 토지공유자의 1인은 지분에 관하여 그 토지를 위한 지역권을 소멸하게 하지 못한다.

① ㉠ ② ㉣
③ ㉡, ㉢ ④ ㉠, ㉣
⑤ ㉠, ㉢, ㉣

55 전세권에 관한 설명으로 옳지 않은 것은? (다툼이 있으면 판례에 따름)

① 타인의 토지에 있는 건물에 전세권을 설정한 때에는 전세권의 효력은 그 건물의 소유를 목적으로 한 지상권에 미친다.
② 건물 전세권설정자가 건물의 존립을 위한 토지사용권을 가지지 못하여 그가 토지소유자의 건물철거 등 청구에 대항할 수 없는 경우, 전세권자는 토지소유자의 권리행사에 대항할 수 없다.
③ 대지와 건물이 동일한 소유자에 속한 경우에 건물에 전세권을 설정한 때에는 그 대지소유권의 특별승계인은 전세권설정자에 대하여 지상권을 설정한 것으로 본다.
④ 전세권의 존속기간 중 전세목적물의 소유권이 양도되면, 그 양수인은 원칙적으로 전세권설정자의 지위를 승계하지 않는다.
⑤ 건물에 대한 전세권의 존속기간을 1년 미만으로 정한 때에는 이를 1년으로 한다.

56 다음은 점유권에 관한 설명이다. 옳은 것은? (다툼이 있으면 판례에 따름)

① 주택임대차보호법상의 대항요건인 인도(引渡)는 임차인이 주택의 간접점유를 취득하는 경우에는 인정될 수 없다.
② 점유취득시효의 기초인 점유에는 간접점유는 포함되지 않는다.
③ 직접점유자가 그 점유를 임의로 양도한 경우, 그 점유이전이 간접점유자의 의사에 반한다면 간접점유가 침탈된 것이다.
④ 간접점유자에게도 점유보호청구권이 인정된다.
⑤ 점유매개관계를 발생시키는 법률행위가 무효라면 간접점유는 인정될 수 없다.

57 등기청구권에 관한 설명으로 틀린 것은? (다툼이 있으면 판례에 따름)

① 등기청구권과 등기신청권은 서로 다른 내용의 권리이다.
② 부동산을 매수하여 인도받아 사용·수익하는 자의 매도인에 대한 소유권이전등기청구권은 소멸시효에 걸리지 않는다.
③ 부동산 매수인이 매도인에 대해 갖는 소유권이전등기청구권은 채권적 청구권이다.
④ 가등기에 기한 소유권이전등기청구권이 시효완성으로 소멸된 후 그 부동산을 취득한 제3자가 가등기권자에 대해 갖는 등기말소청구권은 채권적 청구권이다.
⑤ 점유취득시효의 완성으로 점유자가 소유자에 대해 갖는 소유권이전등기청구권은 통상의 채권양도 법리에 따라 양도될 수 있다.

58 다음 부동산등기의 추정력에 관한 설명 중 틀린 것을 모두 고른 것은? (다툼이 있으면 판례에 따름)

㉠ 건물 소유권보존등기 명의자가 전(前)소유자로부터 그 건물을 양수하였다고 주장하는 경우, 전(前)소유자가 양도사실을 부인하면 그 보존등기의 추정력은 깨어진다.
㉡ 대리에 의한 매매계약을 원인으로 소유권이전등기가 이루어진 경우, 대리권의 존재는 추정되지 않는다.
㉢ 근저당권등기가 행해지면 피담보채권뿐만 아니라 그 피담보채권을 성립시키는 기본계약의 존재도 추정된다.
㉣ 사망자 명의로 신청하여 이루어진 이전등기에는 특별한 사정이 없는 한 추정력이 인정되지 않는다.

① ㉠
② ㉢
③ ㉡, ㉢
④ ㉡, ㉢, ㉣
⑤ ㉠, ㉡, ㉢

59 민법상 물권에 관한 설명으로 틀린 것은? (다툼이 있으면 판례에 따름)

㉠ 토지의 일부에 대하여 점유취득시효로 소유권을 취득할 수 없다.
㉡ 1동 건물의 일부도 구조상·이용상 독립성이 있으면 구분행위에 의하여 독립된 부동산이 될 수 있다.
㉢ 미분리의 과실은 명인방법을 갖추면 독립된 소유권의 객체로 된다.
㉣ 농지 소유자의 승낙 없이 농작물을 경작한 경우 명인방법을 갖추어야만 토지와 별도로 독립된 소유권의 객체로 된다.

① ㉠, ㉣
② ㉡, ㉢
③ ㉡, ㉣
④ ㉠, ㉢
⑤ ㉢, ㉣

60 X토지를 3분의 1씩 공유하는 甲, 乙, 丙의 법률관계에 관한 설명으로 옳은 것은? (다툼이 있으면 판례에 따름)

① 甲이 乙과 丙의 동의 없이 X토지 중 3분의 1을 배타적으로 사용하는 경우, 乙은 방해배제를 청구할 수 없다.
② 甲과 乙이 협의하여 X토지를 매도하면 그 효력은 丙의 지분에도 미친다.
③ 丁이 X토지의 점유를 무단으로 침해하고 있는 경우, 甲은 X토지 중 자신의 지분에 한하여 반환을 청구할 수 있다.
④ 甲이 자신의 지분을 포기하더라도 乙과 丙이 이전등기를 하여야 甲의 지분을 취득한다.
⑤ 丙이 1년 이상 X토지의 관리비용을 부담하지 않은 경우, 甲과 乙은 丙의 지분을 무상으로 취득할 수 있다.

61. 토지전세권에 관한 설명으로 옳은 것을 모두 고른 것은? (다툼이 있으면 판례에 따름)

㉠ 전세권의 존속기간이 만료하면 전세권의 용익물권적 권능은 전세권설정등기의 말소 없이도 당연히 소멸한다.
㉡ 전세금의 지급은 전세권의 성립요소가 되는 것이므로 기존의 채권으로 전세금지급을 대신할 수 없다.
㉢ 전세권 존속기간이 시작되기 전에 마친 전세권설정등기도 특별한 사정이 없는 한 유효한 것으로 추정된다.
㉣ 당사자가 채권담보의 목적으로 전세권을 설정하였으나 설정과 동시에 목적물을 인도하지 않았다면, 장차 전세권자가 목적물을 사용·수익하기로 하였더라도 그 전세권은 무효이다.

① ㉠, ㉡ ② ㉠, ㉢ ③ ㉠, ㉣
④ ㉡, ㉣ ⑤ ㉢, ㉣

62. 유치권이 유효하게 성립할 수 있는 경우는? (다툼이 있으면 판례에 따름)

① 주택수선공사를 한 수급인이 공사대금채권을 담보하기 위하여 주택을 점유한 경우
② 임대인이 지급하기로 약정한 권리금의 반환청구권을 담보하기 위하여 임차인이 상가건물을 점유한 경우
③ 매도인이 매수인에 대한 매매대금채권을 담보하기 위하여 매매목적물을 점유한 경우
④ 주택신축을 위하여 수급인에게 공급한 건축자재에 대한 대금채권을 담보하기 위하여 공급자가 주택을 점유한 경우
⑤ 임차인이 임차보증금반환채권을 담보하기 위하여 임차목적물을 점유한 경우

63. 지상권에 관한 설명으로 옳지 않은 것을 모두 고른 것은? (다툼이 있으면 판례에 따름)

㉠ 자기 소유 토지에 분묘를 설치한 甲이 그 토지를 乙에게 양도하면서 분묘 이장의 특약을 하지 않음으로써 분묘기지권을 취득한 경우, 특별한 사정이 없는 한 甲은 분묘기지권이 성립한 때가 아니라 지료청구를 받은 날부터 지료지급의무가 있다.
㉡ 지상권자 甲의 지료 지급 연체가 토지소유권의 양도 전후에 걸쳐 이루어진 경우 토지양수인 乙에 대한 연체기간이 2년이 되지 않는다면 乙은 지상권소멸청구를 할 수 없다.
㉢ 甲 소유의 대지와 건물 모두 乙에게 매도되었으나 대지에 관하여서만 소유권이전등기가 경료된 경우에 甲과 乙 사이에 관습법상의 법정지상권이 인정된다.
㉣ 건물 소유자 甲과 토지 소유자 乙 사이에 건물의 소유를 목적으로 하는 토지 임대차계약을 체결한 경우에도 관습법상의 법정지상권이 인정된다.

① ㉠, ㉡ ② ㉠, ㉢
③ ㉢, ㉣ ④ ㉠, ㉢, ㉣
⑤ ㉡, ㉢, ㉣

64. 저당권에 관한 설명으로 틀린 것은? (다툼이 있으면 판례에 따름)

① 전세권은 저당권의 객체가 될 수 있다.
② 저당권 설정은 권리의 설정적 승계에 해당한다.
③ 민법 제365조에 따라 토지와 건물의 일괄경매를 청구한 토지 저당권자는 그 건물의 경매대가에서 우선변제를 받을 수 없다.
④ 건물 건축 개시 전의 나대지에 저당권이 설정될 당시 저당권자가 그 토지 소유자의 건물 건축에 동의한 경우, 저당토지의 임의경매로 인한 법정지상권은 성립한다.
⑤ 저당물의 소유권을 취득한 제3자는 그 저당물의 보존을 위해 필요비를 지출한 경우, 특별한 사정이 없는 한 그 저당물의 경매대가에서 우선상환을 받을 수 있다.

65 甲 소유의 토지를 乙이 매수하면서 계약금을 甲에게 지급하였다. 다음 설명 중 옳은 것을 모두 고르면? (다툼이 있으면 판례에 의함)

> ㉠ 당사자 사이에 계약금을 위약금으로 하는 특약이 없는 이상 계약금을 손해배상액의 예정으로 볼 수 없다.
> ㉡ 甲이 매매계약의 이행에 전혀 착수한 바가 없다면 乙이 중도금을 지급하여 이행에 착수한 후라도 乙은 제565조에 의하여 계약금을 포기하고 매매계약을 해제할 수 있다.
> ㉢ 甲이 제565조에 의하여 계약을 해제하기 위해서는 乙에게 계약금의 배액을 이행제공하여야 하고, 乙이 이를 수령하지 않으면 공탁하여야 한다.
> ㉣ 甲과 乙이 제565조의 해약권을 배제하는 약정을 한 경우에는 당사자는 더 이상 제565조의 해제권을 행사할 수 없다.
> ㉤ 만약 乙의 중도금지급이 지체되어 甲이 계약을 해제하는 경우, 특별한 사정이 없는 한 계약금은 손해배상금으로 간주되어 甲에게 귀속된다.

① ㉠, ㉣　　② ㉡, ㉤
③ ㉣, ㉤　　④ ㉠, ㉢
⑤ ㉠, ㉣, ㉤

66 임차인 甲이 임대인 乙에게 지상물매수청구권을 행사하는 경우에 관한 설명으로 옳은 것은? (다툼이 있으면 판례에 따름)

> ㉠ 甲의 매수청구가 유효하기 위하여 乙의 승낙을 요하지 않는다.
> ㉡ 건축허가를 받은 건물이 아니라면 甲은 매수청구를 하지 못한다.
> ㉢ 甲 소유 건물이 乙이 임대한 토지와 제3자 소유의 토지 위에 걸쳐서 건립된 경우, 甲은 건물 전체에 대하여 매수청구를 할 수 있다.
> ㉣ 임대차가 甲의 채무불이행 때문에 기간 만료 전에 종료되었다면, 甲은 매수청구를 할 수 없다.

① ㉠, ㉡　　② ㉡, ㉢
③ ㉠, ㉣　　④ ㉡, ㉣
⑤ ㉢, ㉣

67 동시이행의 항변권에 관한 설명 중 판례와 다른 것은?
① 동시이행관계에 있는 어느 일방의 채권이 양도되더라도 그 동일성이 인정되는 한 동시이행관계는 존속한다.
② 채권자의 이행청구소송에서 채무자가 주장한 동시이행의 항변이 받아들여진 경우, 법원은 상환이행판결을 한다.
③ 쌍무계약에서 甲과 乙의 채무가 동시이행관계에 있는 경우, 甲은 乙의 이행제공이 없더라도 이행기에 채무를 이행하여야 이행지체책임이 없다.
④ 쌍방의 채무가 동시이행관계에 있는 경우 채무자는 그 채무의 이행기가 도래한 경우 동시이행의 항변권을 행사하지 않더라도 지체책임이 없다.
⑤ 당사자가 동시이행의 항변권을 원용하지 않으면 법원은 직권으로 판단해서는 안 된다.

68 제3자를 위한 계약에 관한 설명으로 틀린 것을 모두 고른 것은? (다툼이 있으면 판례에 따름)

> ㉠ 제3자가 하는 수익의 의사표시의 상대방은 요약자이다.
> ㉡ 낙약자는 기본관계에 기한 항변으로 제3자에게 대항할 수 없다.
> ㉢ 낙약자의 채무불이행이 있으면, 요약자는 수익자의 동의 없이 계약을 해제할 수 없다.
> ㉣ 수익자는 요약자의 제한행위능력을 이유로 계약을 취소하지 못한다.

① ㉠, ㉢　　② ㉠, ㉡
③ ㉠, ㉣　　④ ㉠, ㉢, ㉣
⑤ ㉠, ㉡, ㉢

69 계약해제시 보호되는 제3자에 해당하는 자를 모두 고른 것은? (다툼이 있으면 판례에 따름)

> ㉠ 계약해제 전 그 계약상의 채권을 양수하고 이를 피보전권리로 하여 처분금지가처분결정을 받은 채권자
> ㉡ 매매계약에 의하여 매수인 명의로 이전등기 된 부동산을 계약해제 전에 가압류 집행한 자
> ㉢ 계약해제 전 그 계약상의 채권을 압류한 자

① ㉠　　② ㉡
③ ㉠, ㉢　　④ ㉡, ㉢
⑤ ㉠, ㉡, ㉢

70 계약해제·해지에 관한 설명으로 옳은 것을 모두 고른 것은? (다툼이 있으면 판례에 따름)

> ㉠ 합의해제의 경우에는 법정해제의 경우와 달리 제3자의 권리가 보호되지 않는다.
> ㉡ 일부 이행불능의 경우, 특별한 사정이 없는 한 계약 전부의 해제가 가능하다.
> ㉢ 계약당사자 일방 또는 쌍방이 여러 명이면, 해지는 특별한 사정이 없는 한 그 전원으로부터 또는 전원에게 해야 한다.

① ㉡   ② ㉢   ③ ㉡, ㉢
④ ㉠, ㉢   ⑤ ㉠, ㉡

71 甲은 乙 소유의 X토지를 3억원에 매수하면서 계약금으로 3천만원을 乙에게 지급하기로 약정하고, 그 즉시 계약금 전액을 乙의 계좌로 입금하였다. 이에 관한 설명으로 옳지 않은 것은? (다툼이 있으면 판례에 따름)

① 甲과 乙의 계약금계약은 요물계약이다.
② 甲과 乙 사이에 다른 약정이 없는 한 계약금은 해약금의 성질을 갖는다.
③ 乙에게 지급된 계약금은 특약이 없는 한 손해배상액의 예정으로 볼 수 없다.
④ 만약 X토지가 토지거래허가구역 내의 토지이고 甲과 乙이 이행에 착수하기 전에 관할관청으로부터 토지거래허가를 받았다면, 甲은 3천만원을 포기하고 매매계약을 해제할 수 있다.
⑤ 乙이 甲에게 6천만원을 상환하고 매매계약을 해제하려는 경우, 甲이 6천만원을 수령하지 않는 때에는 乙은 이를 공탁해야 유효하게 해제할 수 있다.

72 계약의 불성립이나 무효에 관한 설명으로 옳지 않은 것은? (다툼이 있으면 판례에 따름)

① 목적이 원시적·객관적 전부불능인 계약을 체결할 때 불능을 알았던 자는 선의·무과실의 상대방이 계약의 유효를 믿었음으로 인해 받은 손해를 배상해야 한다.
② 목적물이 타인의 소유에 속하는 매매계약은 원시적 불능인 급부를 내용으로 하는 것으로 당연무효이다.
③ 계약이 의사의 불합치로 성립하지 않은 경우, 그로 인해 손해를 입은 당사자는 계약이 성립되지 않을 수 있다는 것을 알았던 상대방에게 민법 제535조(계약체결상의 과실)에 따른 손해배상청구를 할 수 없다.
④ 수량을 지정한 부동산매매계약에서 실제면적이 계약면적에 미달하는 경우, 미달부분의 원시적 불능을 이유로 민법 제535조에 따른 책임의 이행을 구할 수 없다.
⑤ 계약교섭의 부당파기가 신의성실원칙에 위반되어 위법한 행위이면 불법행위를 구성한다.

73 민법상 임대차계약에 관한 설명으로 옳은 것은? (다툼이 있으면 판례에 따름)

① 임대인이 목적물을 임대할 권한이 없으면 임대차계약은 유효하게 성립하지 않는다.
② 임차기간을 영구로 정한 임대차약정은 특별한 사정이 없는 한 허용되지 않는다.
③ 임차인은 특별한 사정이 없는 한 자신이 지출한 임차물의 보존에 관한 필요비 금액의 한도에서 차임의 지급을 거절할 수 없다.
④ 임대차가 묵시의 갱신이 된 경우, 전임대차에 대해 제3자가 제공한 담보는 원칙적으로 소멸한다.
⑤ 임대차 종료로 인한 임차인의 원상회복의무에 임대인이 임대 당시의 부동산 용도에 맞게 다시 사용할 수 있도록 협력할 의무까지 포함되는 것은 아니다.

74 민법상 환매에 관한 설명으로 옳은 것은?

① 환매권은 양도할 수 없다.
② 매매계약이 무효이면 환매특약도 무효가 되는 것은 아니다.
③ 환매기간을 정한 경우에도 그 기간을 연장할 수 있다.
④ 환매특약등기는 매수인의 권리취득의 등기에 부기하는 방식으로 한다.
⑤ 환매특약은 매매계약과 동시에 해야 하는 것은 아니다.

75 건물임대인 甲의 동의를 얻어 임차인 乙이 丙과 전대차계약을 체결하고 그 건물을 인도해 주었다. 옳은 것을 모두 고른 것은? (다툼이 있으면 판례에 따름)

> ㉠ 甲과 乙의 합의로 임대차계약이 종료되어도 丙의 권리는 소멸하지 않는다.
> ㉡ 전대차 종료시에 丙은 건물 사용의 편익을 위해 乙의 동의를 얻어 부속한 물건의 매수를 甲에게 청구할 수 있다.
> ㉢ 임대차와 전대차 기간이 모두 만료된 경우, 丙은 건물을 甲에게 직접 명도해도 乙에 대한 건물명도의무를 면하지 못한다.
> ㉣ 乙의 차임연체액이 2기의 차임액에 달하여 甲이 임대차계약을 해지하는 경우, 甲은 丙에 대해 그 사유의 통지 없이도 해지로써 대항할 수 있다.

① ㉠   ② ㉣
③ ㉡, ㉢   ④ ㉡, ㉣
⑤ ㉠, ㉣

76 집합건물의 소유 및 관리에 관한 법률에 대한 설명으로 틀린 것은? (다툼이 있으면 판례에 의함)

① 관리단은 특별한 조직행위가 없어도 당연히 성립하는 단체이다.
② 주거용 집합건물을 철거하고 상가용 집합건물을 신축하기로 하는 재건축결의는 원칙적으로 허용된다.
③ 전유부분에 관하여 설정된 저당권의 효력은 특별한 사정이 없는 한 그 전유부분의 소유자가 사후에 취득한 대지사용권에는 미치지 않는다.
④ 공용부분 관리비에 대한 연체료는 전 구분소유자의 특별승계인에게 승계되는 공용부분 관리비에 포함되지 않는다.
⑤ 구분소유자는 규약으로 달리 정한 때에는 대지사용권을 전유부분과 분리하여 처분할 수 있다.

77 가등기담보 등에 관한 법률의 설명으로 틀린 것은? (다툼이 있으면 판례에 따름)

① 가등기담보권자는 특별한 사정이 없는 한 가등기담보권을 그 피담보채권과 함께 제3자에게 양도할 수 있다.
② 채권자가 담보권실행을 통지함에 있어서, 청산금이 없다고 인정되더라도 통지의 상대방에게 그 뜻을 통지하여야 한다.
③ 청산금은 담보권실행의 통지 당시 담보목적부동산의 가액에서 피담보채권액을 뺀 금액이며, 그 부동산에 선순위담보권이 있으면 위 피담보채권액에 선순위담보로 담보한 채권액을 포함시킨다.
④ 통지한 청산금액이 객관적으로 정확하게 계산된 액수와 맞지 않으면, 채권자는 정확하게 계산된 금액을 다시 통지해야 한다.
⑤ 채권자가 채무자에게 청산금을 지급하고 난 후부터는 담보목적물에 대한 과실수취권은 채권자에게 귀속한다.

78 상가건물 임대차보호법에 관한 설명으로 틀린 것을 모두 고른 것은?

> ㉠ 임차인이 임차한 건물을 중대한 과실로 전부 파손한 경우, 임대인은 권리금회수의 기회를 보장할 필요가 있다.
> ㉡ 임차인은 임대인에게 계약갱신을 요구할 수 있으나 전체 임대차기간이 10년을 초과해서는 안된다.
> ㉢ 임대차가 종료한 후 보증금이 반환되지 않은 때에는 임차인은 관할 세무서에 임차권등기명령을 신청할 수 있다.
> ㉣ 임대차계약이 묵시적으로 갱신된 경우, 임차인의 계약해지의 통고가 있으면 즉시 해지의 효력이 발생한다.

① ㉠, ㉢
② ㉢, ㉣
③ ㉠, ㉡, ㉣
④ ㉠, ㉢, ㉣
⑤ ㉠, ㉡, ㉢

79 甲은 법령상의 제한을 회피하기 위해 배우자 乙과 명의신탁약정을 하고 자신의 X건물을 乙 명의로 소유권이전등기를 마쳤다. 이에 관한 설명으로 옳은 것은? (다툼이 있으면 판례에 따름)

① 甲은 乙을 상대로 소유권이전등기의 말소를 청구할 수 없다.
② 甲은 명의신탁해지를 원인으로 乙에게 소유권이전등기를 청구할 수 있다.
③ 乙이 소유권이전등기를 경료하여 X건물을 점유하는 경우, 乙의 점유는 자주점유이다.
④ 乙이 丙에게 X건물을 매매하고 소유권이전등기를 해 준 경우, 丙은 특별한 사정이 없는 한 소유권을 취득하지 못한다.
⑤ 乙이 丙에게 X건물을 적법하게 매도하였다가 다시 소유권을 취득한 경우, 甲은 乙에게 물권적 청구권을 행사할 수 없다.

80 주택임대차보호법상의 주택임대차에 관한 설명 중 틀린 것은? (다툼이 있으면 판례에 의함)

① 주택임차인이 임차권등기명령의 집행에 따라 임차권등기가 끝난 뒤 대항요건을 상실하더라도 기존의 대항력이 소멸하지 않는다.
② 선순위의 저당권이 존재하는 주택을 임차하여 대항력을 갖춘 후 그 주택이 경매로 매각된 경우, 경매의 매수인은 임대인의 지위를 승계한다.
③ 주택의 소유자는 아니지만 적법한 임대권한을 가진 사람과 임대차계약을 체결한 경우에는 주택임대차보호법이 적용된다.
④ 임차주택의 양도담보권자는 주택임대차보호법 제3조 제4항의 임차주택의 양수인에 해당하지 않는다.
⑤ 임차권등기명령의 집행에 따라 임차권등기가 끝난 뒤 소액보증금을 내고 그 주택을 임차한 자는 최우선변제권을 행사할 수 없다.

박문각 홈페이지에서 정오표를 확인하세요.

공인중개사 관련법령의 제정·개정시 정오표를 신속히 올려
수험생 여러분의 학습에 편리성을 도모하고 있습니다.

www.pmg.co.kr ▶ 박문각출판

박문각 공인중개사
방송대학 TV강의 무료수강

2025년 9월 22일부터 박문각 공인중개사에서 제공하는
방송대학 TV강의를 무료로 수강하실 수 있습니다.

www.pmg.co.kr

STEP 01 박문각 공인중개사 접속

STEP 02 로그인 (회원가입 필수)

STEP 03 공인중개사 메뉴에서 무료특강 클릭 (상단)

STEP 04 방송대학 TV강의 모의고사강의 클릭
(무료수강 배너 클릭 후 이벤트 페이지 접속)

STEP 05 무료강의 신청하기 클릭

STEP 06 나의 학습_무료강의 수강 클릭

박문각 공인중개사
실전모의고사 1차

부동산학개론 | 민법·민사특별법

2024 고객선호브랜드지수 1위
교육(교육서비스)부문

2023 고객선호브랜드지수 1위
교육(교육서비스)부문

2022 한국 브랜드 만족지수 1위
교육(교육서비스)부문 1위

2021 조선일보 국가브랜드 대상
에듀테크 부문 수상

2021 대한민국 소비자 선호도 1위
교육부문 1위

2020 한국 산업의 1등
브랜드 대상 수상

2019 한국 우수브랜드
평가대상 수상

박문각 공인중개사
온라인강의 www.pmg.co.kr
유튜브　　박문각 클라쓰

박문각 북스파
박문각 공식
온라인 서점

방송대학TV

동영상강의 무료제공 | 방송시간표 수록

기본이론 방송　2025. 1.13(월) ~ 7. 2(수)
문제풀이 방송　2025. 7. 7(월) ~ 8.20(수)
모의고사 방송　2025. 8.25(월) ~ 10. 1(수)

정가 25,000원

　www.pmg.co.kr　교재문의 02-6466-7202　동영상강의 문의 02-6466-7201

ISBN 979-11-7262-910-6
ISBN 979-11-7262-909-0 (1·2차 세트)

전면개정 제36회 공인중개사 시험대비
방송대학TV 무료강의 | 첫방송 2025. 8. 25(월) 오전 7시

박문각 공인중개사

실전모의고사 1차 해설편

부동산학개론 | 민법·민사특별법

박문각 부동산교육연구소 편

브랜드만족 1위 박문각

2025

동영상강의
www.pmg.co.kr

합격까지 박문각
합격 노하우가 다르다!

성공을 위한 가장 확실한 선택

박문각은 1972년부터의 노하우와 교육에 대한 끊임없는 열정으로 공인중개사 합격의 기준을 제시하며 경매 및 중개실무 연계교육과 합격자 네트워크를 통해 공인중개사 합격자들의 성공을 보장합니다.

01

공인중개사의 시작 박문각

공인중개사 시험이 도입된 제1회부터 제35회 시험까지 수험생들의 합격을 이끌어 온 대한민국 유일의 교육기업입니다.

02

오랜시간 축적된 데이터

1회부터 지금까지 축적된 방대한 데이터로 박문각 공인중개사는 빠른 합격 & 최다 합격률을 자랑합니다.

03

업계 최고&최다 교수진 보유

공인중개사 업계 최다 교수진이 최고의 강의로 수험생 여러분의 합격을 위해 끊임없이 연구하고 있습니다.

04

전국 학원 수 규모 1위

전국 20여 개 학원을 보유하고 있는 박문각 공인중개사는 업계 최대 규모로서 전국 학원 수 규모 1위 입니다.

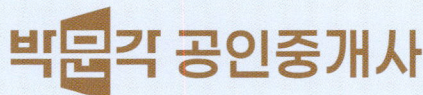

전면개정 제36회 공인중개사 시험대비
방송대학TV 무료강의 | 첫방송 2025.8.25(월) 오전 7시

박문각 공인중개사

실전모의고사 1차 해설편

부동산학개론 | 민법·민사특별법

박문각 부동산교육연구소 편

브랜드만족 1위 박문각

2025

동영상강의 www.pmg.co.kr

합격까지 박문각
합격 노하우가 다르다!

부동산학개론

Answer

01.④	02.②	03.①	04.④	05.②	06.④	07.②	08.③
09.②	10.①	11.②	12.③	13.③	14.①	15.②	16.③
17.②	18.④	19.⑤	20.⑤	21.④	22.②	23.③	24.③
25.①	26.⑤	27.②	28.①	29.③	30.①	31.①	32.④
33.③	34.②	35.④	36.①	37.④	38.③	39.③	40.④

01 ④

④ 동산은 용익물권의 대상이 아니다. 또한 담보물권 중 유치권, 질권만이 대상이 된다.

02 ②

② 토지의 일부로 간주되는 정착물에 해당하는 것은 ㉡, ㉣이다.
㉡ 매년 경작의 노력을 요하지 않는 다년생 식물: 정착물(토지의 일부)
㉣ 구거: 정착물(토지의 일부)

플러스 해설 ㉠ 가식 중에 있는 수목: 동산
㉢ 건물: 정착물(독립된 물건)
㉤ 소유권보존등기된 입목: 정착물(독립된 물건)
㉥ 경작수확물: 동산

우리 민법에서는 정착물을 토지의 일부로 간주되는 것과 토지로부터 독립된 물건으로 간주하는 것으로 나누고 있다.

정착물	토지의 일부(원칙) (종속정착물)	수목, 돌담, 구거, 터널, 교량 등
	독립된 물건(예외) (독립정착물)	① 건물 ② 「입목법」에 의해 등기된 입목 ③ 명인방법을 갖춘 수목의 집단 ④ 미분리과실 ⑤ 농작물

03 ①

① 건설업은 표준산업분류상 부동산업에 포함되지 않는다.

중분류	소분류	세분류	세세분류
부동산업	부동산 임대 및 공급업	부동산 임대업	• 주거용 건물임대업 • 비주거용 건물임대업 • 기타 부동산임대업
		부동산 개발 및 공급업	• 주거용 건물 개발 및 공급업 • 비주거용 건물 개발 및 공급업 • 기타 부동산 개발 및 공급업
	부동산 관련 서비스업	부동산 관리업	• 주거용 부동산관리업 • 비주거용 부동산관리업
		부동산 중개, 자문 및 감정평가업	부동산 중개 및 대리업
			부동산 투자 자문업
			부동산 감정평가업
			부동산 분양 대행업

04 ④

플러스 해설 ① 영속성으로 인해 토지에는 원칙적으로 감가상각이 적용되지 않는다.
② 부동성으로 인해 부동산 활동이 국지화된다.
③ 부동성 및 인접성으로 인해 토지시장에는 외부효과가 발생한다.
⑤ 감정평가에서 부동성 및 인접성 때문에 지역분석이 필요하다.

05 ②

② 모두 옳은 표현이다.

06 ④

④ 빌라 가격은 30% 상승한다.

1. 아파트 수요의 가격탄력성 = $\dfrac{\text{아파트 수요량의 변화율}}{\text{아파트 가격의 변화율}}$

   ⇨ $0.8 = \dfrac{-4\%}{5\%}$ ∴ 아파트 수요량 4% 감소

2. $-4\% + x = 2\%$ ∴ $x = 6\%$

3. 빌라에 대한 아파트 수요의 교차탄력성
   $= \dfrac{\text{아파트 수요량의 변화율}}{\text{빌라 가격의 변화율}}$

   ⇨ $0.2 = \dfrac{6\%}{\text{빌라 가격의 변화율}}$

∴ 빌라 가격의 변화율 $= \dfrac{6\%}{0.2} = 30\%$

07 ②

② 부동산 경기는 일정하지 않은 주기와 상이한 진폭으로 불규칙적이고 불안정적으로 반복되며 순환된다.

08 ③

③ 연립주택에 관한 설명이다. 연립주택이란 주택으로 쓰는 1개 동의 바닥면적(2개 이상의 동을 지하주차장으로 연결하는 경우에는 각각의 동으로 본다) 합계가 660제곱미터를 초과하고, 층수가 4개 층 이하인 주택을 말한다.

09 ②

정보의 현재가치를 구하는 문제이다.
② 옳은 것은 1억원이다.
1. 개발될 가능성이 60%이므로 개발이 안 될 가능성은 40%
2. 1년 후 개발되면 5억 5,000만원, 그렇지 못하면 2억 7,500만원
3. 할인율 10%
4. 정보의 현재가치 공식
   = (5억 5,000만원 − 2억 7,500만원) × 0.4 / 1.1 = 1억원

10 ①

① ㉠ 신탁방식, ㉡ 환지방식, ㉢ 공영개발방식
㉠ 신탁방식: 토지소유자[위탁자(委託者) 또는 신탁자(信託者)]가 토지개발을 목적으로 대상토지를 수탁자(受託者)에게 신탁하고, 수탁자(신탁회사)는 그 토지를 개발하여 임대하거나 분양하여 수익을 올려 수익자(受益者)에게 배분하는 행위를 말한다. 또한 수탁자는 수익증권을 발행하여 수익자에게 교부한다.
㉡ 환지방식: 「도시개발법」상 도시개발사업 시행시 수용한 농촌토지의 토지소유자에게 보상금 대신 환지계획에 따라 도시토지로 조성된 환지(換地)로 재배분(환지처분)하는 방식을 말한다. 이때 토지소유자에게 보상금을 지급하게 되면 수용방식에 해당된다.
㉢ 공영개발: 신도시개발시 흔히 쓰는 개발방식으로 공공이 사업시행자[국가, 지자체, 한국토지주택(LH)공사, 서울주택도시(SH)공사, 경기주택도시(GH)공사]가 되어 미개발지, 농지 등을 수용방식, 환지방식 등으로 택지개발 후 조성된 택지를 민간에게 분양하거나 조성된 택지에 직접 건물을 건축 후 분양 또는 임대하는 경우를 말한다.

11 ②

② 옳은 설명이다.
플러스 해설⁺ ① 시장공급곡선은 개별공급곡선을 수평으로 합한 것이다.
③ 아파트 가격 상승이 예상되면 아파트 수요는 증가한다.
④ 건설노동자의 임금상승은 공급곡선을 좌측으로 이동시키는 요인이다.
⑤ 대체재인 연립주택 가격이 상승하면 아파트의 수요가 증가한다.

12 ③

플러스 해설⁺ ① 동일한 수요곡선상에서 점이 이동 ⇨ 수요곡선(자체)의 이동
② 수요곡선은 좌하향으로 이동 ⇨ 수요곡선 우측이동
④ 동일한 수요곡선상에서 상향으로 이동 ⇨ 수요곡선 우측이동
⑤ 수요곡선은 우상향으로 이동 ⇨ 수요곡선 좌측이동

13 ③

자기자본수익률 = (순영업소득 + 양도차익) − 이자 / 지분투자액
㉠ 타인자본을 사용하지 않는 경우
   (자기자본 = 총투자액 = 10,000만원),
   (양도차익: 10,000만원 × 2% = 200만원), (이자 0)
   자기자본수익률 = (500만원 + 200만원) − 0 / 10,000만원
   = 0.07(7%)
㉡ 타인자본을 40% 사용하는 경우
   (자기자본 = 6,000만원, 타인자본 = 4,000만원)
   (양도차익: 10,000만원 × 2% = 200만원),
   (이자: 4,000만원 × 4% = 160만원)
   = (500만원 + 200만원) − 160만원 / 6,000만원
   = 0.09(9%)

14 ①

① 옳은 것은 ㉡이다.
플러스 해설⁺ ㉠ 컨버스(Converse)는 레일리(Reilly)의 법칙을 응용하여 두 도시 간 구매 영향력이 같은 분기점의 위치를 구하는 방법을 제시하였다.
㉢ 넬슨(R. Nelson) ⇨ 베버(A. Weber), 공업입지론 중 베버의 최소비용이론의 설명이다.
㉣ 알론소(W. Alonso) ⇨ 뢰쉬(A. Lösch), 공업입지론 중 최대수요이론에 대한 설명이다.

15 ②

② 강성 효율적 시장에서는 모든 정보가 현재의 부동산 가치에 반영된 시장이므로, 어느 누구도 어떠한 정보를 통해 초과이윤을 얻을 수 없는 시장이다.

16 ③

③ 4P 마케팅 믹스란 제품(Product), 가격(Price), 유통경로(Place, Channel), 판매촉진(Promotion)을 말한다. 세분(부분)시장별로 마케팅 믹스요소에 대해 서로 다른 반응이 나타날 수 있다. 그 이유는 세분된 부분시장별로 소득, 취향 등이 다르기 때문이다.

17 ②

② 재투자율로 순현가법은 요구수익률을, 내부수익률법에서는 내부수익률을 적용한다.

TEST 01

18 ④

④ 총투자수익률(ROI)은 순영업소득(NOI)을 총투자액으로 나눈 비율이다.

$$총투자수익률(ROI) = \frac{순영업소득}{총투자액}$$

19 ⑤

⑤ 하향여과는 고소득층 주거지역에서 주택의 개량을 통한 가치상승분이 주택개량비용보다 작은 경우에 발생한다.

20 ⑤

⑤ 버제스(E. Burgess)의 동심원이론과 호이트(H. Hoyt)의 선형이론을 더욱 발전시킨 것이 해리스(C. Harris)와 울만(E. Ullman)의 다핵심이론이다.

21 ④

- 수요증가요인: ㉠ 시장금리 하락, ㉢ 수요자의 실질소득 증가, ㉣ 부동산 가격상승 기대
- 수요감소요인: ㉡ 인구 감소, ㉤ 부동산 거래세율 인상

22 ②

② 수용, 선매제도가 모두 직접개입방식이다.

플러스 해설
- 개발부담금제도, 부동산조세, 보조금제도, 담보대출규제 등은 간접개입방식이다.
- 용도지역지구제, 부동산거래허가제 등은 토지이용규제에 해당한다.

정부의 시장개입방식은 토지이용규제, 직접개입, 간접개입으로 나눈다.

직접개입	㉠ 국가나 공공이 토지시장에 직접 개입하여 토지에 대한 수요자 및 공급자의 역할을 적극적으로 수행하거나 시장가격을 통제하는 방법을 말한다. ㉡ 토지은행제(공공토지비축), 환지사업, 공영개발(토지수용), 선매권제도, 공공임대보유, 공공투자사업, 공공임대주택 건설·공급, 가격통제 방법으로 분양가상한제(최고가격제) 등
간접개입	㉠ 시장기구의 기능을 통해서 간접적으로 수요나 공급을 위축, 조장, 공정한 정보 제공으로 토지시장이 원활하게 작동하도록 여건을 조성하는 방법을 말한다. ㉡ 조세 및 부담금제도, 토지개발 및 이용에 대한 각종 금융지원, 보조금, 실거래가 신고제, 부동산가격공시제도, 토지거래에 관련 정보 제공 등
토지이용 규제	㉠ 개별토지이용자의 토지이용행위를 사회적으로 바람직한 방향으로 유도하기 위하여 법적·행정적으로 개인의 토지이용, 거래, 소유 등을 규제하는 방법을 말한다. ㉡ 용도지역지구제, 토지이용계획(도시군관리계획, 지구단위계획 등), 토지거래허가구역제도, 건축규제, 각종 인·허가 등

23 ③

③ 유량변수: 노동자 소득, 가계 소비, 신규주택 공급량

24 ③

③ 가격이 변하면 수요량은 즉각 변하지만, 공급량은 일정 기간 후에 변한다고 가정한다.

25 ①

① 자산담보부어음은 부채증권이며, 부동산투자회사, 부동산 신디케이트, 부동산 펀드, 조인트 벤처 등은 지분금융에 해당된다.

26 ⑤

⑤ 개발사업이 파산하면, 그 대출채권이 지급보증이 되어 있더라도 위험자산으로 취급되어 대출기관의 BIS자기자본비율을 감소시키므로 자산건전성에 영향을 미친다.

27 ②

② BTO(Build-Transfer-Operate) 방식에 대한 설명이다.

28 ①

① 상속세는 종가세에 해당한다.

1. 종가세란 과세표준이 과세품목의 원가나 출고가 등이 되며, 여기에 세금을 부과하는 것을 말한다.
2. 종량세란 과세표준이 개수, 용량, 면적 등으로 표기되고 여기에 세금을 부과하는 것을 말한다.
3. 따라서 부동산 상속세, 취득세, 재산세, 종부세, 양도세 등은 종가세에 해당한다.

29 ③

1. 기대수익률 = $\frac{임대수익}{부동산\ 가치}$, 따라서 분자(임대수익)가 일정할 때 분모(부동산 가치)가 작아지면 기대수익률은 커진다.
2. 기대수익률과 부동산 가치는 (−)관계이며, 임대수익과는 (+)관계이다.

30 ①

① 갑이 추가로 대출받을 수 있는 최대금액은 7천만원이다.
1. LTV 기준: LTV(0.6) × 2억원 = 1억 2,000만원
2. DTI 기준: $DTI(0.4) = \dfrac{원리금상환액}{연간소득} = \dfrac{원리금상환액}{4천만원}$
∴ 원리금상환액은 16,000,000원
  융자가능금액 = 16,000,000 ÷ 0.1(저당상수) = 1억 6천만원
3. 두 가지 조건을 충족시키려면 둘 중 적은 금액인 120,000,000원이 되어야 하고, 이미 기존 융자금이 50,000,000원이 있으므로 추가융자는 최대 7,000만원이 가능하다.

31 ①

① 초과수요량은 30천호이다.
1. 균형임대료의 산정: $100 - \dfrac{1}{2}P = 20 + \dfrac{1}{3}P$, $P = 96$만원
2. 정부의 규제 임대료: 96만원 − 36만원 = 60만원
3. 규제 임대료 수준에서의 초과수요량:
  70천호(수요량) − 40천호(공급량) = 30천호

32 ④

④ 컨버스(P. D. Converse)의 상권분기점모형에 의하면, 만약 A도시가 B도시보다 인구가 많으면 상권의 경계는 B도시 쪽에 더 가깝게 결정될 것이다.

33 ③

③ 기대수익률은 12.64%이다.
1. 상가: (0.4 × 20%) + (0.6 × 12%) = 15.2%
2. 오피스텔: (0.4 × 20%) + (0.6 × 10%) = 14%
3. 아파트: (0.4 × 12%) + (0.6 × 10%) = 10.8%
∴ (0.2 × 15.2%) + (0.3 × 14%) + (0.5 × 10.8%) = 12.64%

34 ②

② 원리금균등분할상환방식의 원리금은 대출금에 저당상수를 곱하여 산출한다.

35 ④

④ CMO(Collateralized Mortgage Obligation)에 대한 설명이다.

36 ①

플러스 해설 ② 위탁관리 부동산투자회사 및 기업구조조정 부동산투자회사의 설립 자본금은 3억원 이상으로 한다.
③ 자기관리 부동산투자회사의 설립 자본금은 5억원 이상으로 한다.
④ 영업인가를 받은 날부터 6개월이 지난 위탁관리 부동산투자회사 및 기업구조조정 부동산투자회사의 자본금은 50억원 이상이 되어야 한다.
⑤ 부동산투자회사는 부동산 등 자산의 운용에 관하여 회계처리를 할 때에는 금융위원회가 정하는 회계처리기준에 따라야 한다.

37 ④

1. 예상매출액(1억원) = 500m² × 20만원
2. 기본임대료(5,000만원) = 500m² × 10만원
3. 손익분기점 초과분(5,000만원) = 예상매출액(1억원) − 손익분기점 매출액(5,000만원)
4. 추가(할증) 임대료(500만원) = 5,000만원(손익분기점 초과분) × 10%
∴ 총임대료(5,500만원) = 기본임대료(5,000만원) + 추가임대료(500만원)

38 ③

플러스 해설 ① 관찰감가법 ⇨ 상환기금법
② 정액법은 매년의 감가액이 일정하다.
④ 객관적 ⇨ 주관적
⑤ 체감 ⇨ 체증

39 ③

③ 도시지역은 2년 이내 ⇨ 도시지역은 3년 이내

> **감정평가에 관한 규칙 제2조**
> 12의2. "적정한 실거래가"란 「부동산 거래신고 등에 관한 법률」에 따라 신고된 실제 거래가격(이하 "거래가격"이라 한다)으로서 거래 시점이 도시지역(「국토의 계획 및 이용에 관한 법률」 제36조 제1항 제1호에 따른 도시지역을 말한다)은 3년 이내, 그 밖의 지역은 5년 이내인 거래가격 중에서 감정평가법인등이 인근지역의 지가수준 등을 고려하여 감정평가의 기준으로 적용하기에 적정하다고 판단하는 거래가격을 말한다.

40 ④

플러스 해설 ① 개별공시지가는 시장·군수·구청장이 시·군·구부동산가격공시위원회의 심의를 거쳐 5월 31일까지 결정·공시하여야 한다.
② 토지가격비준표 작성의 기준은 표준지공시지가이다.
③ 개별공시지가는 하나 또는 둘 이상의 표준지공시지가를 기준으로 토지가격비준표를 사용하여 산정한다.
⑤ 공동주택가격은 표준과 개별주택가격으로 구분하지 않는다.

민법·민사특별법

Answer

41. ④	42. ③	43. ③	44. ⑤	45. ④	46. ③	47. ③	48. ①
49. ①	50. ③	51. ④	52. ④	53. ⑤	54. ⑤	55. ⑤	56. ③
57. ③	58. ②	59. ④	60. ②	61. ③	62. ①	63. ②	64. ②
65. ③	66. ②	67. ①	68. ②	69. ④	70. ③	71. ⑤	72. ③
73. ④	74. ②	75. ④	76. ③	77. ②	78. ①	79. ④	80. ⑤

41 ④

④ 반사회질서의 법률행위에 의하여 조성된 재산인 이른바 비자금을 소극적으로 은닉하기 위하여 임치한 행위는 반사회질서의 법률행위에 해당하지 않는다.

42 ③

플러스 해설 ①② 비진의표시에서 '진의'는 표의자가 진정으로 마음속에서 바라는 사항을 뜻하는 것이 아니라 특정한 내용의 의사표시를 하고자 하는 표의자의 생각을 의미하는 것이다.
④ 표의자가 강박에 의하여 증여를 하기로 하고 그에 따른 증여의 의사표시를 하였다면 비록 재산을 강제로 뺏긴다는 본심이 잠재되어 있었다고 하더라도 그 증여는 비진의표시에 해당하지 않는다.
⑤ 공무원의 사직의 의사표시와 같은 공법행위에는 비진의표시에 관한 민법의 규정이 적용되지 않는다.

43 ③

플러스 해설 ㉢ 甲에게 파산이 선고된 경우, 파산관재인 戊가 대출약정이 통정허위표시라는 사실을 알았더라도 파산채권자 중 일부가 선의라면 선의의 제3자에 해당한다. 따라서 乙은 戊에 대하여 대출약정이 무효라고 대항할 수 없다.

44 ⑤

⑤ 丙은 계약체결 당시 乙에게 그 계약을 체결할 대리권이 없음을 안 경우에는 甲의 추인이 있기 전이라도 계약을 철회할 수 없다(제134조).

45 ④

플러스 해설 ① 甲이 乙로부터 매매계약 체결의 대리권을 수여받아 매매계약을 체결하였다면 특별한 사정이 없는 한 甲은 그 계약에서 정한 중도금과 잔금을 수령할 권한이 있다.
② 甲이 乙로부터 금전소비대차 계약을 체결할 대리권을 수여받은 경우, 특별한 사정이 없는 한 甲은 그 계약을 해제할 권한은 없다.
③ 乙이 사망하면 특별한 사정이 없는 한 甲의 대리권은 소멸한다.
⑤ 甲이 부득이한 사유로 丙을 복대리인으로 선임한 경우, 丙은 본인 乙의 대리인이다.

46 ③

㉠ 乙이 甲을 단독상속한 경우, 본인 甲의 지위에서 추인을 거절하는 것은 신의성실의 원칙에 반한다.
㉡ 丙이 상당한 기간을 정하여 甲에게 추인 여부의 확답을 최고한 경우, 甲이 그 기간 내에 확답을 발하지 않은 때에는 추인을 거절한 것으로 본다.

47 ③

③ 토지거래계약 허가구역 내 토지에 대하여 처음부터 허가를 잠탈하는 내용의 매매계약이 체결된 경우, 그 계약은 확정적 무효이다.

48 ①

① 취소권의 단기제척기간은 추인할 수 있는 날로부터 3년이다.

49 ①

플러스 해설 ② 법률행위에 조건이 붙어 있는지 여부는 조건의 존재를 주장하는 자에게 증명책임이 있다.
③ 기한은 특별한 사정이 없는 한 채무자의 이익을 위한 것으로 추정한다.
④ 조건부 법률행위에서 기성조건이 해제조건이면 그 법률행위는 무효이다.
⑤ 종기(終期) 있는 법률행위는 기한이 도래한 때로부터 그 효력을 잃는다.

50 ③

③ 의사표시자가 그 통지를 발송한 후 제한능력자가 되어도 그 효력에 영향을 미치지 않으므로, 특별한 사정이 없는 한 그 의사표시는 취소할 수 없다.

51 ④

④ 1동의 건물은 그 전체를 경락허가의 대상으로 삼아야 할 것이고 그 일부분을 분리하여 따로 경락허가의 대상으로 삼을 수는 없는 것인 바(대결 1990.10.11, 90마679), 부속건물로 등기된 창고건물은 분할등기 없이 원채인 주택과 분리하여 경매로 매각될 수 없다.

52 ④

㉠ 甲, 乙, 丙 사이에 중간생략등기에 관한 합의가 있다고 하여 甲의 乙에 대한 소유권이전등기의무가 소멸하는 것은 아니다.
㉡ 부동산매매계약에서 매도인과 매수인은 서로 동시이행관계에 있는 일정한 의무를 부담하기 때문에 이행과정에 신뢰관계가 따르므로, 매매로 인한 소유권이전등기청구권의 양도는 특별한 사정이 없는 이상 양도가 제한되고 양도에 채무자의 승낙이나 동의를 요한다고 할 것이므로 통상의 채권양도와 달리 양도인의 채무자에 대한 통지만으로는 채무자에 대한 대항력이 생기지 않는다. 따라서 乙의 甲에 대한 소유권이전등기청구권

의 양도는 甲에 대한 통지만으로 대항력이 생기지 않는다.
ⓒ 甲, 乙, 丙 사이에 중간생략등기에 관한 합의가 없더라도, 중간생략등기가 이루어져서 실체관계에 부합하면 그 등기는 유효하다.

53 ⑤

⑤ 토지거래허가구역 내의 토지에 대한 최초매도인과 최후매수인 사이의 중간생략등기에 관한 합의가 있더라도, 그에 따라 이루어진 중간생략등기는 실체관계에 부합하더라도 무효이다.

54 ⑤

⑤ 甲의 채권이 변제 등으로 만족을 얻어 소멸하면 지상권은 소멸한다.

55 ⑤

⑤ 토지의 분할 및 일부양도의 경우, 무상주위토지통행권에 관한 민법의 규정은 포위된 토지 또는 피통행지의 특정승계인에게 적용되지 않는다.

56 ③

㉠ 부동산에 관한 취득시효가 완성된 후 취득시효를 주장하거나 이로 인한 소유권이전등기청구를 하기 이전에는 등기명의인인 부동산 소유자로서는 특별한 사정이 없는 한 시효취득 사실을 알 수 없으므로 이를 제3자에게 처분하였다 하더라도 불법행위가 성립할 수 없으나, 시효완성자가 취득시효완성으로 인한 소유권이전등기청구를 한 후 부동산 소유자가 부동산을 제3자에게 처분하여 소유권이전등기를 넘겨줌으로써 취득시효 완성을 원인으로 한 소유권이전등기의무가 이행불능에 빠지게 되어 취득시효 완성을 주장하는 자가 손해를 입었다면 불법행위를 구성한다.
㉡ 가등기는 그 성질상 본등기의 순위보전의 효력만이 있어 후일 본등기가 경료된 때에는 본등기의 순위가 가등기한 때로 소급하는 것 뿐이지 본등기에 의한 물권변동의 효력이 가등기한 때로 소급하여 발생하는 것은 아니므로, 이 사건 토지에 관한 취득시효가 완성된 후 시효완성자가 그 등기를 하기 전에 제3자가 취득시효완성 전에 이미 설정되어 있던 가등기에 기하여 소유권이전의 본등기를 경료하였다면 그 가등기나 본등기를 무효로 볼 수 있는 경우가 아닌 한 시효완성자는 시효완성 후 부동산소유권을 취득한 제3자에 대하여 시효취득을 주장할 수 없다(대판 1992.9.25, 92다21258).
플러스 해설 ㉢ 취득시효의 완성으로 인하여 부동산의 소유명의자에 대한 소유권이전등기청구권을 시효취득하는 자는 시효완성 당시의 점유자에 한하므로, 그로부터 부동산의 점유를 승계한 현 점유자로서는 자신의 전 점유자에 대한 소유권이전등기청구권을 보전하기 위하여 시효완성 당시의 전 점유자가 소유명의자에 대하여 가지는 소유권이전등기청구권을 대위행사할 수 있을 뿐이지, 전 점유자의 취득시효 완성의 효과를 주장하여 직접 자기에게 소유권이전등기를 청구할 권리는 없다.

57 ③

③ 과반수지분권자가 단독으로 공유토지를 제3자에게 임대한 경우, 소수지분권자는 그 제3자에게 부당이득반환을 청구할 수 없고 과반수지분권자에게 부당이득반환을 청구할 수 있다.

58 ②

플러스 해설 ① 선의의 점유자는 과실을 취득하므로, 지상권자가 선의점유자라면 자주점유자가 아니더라도 과실수취권이 인정된다.
③ 악의의 점유자는 과실(過失)로 인하여 과실(果實)을 수취하지 못한 경우 그 대가를 보상하여야 한다.
④ 점유물이 점유자의 책임있는 사유로 멸실된 경우, 선의의 타주점유자는 손해의 전부를 배상하여야 한다.
⑤ 점유자가 점유물에 유익비를 지출한 경우, 특별한 사정이 없는 한 점유자는 회복자에 대하여 그 가액의 증가가 현존한 경우에 한하여 회복자의 선택에 좇아 그 지출금액이나 증가액의 상환을 청구할 수 있다.

59 ④

④ 지역권은 물권적 반환청구권이 인정되지 않는다.

60 ②

② 타인의 토지에 있는 건물에 전세권을 설정한 때에는 전세권의 효력은 그 건물의 소유를 목적으로 한 지상권 또는 임차권에 미친다(제304조).

61 ③

③ 근저당권설정 후 그 실행에 따른 경매로 인한 압류의 효력이 발생하기 전에 취득한 유치권으로 경매절차의 매수인에게 대항할 수 있다.

62 ①

① 토지에 저당권이 설정된 후에 건물을 신축하였다면 저당권자의 동의를 얻어 건물이 신축된 경우라도 법정지상권은 성립하지 않는다.

63 ②

② 저당목적물의 변형물에 대하여 이미 제3자가 압류하였다면 저당권자가 스스로 이를 압류하지 않아도 물상대위권을 행사할 수 있다.

64 ②

② 장래에 발생할 특정의 조건부채권을 피담보채권으로 하는 근저당권의 설정도 허용된다.

65 ③

㉠ 甲의 채무가 쌍방의 귀책사유 없이 불능이 된 경우, 이미 대금을 지급한 乙은 그 대금을 부당이득법리에 따라 반환청구할 수 있다.
㉡ 甲의 채무가 乙의 귀책사유로 불능이 된 경우, 특별한 사정이 없는 한 甲은 乙에게 대금지급을 청구할 수 있다.

66 ②

② 격지자 간의 계약은 승낙의 통지를 발송한 때에 성립한다(제531조).

67 ①

플러스 해설 ㉡ 주택임대차보호법 제3조의3 규정에 의한 임차권등기는 이미 임대차계약이 종료하였음에도 임대인이 그 보증금을 반환하지 않는 상태에서 경료되게 되므로, 임대인의 임대차보증금의 반환의무가 임차인의 임차권등기 말소의무보다 먼저 이행되어야 할 의무이다.
㉢ 채무담보의 목적으로 경료된 채권자 명의의 소유권이전등기나 그 청구권보전의 가등기의 말소를 구하려면 먼저 채무를 변제하여야 하고 피담보채무의 변제와 교환적으로 말소를 구할 수는 없다.

68 ②

② 乙이 丙에게 대금을 지급한 후 계약이 무효가 된 경우, 丙에게 원상회복의무나 부당이득반환의무가 없으므로 乙은 특별한 사정이 없는 한 丙에게 대금반환을 청구할 수 없다.

69 ④

④ 매매계약 당시에 그 목적물의 일부가 멸실된 경우, 악의의 매수인은 대금의 감액을 청구할 수 없다.

70 ③

③ 타인 권리의 매매에서 매도인이 그 권리를 취득하여 매수인에게 이전할 수 없는 경우, 악의의 매수인은 매매계약을 해제할 수 있다.

71 ⑤

㉠ 일방 당사자의 계약위반을 이유로 한 상대방의 계약해제 의사표시에 의해 계약이 해제되었음에도 상대방이 계약이 존속함을 전제로 계약상 의무의 이행을 구하는 경우, 특별한 사정이 없는 한 계약을 위반한 당사자도 당해 계약이 상대방의 해제로 소멸되었음을 들어 그 이행을 거절할 수 있다.
㉡ 매매계약이 해제되면 그 효력이 소급적으로 소멸함에 따라 각 당사자는 상대방에 대하여 원상회복의무가 있으므로 이미 그 계약상 의무에 기하여 이행된 급부는 원상회복을 위하여 부당이득으로 반환되어야 하고, 그 원상회복의 대상에는 매매대금은 물론 이와 관련하여 그 매매계약의 존속을 전제로 수령한 지연손해금도 포함된다(대판 2022.4.28, 2017다284236).

㉢ 과실상계는 본래 채무불이행 또는 불법행위로 인한 손해배상책임에 대하여 인정되는 것이고, 매매계약이 해제되어 원상회복의무의 이행으로서 이미 지급한 매매대금 기타의 급부의 반환을 구하는 경우에는 적용되지 아니한다(대판 2014.3.13, 2013다34143).

72 ③

③ 착오로 인한 취소 제도와 매도인의 하자담보책임 제도는 취지가 서로 다르고, 요건과 효과도 구별된다. 따라서 매매계약 내용의 중요 부분에 착오가 있는 경우 매수인은 매도인의 하자담보책임이 성립하는지와 상관없이 착오를 이유로 매매계약을 취소할 수 있다.

73 ④

④ 계약금을 수령한 매도인이 매수인에 대하여 해제권을 행사하기 위해서는 수령한 계약금의 배액의 이행제공을 하여야 하며, 이 경우 매수인이 수령을 거부하는 경우 매도인은 이를 공탁할 의무는 없다.

74 ②

② 원시적 불능인 경우에 계약체결상의 과실책임이 인정된다.

75 ④

④ 토지임차인에게 인정되는 지상물매수청구권은 임대인의 동의 얻어 신축한 건물이 아니더라도 인정된다.

76 ③

플러스 해설 ① A는 임대인 乙의 지위를 승계하지 않는다.
② 戊는 丁과 동순위로 우선변제받을 수 있다.
④ 丙이 임대차계약서상에 확정일자를 받았더라도, 丙은 甲에 우선하여 보증금에 대해 우선변제를 받을 수 없다.
⑤ 丙이 보증금 중 일정액을 우선하여 변제받기 위해서 경매개시결정등기 이전에 확정일자를 받을 필요는 없다.

77 ②

플러스 해설 ① 확정일자는 대항요건에 해당하지 않는다.
③ 동법의 최단기간은 1년이다.
④ 차임연체액이 '3기'의 차임액에 달하여야 해지할 수 있다.
⑤ '임대차가 종료한 날'부터 3년 이내에 행사하지 않으면 시효의 완성으로 소멸한다.

78 ①

플러스 해설 ② 甲이 담보권실행을 통하여 우선변제 받게 되는 이자나 지연배상금 등 피담보채권의 범위는 청산금 평가액 통지시를 기준으로 확정된다.
③ 甲이 담보권실행을 통지하고 2개월의 청산기간이 지난 경우에도 청산금의 지급이 없다면 乙은 대여금을 변제하고 가등기 말소를 청구할 수 있다.
④ 甲이 주관적으로 평가한 청산금의 액수가 정당하게 평가된 청산금의 액수에 미치지 못하더라도 담보권실행 통지는 효력이 있다.
⑤ 甲이 담보권실행을 위해 통지하여야 할 청산금의 평가액은 "통지 당시의 목적부동산의 평가액"에서 "甲의 피담보채권액과 甲보다 선순위권리자의 채권액"을 제외한 금액이다.

79 ④

플러스 해설 ① 공용부분은 취득시효에 의한 소유권 취득의 대상이 될 수 없다.
② 각 공유자는 공용부분을 그 용도에 따라 사용할 수 있다.
③ 구조상 공용부분에 관한 물권의 득실변경은 등기가 필요하지 않다.
⑤ 경매절차에서 전유부분을 낙찰받은 사람은 대지사용권까지 취득하는 것이고, 규약이나 공정증서로 다르게 정하였다는 특별한 사정이 없는 한 대지사용권을 전유부분과 분리하여 처분할 수는 없으며, 이를 위반한 대지사용권의 처분은 법원의 강제경매절차에 의한 것이라 하더라도 무효이다(대판 2009.6.23, 2009다26145).

80 ⑤

⑤ 명의수탁자와 거래한 제3자는 선의·악의를 불문하고 보호되므로, 만일 乙이 丁에게 X토지를 양도한 경우, 丁이 명의신탁약정에 대하여 단순히 알고 있었다면 특별한 사정이 없는 한 丁은 X토지의 소유권을 취득한다.

Test 02 정답 및 해설

본문 ▶ P. 21

부동산학개론

Answer

01.③	02.④	03.⑤	04.⑤	05.①	06.③	07.③	08.①
09.②	10.⑤	11.④	12.④	13.⑤	14.②	15.⑤	16.④
17.④	18.②	19.①	20.⑤	21.①	22.④	23.③	24.③
25.①	26.③	27.④	28.①	29.②	30.⑤	31.④	32.①
33.②	34.②	35.④	36.⑤	37.①	38.③	39.⑤	40.④

01 ③

③ 사업시설 유지·관리의 경우 부동산 관리업에 속하지 않는다.

📌 **한국표준산업분류상 부동산업(68)의 분류**

681 부동산 임대 및 공급업	6811 부동산 임대업	68111 주거용 건물 임대업
		68112 비주거용 건물 임대업
		68119 기타 부동산 임대업
	6812 부동산 개발 및 공급업	68121 주거용 건물 개발 및 공급업
		68122 비주거용 건물 개발 및 공급업
		68129 기타 부동산 개발 및 공급업
682 부동산 관련 서비스업	6821 부동산 관리업	68211 주거용 부동산 관리업
		68212 비주거용 부동산 관리업
	6822 부동산 중개, 자문 및 감정 평가업	68221 부동산 중개 및 대리업
		68222 부동산 투자 자문업
		68223 부동산 감정 평가업
		68224 부동산 분양 대행업

02 ④

④ 가식(假植) 중인 수목이란 임시로 심어놓은 수목을 의미한다. 따라서 토지에 일시적으로 부착된 물건이므로 동산에 해당된다. 예컨대 판잣집, 공중전화부스 등이 여기에 해당된다.

| 정착물 | 토지의 일부
(원칙) | 돌담, 축대, 도로의 포장, 교량, 수목 등 |
| | 독립된 물건
(예외) | ① 건물
② 입목법에 의해 등기된 입목
③ 명인방법을 갖춘 수목의 집단
④ 미분리과실
⑤ 농작물 |

03 ⑤

⑤ 수요의 가격탄력성이 비탄력적이면 가격의 변화율보다 수요량의 변화율이 더 작다.

04 ⑤

⑤ 19세대(대지 내 동별 세대수를 합한 세대를 말한다) 이하가 거주할 수 있을 것은 다가구주택의 요건이다.

📌 **건축법 시행령 [별표 1] 용도별 건축물의 종류(제3조의5 관련)**

1. 단독주택[단독주택의 형태를 갖춘 가정어린이집·공동생활가정·지역아동센터·공동육아나눔터(「아이돌봄 지원법」제19조에 따른 공동육아나눔터를 말한다. 이하 같다)·작은도서관(「도서관법」제4조 제2항 제1호 가목에 따른 작은도서관을 말하며, 해당 주택의 1층에 설치한 경우만 해당한다. 이하 같다) 및 노인복지시설(노인복지주택은 제외한다)을 포함한다]

   가. 단독주택

   나. 다중주택: 다음의 요건을 모두 갖춘 주택을 말한다.
   1) 학생 또는 직장인 등 여러 사람이 장기간 거주할 수 있는 구조로 되어 있는 것
   2) 독립된 주거의 형태를 갖추지 않은 것(각 실별로 욕실은 설치할 수 있으나, 취사시설은 설치하지 않은 것을 말한다)
   3) 1개 동의 주택으로 쓰이는 바닥면적(부설 주차장 면적은 제외한다. 이하 같다)의 합계가 660제곱미터 이하이고 주택으로 쓰는 층수(지하층은 제외한다)가 3개 층 이하일 것. 다만, 1층의 전부 또는 일부를 필로티 구조로 하여 주차장으로 사용하고 나머지 부분을 주택(주거 목적으로 한정한다) 외의 용도로 쓰는 경우에는 해당 층을 주택의 층수에서 제외한다.
   4) 적정한 주거환경을 조성하기 위하여 건축조례로 정하는 실별 최소 면적, 창문의 설치 및 크기 등의 기준에 적합할 것

   다. 다가구주택: 다음의 요건을 모두 갖춘 주택으로서 공동주택에 해당하지 아니하는 것을 말한다.
   1) 주택으로 쓰는 층수(지하층은 제외한다)가 3개 층 이하일 것. 다만, 1층의 전부 또는 일부를 필로티 구조로 하여 주차장으로 사용하고 나머지 부분을 주택(주거 목적으로 한정한다) 외의 용도로 쓰는 경우에는 해당 층을 주택의 층수에서 제외한다.
   2) 1개 동의 주택으로 쓰이는 바닥면적의 합계가 660제곱미터 이하일 것
   3) 19세대(대지 내 동별 세대수를 합한 세대를 말한다) 이하가 거주할 수 있을 것

05 ①

㉠ 균형의 변화
ⓐ 최초의 균형: $Q_{S1} = Q_D$
⇨ $30 + P = 150 - 2P$ ⇨ $P = 40$
ⓑ 새로운 균형: $Q_{S2} = Q_D$
⇨ $30 + 2P = 150 - 2P$ ⇨ $P = 30$
ⓒ 균형가격의 변화: $40 - 30$ ⇨ 10 감소

ⓒ 공급곡선의 기울기의 변화
  ⓐ 최초의 기울기: 1
  ⓑ 새로운 기울기: $\frac{1}{2}$
  ⓒ 기울기의 변화: $1 - \frac{1}{2} \Rightarrow \frac{1}{2}$ 감소

06 ③

③ 영속성은 감정평가방식 중 수익방식의 이론적 근거가 된다. 장래 기대이익을 현재가치로 환원하여 가치를 구하는 수익방식은 영속성에 근거한 방식이다.

07 ③

③ ㉠ 균형가격은 100 감소하고, ㉡ 균형량은 50 증가한다.
1. $300 = 400 - \frac{1}{2}P$, $P = 200$, $Q = 300$
2. $P + 250 = 400 - \frac{1}{2}P$, $P = 100$, $Q = 350$

08 ①

① 아파트가 정상재인 경우 소득이 증가하면, 아파트 수요곡선은 우측으로 이동한다.

09 ②

② 부동산 공급이 증가할 때, 수요가 비탄력적일수록 가격 하락폭은 커지고 거래량 증가폭은 작아진다.

10 ⑤

가능총소득	2,000	
− 공실 및 불량채권	500	= 2,000 × 25%
+ 기타소득	0	
= 유효총소득	1,500	
− 영업경비	1,000	= 2,000 × 50%
= 순영업소득	500	

⑤ 영업경비비율(OER, 유효총소득 기준) = $\frac{영업경비}{유효총소득}$
   = $\frac{1,000}{1,500} = 0.66$

플러스 해설 ① 담보인정비율(LTV) = $\frac{주택담보대출액}{부동산 가치}$
   = $\frac{10,000}{20,000} = 0.5$

② 부채감당률(DCR) = $\frac{순영업소득}{부채서비스액} = \frac{500}{500} = 1.0$

③ 총부채상환비율(DTI) = $\frac{해당\ 주담대\ 원리금}{차입자의\ 소득}$
   = $\frac{500}{1,250} = 0.4$

④ 채무불이행률(DR) = $\frac{영업경비 + 부채서비스액}{유효총소득}$
   = $\frac{500 + 1,000}{1,500} = 1.0$

11 ④

④ A는 수렴형, B는 순환형이다.
1. A : $2P = 500 - Q_d \Rightarrow P = 250 - \frac{1}{2}Q_d$
   $3P = 300 + 6Q_s \Rightarrow P = 100 + \frac{6}{3}Q_s$
   수요곡선 기울기의 절댓값 $\frac{1}{2}$ < 공급곡선의 기울기 $\frac{6}{3}$
   ∴ 수렴형에 해당한다.
2. B : $2P = 400 - 4Q_d \Rightarrow P = 200 - 2Q_s$
   $2P = 100 + 4Q_s \Rightarrow P = 50 + 2Q_s$
   수요곡선 기울기의 절댓값 2 = 공급곡선의 기울기 2
   ∴ 순환형에 해당한다.

12 ④

④ A할인점의 시장점유율은 50%, 이용객수는 8만명이다.
1. A의 유인력 = $\frac{5,000}{1^2} = 5,000$
2. B의 유인력 = $\frac{20,000}{2^2} = 5,000$
3. A의 시장점유율 = $\frac{5,000}{5,000 + 5,000} = 0.5(50\%)$
∴ 20만명 × 0.8 × 0.5 = 80,000명

13 ⑤

⑤ 하향국면에서 직전국면 거래사례가격은 현재시점에서 새로운 거래가격의 상한선이 되는 경향이 있다.

14 ②

② 운영경비비율은 0.5(50%)이고 부채감당률은 2.5이다.
1. 영업경비비율 = $\frac{영업경비}{유효총소득} = \frac{10억원}{20억원} = 0.5$
2. 부채감당률 = $\frac{순영업소득}{부채서비스액} = \frac{10억원}{4억원} = 2.5$
3. 유효총소득승수(5) = $\frac{총투자액(100억원)}{유효총소득}$
   ∴ 유효총소득 20억원
4. 순영업소득 − 부채서비스액(4억원) = 세전현금흐름(6억원)
   ∴ 순영업소득 = 10억원
5. 유효총소득(20억원) − 영업경비 = 순영업소득(10억원)
   ∴ 영업경비 = 10억원

15 ⑤

⑤ 하향여과는 고소득층 주거지역에서 주택의 개량을 통한 가치상승분이 주택개량비용보다 작은 경우에 발생한다.

16 ④

④ 동심원이론 ⇨ 선형이론 ⇨ 다핵심이론 순으로 발전했으며, 점이지대는 중심업무지구와 저소득층 주거지대 사이에 존재한다.

17 ④

플러스 해설
① 매각시점에 미상환저당대출잔액이 있다면 세전 매각현금흐름이 총매각대금보다 작다.
② 운영과정에서 발생하는 부채서비스액, 자본적 지출, 건물의 감가상각비, 대손충당금 등은 영업경비에 포함되지 않는다.
③ 매각현금흐름분석에서 세전지분복귀액은 순매도액에서 미상환저당잔금을 공제한 값이다.
⑤ 순영업소득의 산정과정에서 해당 부동산의 재산세는 차감하나 영업소득세는 차감하지 않는다.

18 ②

② 포트폴리오 기대수익률
= (0.25 × 0.08) + (0.5 × 0.12) + (0.25 × 0.06) = 0.095(9.5%)

19 ①

① 현재 시행되고 있는 것은 ㉠, ㉢이다.
플러스 해설 ㉡ 택지소유상한제, ㉣ 토지초과이득세, ㉤ 개발권양도제, ㉥ 공한지세, 종합토지세제 등은 현재 시행되지 않는 제도이다.

20 ⑤

⑤ 공공재는 시장기구에 맡겨둘 경우 비경합성과 비배제성으로 인하여 무임승차자(free rider) 현상이 발생할 수 있다.

21 ①

① ㉠ 종합토지세(2005년 폐지), ㉡ 공한지세(1986년 폐지), ㉣ 택지소유상한제(1998년 폐지)

플러스 해설 시행 근거 법규
㉢ 토지거래허가제

> **부동산 거래신고 등에 관한 법률 제10조 【토지거래허가구역의 지정】** ① 국토교통부장관 또는 시·도지사는 국토의 이용 및 관리에 관한 계획의 원활한 수립과 집행, 합리적인 토지 이용 등을 위하여 토지의 투기적인 거래가 성행하거나 지가(地價)가 급격히 상승하는 지역과 그러한 우려가 있는 지역으로서 대통령령으로 정하는 지역에 대해서는 5년 이내의 기간을 정하여 제11조 제1항에 따른 토지거래계약에 관한 허가구역(이하 "허가구역"이라 한다)으로 지정할 수 있다.
> 이 경우 국토교통부장관 또는 시·도지사는 대통령령으로 정하는 바에 따라 허가대상자(외국인 등을 포함한다. 이하 이 조에서 같다), 허가대상 용도와 지목 등을 특정하여 허가구역을 지정할 수 있다.

㉤ 분양가상한제

> **주택법 제57조 【주택의 분양가격 제한 등】** ① 사업주체가 제54조에 따라 일반인에게 공급하는 공동주택 중 다음의 어느 하나에 해당하는 지역에서 공급하는 주택의 경우에는 이 조에서 정하는 기준에 따라 산정되는 분양가격 이하로 공급(이에 따라 공급되는 주택을 "분양가상한제 적용주택"이라 한다. 이하 같다)하여야 한다.

㉥ 개발이익환수제

> **개발이익 환수에 관한 법률 제3조 【개발이익의 환수】** 시장·군수·구청장은 제5조에 따른 개발부담금 부과 대상 사업이 시행되는 지역에서 발생하는 개발이익을 이 법으로 정하는 바에 따라 개발부담금으로 징수하여야 한다.

㉦ 실거래가신고제

> **부동산 거래신고 등에 관한 법률 제3조 【부동산 거래의 신고】** ① 거래당사자는 다음의 어느 하나에 해당하는 계약을 체결한 경우 그 실제 거래가격 등 대통령령으로 정하는 사항을 거래계약의 체결일부터 30일 이내에 그 권리의 대상인 부동산 등(권리에 관한 계약의 경우에는 그 권리의 대상인 부동산을 말한다)의 소재지를 관할하는 시장(구가 설치되지 아니한 시의 시장 및 특별자치시장과 특별자치도 행정시의 시장을 말한다)·군수 또는 구청장(이하 "신고관청"이라 한다)에게 공동으로 신고하여야 한다. 다만, 거래당사자 중 일방이 국가, 지방자치단체, 대통령령으로 정하는 자의 경우(이하 "국가 등"이라 한다)에는 국가 등이 신고를 하여야 한다.

㉧ 부동산실명제

> **부동산 실권리자명의 등기에 관한 법률 제1조 【목적】** 이 법은 부동산에 관한 소유권과 그 밖의 물권을 실체적 권리관계와 일치하도록 실권리자 명의(名義)로 등기하게 함으로써 부동산 등기제도를 악용한 투기·탈세·탈법행위 등 반사회적 행위를 방지하고 부동산 거래의 정상화와 부동산 가격의 안정을 도모하여 국민경제의 건전한 발전에 이바지함을 목적으로 한다.

22 ④

④ 중량감소산업의 경우에는 원료지향형 입지가, 중량증가산업의 경우에는 시장지향형 입지가 유리하다.

23 ③

$$A로부터의 거리 = \frac{전체\ 거리}{1+\sqrt{\dfrac{B면적}{A면적}}}$$

$$= \frac{15}{1+\sqrt{\dfrac{4{,}000}{1{,}000}}} = \frac{15}{3} = 5$$

∴ A로부터의 거리 = 5km

24 ③

③ 채무불이행률은 유효총소득이 영업경비와 부채서비스액을 감당할 수 있는 능력이 있는가를 측정한다.

$$채무불이행률 = \frac{영업경비 + 부채서비스액}{유효총소득}$$

25 ①

① 고객점유마케팅 전략에 해당되는 4P MIX 전략은 유통경로(place), 제품(product), 가격(price), 판매촉진(promotion)으로 구성된다.

26 ③

③ 흡수율 분석은 부동산 시장의 추세를 파악하는 데 도움을 주는 것으로, 미래의 추세를 정확하게 파악하는 것이 주된 목적이다. 감응도 분석이란 위험의 내용이 개발사업의 수익성에 어느 정도 영향을 미치는지를 분석하는 것이다.

27 ③

정보가치 = 확실성하의 부동산 가치 − 불확실성하의 부동산 가치

1. 확실성하의 부동산 가치 : $\dfrac{8억\ 8,000만원}{(1+0.1)^1} = 8억원$

2. 불확실성하의 부동산 가치 :
   (8억 8천만원 × 0.4) + (6억 6천만원 × 0.6) = 7억 4,800만원

   $\dfrac{7억\ 4,800만원}{(1+0.1)^1} = 6억\ 8천만원$

그러므로 8억원 − 6억 8천만원 = 1억 2천만원

28 ①

올바르게 연결된 것은 ①이다.
㉠ 법률적 위험에 대한 설명이다.
㉡ 시장위험에 대한 설명이다.
㉢ 비용위험에 대한 설명이다.
㉣ 법률적 위험에 대한 설명이다.
㉤ 비용위험에 대한 설명이다.

> 1. 법률적 위험이란 개발사업에 있어서 토지이용규제와 같은 공법적인 측면과 소유권 관계와 같은 사법적 측면에서 발생할 수 있는 위험을 말한다.
> 2. 시장위험이란 시장상황에 따라서는 개발된 부동산이 분양되지 않거나 임대되지 않는 수도 있다. 또한 분양되거나 임대된다고 하더라도, 처음에 생각했던 것보다 낮은 가격으로 이루어질 수 있는 위험을 말한다.
> 3. 비용위험이란 건설 공사비 관련 인플레가 심한 시기에는 공사비의 상승으로 수익성이 악화되는 것을 말한다. 따라서 개발기간이 길수록 비용위험도 아울러 커진다.

29 ②

② MBB(mortgage backed bond)의 경우 주택저당대출채권 소유권과 원리금수취권 모두 증권발행기관이 보유한다.

30 ⑤

⑤ 부채감당률(DCR)이 1보다 커야만이 순영업소득으로 원리금 지불능력이 충분하다.

$$부채감당률 = \frac{순영업소득}{부채서비스액}$$

31 ④

플러스 해설 ① 원리금균등분할상환은 점증상환대출에 비해 상대적으로 상환 초기에 원리금이 크다.
② 원금균등분할상환 ⇨ 원리금균등상환조건
③ 점증상환대출은 미래에 소득이 보장되는 젊은 부부에게 상대적으로 유리하다.
⑤ 원금균등분할상환은 대출기간 중 매회 납부하는 원리금상환액 중 이자지급액의 규모가 점점 감소한다.

32 ①

① 대출금리는 연 4%, 3회차 원리금상환액은 4,240만원이다.
• 원금상환액 : 6억원 / 30년 = 2,000만원
  ⇨ 이자 : 4,400만원 − 2,000만원 = 2,400만원
  ∴ 이자율 : 2,400만원 / 6억원 = 0.04(4%)
• 2회차 상환액 : 2,000만원 × 2 = 4,000만원
  ∴ 3회차 기초잔금 : 6억원 − 4,000만원 = 5억 6,000만원
• 3회차 이자 : 5억 6,000만원 × 4% = 2,240만원
∴ 3회차 원리금상환액 : 원금(2,000만원) + 이자(2,240만원) = 4,240만원

33 ②

② 임대차 계약관리는 법률적 관리에 해당한다.

34 ②

② 정률법은 감가가 진행됨에 따라 감가누계액은 체증한다.

35 ④

④ 공동주택은 표준공동주택과 개별공동주택으로 나뉘지 않는다.

36 ⑤

⑤ 대상토지의 감정평가액은 3,465,000원이다.

> 대상토지가액 = 표준지공시지가 × 시점수정 × 지역요인비교
> × 개별요인비교 × 그 밖의 요인보정

1. 거래사례를 인근지역 내에서 선택했으므로 지역요인 비교는 행할 필요가 없으며, 그 밖의 요인보정 사항이 없으므로 행할 필요가 없다.

2. 대상토지가액 = 3,000,000원/m² × 1.05 × 1.1($=\frac{110}{100}$)
   = 3,465,000원/m²

3. 시점수정치 = 1.05

4. 개별요인비교치 = $\frac{110}{100}$ = 1.1

37 ①

① 지역분석은 대상부동산이 어느 지역에 속하고, 지역특성은 무엇이며, 지역요인을 중심으로 가격형성요인을 판단하는 작업이다. 대상부동산의 최유효이용은 개별분석에서 결정된다.

38 ③

③ 수익가액은 513,000,000원이다.

> 수익가액 = $\frac{순수익(순영업소득)}{환원율}$

1. 순수익(순영업소득), 십만원 이하 절사

가능총소득	4,400	
− 공실	440	= 4,400 × 0.1
유효총소득	3,960	
− 영업경비	110	= 4,400 × 0.025
순영업소득	3,850	

2. 환원율 산정방법 : 물리적 투자결합법
   = (토지가격구성비율 × 토지환원율)+(건물가격구성비율 × 건물환원율) = (0.5 × 0.05)+(0.5 × 0.10) = 0.075

3. 수익가액(513,333,333원) = 3,850만원 / 0.075

39 ⑤

⑤ 주어진 시점에서 대상부동산의 가격은 하나만 존재한다. 여러 개가 존재하는 것은 가치이다.

40 ④

④ 토지가격비준표는 개별공시지가를 구할 때 사용된다.

> **부동산 가격공시에 관한 법률 제10조【개별공시지가의 결정·공시 등】** ④ 시장·군수 또는 구청장이 개별공시지가를 결정·공시하는 경우에는 해당 토지와 유사한 이용가치를 지닌다고 인정되는 하나 또는 둘 이상의 표준지의 공시지가를 기준으로 토지가격비준표를 사용하여 지가를 산정하되, 해당 토지의 가격과 표준지공시지가가 균형을 유지하도록 하여야 한다.

민법·민사특별법

Answer

41. ①	42. ③	43. ②	44. ①	45. ②	46. ②	47. ④	48. ①
49. ⑤	50. ⑤	51. ⑤	52. ①	53. ③	54. ②	55. ②	56. ④
57. ⑤	58. ③	59. ①	60. ⑤	61. ①	62. ④	63. ①	64. ②
65. ①	66. ②	67. ⑤	68. ③	69. ①	70. ①	71. ②	72. ④
73. ②	74. ④	75. ④	76. ②	77. ①	78. ①	79. ③	80. ②

41 ①

① 경매는 법률규정에 의한 권리변동이므로 불공정한 법률행위에 관한 민법 제104조가 적용되지 않는다.

42 ③

③ 채권의 가장양도에서 변제 전 채무자는 통정허위표시 이전에 있는 자이므로 통정허위표시를 기초로 새로운 법률상 이해관계를 맺은 제3자에 해당하지 않는다.

43 ②

㉠ 매도인의 하자담보책임이 성립하는지와 상관없이 착오를 이유로 한 매수인의 취소권은 배제되지 않는다.
㉢ 상대방이 표의자의 착오를 알고 이용한 경우, 표의자는 착오가 중대한 과실로 인한 것이더라도 의사표시를 취소할 수 있다.

44 ①

① 대리행위의 하자는 대리인을 표준으로 하여 결정하므로, 매매계약 내용의 중요부분에 관하여 乙의 착오가 있는 경우에도 대리인 甲에게 착오가 없다면 乙은 자신의 착오를 이유로 매매계약을 취소할 수 없다.

45 ②

㉡ 乙이 계약금 전액을 지급한 후, 당사자의 일방이 이행에 착수하기 전이라면 특별한 사정이 없는 한 甲은 계약금의 배액을 상환하고 계약을 해제할 수 있다.

플러스 해설 ㉠ 매도인의 허가절차 협력의무와 매수인의 대금지급의무는 동시이행관계가 아니다. 즉, 매수인은 협력의무의 이행을 청구함에 있어 대금채무의 이행제공을 할 필요가 없으므로, 매도인은 매매대금의 이행제공이 없었음을 이유로 협력의무의 이행을 거절할 수 없다(대판).
㉢ 매매계약 체결 당시 일정한 기간 안에 토지거래허가를 받기로 약정하였다고 하더라도, 특별한 사정이 없는 한 이를 쌍무계약에서 이행기를 정한 것과 달리 볼 것이 아니므로 위 약정기간이 경과하였다는 사정만으로 곧바로 매매계약이 확정적으로 무효가 된다고 할 수 없다(대판 2009.4.23, 2008다50615).

46 ②

② 민법 제135조 제2항은 '대리인으로서 계약을 맺은 자에게 대리권이 없다는 사실을 상대방이 알았거나 알 수 있었을 때에는 제1항을 적용하지 아니한다.'고 정하고 있다. 이는 무권대리인의 무과실책임에 관한 원칙 규정인 제1항에 대한 예외 규정이므로 상대방이 대리권이 없음을 알았다는 사실 또는 알 수 있었는데도 알지 못하였다는 사실에 관한 주장·증명책임은 무권대리인에게 있다(대판 2018.6.28, 2018다210775).

① 추인은 무권대리행위 전부에 대하여 하여야 하고, 일부에 대한 추인이나 변경을 가한 추인은 상대방의 동의가 없는 한 무효이다.
③ 무권대리행위의 추인은 무권대리인, 무권대리행위의 직접 상대방 및 그 승계인에 대하여 할 수 있다. 따라서 상대방이 무권대리로 인하여 취득한 권리를 양도한 경우, 본인은 그 양수인(승계인)에게 추인할 수 있다.
④ 무권대리의 추인은 다른 의사표시가 없는 한 계약시에 소급하여 그 효력이 생긴다.
⑤ 상대방은 계약체결 당시 대리인의 무권대리 사실에 대한 선의·악의를 불문하고 최고권을 행사할 수 있다.

47 ④

④ 부첩(夫妾)관계의 종료를 해제조건으로 하는 부동산 증여계약은 해제조건뿐만 아니라 증여계약도 무효이다.

48 ①

① 강행법규 위반행위는 무효행위의 추인을 할 수 없다. 처음부터 허가를 잠탈할 목적으로 체결된 토지거래허가구역 내의 토지거래계약은 강행법규 위반행위로서 추인을 할 수 없다.

49 ⑤

㉠ 무효인 법률행위의 추인은 무효원인이 소멸된 후 본인이 무효임을 알고 추인해야 그 효력이 인정된다.
㉡ 무권리자의 처분행위에 대한 권리자의 추인은 무권대리행위의 추인을 유추적용하여 소급효가 인정된다(대판). 따라서 무권리자의 처분이 계약으로 이루어진 경우, 권리자가 추인하면 원칙적으로 계약의 효과는 계약체결시에 소급하여 권리자에게 귀속된다.
㉢ 당사자의 양도금지의 의사표시로써 채권은 양도성을 상실한다. 그런데 이러한 양도금지특약에 위반하여 무효인 채권양도에 대해 양도대상이 된 채권의 채무자가 승낙하면 채무자의 사후승낙에 의하여 무효인 채권양도행위가 추인되어 유효하게 되며 이 경우 다른 약정이 없는 한 소급효가 인정되지 않고 양도의 효과는 승낙시부터 발생한다(대판 2009.10.29, 2009다47685).

50 ⑤

⑤ 개업공인중개사가 임대인으로서 직접 중개의뢰인과 체결한 주택임대차계약은 유효하다(단속규정).

① 농지취득자격증명은 농지취득의 원인이 되는 매매계약의 효력발생요건이 아니다.
② 의사표시가 발송된 후라도 도달하기 전이라면 표의자는 그 의사표시를 철회할 수 있다.
③ 어떤 해악의 고지 없이 단순히 각서에 서명날인할 것만을 강력히 요구한 행위는 강박에 의한 의사표시의 강박행위가 아니다.
④ 표의자가 과실 없이 상대방의 소재를 알지 못한 경우에는 민사소송법의 공시송달규정에 의하여 의사표시를 송달할 수 있다.

51 ⑤

① 3자간에 중간생략등기의 합의를 한 후에도 甲의 乙에 대한 매매대금채권의 행사는 제한받지 않는다.
② 3자간에 중간생략등기의 합의를 한 후에도 乙의 甲에 대한 소유권이전등기청구권은 소멸하지 않는다.
③ 3자간에 중간생략등기의 합의를 한 후에는 丙은 甲에게 직접 소유권이전등기를 청구할 수 있다.
④ 만약 토지거래허가구역 내의 중간생략등기의 합의는 무효이다. 따라서 X토지가 토지거래허가구역에 소재한다면, 丙은 직접 甲에게 허가신청절차의 협력을 구할 수 없다.

52 ①

① 점유를 수반하지 않는 저당권에는 반환청구권이 준용(인정)되지 않는다.

② 진정명의회복을 원인으로 한 소유권이전등기청구권의 법적 성질은 소유권에 기한 방해배제청구권(물권적 청구권)이다.
③ 소유자는 소유권을 방해하는 자에 대해 민법 제214조에 기해 방해배제비용을 청구할 수 없다.
④ 미등기 무허가건물의 양수인은 소유권이전등기를 하지 않는 한 소유권을 취득할 수 없으므로 소유권에 기한 방해배제청구권을 행사할 수 없다.
⑤ 소유권에 기한 방해배제청구권은 현재 계속되고 있는 방해원인의 제거를 내용으로 한다. 방해결과의 제거는 손해배상의 영역에 해당한다.

53 ③

① 선의의 점유자는 과실을 취득할 수 있으므로 점유물의 사용으로 인한 이익을 회복자에게 반환할 의무가 없다.
② 임차인이 지출한 유익비는 임대인에게 청구하여야 하고 점유회복자에 대해서 민법 제203조 제2항에 근거하여 상환을 청구할 수 없다.
④ 선의점유자에 대해서는 점유에 있어서의 과실(過失)이 있다면 불법행위를 이유로 한 손해배상책임이 배제되는 것은 아니다.
⑤ 점유물이 타주점유자의 책임 있는 사유로 멸실된 경우, 그가 선의의 점유자라면 손해 전부에 대하여 책임을 진다.

TEST 02

54 ②

② 유치권자가 유치권 성립 후에 이를 포기하는 의사표시를 한 경우에는 점유를 반환하지 않더라도 유치권이 소멸한다.

55 ②

① 건물의 신축에 의한 소유권취득은 소유권보존등기를 필요로 하지 않는다.
③ 상속인은 등기 없이 상속받은 부동산의 소유권을 취득한다.
④ 경매로 인한 부동산소유권의 취득시기는 매각대금을 완납한 때이다.
⑤ 관습상 법정지상권은 설정등기 없이 취득한다.

56 ④

④ 시효완성 후 그에 따른 소유권이전등기 전에 소유자가 시효완성 사실을 알면서도 그 부동산을 처분하면 시효완성자에 대하여 불법행위책임을 진다.

57 ⑤

⑤ 공유물분할의 소는 공유자 사이에 공유물분할에 관한 협의가 성립하지 않는 경우에 제기할 수 있다. 따라서 甲, 乙, 丙 사이에 공유물분할에 관한 협의가 성립하였다면 분할협의에 따른 지분이전등기에 협조하지 않더라도 공유물분할의 소를 제기할 수 없다.

58 ③

③ 수목의 소유를 목적으로 하는 지상권이 존속기간의 만료로 소멸한 경우, 특약이 없는 한 지상권자가 존속기간 중 심은 수목은 정당한 권원(지상권)에 의하여 식재한 것이므로 수목의 소유권은 지상권설정자에게 귀속되지 않는다.

59 ①

㉠ 甲이 저당권을 취득하기 전, 이미 X토지 위에 乙의 Y건물이 존재한 경우에는 법정지상권이 성립할 수 있으므로 일괄경매청구권이 인정되지 않는다.
㉡ 일괄경매청구권은 저당권 설정자의 소유 건물에 인정되므로, 甲이 저당권을 취득한 후, 저당권 설정자인 乙이 X토지 위에 Y건물을 축조하여 소유하고 있는 경우에는 일괄경매청구권이 인정된다.
㉢ 일괄경매청구권은 저당권 설정자의 소유 건물에 인정되므로, 甲이 저당권을 취득한 후, 丙이 X토지에 지상권을 취득하여 Y건물을 축조하고 저당권 설정자인 乙이 그 건물의 소유권을 취득한 경우에는 일괄경매청구권이 인정된다.

60 ⑤

㉢ 소유자가 변경되더라도 피담보채권의 변제가 없는 한 유치권은 소멸하지 않는다.

61 ①

② 유치권자는 매수인에게 채권변제를 청구할 수 없다.
③ 유치권의 행사는 채권의 소멸시효의 진행에 영향을 미치지 않는다(제326조).
④ 유치권은 타물권이므로, 원칙적으로 유치권은 채권자 자신 소유 물건에 대해서도 성립할 수 없다.
⑤ 유치권자가 유치물인 주택에 거주하며 이를 사용하는 것은 유치물의 보존에 필요한 사용에 해당하므로, 특별한 사정이 없는 한 채무자는 유치권소멸을 청구할 수 없다.

62 ④

① 지역권은 요역지와 분리하여 양도할 수 없다.
② 공유자 중 1인이 지역권을 취득한 때에는 다른 공유자도 이를 취득한다.
③ 통행지역권을 주장하는 자는 통행으로 편익을 얻는 요역지가 있음을 주장·증명해야 한다.
⑤ 지역권은 계속되고 표현된 것에 한하여 시효취득할 수 있다.

63 ①

② 전세권의 존속기간은 10년을 넘지 못한다(제312조 제1항). 따라서 전세권존속기간을 15년으로 정하더라도 그 기간은 10년으로 단축된다.
③ 甲이 X건물의 소유를 위해 그 대지에 임차권을 취득하였다면, 乙의 전세권의 효력은 그 임차권에 미친다(제304조).
④ 乙의 전세권이 법정갱신된 경우, 乙은 전세권갱신에 관한 등기 없이도 甲에 대하여 갱신된 전세권을 주장할 수 있다.
⑤ 乙이 甲에게 전세금으로 지급하기로 한 3억원은 현실적으로 수수될 필요 없이 乙의 甲에 대한 기존의 채권으로 전세금에 갈음할 수도 있다.

64 ②

② 저당권의 효력이 미치는 저당부동산의 종물이라 함은 민법 제100조가 규정하는 종물과 같은 의미로서 종물이기 위하여는 주물의 상용에 이바지 되어야 하는 관계가 있어야 하는바, 여기에서 주물의 상용에 이바지한다 함은 주물 그 자체의 경제적 효용을 다하게 하는 작용을 하는 것을 말하는 것으로서 주물의 소유자나 이용자의 상용에 공여되고 있더라도 주물 그 자체의 효용과는 직접 관계 없는 물건은 종물이 아니다(대판 1985.3.26, 84다카269). 따라서 주물 그 자체의 효용과는 직접 관계 없다면 주물 소유자의 상용에 공여되고 있더라도 종물이 아니어서 저당권의 효력이 미치지 아니하므로, 이러한 물건이 경매목적물로 평가되었더라도 경매의 매수인이 소유권을 취득하지 못한다.

65 ①

① 청약자가 청약의 의사표시를 발송한 후 상대방에게 도달 전에 사망한 경우, 그 청약은 효력을 상실하지 않는다(제111조 제2항).

66 ②

[플러스 해설] ㉠ 임대차계약 종료에 따른 임차인의 임차목적물반환의무와 임대인의 권리금 회수 방해로 인한 손해배상의무는 발생원인을 서로 달리하므로 동시이행의 관계가 아니다(대판 2019.7.10, 2018다242727).
㉡ 보증금반환의무가 선이행의무이다.

67 ⑤

[플러스 해설] ① 계약당사자는 위험부담에 관하여 민법 규정과 달리 정할 수 있다.
② 당사자 일방의 채무가 채권자의 책임 있는 사유로 불능이 된 경우, 채무자는 상대방의 이행을 청구할 수 있다.
③ 매매목적물이 이행기 전에 강제수용된 경우, 매수인이 대상청구권을 행사하면 매도인은 매매대금 지급을 청구할 수 있다.
④ 채권자의 수령지체 중 당사자 모두에게 책임 없는 사유로 불능이 된 경우, 채무자는 상대방의 이행을 청구할 수 있다.

68 ③

③ 요약자와 수익자 사이의 법률관계(대가관계)의 효력 상실을 이유로 요약자는 낙약자와 요약자 사이의 법률관계(기본관계)상 낙약자에게 부담하는 채무의 이행을 거절할 수 없다.

69 ①

[플러스 해설] ㉡ 매수인이 '이행기 전'에 중도금을 지급한 경우에도 특별한 사정이 없는 한 이행의 착수에 해당하므로, 매도인은 특별한 사정이 없는 한 계약금의 배액을 상환하여 계약을 해제할 수 없다.
㉢ 매도인이 계약금의 배액을 상환하여 계약을 해제하는 경우, 그 이행의 제공을 하면 족하고 매수인이 이를 수령하지 않더라도 공탁까지 할 필요는 없다.

70 ①

① 수량지정매매계약에 있어서 실제면적이 계약면적에 미달하는 경우에는 대금감액청구권을 행사함은 별론으로 하고, 그 매매계약이 그 미달 부분만큼 무효임을 들어 일반 부당이득반환청구를 하거나 그 부분의 원시적 불능을 이유로 민법 제535조가 규정하는 계약체결상의 과실책임의 이행을 구할 수 없다.

71 ②

② 매매의 일방예약에서 예약자의 상대방이 매매예약 완결의 의사표시를 하여 매매의 효력을 생기게 하는 권리 즉, 매매예약 완결권은 일종의 형성권으로서 당사자 사이에 그 행사기간을 약정한 때에는 그 기간 내에, 그러한 약정이 없는 때에는 그 예약이 성립한 때로부터 10년 내에 이를 행사하여야 하고, 그 기간을 지난 때에는 상대방이 예약 목적물인 부동산을 인도받은 경우라도 예약완결권은 제척기간의 경과로 인하여 소멸한다(대판 1997.7.25, 96다47494).

[플러스 해설] ① 일방예약이 성립하려면 본계약인 매매계약의 요소가 되는 내용이 확정되어 있거나 확정할 수 있어야 한다.
③ 매매의 일방예약에서 예약자의 상대방이 매매예약 완결의 의사표시를 하여 매매의 효력을 생기게 하는 권리 즉, 매매예약 완결권은 일종의 형성권으로서 당사자 사이에 그 행사기간을 약정한 때에는 그 기간 내에, 그러한 약정이 없는 때에는 그 예약이 성립한 때로부터 10년 내에 이를 행사하여야 한다.
④ 백화점 점포에 관하여 매매예약이 성립한 이후 일시적으로 법령상의 제한으로 인하여 분양이 금지되었다가 다시 그러한 금지가 없어진 경우, 그 매매예약에 기한 매매예약완결권의 행사가 이행불능이라고 할 수는 없다(대판 2000.10.13, 99다18725).
⑤ 예약완결권 행사의 의사표시를 담은 소장 부본의 송달로써 예약완결권을 재판상 행사하는 경우, 예약완결권 행사의 의사표시가 담긴 소장 부본이 제척기간 내에 상대방에게 송달되어야만 예약완결권자가 제척기간 내에 적법하게 예약완결권을 행사하였다고 볼 수 있다(대판 2019.7.25, 2019다227817).

72 ④

㉣ 전대인과 전차인은 계약자유의 원칙에 따라 전대차계약의 내용을 변경할 수 있다. 그로 인하여 민법 제630조 제1항에 따라 전차인이 임대인에 대하여 직접 부담하는 의무의 범위가 변경되더라도, 전대차계약의 내용 변경이 전대차에 동의한 임대인 보호를 목적으로 한 민법 제630조 제1항의 취지에 반하여 이루어진 것이라고 볼 특별한 사정이 없는 한 전차인은 변경된 전대차계약의 내용을 임대인에게 주장할 수 있다. 전대인과 전차인이 전대차계약상의 차임을 감액한 경우도 마찬가지이다(대판 2018.7.11, 2018다200518).

[플러스 해설] ㉢ 임차인이 임대인의 동의 없이 임차물을 제3자에게 전대한 경우, 임대인은 임대차계약이 계속 존속하는 한 제3자에게 불법점유를 이유로 한 차임 상당액의 손해배상청구를 할 수 없다.

73 ②

[플러스 해설] ㉠ 임차인의 지위와 분리하여 부속물매수청구권만을 양도할 수 없다.
㉡ 임차목적물의 구성부분은 부속물매수청구권의 객체가 될 수 없다.
㉢ 임대차계약이 임차인의 채무불이행으로 해지된 경우, 부속물매수청구권은 인정되지 않는다.

74 ④

④ 무단전대차의 경우나 차임연체로 임대차가 해지된 경우, 임차인은 임대인에게 지상물매수청구권을 행사할 수 없다.

75 ④

ⓒ 서울특별시에서 보증금이 9억원을 초과하는 임차인에게는 상가임대차의 최단존속기간 규정(제9조)이 적용되지 않는다.
ⓒ 상가건물 임대차보호법(이하 '상가임대차법'이라고 한다)에서 기간을 정하지 않은 임대차는 그 기간을 1년으로 간주하지만(제9조 제1항), 대통령령으로 정한 보증금액을 초과하는 임대차는 위 규정이 적용되지 않으므로, 원래의 상태 그대로 기간을 정하지 않은 것이 되어 민법의 적용을 받는다. 민법 제635조에 따라 이러한 임대차는 임대인이 언제든지 해지를 통고할 수 있고 임차인이 통고를 받은 날로부터 6개월이 지남으로써 효력이 생기므로, 임대차기간이 정해져 있음을 전제로 기간 만료 6개월 전부터 1개월 전까지 사이에 행사하도록 규정된 임차인의 계약갱신요구권은 발생할 여지가 없다(대판 2021.12.30, 2021다233730).

76 ②

플러스 해설↑ ① 甲과 乙의 명의신탁약정은 무효이다.
③ 甲은 乙을 상대로 부당이득반환으로 X부동산의 등기이전을 청구할 수 없다.
④ 乙의 이전등기는 유효이므로 丙은 특별한 사정이 없는 한 乙 명의의 등기말소를 청구할 수 없다.
⑤ 乙이 자의로 X부동산에 대한 소유권을 甲에게 이전등기하였다면 甲은 소유권을 취득한다.

77 ①

플러스 해설↑ ② 임차주택 양도 전 발생한 연체차임채권은 특별한 사정이 없는 한 丙에게 승계되지 않는다.
③ 임차주택 양도 전 보증금반환채권이 가압류된 경우, 丙은 제3채무자의 지위를 승계한다.
④ 丙이 乙에게 보증금을 반환하더라도 특별한 사정이 없는 한 甲에게 부당이득반환을 청구할 수 없다.
⑤ 만약 甲이 채권담보를 목적으로 임차주택을 丙에게 양도한 경우, 이는 양도담보에 해당하여 丙이 청산금을 지급하지 않는 한 임차주택의 소유권을 취득할 수 없으므로 임차주택의 양수인에 해당하지 않는다. 따라서 甲은 특별한 사정이 없는 한 보증금반환의무를 면할 수 없다.

78 ①

① 전유부분에 대한 처분이나 압류 등의 효력은 특별한 사정이 없는 한 대지권에도 미친다.

79 ③

③② 채권담보를 위하여 소유권이전등기를 경료한 양도담보권자는 채무자가 변제기를 도과하여 피담보채무의 이행지체에 빠졌을 때에는 "담보권의 실행으로서" 채무자에 대하여 그 목적 부동산의 인도를 구할 수 있고 제3자가 채무자로부터 적법하게 목적 부동산의 점유를 이전받아 있는 경우에는 그 목적 부동산의 인도청구를 할 수도 있다 할 것이나 직접 "소유권에 기하여" 그 인도를 구할 수는 없다(대판 1991.11.8, 91다21770).

플러스 해설↑ ① 양도담보권은 저당권과 마찬가지로 물상대위성이 인정된다.
④ 일반적으로 부동산을 채권담보의 목적으로 양도한 경우 특별한 사정이 없는 한 목적부동산에 대한 사용수익권은 "채무자인 양도담보설정자"에게 있으므로, 양도담보권자는 "사용수익할 수 있는 정당한 권한이 있는 채무자나 채무자로부터 그 사용수익할 수 있는 권한을 승계한 자(임차인 등)"에 대하여는 사용수익을 하지 못한 것을 이유로 임료 상당의 손해배상이나 부당이득반환청구를 할 수 없다(대판 2008.2.28, 2007다37394·37400).
⑤ 청산절차를 종료하지 못한 채권자 甲이 제3자에게 처분한 경우 선의의 제3자는 보호되므로, 乙은 선의의 丁에게 등기말소를 청구할 수 없다(제11조).

80 ②

② 매수인 戊는 경매의 목적인 권리를 취득하고 임대인의 지위를 승계하지 않는다. 乙과 丁의 저당권은 경매로 소멸하고, 후순위 임차인 甲은 매수인 戊에게 대항할 수 없다.

Test 03 정답 및 해설

본문 ▶ P. 36

부동산학개론

Answer

01.②	02.④	03.③	04.③	05.①	06.④	07.④	08.②
09.②	10.⑤	11.①	12.⑤	13.⑤	14.②	15.②	16.②
17.②	18.⑤	19.④	20.①	21.①	22.①	23.④	24.①
25.⑤	26.②	27.①	28.③	29.①	30.③	31.③	32.②
33.④	34.④	35.④	36.④	37.②	38.④	39.④	40.③

01 ②

② 부동산의 물리적 개념은 부동산 활동의 대상인 유형적 측면의 부동산을 이해하는 데 도움이 된다. 그리고 법률적·경제적 개념의 부동산은 무형적 측면의 부동산을 이해하는 데 도움이 된다.

02 ④

플러스 해설 ① 복합부동산은 토지와 건물이 결합된 부동산을 말한다.
② 준부동산이란 물권변동을 등기나 등록수단으로 공시하고 있는 동산이나, 동산과 부동산의 결합물을 말한다.
③ 획지 ⇨ 필지
⑤ 나지는 지목이 대, 공장용지 등 여러 지목이 가능하다.

03 ③

플러스 해설 ① "민영주택"이란 국민주택을 제외한 주택을 말한다.
② "세대구분형 공동주택"이란 공동주택의 주택 내부 공간의 일부를 세대별로 구분하여 생활이 가능한 구조로 하되, 그 구분된 공간의 일부를 구분소유 할 수 없는 주택으로서 대통령령으로 정하는 건설기준, 설치기준, 면적기준 등에 적합한 주택을 말한다.
④ "에너지절약형 친환경주택"이란 저에너지 건물 조성기술 등 대통령령으로 정하는 기술을 이용하여 에너지 사용량을 절감하거나 이산화탄소 배출량을 저감할 수 있도록 건설된 주택을 말하며, 그 종류와 범위는 대통령령으로 정한다.
⑤ "장수명 주택"이란 구조적으로 오랫동안 유지·관리될 수 있는 내구성을 갖추고, 입주자의 필요에 따라 내부 구조를 쉽게 변경할 수 있는 가변성과 수리 용이성 등이 우수한 주택을 말한다.

04 ③

③ 정착물(fixture)이란 원래 분리된 동산이었으나, 토지와 건물에 항구적으로 설치되거나 부착됨에 따라 부동산의 일부가 된 물건을 가리킨다. 우리나라 민법에서는 정착물은 토지의 일부로 간주되는 것과 독립된 부동산으로 간주되는 것으로 나누고 있다.
컨테이너 숙소, 판잣집, 가식된 수목 등은 토지에 일시적으로 부착된 물건이므로 정착물이 아닌 동산으로 간주된다.

05 ①

옳은 것은 ①이다.
㉠ 토지의 특성 중 영속성 때문에 부동산 가치를 장래편익의 현재가치로 평가하게 한다.
㉡ 토지의 특성 중 부증성으로 토지는 원가(생산비)라는 개념이 없어서 원가방식의 평가를 어렵게 한다.
㉢ 토지의 특성 중 개별성 때문에, 물건마다 개별요인이 다르며, 부동산 거래는 물건마다 이루어진다. 그래서 각각의 거래에 특수한 사정이 개입할 여지가 있어 사정보정의 대상이 될 수 있다.

06 ④

플러스 해설 ① 택지 ⇨ 필지
② 공지 ⇨ 포락지
③ 부지 ⇨ 공지
⑤ 포락지 ⇨ 빈지

07 ④

④ 공급이 증가할 때 수요가 비탄력적일수록 가격 하락폭은 더 커진다.

08 ②

② 공급의 가격탄력성이 완전탄력적일 때 수요가 증가할 경우 균형가격은 불변이고 균형거래량은 증가한다.

TEST 03

09 ②

② 아파트 수요 증가(수요곡선 우측 이동)요인은 ⓒ 총부채원리금상환비율(DSR) 규제 완화, ⓜ 대체주택 가격의 상승, ⓗ 가구수 증가 3개이다.

플러스 해설
㉠ 아파트 가격의 하락 ⇨ 아파트 수요량 증가
㉡ 총부채원리금상환비율(DSR) 규제 완화 ⇨ 아파트 수요 증가
㉢ 모기지 대출(mortgage loan) 금리의 상승 ⇨ 아파트 수요 감소
㉣ 부채감당률(DCR) 규제 강화 ⇨ 부동산 수요 감소
㉤ 대체주택 가격의 상승 ⇨ 아파트 수요 증가
㉥ 가구수 증가 ⇨ 아파트 수요 증가
㉦ 수요자의 실질 소득 감소 ⇨ 아파트 수요 감소

10 ⑤ 중

⑤ 임대료 이외의 요인의 변화로 수요량이 변한 경우, 좌표평면상에서 수요곡선 자체의 이동이 나타난다.

11 ① 상

① 아파트 공급의 가격탄력성은 1.2(탄력적), 아파트와 연립주택의 관계는 보완재이다.

㉠ 아파트 공급의 가격탄력성 : $\dfrac{공급량의\ 변화율(\%)}{가격의\ 변화율(\%)}$

$= \dfrac{-6}{-5} = 1.2$

㉡ 아파트 가격 하락 : 연립주택 수요량 증가, 보완재

12 ⑤

⑤ 신규주택공급량은 유량의 경제변수에 해당한다.

> **핵심 체크**
> 1. **유량변수** : 일정기간 동안 측정되는 변수(신규주택공급량, 소득, 임대료, 이자율 등)
> 2. **저량변수** : 일정시점에 측정되는 변수(자산, 부채, 자본, 재고량, 주택보급률, 가격 등)

13 ⑤

⑤ 영업인가를 받거나 등록을 한 날부터 6개월이 지난 기업구조조정 부동산투자회사의 자본금은 50억원 이상이 되어야 한다.

14 ② 하

② BTO(build-transfer-operate)방식에 관한 설명이다. BTO란 민간 사업시행자가 민간자금을 도입해 공공시설을 건설(Build)한 후, 시설 완공시점에서 그 시설의 소유권이 정부에 이전(Transfer)되며, 일정기간 동안 민간 사업시행자가 운영(Operate)하여 최종사용자에게 시설이용료를 징수하여 투자자금을 회수하는 방식으로 이용료 수입이 부족할 경우 정부재정에서 보조금을 지급해 사후적으로 적정수익률을 보장해 준다(적용대상 : 민자고속도로, 민자경전철 등).

15 ② 중

② 서로 다른 내부수익률을 가지는 두 자산에 동시에 투자하는 투자안의 내부수익률은 각 자산의 내부수익률을 더한 것과 다를 수 있다. 다시 말해 각각의 순현가를 갖는 두 자산의 순현가를 더하면 각 자산의 순현가를 더한 것과 같아지는 가치의 가산원칙이 적용된다. 이러한 가치의 가산원칙은 순현가법에서만 적용되고 내부수익률법이나 수익성지수법에서는 적용되지 않는다.

16 ②

② 초과이윤은 3천만원이다.
1. 불확실성하에서 토지가격에 대한 현재의 기대치는

$\dfrac{\{(8.8억원 \times 0.7) + (6.6억원 \times 0.3)\}}{(1 + 0.1)}$

$= \dfrac{6.16억원 + 1.98억원}{1.1} = \dfrac{8.14억원}{1.1}$

$= 7.4억원$

2. 확실성하에서 토지가격에 대한 현재가치는

$\dfrac{8.8억원}{1.1} = 8억원$

3. 정보의 현재가치는 '확실성하에서의 부동산 현재가치 − 불확실성하에서의 부동산 현재가치'이므로 8억원 − 7.4억원 = 6,000만원이 되며, 정보비용으로 3천만원을 이미 지불했으므로 초과이윤은 6,000만원 − 3,000만원을 하면 3,000만원이 된다.

17 ②

② 틀린 것은 ㉠, ㉢ 2개이다.
㉠ 우리나라는 주거에 대한 권리를 「주거기본법」에 의해 인정하고 있다.
㉢ 임대료를 균형가격 이하로 통제하면, 민간임대주택 공급자의 수익성이 하락하여 장기적으로 민간임대주택의 공급은 감소하고 임대주택의 질적 수준이 하락하게 된다.

플러스 해설 ㉡ 공공임대주택(공공주택 특별법), 주거급여제도(주거급여법), 주택청약조합저축(주택법) 등은 현재 우리나라에서 시행하는 제도이다.
㉣ 임대료 보조는 저소득층의 실질소득을 증가시켜 임대주택의 선택을 넓게 해주는 효과가 있다.
㉤ 주거급여법상 주거급여에 대한 정의이다.

18 ⑤

플러스 해설 ① 부동산 경기는 도시별로 다르게 변동할 수 있고 같은 지역일지라도 하위(부분)시장마다 서로 다른 변동 양상을 보일 수 있다.
② 양도소득세 중과 폐지 후 주택거래량 증가는 경기변동 요인 중 <u>무작위적 변동</u> 요인에 속한다.
③ 부동산 경기는 각 주기별 순환국면 기간이 <u>일정치 않은</u> 경향을 보인다.
④ 봄·가을의 반복적인 주택거래 건수 증가는 <u>계절적 변동</u>요인에 속한다.

132 1차 실전모의고사

19 ④

④ 정보시장이 공개되어 초과이윤과 정보비용이 일치한다면 부동산 시장도 할당 효율적일 수 있다.

20 ①

① A도시의 유인력 비율은 36%이고, B도시의 유인력 비율은 64%이다.

1. 유인력 산정
   - A도시 : $\dfrac{45,000}{36^2} = 34.72$
   - B도시 : $\dfrac{20,000}{18^2} = 61.72$

2. 유인력 비율
   - A도시 : $\dfrac{34.72}{34.72+61.72} = 0.36(36\%)$
   - B도시 : $\dfrac{61.72}{34.72+61.72} = 0.64(64\%)$

21 ①

①「도시개발법」상 사업시행방식으로 수용·사용방식, 환지방식, 혼용방식이 있다. 그중에 환지방식에 대한 설명이다.

22 ①

① 회계적 이익률법에서는 투자안의 회계적 이익률이 목표이익률보다 높은 투자안 중에서 회계적 이익률이 가장 높은 투자안을 선택한다.

23 ④

④ 정(+)의 레버리지효과를 예상하고 투자했을 때 부채비율이 커질수록 경기변동이나 금리변동에 따른 투자위험이 증가한다. 이것을 금융적 위험이라 한다.

24 ①

① 시장점유마케팅이란 공급자의 전략차원에서 표적시장(target market)을 선점하거나 틈새시장(niche market)을 점유하는 마케팅 전략을 말한다.

25 ⑤

⑤ 총임대료(130,000,000) = 기본임대료(120,000,000) + 추가임대료(10,000,000)

1. 기본임대료 : 200m² × 5만원 × 12개월 = 1억 2천만원
2. 추가임대료(= 손익분기점 초과매출액 × 할증률)
3. 손익분기점 초과매출액 : (200m² × 20만원) − 2,000만원 = 2,000만원
4. 추가임대료 : 2,000만원 × 10% × 5개월 = 1,000만원
5. 1월 ~ 7월까지는 매출액이 손익분기점에 미치지 못하므로 추가임대료는 없다.

26 ③

플러스 해설 ① 원금균등상환방식 ⇨ 원리금균등상환방식

② 원리금균등상환방식은 원금균등상환방식에 비해 전체 대출기간 만료시 누적원리금상환액이 더 크다.
④ 대출금을 조기상환하는 경우 원금균등상환방식에 비해 원리금균등상환방식의 상환액이 더 크다.
⑤ 체증(점증)상환방식은 대출잔액이 증가하다가 지속적으로 감소하므로 다른 상환방식에 비해 이자부담이 더 크다.

27 ①

① 자산관리에 관한 설명이다.

28 ③

플러스 해설 ① 2차 ⇨ 1차
② 높은 ⇨ 낮은
④ 2차 ⇨ 1차
⑤ 감소시킨다. ⇨ 증가시킨다.

29 ①

① 다양한 자산들로 분산된 포트폴리오는 비체계적 위험을 감소시킨다. 체계적 위험(systematic risk)이란 시장의 힘에 의해 야기되는 위험으로, 모든 부동산에 영향을 주는 위험이며 분산투자를 통해 회피할 수 없는 위험이다. 분산투자를 통해 회피할 수 있는 위험은 비체계적 위험이다.

30 ③

③ 보기의 부동산 투자분석기법 중 할인기법은 ㉠, ㉡, ㉢이다.
- 부동산 투자분석기법 중 할인기법 : 순현가법, 수익성지수법, 내부수익률법, 현가회수기간법

31 ③

③ 분산은 0.0024이다.

1. 평균(기댓값) : (0.6 × 0.2) + (0.4 × 0.1) = 0.12 + 0.04 = 0.16
2. 분산 : 0.6 × (0.2 − 0.16)² + 0.4 × (0.1 − 0.16)²
   = (0.6 × 0.0016) + (0.4 × 0.0036)
   = 0.00096 + 0.00144 = 0.0024

32 ②

플러스 해설 ① 수익성지수법은 투자된 현금유입의 현재가치를 이 투자로부터 발생되는 현금유출의 현재가치로 나눈 것이다.
③ 순현가법은 화폐의 시간가치를 고려하는 방법으로 순현가가 "0"보다 작으면 그 투자안을 기각한다.
④ 내부수익률은 투자안의 순현가를 "0"으로 만드는 할인율을 의미하며, 투자대안으로부터 기대되는 기대수익률을 의미한다.
⑤ 회수기간법은 화폐의 시간적 가치를 고려하지 않는 방법으로, 회수기간이 보다 긴 투자안을 기각하는 투자결정법이다.

33 ④

① 프로젝트 사업의 자금은 위탁계좌에 의해 관리된다.
② 사업주의 재무상태표에 해당 부채가 표시되지 않는 부외금융이다.
③ 임대형 개발사업의 핵심 상환재원은 준공 이후 발생하는 임대료·관리비 등의 영업현금흐름이다. 분양형 개발사업의 주요 상환재원은 분양대금이다.
⑤ 프로젝트 금융의 상환재원은 개발프로젝트의 현금흐름을 기반으로 한다.

34 ④

④ 오피스텔의 대부비율은 50%이다.

1. 대부비율(LTV) = $\dfrac{대출액}{담보가격}$

2. 대출액 = $\dfrac{순영업소득}{부채감당률 \times 저당상수} = \dfrac{4{,}000만원}{2 \times 0.1} = 2억원$

3. 대부비율(LTV) = $\dfrac{2억원}{4억원} = 0.5(50\%)$

35 ④

④ 감정평가법인등은 감정평가 의뢰인이 요청하여 시장가치 외의 가치를 기준으로 감정평가할 때에는 해당 시장가치 외의 가치의 성격과 특징을 검토해야 한다.

> **감정평가에 관한 규칙 제5조【시장가치기준 원칙】** ① 대상물건에 대한 감정평가액은 시장가치를 기준으로 결정한다.
> ② 감정평가법인등은 제1항에도 불구하고 다음 각 호의 어느 하나에 해당하는 경우에는 대상물건의 감정평가액을 시장가치 외의 가치를 기준으로 결정할 수 있다.
> 1. 법령에 다른 규정이 있는 경우
> 2. 감정평가 의뢰인이 요청하는 경우
> 3. 감정평가의 목적이나 대상물건의 특성에 비추어 사회통념상 필요하다고 인정되는 경우
> ③ 감정평가법인등은 제2항에 따라 시장가치 외의 가치를 기준으로 감정평가할 때에는 다음 각 호의 사항을 검토해야 한다. 다만, 제2항 제1호의 경우에는 그렇지 않다.
> 1. 해당 시장가치 외의 가치의 성격과 특징
> 2. 시장가치 외의 가치를 기준으로 하는 감정평가의 합리성 및 적법성
> ④ 감정평가법인등은 시장가치 외의 가치를 기준으로 하는 감정평가의 합리성 및 적법성이 결여(缺如)되었다고 판단할 때에는 의뢰를 거부하거나 수임(受任)을 철회할 수 있다.

36 ④

④ 수익환원법에 의한 감정평가액은 5억원이다.
- 순영업소득: 5,000만원 − 2,000만원 = 3,000만원
- 토지환원율: 자본수익률 = 0.05
- 건물환원율: 자본수익률 + 자본회수율
  = $0.05 + 0.02(= \dfrac{1}{50}) = 0.07$

- 종합환원율: $(0.5 \times 5\%) + (0.5 \times 7\%) = 2.5\% + 3.5\% = 6\%$

∴ 수익가액 = $\dfrac{순수익}{환원이율} = \dfrac{3{,}000만원}{0.06} = 5억원$

37 ②

② 자본환원율은 4.5%이다.

$$자본환원율 = \dfrac{순수익(순영업소득)}{총투자액}$$

1. 순수익(순영업소득) = 2,000만 − 300만 + 100만 − 450만
   = 1,350만원

2. 자본환원율 = $\dfrac{1{,}350만원}{3억원} = 0.045(4.5\%)$

38 ④

④ 수익환원법을 적용하는 것은 5개이다.
㉠ 광업재단 ㉡ 상표권 ㉢ 영업권 ㉣ 전용측선이용권 ㉥ 특허권 ⇨ 수익환원법

㉤ 과수원 ⇨ 거래사례비교법

> **감정평가에 관한 규칙**
> **제18조【과수원의 감정평가】** 감정평가법인등은 과수원을 감정평가할 때에 거래사례비교법을 적용해야 한다.
> **제19조【공장재단 및 광업재단의 감정평가】** ② 감정평가법인등은 광업재단을 감정평가할 때에 수익환원법을 적용해야 한다.
> **제23조【무형자산의 감정평가】** ③ 감정평가법인등은 영업권, 특허권, 실용신안권, 디자인권, 상표권, 저작권, 전용측선이용권(專用側線利用權), 그 밖의 무형자산을 감정평가할 때에 수익환원법을 적용해야 한다.

39 ④

④ 부동산의 가격이 외부적인 요인에 의하여 긍정적 또는 부정적 영향을 받아 형성되는 것은 적합의 원칙에 해당된다. 부동산 가격이 내부적인 요인에 의해 영향을 받는다는 것은 균형의 원칙과 관련된 내용이다.

40 ③

③ 대상토지의 가액은 13,860,000원이다.

> 대상토지가액 = (비교표준지)공시지가 × 시점수정 × 지역요인비교 × 개별요인비교 × 그 밖의 요인보정

∴ $13{,}860{,}000 = 10{,}000{,}000 \times 1.05 \times (\dfrac{110}{100}) \times (\dfrac{80}{100}) \times 1.50$

민법 · 민사특별법

Answer

41. ⑤	42. ①	43. ⑤	44. ①	45. ②	46. ④	47. ①	48. ③
49. ④	50. ①	51. ④	52. ②	53. ①	54. ④	55. ⑤	56. ③
57. ④	58. ②	59. ③	60. ⑤	61. ③	62. ⑤	63. ②	64. ⑤
65. ②	66. ④	67. ③	68. ④	69. ④	70. ③	71. ③	72. ①
73. ④	74. ③	75. ⑤	76. ③	77. ④	78. ②	79. ①	80. ③

41 ⑤

⑤ 甲이 추인을 하면 무권대리는 소급하여 효력이 생기므로, 丙은 乙을 상대로 무권대리인의 책임(제135조)에 따른 손해배상을 청구할 수 없다.

42 ①

① 불공정한 법률행위에도 무효행위의 전환에 관한 법리가 적용될 수 있다.

43 ⑤

⑤ 가장근저당권설정계약이 유효하다고 믿고 그 피담보채권을 가압류한 자는 통정허위표시를 기초로 새로운 이해관계를 맺은 제3자에 해당하므로 통정허위표시의 무효로 대항할 수 없는 제3자에 해당한다.

44 ①

① 토지매매에 있어서 특단의 사정이 없는 한 매수인에게 측량 또는 지적도와의 대조 등 방법으로 매매목적물이 지적상의 그것과 정확히 일치하는지의 여부를 미리 확인하여야 할 주의의무가 있다고 볼 수 없으므로 토지매매에 있어서 특별한 사정이 없는 한, 매수인이 측량을 통하여 매매목적물이 지적상의 그것과 정확히 일치하는지 확인하지 않은 경우 여기에 매수인의 과실이 있다고 할 수 없다(대판 1985.11.12, 84다카2344).

45 ②

② 甲이 토지거래허가신청절차에 협력하지 않는 경우, 乙은 이를 이유로 손해배상을 청구할 수 있으나 계약을 해제할 수 없다.

46 ④

플러스 해설 ① 강행법규에 위반한 자가 스스로 그 약정의 무효를 주장하는 것은 특별한 사정이 없는 한 신의칙에 반하지 않는다.
② 형사사건에 대한 의뢰인과 변호사의 성공보수약정은 반사회적 법률행위에 해당된다.
③ 부동산을 등기하지 않고 순차적으로 매도하는 중간생략등기 합의는 강행법규에 위반하여 무효라고 할 수 없다(단속규정).
⑤ 강행법규를 위반하여 무효인 계약에 대해서는 그 상대방이 선의, 무과실이라고 하더라도 표현대리 법리가 적용되지 않는다.

47 ①

플러스 해설 ② 乙의 대리권은 丙의 선임으로 소멸하지 않는다.
③ 丙의 대리권은 특별한 사정이 없는 한 乙이 사망하면 소멸한다.
④ 복대리인은 임의대리인이므로, 丙은 甲의 지명이나 승낙 기타 부득이한 사유가 없으면 원칙적으로 복대리인을 선임할 수 없다.
⑤ 만약 甲의 지명에 따라 丙을 선임한 경우, 乙은 甲에게 그 부적임을 알고 통지나 해임을 하지 않으면 책임이 있다.

48 ③

③ 복대리인 선임권이 없는 대리인에 의하여 선임된 복대리인의 권한도 기본대리권이 될 수 있다.

49 ④

④ 甲의 법정대리인이 취소할 수 있는 법률행위를 추인하는 경우, 그 추인은 취소의 원인이 소멸하기 전에 하여도 효력이 있다.

50 ①

플러스 해설 ② 조건의 성취가 미정한 권리의무는 일반규정에 의하여 담보로 할 수 있다(제149조).
③ 법률행위 당시 이미 성취된 조건을 해제조건으로 하는 법률행위는 무효이다.
④ 법률행위 당시 조건이 이미 성취된 경우, 그 조건이 정지조건이면 그 법률행위는 조건 없는 법률행위이다.
⑤ 해제조건이 선량한 풍속 기타 사회질서에 위반한 것인 때에는 특별한 사정이 없는 한 무효이다.

51 ④

④ 부동산 공유자가 자기 지분을 포기한 경우, 그 지분은 이전등기를 하여야 다른 공유자에게 각 지분의 비율로 귀속된다.

52 ②

② 소유권이전청구권 보전을 위한 가등기가 있다고 하여 소유권이전등기를 청구할 어떤 법률관계가 있다고 추정되지 않는다.

53 ①

① 건물 공유자 중 일부만이 당해 건물을 점유하고 있는 경우, 그 건물의 부지는 건물 공유자 전원이 공동으로 점유하는 것으로 볼 수 있다.

54 ④

④ 담보가등기가 마쳐진 나대지(裸垈地)에 그 소유자가 건물을 신축한 후 그 가등기에 기한 본등기가 경료되어 대지와 건물의 소유자가 달라진 경우, 특별한 사정이 없는 한 관습상 법정지상권이 성립되지 않는다.

55 ⑤

⑤ 취득시효완성 후 등기명의인이 바뀐 경우, 등기명의가 바뀐 시점으로부터 다시 취득시효기간이 경과하면 2차 취득시효완성을 주장할 수 있다.

56 ③

플러스 해설 ① 합유자의 권리는 합유물 전부에 미친다.
② 합유자는 합유물의 분할을 청구하지 못한다.
④ 합유물의 보존행위는 합유자 각자가 할 수 있다.
⑤ 합유자는 그 전원의 동의 없이 합유지분을 처분하지 못한다.

57 ④

④ 채권담보의 목적으로 이루어지는 부동산 양도담보의 경우에 있어서 피담보채무가 변제된 이후에 양도담보권설정자가 행사하는 등기청구권은 양도담보권설정자의 실질적 소유권에 기한 물권적 청구권이므로 따로 시효소멸되지 아니한다(대판 1979.2.13, 78다2412).

58 ②

플러스 해설 ㉠ X토지에 저당권을 설정할 당시 건물이 존재하지 않았으므로 제366조의 법정지상권이 성립하지 않는다.
㉡ 甲소유의 X토지와 그 지상건물에 공동저당권이 설정된 후 지상건물을 철거하고 Y건물을 신축하였고 저당권의 실행으로 X토지의 소유자가 달라진 경우에는 특별한 사정이 없는 한 제366조의 법정지상권이 성립하지 않는다.

59 ③

③ 요역지의 공유자 중 1인에 의한 지역권소멸시효의 중단은 다른 공유자에게도 효력이 있다(제296조).

60 ⑤

플러스 해설 ① 전세권이 성립한 후 목적물의 소유권이 이전되면 전세금반환채무가 신소유자에게 이전된다.
② 전세권의 존속기간이 시작되기 전에 마친 전세권설정등기는 특별한 사정이 없는 한 유효로 추정된다.
③ 전세권을 설정하는 때에는 전세금이 반드시 현실적으로 수수되어야 하는 것은 아니고 기존의 채권으로 갈음할 수 있다.
④ 건물의 일부에 전세권이 설정된 경우 전세권의 목적물이 아닌 나머지 부분에 대해서 경매를 신청할 수 없다.

61 ③

플러스 해설 ① 피담보채권이 존재하더라도 타인의 물건에 대한 점유가 불법행위로 인한 것인 때에는 유치권이 성립하지 않는다.
② 유치권자가 유치물 소유자의 승낙 없이 유치물을 임대한 경우, 특별한 사정이 없는 한 유치물의 소유자는 유치권의 소멸을 청구할 수 있다.
④ 채무자를 직접점유자로 하여 채권자가 간접점유를 한 경우에는 채권자는 유효하게 유치권을 취득할 수 없다.
⑤ 민법 제367조는 저당물의 제3취득자가 그 부동산의 보존, 개량을 위하여 필요비 또는 유익비를 지출한 때에는 제203조 제1항, 제2항의 규정에 의하여 저당물의 경매대가에서 우선상환을 받을 수 있다고 규정하고 있다. 민법 제367조에 의한 우선상환은 제3취득자가 경매절차에서 배당받는 방법으로 민법 제203조 제1항, 제2항에서 규정한 비용에 관하여 경매절차의 매각대금에서 우선변제받을 수 있다는 것이지 이를 근거로 제3취득자가 직접 저당권설정자, 저당권자 또는 경매절차 매수인 등에 대하여 비용상환을 청구할 수 있는 권리가 인정될 수 없다. 따라서 제3취득자는 민법 제367조에 의한 비용상환청구권을 피담보채권으로 주장하면서 유치권을 행사할 수 없다(대판 2023.7.13, 2022다265093).

62 ⑤

㉠ 피담보채권이 소멸하면, 저당권은 말소등기를 하지 않아도 소멸한다(제187조).
㉡ 저당권자에게 물상대위성이 인정되므로(제370조, 제342조), 甲은 Y건물의 소실로 인하여 乙이 취득한 화재보험금청구권에 대하여 물상대위권을 행사할 수 있다.
㉢ 저당권은 그 담보한 채권과 분리하여 타인에게 양도하거나 다른 채권의 담보로 하지 못한다(제361조).

63 ②

② 저당권은 점유를 수반하는 권리가 아니므로 시효취득의 대상이 되지 않는다.

64 ⑤

플러스 해설 ① 청약은 불특정 다수인을 상대로 할 수 있다.
② 청약은 특별한 사정이 없는 한 철회할 수 없다.
③ 격지자 간의 계약은 다른 의사표시가 없으면 승낙의 통지를 발송한 때에 성립한다.
④ 청약자가 청약의 의사표시를 발송한 후 제한능력자가 되어도 청약의 효력은 상실되지 않는다.

65 ②

플러스 해설 ㉡ 관습에 의하여 승낙의 의사표시가 필요하지 아니한 경우, 계약의 성립시기는 승낙의 의사표시로 인정되는 사실이 있는 때이다(제532조).
㉣ 목적이 불능인 계약을 체결할 때에 그 불능을 알 수 있었을 자는 상대방이 그 불능을 알 수 있었다면 상대방에게 신뢰이익을 배상할 필요가 없다(제535조).

Test 04 정답 및 해설

본문 ▶ P. 50

부동산학개론

Answer

01. ⑤	02. ④	03. ①	04. ①	05. ⑤	06. ③	07. ③	08. ②
09. ④	10. ②	11. ④	12. ④	13. ③	14. ④	15. ⑤	16. ①
17. ⑤	18. ③	19. ④	20. ①	21. ④	22. ④	23. ⑤	24. ④
25. ①	26. ①	27. ②	28. ②	29. ②	30. ⑤	31. ①	32. ⑤
33. ②	34. ⑤	35. ①	36. ⑤	37. ②	38. ①	39. ①	40. ⑤

01 ⑤

⑤ 물리적(기술적) 측면의 부동산은 자연, 공간, 위치, 환경을 말한다.

복합개념의 부동산	기술적(물리적) 개념의 부동산	자연, 공간, 위치, 환경
	경제적 개념의 부동산	생산요소, 소비재, 상품, 자산, 자본
	법률적 개념의 부동산	민법상 부동산(토지 및 그 정착물)
		민법상 부동산 + 준부동산

02 ④

④ 사무실용 부동산 임대업은 비주거용 건물 임대업에 해당하므로 부동산 임대 및 공급업에 속한다.

한국표준산업분류상 부동산업(68)의 분류

681 부동산 임대 및 공급업	6811 부동산 임대업	68111 주거용 건물 임대업
		68112 비주거용 건물 임대업
		68119 기타 부동산 임대업
	6812 부동산 개발 및 공급업	68121 주거용 건물 개발 및 공급업
		68122 비주거용 건물 개발 및 공급업
		68129 기타 부동산 개발 및 공급업
682 부동산 관련 서비스업	6821 부동산 관리업	68211 주거용 부동산 관리업
		68212 비주거용 부동산 관리업
	6822 부동산 중개, 자문 및 감정 평가업	68221 부동산 중개 및 대리업
		68222 부동산 투자 자문업
		68223 부동산 감정 평가업
		68224 부동산 분양 대행업

03 ①

플러스 해설 ② 건부지(建敷地)란 건물이나 구축물 등의 용도에 제공되고 있는 부지로서 지상물에 의하여 사용·수익이 제한된 토지를 말한다.
③ 나지(裸地)란 토지에 건물이나 그 밖의 정착물이 없고 지상권 등 토지의 사용·수익을 제한하는 사법상의 권리가 설정되어 있지 아니한 토지를 말한다. 공법상의 제한은 존재한다.
④ 제내지(堤內地)란 하천 제방에 의하여 보호되고 있는 지역, 즉 제방으로부터 보호되고 있는 마을까지를 제내지라고 하며 하천을 향한 제방 안쪽 지역이라는 의미이다. 이와는 반대로 하천 제방으로 둘러싸인 하천 측 지역은 제외지라고 한다.
⑤ 일단지(一團地): 「표준지공시지가 조사·평가 기준」 제20조 (일단지의 평가) ① 용도상 불가분의 관계에 있는 2필지 이상의 일단의 토지(이하 "일단지"라 한다) 중에서 대표성이 있는 1필지가 표준지로 선정된 때에는 그 일단지를 1필지의 토지로 보고 평가한다.

04 ①

- $1,000 - P = 3P$, $4P = 1,000$ ∴ $P = 250$, $Q = 750$
- $1,200 - P = 3P$, $4P = 1,200$ ∴ $P = 300$, $Q = 900$

그러므로 균형가격은 250만원에서 300만원으로 상승, 균형거래량은 $750m^2$에서 $900m^2$으로 증가

05 ⑤

⑤ 우하향하는 수요곡선의 경우 수요곡선상의 측정지점에 따라 가격탄력성은 다르다.

06 ③

③ 공급증가요인은 ㉠, ㉢, ㉤ 3개이다.

플러스 해설 ㉡ 주택담보대출금리의 하락 ⇨ 아파트 수요 증가
㉣ 주택담보대출인정비율(LTV) 완화 ⇨ 아파트 수요 증가
㉥ 양도소득세 중과세 ⇨ 아파트 공급 감소

07 ③

③ 보유과세에 해당하는 것은 ㉢, ㉣이다.

구 분	취 득	보 유	처 분
지방세	취득세 등록면허세	재산세	
국 세	증여세 상속세	종합부동산세	양도소득세

08 ②

② 오피스텔 수요의 소득탄력성은 0.4이다.

1. 오피스텔 수요의 가격탄력성(0.5)

    $= \dfrac{\text{오피스텔 수요량의 변화율}}{\text{오피스텔 가격의 변화율}} = \dfrac{\text{오피스텔 수요량의 변화율}}{5\%}$

    ∴ 오피스텔 수요량의 변화율 $= 2.5\%$ 감소$(= 0.5 \times 5\%)$

2. 아파트 가격에 대한 오피스텔 수요의 교차탄력성(0.3)

    $= \dfrac{\text{오피스텔 수요량의 변화율}}{\text{아파트 가격의 변화율}} = \dfrac{\text{오피스텔 수요량의 변화율}}{5\%}$

    ∴ 오피스텔 수요량의 변화율 $= 1.5\%$ 증가$(= 0.3 \times 5\%)$

3. 오피스텔 전체 수요량의 변화율이 $1\% = -2.5\% + 1.5\% + X$,
   $X = 2\%$

    ∴ 소득 증가에 따른 오피스텔 수요량은 2% 증가이다.

4. 오피스텔 수요의 소득탄력성

    $= \dfrac{\text{오피스텔 수요량의 변화율}}{\text{소득의 변화율}} = \dfrac{2\%}{5\%} = 0.4$

09 ④

1. A부동산 시장

    ① $5P = 500 - Q_D \Rightarrow P = \dfrac{500}{5} - \dfrac{1}{5}Q_D$

      ∴ 수요곡선의 기울기 $-\dfrac{1}{5}$

    ② $2P = 300 + 10Q_S \Rightarrow P = \dfrac{300}{2} + \dfrac{10}{2}Q_S$

      ∴ 공급곡선의 기울기 5

    ③ 수요곡선의 기울기의 절댓값$(\dfrac{1}{5})$ < 공급곡선의 기울기(5)
      : 수렴형

2. B부동산 시장

    ① $P = 400 - 3Q_D$

      ∴ 수요곡선의 기울기 -3

    ② $2P = 100 + 6Q_S \Rightarrow P = \dfrac{100}{2} + \dfrac{6}{2}Q_S$

      ∴ 공급곡선의 기울기 3

    ③ 수요곡선의 기울기의 절댓값(3) = 공급곡선의 기울기(3)
      : 순환형

10 ②

② 옳은 것은 ㉠: 부동성, ㉡: 내부화이다.
㉠ 토지의 자연적 특성 중 부동성 및 인접성으로 부동산은 외부효과가 나타난다.
㉡ 외부효과의 내부화란 생산과 소비 과정에서 발생하는 외부효과를 기업이나 개인의 의사결정 과정에 포함시키는 것을 말한다. 예를 들어, 어떤 기업이 상품을 생산하며 발생시키는 환경공해는 지역사회에 부정적인 영향을 미치지만, 기업은 이러한 공해 제거 비용을 전혀 부담하지 않는다. 이러한 것을 외부화라 하는데 기업은 외부화로 이익을 보지만 사회 전체적인 관점에서 사회 전체의 후생을 감소시킬 수 있다. 따라서 이러한 공해 제거 비용을 기업 내부에서 고려하는 것이 필요하다. 그러한 방법 중 하나가 국가가 해당 기업에 환경세를 부과하는 것이다. 이러한 것을 외부효과의 내부화라 한다.

11 ④

플러스 해설 ① 하향시장 국면에서는 부동산 가격이 지속적으로 하락하고 거래량은 감소한다.
② 상향시장 국면에서는 경기상승이 지속적으로 진행되어 경기의 정점에 도달한다.
③ 회복시장 국면에서는 건축허가신청이 지속적으로 증가한다.
⑤ 안정시장 국면에서의 과거의 거래가격은 새로운 거래의 신뢰할 수 있는 기준이다.

12 ④

1. A도시의 유인력 $= \dfrac{50{,}000}{5^2} = 2{,}000$

2. B도시의 유인력 $= \dfrac{100{,}000}{10^2} = 1{,}000$

    ∴ A도시 유인인구 $= 30{,}000 \times \dfrac{2{,}000}{3{,}000} = 20{,}000$명

    B도시 유인인구 $= 30{,}000 \times \dfrac{1{,}000}{3{,}000} = 10{,}000$명

13 ③

③ 재산(자산)은 저량변수이다.
플러스 해설 소득, 수출, 소비, 투자 등은 일정한 기간이 주어져야 의미가 명확한 유량변수이다.

유량(flow)	저량(stock)
일정기간으로 측정된 변수 소득, 주택거래량, 임대료, 순영업소득, 기계 소비, 수요량, 신규주택공급량, 당기순이익, 투자, 수출, 수입, 지대(rent)	일정시점에서 측정된 변수, 주택재고량, 자산, 인구, 자본, 부채, 지가, 부동산 가치, 통화량, 주택보급률, 주택보유율

14 ④

④ 사업수탁방식의 경우 사업 전반이 토지소유자의 명의로 행해지며 개발비용도 토지소유자가 부담하는 형식이다. 개발업자는 사업위탁에 따른 개발대행만을 행한다.

15 ⑤

⑤ 공급의 가격탄력성이 작을수록 수요변화시 균형가격의 변동폭은 커지지만 균형거래량의 변동폭은 작다. 다시 말해 공급의 가격에 대해 비탄력적일수록, 공급곡선의 기울기가 가파르므로 수요가 변하면 가격 변동폭은 커지고, 거래량 변화폭은 작아진다. 반대로 공급의 가격에 대해 탄력적일수록, 공급곡선의 기울기가 완만하므로 수요가 변하면 가격 변동폭은 작아지고, 거래량 변화폭은 커진다.

16 ①

① 건축법령상 숙박시설 중 생활숙박시설은 주택법령상의 준주택에 해당하지 않는다.

> **주택법 제2조【정의】**
> 4. "준주택"이란 주택 외의 건축물과 그 부속토지로서 주거시설로 이용가능한 시설 등을 말하며, 그 범위와 종류는 대통령령으로 정한다.
>
> **주택법 시행령 제4조【준주택의 종류와 범위】** 법 제2조 제4호에 따른 준주택의 종류와 범위는 다음 각 호와 같다.
> 1. 「건축법 시행령」 별표 1 제2호 라목에 따른 기숙사
> 2. 「건축법 시행령」 별표 1 제4호 거목 및 제15호 다목에 따른 다중생활시설
> 3. 「건축법 시행령」 별표 1 제11호 나목에 따른 노인복지시설 중 「노인복지법」 제32조 제1항 제3호의 노인복지주택
> 4. 「건축법 시행령」 별표 1 제14호 나목 2)에 따른 오피스텔

17 ⑤

⑤ 공공임대주택의 경우, 소비자 입장에서 주거지 선택이 제한된다. 주거지 선택이 자유로운 것은 민간임대주택이지만, 민간임대는 공공임대에 비해 임대료가 비싸다.

18 ③

③ A지역 주택시장의 경제적 순손실은 240억원이다.

1. 최초 균형

   1) $Q_D = -2P + 2,400 \Rightarrow P = -\dfrac{1}{2}Q + 1,200$

   2) $Q_S = 3P - 1,200 \Rightarrow P = \dfrac{1}{3}Q + 400$

   3) $-\dfrac{1}{2}Q + 1,200 = \dfrac{1}{3}Q + 400 \Rightarrow Q = 960$

2. 공급측면에 단위당 세액 20만원의 종량세 형태로 부과, 공급함수에 20만을 더한다.

   1) $P = -\dfrac{1}{2}Q + 1,200$

   2) $P = \dfrac{1}{3}Q + 400 + 20$

   3) $-\dfrac{1}{2}Q + 1,200 = \dfrac{1}{3}Q + 420 \Rightarrow Q = 936$

3. 조세부과로 거래량 24만 호(= 960만 − 936만) 감소
   ∴ 경제적 순손실(삼각형의 면적)
   = 24만(밑변) × 20만(높이) × $\dfrac{1}{2}$ = 240억원

19 ④

① 종합자본환원율 ⇨ 자기자본수익률
② 총자본수익률이 저당수익률보다 큰 경우, 대출비율을 높일수록 자기자본에 대한 투자수익률은 증가한다.
③ 중립적 지렛대 ⇨ 부(−)의 지렛대
⑤ 정(+)의 레버리지효과를 예상하고 투자한 경우에는 부채비율이 커질수록 경기변동이나 금리변동에 따른 투자위험은 오히려 증가한다.

20 ①

① 유동성 위험이란 투자부동산을 현금으로 전환하는 과정에서 발생하는 시장가치의 손실가능성을 의미한다.

21 ④

④ 실제수익률이 기대수익률에 가까울 가능성이 크다는 것은 그만큼 투자안의 위험이 낮고 표준편차가 작다는 의미이다.

22 ④

④ 순현가(NPV)법에서 재투자율은 요구수익률이다.

23 ⑤

⑤ 투자를 행하기 전에는 실현수익률을 알 수 없으므로, 내부수익률과는 비교할 수가 없다. 또한 내부수익률의 비교 대상은 요구수익률이다.

24 ④

④ 옳은 것은 ㉡, ㉢, ㉣이다.

플러스 해설 ㉠ MPTS(Mortgage Pass-Through Securities)는 지분형 증권으로 원리금수취권과 주택저당에 대한 채권을 모두 투자자에게 이전하는 증권이다.
㉢ CMO(Collateralized Mortgage Obligation)는 증권 발행자가 저당 풀(mortgage pool)의 현금흐름을 가공하여, 상환우선순위와 만기가 다른 여러 개의 채권, 즉 여러 개의 트랜치(tranche)로 구성된 증권으로 발행된 채권형 증권을 말한다. 동일한 저당 풀(mortgage pool)로부터 만기, 이자율을 다양화하여 발행한 여러 개의 채권을 말한다. 다시 말해 동일한 저당 풀(mortgage pool)을 여러 개의 트랜치(tranche)으로 배분한 후, 각 트랜치마다 서로 다른 만기와 이자율을 적용하여 원리금이 지급되는 순서를 다르게 정하는 것을 말한다. 따라서 각각의 트랜치마다 만기와 이자율, 중도상환 위험의 부담 정도가 다르다.

25 ①

① 프로젝트 파이낸싱(PF)의 경우 차주가 프로젝트 회사(PFV)이므로, 사업주의 대차대조표(재무상태표)에는 부채로 인식되지 않는다. 따라서 사업주는 부외금융효과를 누릴 수 있어 개발업자의 채무수용능력이 제고된다.

TEST 04

26 ①

① 지분금융에 해당하는 것은 ⓒ 부동산 신디케이트(syndicate)이다.

플러스 해설†
㉠ 저당금융: 부채금융
㉡ 신탁증서금융: 부채금융
㉢ 부동산 신디케이트(syndicate): 지분금융
㉣ 자산유동화증권(ABS): 부채금융
㉤ 신주인수권부사채: 메자닌금융

27 ①

① 저당채권이체증권(MPTS)은 원칙적으로 증권투자자가 이자율 위험, 중도상환 위험, 채무불이행의 위험 등을 부담한다.

28 ③

③ 금융감독원 ⇨ 금융위원회

> **부동산투자회사법 제25조의2【회계처리】** ① 부동산투자회사는 부동산 등 자산의 운용에 관하여 회계처리를 할 때에는 금융위원회가 정하는 회계처리기준에 따라야 한다.

29 ②

② 월불입액의 차액은 432,900원이다.
1. 원금균등상환방식: 6억원 × 50% × 0.5% = 1,500,000원
2. 원리금균등상환방식: 6억원 × 50% × 0.006443 = 1,932,900원
3. 1,932,900원 − 1,500,000원 = 432,900원

30 ⑤

⑤ 주택저당증권(CMO)의 투자자는 대출금의 중도상환에 따른 위험을 부담한다.

31 ①

① 주택저당채권의 유동화는 2차 저당시장에서 이루어진다. 1차 저당시장은 주택자금대출시장의 역할을 한다.

32 ⑤

플러스 해설† ① 차별화(Positioning)란 목표시장에서 고객의 욕구를 파악하여 경쟁 제품과 차별성을 가지도록 제품 개념을 정하고 소비자의 지각 속에 적절히 위치시키는 것이다.
② 표적시장(Targeting)이란 세분화된 시장 중 가장 좋은 시장기회를 제공해 줄 수 있는 특화된 시장이다.
③ 4P에 의한 마케팅 믹스 전략의 구성요소는 제품(Product), 유통경로(Place), 판매촉진(Promotion), 가격(Price)이다.
④ STP란 시장세분화(Segmentation), 표적화(Targeting), 차별화(Positioning)를 표상하는 약자이다.

33 ②

② BTO 방식에 대한 설명이다.

34 ⑤

⑤ 위탁관리방식은 자기관리방식보다 기밀유지 측면에서 불리하다.

위탁관리방식의 장·단점

장점	㉠ 소유와 경영의 분리로 소유자는 본업에 전념할 수 있다. ㉡ 부동산관리가 합리적이며, 임차인에게 전문적인 서비스 제공 ㉢ 관리업무의 매너리즘(타성)화가 방지된다. ㉣ 부동산관리비용의 저렴 및 안정
단점	㉠ 기밀유지 및 보안이 불완전하다. ㉡ 관리요원들의 부동산설비에 대한 애호정신이 낮다.

35 ①

① 부동산 개발이란 시공을 담당하는 행위는 제외한다.

> **부동산개발업의 관리 및 육성에 관한 법률 제2조【정의】** 이 법에서 사용하는 용어의 정의는 다음과 같다.
> 1. "부동산 개발"이란 다음 각 목의 어느 하나에 해당하는 행위를 말한다. 다만, 시공을 담당하는 행위는 제외한다.
>   가. 토지를 건설공사의 수행 또는 형질변경의 방법으로 조성하는 행위
>   나. 건축물을 건축·대수선·리모델링 또는 용도변경 하거나 공작물을 설치하는 행위
> 2. "부동산개발업"이란 타인에게 공급할 목적으로 부동산 개발을 수행하는 업을 말한다.
> 3. "부동산개발업자"란 부동산개발업을 수행하는 자를 말한다.

36 ③

③ 옳은 것은 ㉢, ㉣, ㉤이다.
플러스 해설† ㉠ 감가수정은 재조달원가를 기준으로 하지만, 감가상각은 취득가격을 기준으로 행한다.
㉡ 상환기금법은 대상물건의 내용연수가 만료되는 때의 감가누계상당액과 그에 대한 복리계산의 이자 상당액을 포함하여 당해 내용연수로 상환하는 방법이다.

37 ①

② 유사지역이란 대상부동산이 속하지 아니한 지역으로서 인근지역과 유사한 특성을 갖는 지역을 말한다.
③ 동일수급권이란 대상부동산과 수요·공급 관계가 성립하고 가치 형성에 서로 영향을 미치는 관계에 있는 다른 부동산이 존재하는 권역을 말한다.
④ 지역분석은 대상지역 내 표준적 이용과 가격수준을 판정하는 것이다.
⑤ 개별분석은 지역분석 이후에 실시하는 것이 일반적이다.

구 분	지역분석	개별분석
순 서	전(前)	후(後)
지리적 대상	인근지역, 유사지역 동일수급권	대상부동산
분석기준	표준적 이용	최유효이용
가격관련	가격수준	구체적인 가격
관련원칙	적합, 외부성의 원칙	균형의 원칙
분석범위	거시(巨視)적(전체적) 분석	미시(微視)적(부분) 분석
관련 토지 특성	부동성, 인접성	개별성

38 ① 상

① 수익가액 = $\dfrac{순수익}{환원이율}$ = $\dfrac{33,750,000}{0.1,125}$ = 3억원

1. 토지환원율 = 자본수익률 = 0.1
2. 건물환원율 = 자본수익률 + 자본회수율($\dfrac{1}{잔존연수}$)

   = 0.1 + 0.025(= $\dfrac{1}{40}$) = 0.125

3. 환원율 = (토지가액비율 × 토지환원율) + (건물가액비율 × 건물환원율)
   = (0.5 × 0.1) + (0.5 × 0.125) = 0.05 + 0.0625
   = 0.1125(11.25%)
4. 순수익(순영업소득) = 유효총소득 − 영업경비
   = 4,000만원 − 625만원 = 3,375만원

39 ① 상

① 개별요인 비교치는 0.723이다.

개별요인 비교치 = $\dfrac{대상토지\ 100\%}{사례토지\ 100\%}$

1. 접근조건: $\dfrac{100 + 5}{100}$ = 1.05, $\dfrac{100 - 10}{100}$ = 0.9
2. 자연조건: $\dfrac{100 + 5}{100}$ = 1.05, $\dfrac{100 - 10}{100}$ = 0.9
3. 획지조건: $\dfrac{100 - 10}{100}$ = 0.9
4. 기타조건: $\dfrac{100 - 10}{100}$ = 0.9
5. 개별요인 비교치(0.723) = 1.05 × 0.9 × 1.05 × 0.9 × 0.9 × 0.9

40 ⑤ 중

⑤ 개별주택가격 ▷ 시장·군수 또는 구청장
공동주택가격 ▷ 국토교통부장관

민법·민사특별법

Answer

41.①	42.①	43.⑤	44.②	45.③	46.①	47.②	48.④
49.③	50.①	51.①	52.①	53.②	54.④	55.①	56.④
57.①	58.⑤	59.②	60.④	61.②	62.③	63.③	64.⑤
65.⑤	66.⑤	67.①	68.④	69.②	70.②	71.②	72.②
73.②	74.②	75.④	76.②	77.③	78.⑤	79.③	80.⑤

41 ①

① 가장소비대차의 계약상의 지위를 이전 받은 자는 제3자에 해당하지 않는다.

42 ①

① 권한을 정하지 않은 대리인은 대리의 목적인 물건이나 권리의 성질을 변하지 아니하는 범위에서 그 이용 또는 개량하는 행위를 할 수 있다(제118조).

43 ⑤

플러스 해설 ① 피기망자에게 손해를 가할 의사는 사기에 의한 의사표시의 성립요건이 아니다.
② 상대방이 불법으로 어떤 해악을 고지하였더라도, 표의자가 이로 말미암아 공포심을 느끼지 않았다면 강박에 의한 의사표시에 해당하지 않는다.
③ 상대방의 대리인이 한 사기는 제3자의 사기에 해당하지 않고 제110조 제1항이 적용된다.
④ 단순히 상대방의 피용자에 지나지 않는 사람이 한 강박은 제3자의 강박에 해당한다.

44 ②

ⓒ 소송에서의 증언을 조건으로 통상 용인되는 수준을 넘는 대가를 받기로 한 약정은 반사회적 법률행위에 해당한다.
ⓔ 부동산에 대한 강제집행을 면할 목적으로 그 부동산에 허위의 근저당권을 설정하는 행위는 반사회적 법률행위에 해당하지 않는다.

45 ③

③ 경매는 법률규정에 의한 물권변동이므로, 경매절차에서 경매부동산의 매각대금이 시가에 비해 현저히 저렴한 경우에는 제104조가 적용될 수 없다.

46 ①

㉠ 대리인이 성년후견 개시의 심판을 받으면 대리권은 소멸하지 않는다.
㉣ 대리인의 대리권 남용을 상대방이 알았거나 알 수 있었을 경우, 대리행위는 본인에게 효력이 없다(제107조 비진의표시 유추적용).

TEST 04

47 ②

② 대리행위의 효력이 착오, 사기, 강박, 선의, 악의, 과실 등으로 영향을 받을 경우에 그 사실의 유무는 대리인을 기준으로 결정한다(제116조). 다만 이러한 하자에서 발생한 효과(취소권, 무효주장권 등)는 본인에게 귀속한다. 따라서 丙이 매매계약을 적법하게 해제한 경우, 丙은 대리인 乙에게 손해배상을 청구할 수 없다.

플러스 해설 ① 계약상 채무의 불이행을 이유로 계약이 상대방 당사자에 의하여 유효하게 해제되었다면, 해제로 인한 원상회복의무는 대리인이 아니라 계약의 당사자인 '본인'이 부담한다(대판 2011.8.18, 2011다30871). 따라서 丙이 매매계약을 적법하게 해제한 경우, 그 해제로 인한 원상회복의무는 甲과 丙이 부담한다.
③ 丙의 채무불이행이 있는 경우, 乙은 특별한 사정이 없는 한 계약을 해제할 수 없다.
④ 만약 甲이 매매계약의 체결과 이행에 관하여 포괄적 대리권을 수여한 경우, 乙은 특별한 사정이 없는 한 약정된 매매대금 지급기일을 연기해 줄 권한도 가진다.
⑤ 乙은 특별한 사정이 없는 한 丙으로부터 매매계약에 따른 중도금이나 잔금을 수령할 수 있다.

48 ④

④ 복대리인의 대리행위에 대해서도 표현대리가 성립할 수 있다.

49 ③

③ 불법조건은 그 조건만이 무효가 되는 것이 아니라 그 법률행위도 무효가 된다.

50 ①

① 매도인에 의해 매매계약이 적법하게 해제된 후에도 매수인은 그 매매계약을 착오를 이유로 취소할 수 있다.

51 ①

① 강제경매로 인해 성립한 관습상 법정지상권을 법률행위에 의해 양도하기 위해서는 등기가 필요하다.

52 ③

③ 무상의 담보지상권의 경우, 乙은 丙에게 X의 사용・수익을 이유로 부당이득의 반환을 청구할 수 없다.

53 ②

플러스 해설 ① 등기는 물권의 효력발생요건이지만 효력존속요건은 아니다.
③ 매도인이 매수인에게 소유권이전등기를 마친 후 매매계약의 합의해제에 따른 매도인의 등기말소청구권의 법적 성질은 소유자가 청구하는 물권적 청구권이다.
④ 소유자의 대리인으로부터 토지를 적법하게 매수하였다면 소유권이전등기가 위조된 서류에 의하여 마쳐졌더라도 그 등기는 실체관계에 부합하여 유효하다.
⑤ 무효등기의 유용에 관한 합의는 반드시 명시적으로 이루어져야 하는 것은 아니고 묵시적으로도 가능하다.

54 ④

㉠ 중간생략등기에 관하여 3자간 합의가 있다고 하여 乙의 甲에 대한 소유권이전등기청구권은 소멸하는 것이 아니다.
㉢ 중간생략등기에 관한 3자간 합의 후 甲과 乙 사이에 매매대금을 인상하는 약정을 체결한 경우, 甲은 인상분의 미지급을 이유로 丙의 소유권이전등기청구를 거절할 수 있다.
㉣ 만약 乙이 丙에게 소유권이전등기청구권을 양도하고 그 사실을 甲에게 통지한 경우, 그 사실만으로는 丙은 직접 甲에 대하여 이전등기를 청구할 수 없다.

55 ①

① 합유자의 1인이 사망하면 특별한 사정이 없는 한 그의 상속인이 그 지분을 포괄승계하는 것은 아니다.

56 ④

④ 지상권자의 지료 지급 연체가 토지소유권의 양도 전후에 걸쳐 이루어진 경우 토지양수인에 대한 연체기간이 2년이 되지 않는다면 양수인은 지상권소멸청구를 할 수 없다(대판 2001.3.13, 99다17142).

플러스 해설 ① 甲이 戊에게 지상권을 목적으로 하는 저당권을 설정한 경우, 지료연체를 원인으로 하는 乙의 지상권소멸청구는 戊에게 통지한 후 상당한 기간이 경과함으로써 효력이 생긴다.
② 甲의 권리가 법정지상권일 경우, 지료에 관한 협의나 법원의 지료결정이 없으면 乙은 지료연체를 주장하지 못한다.
③ 지료를 연체한 甲이 丙에게 지상권을 양도한 경우, 乙은 지료약정이 등기된 때에만 연체사실로 丙에게 대항할 수 있다.
⑤ 甲은 그가 乙의 토지에 신축한 X건물의 소유권을 유보하여 지상권을 양도할 수 있다.

57 ①

① 경계에 설치된 담이 공유인 경우, 공유자는 그 분할을 청구할 수 없다.

58 ⑤

⑤ 사회통념상 건물은 그 부지를 떠나서는 존재할 수 없는 것이므로 건물의 부지가 된 토지는 그 건물의 소유자가 점유하는 것으로 볼 것이고, 이 경우 건물소유자가 현실적으로 건물이나 그 부지를 점거하고 있지 않더라도 그 건물의 소유를 위하여 그 부지를 점유한다고 보아야 한다(대판 1996.6.14, 95다47282).

59 ②

② 악의의 점유자는 과실을 반환하여야 하므로 특별한 사정이 없는 한 통상의 필요비의 상환을 청구할 수 있다(대판).

플러스 해설 ④ 해제의 경우에는 원상회복의무가 있으므로 점유자와 회복자의 관계의 규정(제210조~제203조)이 적용되지 않는다. 따라서 선의의 매수인이라도 과실수취권이 인정되지 않는다.

60 ④

㉠ 지역권에 저당권을 설정하는 계약은 무효이다.
㉢ 통행지역권은 토지소유자뿐만 아니라 지상권자, 전세권자 등에게도 인정된다(대판 1976.10.29, 76다1694).

61 ④

㉠ 당사자는 미리 유치권의 발생을 막는 특약을 할 수 있고 이러한 특약은 유효하다. 유치권 배제 특약이 있는 경우 다른 법정요건이 모두 충족되더라도 유치권은 발생하지 않는데, 특약에 따른 효력은 특약의 상대방뿐 아니라 그 밖의 사람도 주장할 수 있다(대판 2018.1.24, 2016다234043).
㉡ 유치권자는 채권의 변제를 받기 위하여 유치물을 경매할 수 있다.

62 ③

플러스 해설 ① 건물 일부의 전세권자는 나머지 건물 부분에 대해서 경매신청권이 없다.
② 전세권 설정계약의 당사자는 전세권의 사용·수익권능을 배제하고 채권담보만을 위한 전세권을 설정할 수 없다.
④ 전세권자는 특별한 사정이 없는 한 전세권의 존속기간 내에서 전세목적물을 타인에게 전전세 할 수 있다.
⑤ 전세권이 소멸된 경우, 전세권자의 전세목적물의 인도와 전세권설정자의 전세금의 반환은 동시이행의 관계에 있다.

63 ③

③ 건물저당권의 효력은 민법 제358조 본문에 따라서 건물뿐만 아니라 건물의 소유를 목적으로 한 토지의 임차권 또는 지상권(종된 권리)에도 미친다.

64 ⑤

플러스 해설 ① 채권최고액에는 피담보채무의 이자가 산입된다.
② 피담보채무 확정 전에는 채무자를 변경할 수 있다.
③ 근저당권자가 피담보채무의 불이행을 이유로 경매신청을 한 경우, 특별한 사정이 없는 한 피담보채무액은 경매신청시에 확정된다.
④ 채무자의 실제채무액이 채권최고액을 초과하는 경우, 채무자는 실제 채무액 전액을 변제하여야 근저당권의 말소를 청구할 수 있으나, 물상보증인이나 제3취득자는 채권최고액만 변제하면 근저당권의 말소를 청구할 수 있다(대판).

65 ⑤

㉠ 乙이 2024. 5. 15. 승낙한 경우, 甲은 乙이 새로운 청약을 한 것으로 보고 이를 승낙함으로써 계약을 성립시킬 수 있다.
㉡ 乙이 5억원을 7억원으로 잘못 읽어, 2024. 5. 8. 甲에게 7억원에 매수한다는 승낙이 도달하더라도 청약과 승낙의 의사표시가 일치하지 않으므로 계약은 성립하지 않는다.
㉢ 승낙기간을 정하여 청약을 하였으나 청약자가 그 기간 내에 승낙의 통지를 받지 못한 경우, 원칙적으로 청약은 효력을 상실하여 계약은 성립하지 않는다(제528조). 따라서 乙의 승낙의 의사표시가 2024. 5. 7. 발송되어 2024. 5. 10. 甲에게 도달한 경우, 원칙적으로 계약은 성립하지 않는다.

66 ⑤

⑤ 매도인이 매수인에 대하여 매매계약의 이행을 최고하고 매매잔대금의 지급을 구하는 소송을 제기한 것만으로는 이행에 착수하였다고 볼 수 없다(대판 2008.10.23, 2007다72274·72281). 따라서 매도인은 매수인에게 이행을 최고하고 대금지급을 구하는 소송을 제기한 후에도 매수인은 계약금을 포기하고 계약을 해제할 수 있다.

플러스 해설 ① 계약서에 명문으로 위약시의 법정해제권의 포기 또는 배제를 규정하지 않은 이상 계약당사자 중 어느 일방에 대한 약정해제권의 유보 또는 위약벌에 관한 특약의 유무 등은 채무불이행으로 인한 법정해제권의 성립에 아무런 영향을 미칠 수 없다(대판 1990.3.27, 89다카14110).
② 매도인이 매매계약의 이행에는 전혀 착수한 바가 없다 하더라도 매수인이 중도금을 지급하여 이미 이행에 착수한 이상 매수인은 민법 제565조에 의하여 계약금을 포기하고 매매계약을 해제할 수 없다(대판 2000.2.11, 99다62074).
③ 해약금해제는 채무불이행을 원인으로 하는 것이 아니므로 매도인이 계약금의 배액을 상환하고 계약을 해제한 경우, 매수인은 매도인에게 손해배상을 청구할 수 없다.
④ 제565조의 해약금은 다른 약정이 없으면 교부자는 이를 포기하고 교부받은 자는 그 배액을 상환하고 계약을 해제할 수 있으므로, 당사자가 합의로 해제권을 배제할 수 있다.

67 ①

플러스 해설 ② 매도인이 매수인에게 현존하는 타인 소유의 물건을 매도하기로 약정한 경우, 이는 타인권리의 매매로서 그 매매계약은 유효하다.
③ 매매예약완결권은 형성권이므로 시효로 소멸하지 않고 제척기간의 경과로 인하여 소멸한다.
④ 매도인과 매수인이 해제권을 유보하기 위해 계약금을 교부하기로 합의한 후 매수인이 약정한 계약금의 일부만 지급한 경우, 매도인이 해제할 수 있다고 하더라도 해약금의 기준은 약정계약금이므로 매도인은 실제 지급받은 금원의 배액을 상환하고 매매계약을 해제할 수 없다.
⑤ 매매계약에 관한 비용은 다른 약정이 없으면 쌍방이 균분하여 부담한다.

68 ④

㉠ 수익자는 계약의 해제권이나 해제를 원인으로 한 원상회복청구권이 없다.
㉢ 낙약자는 제3자를 위한 계약에 기한 항변으로 그 계약의 이익을 받을 제3자에게 대항할 수 있다(제542조).

69 ②

㉢ '선의'의 매수인에 한하여 잔존한 부분만이면 이를 매수하지 아니하였을 경우라면 그 사실을 안 날로부터 1년 내에 계약전부를 해제할 수 있다(제572조 제2항, 제573조).
㉣ 매매계약 당시에 그 목적물의 일부가 멸실된 경우, 선의의 매수인은 대금의 감액을 청구할 수 있다.

70 ②

② 소유권이전등기의무의 목적 부동산이 수용되어 그 소유권이전등기의무가 이행불능이 된 경우, 등기청구권자는 등기의무자에게 대상청구권의 행사로써 등기의무자가 지급받은 수용보상금의 반환을 구하거나 또는 등기의무자가 취득한 수용보상금청구권의 양도를 구할 수 있을 뿐 그 수용보상금청구권 자체가 등기청구권자에게 귀속되는 것은 아니다(대판 1996.10.29, 95다56910).

71 ②

플러스 해설 ㉠ 낙성·쌍무계약이다.
㉣ 교환계약의 당사자가 자기 소유 목적물의 시가를 묵비하여 상대방에게 고지하지 않거나 혹은 시가보다 높은 가액을 시가라고 고지하였다 하더라도 특별한 사정이 없는 한 상대방의 의사결정에 불법적인 간섭을 한 것이라고 볼 수 없다.

72 ②

플러스 해설 ① 계약의 합의해제는 단독행위가 아니라 계약이다.
③ 채무불이행을 이유로 계약을 해제하려면, 당해 채무가 주된 채무이어야 하고 그렇지 아니한 부수적 채무를 불이행한 데에 지나지 아니한 경우에는 계약을 해제할 수 없다(대판 2001.11.13, 2001다20394).
④ 매수인은 매매목적물에 대하여 가압류집행이 되었다고 하여 매매에 따른 소유권이전등기가 불가능한 것도 아니므로, 이러한 경우 매수인으로서는 신의칙 등에 의해 대금지급채무의 이행을 거절할 수 있음은 별론으로 하고, 매매목적물이 가압류되었다는 사유만으로 매도인의 계약 위반을 이유로 매매계약을 해제할 수는 없다(대판 1999.6.11, 99다11045).
⑤ 계약당사자의 일방이 상대방에게 대하여 일정한 기간을 정하여 그 기간 내에 이행이 없을 때에는 계약을 해제하겠다는 의사표시를 한 경우에는 위의 기간경과로 그 계약은 해제된 것으로 해석하여야 할 것이다(대판 1970.9.29, 70다1508).

73 ②

② 당사자 일방의 책임 있는 사유로 채무이행이 불능으로 되어 그 채무가 손해배상채무로 바뀌게 되더라도 동시이행관계는 존속한다.

74 ②

② 임차인의 비용상환청구권에 관한 규정은 임의규정이므로 임차인에게 불리한 약정을 하더라도 유효하다.

75 ④

플러스 해설 ① 甲은 丙에게 X토지의 반환을 청구할 수 있다.
② 甲이 계약을 해지하지 않는 한 甲은 乙에 대한 임대차계약의 차임청구권을 상실하지 않는다.
③ 甲과 乙 사이의 임대차계약은 무단전대를 이유로 甲의 해지의 의사표시가 있어야 해지의 효력이 발생한다.
⑤ 甲과 乙 사이의 임대차계약이 존속하면, 甲은 X토지의 불법점유를 이유로 丙에게 차임상당의 부당이득반환을 청구할 수 없다.

76 ②

플러스 해설 ㉠ 乙이 폐업하면 제3자에 대한 대항력이 상실된다.
㉢ 상가건물을 임차하고 사업자등록을 마친 사업자가 임차 건물의 전대차 등으로 당해 사업을 개시하지 않거나 사실상 폐업한 경우, 임차인이 상가건물 임대차보호법상의 대항력 및 우선변제권을 유지하기 위해서는 건물을 직접 점유하면서 사업을 운영하는 "전차인"이 그 명의로 사업자등록을 하여야 한다.

77 ③

플러스 해설 ㉡ 매매대금채권을 위해 가등기한 경우에는 적용되지 않는다.
㉢ 등기할 수 없는 동산에는 적용되지 않는다.
㉣ 차용액이 목적물 시가보다 큰 경우에는 적용되지 않는다.

78 ⑤

㉠ 집합건축물대장에 등록되지 않더라도 구분소유가 성립할 수 있다.
㉡ 각 공유자는 공용부분을 전유부분의 지분비율이 아니라 '그 용도에 따라' 사용할 수 있다(제11조).
㉣ 구분소유자는 규약 또는 공정증서로써 달리 정한 경우에는 그가 가지는 전유부분과 분리하여 대지사용권을 처분할 수 있다.

79 ③

③ 주택임대차보호법 제3조 제3항은 같은 조 제1항이 정한 대항요건을 갖춘 임대차의 목적이 된 임대주택의 양수인은 임대인의 지위를 승계한 것으로 본다고 규정하고 있는바, 이는 법률상의 당연승계 규정으로 보아야 하므로, 임차인의 임대차보증금반환채권이 가압류된 상태에서 임대주택이 양도되면 양수인이 채권가압류의 제3채무자의 지위도 승계하고, 가압류권자 또한 임대주택의 양도인이 아니라 양수인에 대하여만 위 가압류의 효력을 주장할 수 있다고 보아야 한다(대판 2013.1.17, 2011다49523).

80 ⑤

⑤ 명의수탁자가 사후적으로 명의신탁자와의 사이에 매수자금 반환의무의 이행에 갈음하여 명의신탁된 부동산 자체를 양도하기로 합의하고 그에 기하여 명의신탁자 앞으로 소유권이전등기를 마쳐준 경우에는 그 소유권이전등기는 특별한 사정이 없는 한 유효하다.

Test 05 정답 및 해설

본문 ▶ P. 65

부동산학개론

Answer

01. ⑤	02. ⑤	03. ①	04. ③	05. ⑤	06. ⑤	07. ③	08. ⑤
09. ④	10. ①	11. ①	12. ①	13. ⑤	14. ③	15. ④	16. ④
17. ②	18. ⑤	19. ④	20. ⑤	21. ⑤	22. ②	23. ⑤	24. ③
25. ⑤	26. ④	27. ⑤	28. ①	29. ⑤	30. ②	31. ①	32. ③
33. ②	34. ①	35. ③	36. ③	37. ⑤	38. ③	39. ②	40. ②

01 ⑤

⑤ 임차인이 설치한 영업용 선반·카운터 등 사업이나 생활의 편의를 위해 설치한 정착물(임차인정착물)은 동산으로 취급한다.

02 ⑤

⑤ 세대구분형 공동주택은 구분된 공간의 일부를 구분소유 할 수 없다.

> **주택법 제2조**
> 19. "세대구분형 공동주택"이란 공동주택의 주택 내부 공간의 일부를 세대별로 구분하여 생활이 가능한 구조로 하되, 그 구분된 공간의 일부를 구분소유 할 수 없는 주택으로서 대통령령으로 정하는 건설기준, 설치기준, 면적기준 등에 적합한 주택을 말한다.
> 20. "도시형 생활주택"이란 300세대 미만의 국민주택규모에 해당하는 주택으로서 대통령령으로 정하는 주택을 말한다.
> 21. "에너지절약형 친환경주택"이란 저에너지 건물 조성기술 등 대통령령으로 정하는 기술을 이용하여 에너지 사용량을 절감하거나 이산화탄소 배출량을 저감할 수 있도록 건설된 주택을 말하며, 그 종류와 범위는 대통령령으로 정한다.
> 22. "건강친화형 주택"이란 건강하고 쾌적한 실내환경의 조성을 위하여 실내공기의 오염물질 등을 최소화할 수 있도록 대통령령으로 정하는 기준에 따라 건설된 주택을 말한다.
> 23. "장수명 주택"이란 구조적으로 오랫동안 유지·관리될 수 있는 내구성을 갖추고, 입주자의 필요에 따라 내부 구조를 쉽게 변경할 수 있는 가변성과 수리 용이성 등이 우수한 주택을 말한다.

03 ①

㉠ 후보지에 대한 설명이다.
㉡ 소지에 대한 설명이다.

04 ③

③ 아파트 공급증가요인은 ㉡, ㉢, ㉣, ㉤ 4개이다.
플러스 해설 ㉠ 아파트담보대출 이자율 상승 ⇨ 아파트 수요 감소
㉥ 아파트 가격 상승 ⇨ 아파트 공급량 증가

05 ⑤

⑤ 제품의 가격이 가계소득에서 차지하는 비중이 작은 필수재일수록 수요의 탄력성이 더 비탄력적이다.

06 ⑤

⑤ 소득변화율은 5% 증가한다.

1. 아파트 수요의 가격탄력성 $= \dfrac{(\text{아파트 수요량\%}) A}{\text{아파트 가격 \%}}$

2. 아파트 수요의 소득탄력성 $= \dfrac{(\text{아파트 수요량\%}) B}{\text{소득 \%}}$

3. 전체 아파트 수요량% = (아파트 수요량%) A + (아파트 수요량%) B

4. 아파트 수요의 가격탄력성(0.2)
 $= \dfrac{(\text{아파트 수요량\%}) A}{\text{가격 \%}} = \dfrac{(\text{아파트 수요량\%}) A}{10\%}$
 ⇨ 가격이 하락했으므로 A = 2% 증가(= 0.2 × 10)

5. 전체 수요량의 변화율 = A + B ⇨ 4% = 2% + B
 ∴ B = 2%

6. 아파트 수요의 소득탄력성(0.4)
 $= \dfrac{(\text{아파트 수요량\%}) B = 2\%}{\text{소득 \%}}$

∴ 소득%(5%) $= \dfrac{2\%}{0.4}$

07 ③

③ 옳은 것은 ㉡, ㉤이다.
플러스 해설 ㉠ 특정지역 총체적인 경제활동, 고용, 지역인구 등 모든 부동산 수요의 원천에 관한 분석은 지역경제분석에서 행한다.
㉢ 흡수율 분석의 목적은 과거 및 현재의 추세를 토대로 미래의 추세를 파악하는 데 있다.
㉣ 개발 초기에 선분양으로 수분양자를 미리 확보할 경우 시행자가 부담하는 미분양 위험은 감소하지만 개발이익은 감소하는 것이 일반적이다.

08 ⑤

플러스 해설 ① 일반 상품의 시장과 달리 비조직성을 띠며, 국지적이다.
② 토지의 자연적 특성인 개별성으로 인하여 개별화 된다.
③ 타 재화에 비해 매매기간이 길며, 유동성은 낮은 편이다.
④ 거래정보의 비대칭성으로 인하여 정보수집이 어렵고 거래의 은밀성이 존재한다.

09 ④

④ 수요의 가격탄력성이 완전비탄력적이면 가격의 변화와는 상관없이 수요량이 고정된다. 그리고 수요가 완전탄력적이면 가격은 변하지 않고 수요량은 변한다.

10 ①

① 옳은 것은 ㉠, ㉣이다.

플러스 해설↑ ㉡ 무작위적 변동 ⇨ 계절적 변동
㉢ 장기적 변동 ⇨ 무작위적 변동
㉤ 후퇴시장에서 부동산 전문업자들은 매도자 중시에서 매수자 중시로 전환한다.

11 ①

플러스 해설↑ ② 튀넨(J. H. von Thünen)의 위치지대설에 따르면, 거리에 따른 수송비 차이에 의해 지대가 결정되며, 농촌토지가 입지결정을 통해 토지이용상황이 결정된다는 이론이다.
③ 마르크스(K. Marx)의 절대지대설에 따르면, 자본주의체제 아래에서 토지가 사유화되어 있으므로, 당연히 토지소유자는 지대를 요구하므로 최열등지에서도 지대가 존재한다.
④ 리카도(D. Ricardo)의 차액지대설에서 지대는 각 토지의 생산성과 한계지의 생산성과의 차이에 의해 결정된다. 다시 말해 비옥도에 의해서 지대가 결정된다.
⑤ 헤이그(R. Haig)의 마찰비용이론에서 공간의 마찰비용은 지대와 교통비의 합으로 결정된다. (마찰비용 = 지대 + 교통비)

12 ①

플러스 해설↑ ② 검인계약서제 -「부동산등기 특별조치법」
③ 개발부담금제 -「개발이익 환수에 관한 법률」
④ 토지은행제 -「공공토지의 비축에 관한 법률」
⑤ 분양가상한제 -「주택법」

13 ⑤

⑤ 모두 옳은 표현이다.

> **◎ 핵심 체크**
> **허프 모형의 개요**
> 1. 허프 모형을 활용하여 상권의 규모 또는 매장의 매출액을 추정할 수 있다.
> 2. 허프 모형을 적용하기 전에 공간(거리) 마찰계수가 먼저 정해져야 한다.
> 3. 전문품점의 경우에는 일상용품점보다 공간(거리) 마찰계수가 작다.
> 4. 여러 점포가 고정된 상권을 놓고 경쟁함으로써 제로섬(zero-sum) 게임이 된다는 모형적 한계가 있다.

14 ③

③ 공공주택 특별법상 국민임대주택이란 국가나 지방자치단체의 재정이나 주택도시기금의 자금을 지원받아 저소득 서민의 주거안정을 위하여 30년 이상 장기간 임대를 목적으로 공급하는 공공임대주택을 말한다.

15 ④

④ 보편원료 ⇨ 편재원료
제조 공정의 초기 단계에서는 부피가 큰 원료를 정제해야 하지만, 최종 제품은 보다 비싸고 소량이 되는 중량감소산업은 원료산지에 입지하는 경향이 있다. 중량감소산업은 원료산지에 입지함으로써, 수송비를 대폭 절감할 수 있다. 예를 들면, 시멘트공업, 제련공업, 제당공업 등이 해당되는 산업이다.

16 ④

④ 지분투자수익률이란 지분투자액에 대한 세후현금흐름의 비율이다.

$$지분투자수익률 = \frac{세후현금흐름}{지분투자액}$$

17 ②

② 직접개입 수단은 ㉠, ㉣, ㉥, ㉦ 4개이다.
- 직접개입: ㉠ 공공토지비축, ㉣ 토지수용, ㉥ 공영개발, ㉦ 공공임대주택
- 간접개입: ㉡ 취득세, ㉢ 종합부동산세, ㉤ 개발부담금, ㉧ 총부채상환비율(DTI)

18 ⑤

플러스 해설↑ ① 토지비축제도와 토지수용은 직접개입방식이다.
② 개발권양도제에 대한 설명이다.
③ 토지를 선매하는 방식은 협의매수이다. 강제적 취득인 수용방식은 선매자에게 허용되지 않는다.
④ 개발부담금제도에 대한 설명이다.

19 ④

④ 증여세, 양도소득세, 종합부동산세는 모두 국세이다. 취득세와 재산세는 지방세이다.

20 ⑤

⑤ 자기자본수익률은 ㉠ 5.8%, ㉡ 5.5%이다.
㉠ 타인자본을 40% 활용하는 경우(부채 8,000만원, 지분 12,000만원)
- 순영업소득: 700만원
- 양도차익(400만원) = 매입가격(20,000만원) × 상승률(2%)
- 이자(400만원) = 8,000만원 × 5%
- ∴ 자기자본수익률(5.8%)

$$= \frac{(순영업소득 + 양도차익) - 이자}{자기자본}$$

$$= \frac{(700만원 + 400만원) - 400만원}{12,000만원}$$

ⓒ 타인자본을 활용하지 않는 경우(부채 0, 지분 20,000만원)
- 순영업소득: 700만원
- 양도차익(400만원) = 매입가격(20,000만원) × 상승률(2%)
- 이자(0)

∴ 자기자본수익률(5.5%) = $\frac{700만원 + 400만원}{20,000만원}$

21 ⑤

플러스 해설 ① 기대수익률과 위험(분산)은 정(+)의 상관관계를 갖는다.
② 내부수익률이란 현금수입의 현재가치와 현금지출의 현재가치를 같게 만드는 할인율이다.
③ 요구수익률이란 투자에 대한 위험이 주어졌을 때 투자대안을 채택하기 위해 충족되어야 할 최소한의 수익률이다.
④ 투자자의 요구수익률은 체계적 위험이 증대됨에 따라 상승한다.

22 ②

② 채무불이행률(= $\frac{영업경비 + 부채서비스액}{유효총소득}$),
영업경비나 부채서비스액이 커지면 분자가 커지므로 채무불이행률은 커진다.

23 ⑤

⑤ 자본환원율 = $\frac{순영업소득}{총투자액}$ = $\frac{1억 5천만원}{15억원}$ = 0.1(10%)

플러스 해설 ① 부채비율 = $\frac{대출금액}{자기자본}$ = $\frac{5억원}{10억원}$ = 0.5(50%)

② 순소득승수 = $\frac{투자금액}{순영업소득}$ = $\frac{15억원}{1억 5,000만원}$ = 10

③ 지분투자수익률 = $\frac{세전현금수지}{자기자본}$
= $\frac{7,000만원(1억 5천만원 - 8,000만원)}{10억원}$ = 0.007(0.7%)

④ 부채감당비율 = $\frac{순영업소득}{부채서비스액(= 저당지불액)}$
= $\frac{1억 5,000만원}{8,000만원}$ = 1.875

24 ③

③ 옳은 것은 ㉠, ㉣, ㉤이다.

플러스 해설 ㉡ 위험과 수익과의 상쇄관계는 위험이 크면 클수록 요구하는 수익률이 커진다는 것을 의미한다.
㉢ 위험의 크기에 관계없이 기대수익률에만 의존해서 행동하는 투자유형을 위험중립형이라 한다.

25 ⑤

⑤ 옳은 것은 ㉢, ㉣이다.

플러스 해설 ㉠ 상환 첫 회의 원리금상환액은 원리금균등상환방식이 원금균등상환방식보다 작다.
㉡ 체증(점증)상환방식의 경우, 미래소득이 증가될 것으로 예상되는 젊은 소득자에게 적합하다.

26 ④

1. 평균(기댓값): (0.3 × 0.2) + (0.4 × 0.3) + (0.3 × 0.4)
= 0.06 + 0.12 + 0.12 = 0.3(30%)
2. 분산: 0.3 × (0.2 − 0.3)² + 0.4 × (0.3 − 0.3)² + 0.3 × (0.4 − 0.3)² = 0.003 + 0.003 = 0.006

27 ④

④ PF는 차입자 입장에서 부외금융효과로 사업주의 재무상태표에 부채로 인식되지 않으며, 프로젝트 회사가 차입자가 되어 프로젝트 회사의 부채로 인식된다.

28 ①

① 이용객수는 A: 15,000명, B: 150,000명, C: 75,000명이다.
- A, B, C 면적을 4,000으로 약분하면 각각 1, 2.5, 5
- A, B, C 거리를 5로 약분하면 각각 2, 1, 2

1. A유인력: $\frac{1}{2^2}$ = 0.25, B유인력: $\frac{2.5}{1^2}$ = 2.5,
C유인력: $\frac{5}{2^2}$ = 1.25

2. A시장 점유율: $\frac{0.25}{4}$ = 0.0625(6.25%)

3. B시장 점유율: $\frac{2.5}{4}$ = 0.625(62.5%)

4. C시장 점유율: $\frac{1.25}{4}$ = 0.3125(31.25%)

5. A도시 구매 유인 인구수: 60만 × 0.4 × 0.0625 = 15,000명
6. B도시 구매 유인 인구수: 60만 × 0.4 × 0.625 = 150,000명
7. C도시 구매 유인 인구수: 60만 × 0.4 × 0.3125 = 75,000명

29 ⑤

⑤ 대형 사무실용 부동산 등의 관리에 유용한 방식으로 가장 진보된 방식은 위탁관리이다.

30 ②

② 저당지불액은 3,582,155원(근사치)이다.
1. 저당지불액(원리금상환액) = 대출액 × 저당상수,
그런데 연금의 현가계수와 저당상수는 역수관계이다.
2. 저당지불액(원리금상환액)
= 5억원 × 저당상수(0.5%, 120개월)

$$= 5억원 \times \frac{1}{연금의\ 현가계수(0.5\%,\ 120개월)}$$

$$= 5억원 \times \frac{1}{139.580772}$$

$$= 3,582,155원$$

31 ①

플러스해설⁺ ② 2차 저당시장 ⇨ 1차 저당시장
③ 2차 저당시장에서 주택저당 관련 채권이 증권화된다.
④ 1차 저당시장 ⇨ 2차 저당시장
⑤ 우리나라에서는 한국주택금융공사 등에 의해 주택저당담보채권이 유동화 및 증권화 되고 있다.

32 ③

③ BTL에 대한 설명이다.

33 ②

② 고객점유마케팅에 관한 설명이다.

34 ①

① 자동차의 주된 평가방법은 거래사례비교법이며, 선박 및 항공기는 원가법이다.

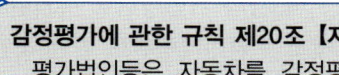

감정평가에 관한 규칙 제20조 【자동차 등의 감정평가】 ① 감정평가법인등은 자동차를 감정평가할 때에 거래사례비교법을 적용해야 한다.
② 감정평가법인등은 건설기계를 감정평가할 때에 원가법을 적용해야 한다.
③ 감정평가법인등은 선박을 감정평가할 때에 선체·기관·의장별로 구분하여 감정평가하되, 각각 원가법을 적용해야 한다.
④ 감정평가법인등은 항공기를 감정평가할 때에 원가법을 적용해야 한다.

35 ③

1. 매년 감가액(정액법) = $\dfrac{재조달원가\ -\ 잔존가격}{경제적\ 내용연수}$

 = $\dfrac{3억원\ -\ 3천만원}{50}$ = 5,400,000원

2. 감가누계액 = 매년 감가액 × 경과연수
 = 5,400,000원 × 2년 = 10,800,000원

3. 재조달원가(3억원) − 감가누계액(10,800,000원)
 = 적산가액(289,200,000원)

36 ③

③ 자동차를 감정평가할 때에 거래사례비교법을 적용해야 한다.

감정평가에 관한 규칙 제20조 【자동차 등의 감정평가】 ① 감정평가법인등은 자동차를 감정평가할 때에 거래사례비교법을 적용해야 한다.
② 감정평가법인등은 건설기계를 감정평가할 때에 원가법을 적용해야 한다.
③ 감정평가법인등은 선박을 감정평가할 때에 선체·기관·의장(艤裝)별로 구분하여 감정평가하되, 각각 원가법을 적용해야 한다.
④ 감정평가법인등은 항공기를 감정평가할 때에 원가법을 적용해야 한다.

37 ⑤

⑤ 모두 옳은 표현이다.

◎ 핵심 체크

감정평가방식 중 원가법
1. 재조달원가(再調達原價)란 기준시점 현재 대상건물을 다시 새로 조달(신축)하는 것을 상정한 경우에 소요되는 적정한 원가의 총액(건축비)를 말하며 도급(都給)건설에 의해 산정하는 것이 원칙이다.
2. 감가수정방법으로는 내용연수를 기준으로 하는 정액법, 정률법, 상환기금법과 관찰감가법, 분해법(내구성분해방식) 등이 있다.

38 ③

③ 균형의 원칙은 대상부동산의 내부적 불균형으로 발생하는 기능적 감가를 판단하는 데 유용하다.

39 ②

② 대상부동산의 수익가액은 296,875,000원이다.

1. 순수익 산정과정

가능총소득	5,000만원
− 공실(= 5,000만원 × 5%)	250만원
+ 기타소득	0
= 유효총소득	4,750만원
− 영업경비(4,750만원 × 50%)	2,375만원
= 순영업소득	2,375만원

2. 환원이율 산정과정

환원이율 = (토지가액 × 토지환원율) + (건물가액 × 건물환원율)

환원이율 = (0.4 × 5%) + (0.6 × 10%) = 2% + 6% = 8%

3. 그러므로 수익가액 = $\dfrac{순수익}{환원이율}$ = $\dfrac{2,375만원}{0.08}$

 = 296,875,000원

40 ②

② 표준지공시지가 ⇨ 표준주택가격

TEST 05

민법·민사특별법

Answer

41.⑤	42.④	43.④	44.②	45.③	46.③	47.④	48.⑤
49.④	50.⑤	51.④	52.⑤	53.⑤	54.①	55.③	56.①
57.⑤	58.⑤	59.③	60.④	61.④	62.④	63.②	64.②
65.③	66.④	67.②	68.⑤	69.④	70.②	71.②	72.⑤
73.④	74.③	75.⑤	76.⑤	77.②	78.④	79.④	80.③

41 ⑤

⑤ 의사표시의 발신 후 표의자가 사망하였더라도, 그 의사표시는 상대방에게 도달하면 효력이 생긴다(유효).

42 ④

④ 대리인이 자기의 이익을 위한 배임적 의사표시를 하였고(대리권 남용) 상대방도 이를 알았거나 알 수 있었던 경우, 본인은 그 대리인의 행위에 대하여 책임이 없다(제107조 유추적용).

플러스 해설 ① 대리행위가 강행법규에 위반하여 무효가 된 경우에는 표현대리가 적용되지 아니한다.
② 본인의 허락이 없는 자기계약은 무권대리가 되며, 본인이 추인하면 유효한 대리행위로 될 수 있다.
③ 상대방 없는 단독행위(유증, 재단법인 설립행위)의 무권대리는 절대적 무효이므로 추인하여도 무효이다.
⑤ 권한을 정하지 아니한 임의대리인은 본인의 미등기부동산에 관한 보존등기를 할 수 있다(제118조).

43 ④

플러스 해설 ① 상대방의 강박에 의해 매매계약을 체결한 경우는 취소사유가 있다.
② 공인중개사 자격이 없는 자가 우연한 기회에 단 1회 타인 간의 거래행위를 중개한 경우 등과 같이 '중개를 업으로 한' 것이 아니라면 그에 따른 중개수수료 지급약정이 강행법규에 위배되어 무효라고 할 것은 아니고, 다만 중개수수료 약정이 부당하게 과다하여 민법상 신의성실 원칙이나 형평 원칙에 반한다고 볼만한 사정이 있는 경우에는 상당하다고 인정되는 범위 내로 감액된 보수액만을 청구할 수 있다(대판 2012.6.14, 2010다86525).
③ 형사사건에서의 성공보수약정은 반사회질서 법률행위로 무효이지만, 민사소송에서의 성공보수약정은 반사회질서 법률행위가 아니다(대판 전합 2015.7.23, 2015다200111).
⑤ 진의 아닌 의사표시는 원칙적으로 유효하다.

44 ②

플러스 해설 ㉠㉡㉢㉣ 무효인 법률행위이다.

45 ③

플러스 해설 ① 무효행위 전환에 관한 규정은 불공정한 법률행위에 적용될 수 있다.
② 경매에는 불공정한 법률행위에 관한 규정이 적용될 수 없다.
④ 상대방에게 표시되거나 알려진 법률행위의 동기가 반사회적인 경우, 그 법률행위는 무효이다.
⑤ 소송에서 증언할 것을 조건으로 통상 용인되는 수준을 넘는 대가를 지급하기로 하는 약정은 무효이다.

46 ③

플러스 해설 ① 착오를 이유로 한 의사표시의 취소는 위법성이 없으므로 불법행위로 인한 손해배상책임이 인정되지 않는다. 따라서 표의자는 그 취소로 인한 손해를 배상할 책임이 없다.
② 착오로 인한 의사표시의 취소에 관한 민법 제109조 제1항은 임의규정이므로 당사자의 합의로 그 적용을 배제할 수 있다.
④ 매도인의 하자담보책임이 성립하는 경우라도 매매계약 내용의 중요 부분에 착오가 있다면 매수인은 착오를 이유로 매매계약을 취소할 수 있다.
⑤ 상대방이 표의자의 착오를 알고 이를 이용한 경우라면 의사표시의 착오가 표의자의 중대한 과실로 인한 것이더라도 표의자는 착오를 이유로 의사표시를 취소할 수 있다.

47 ④

④ 乙의 무권대리행위가 제3자의 위법행위로 야기된 경우, 乙은 과실이 없더라도 丙에게 무권대리행위로 인한 책임을 진다(무과실책임).

48 ⑤

㉠ 공무원이 한 사직의 의사표시와 같은 공법행위에는 비진의표시에 관한 민법 제107조 규정이 적용되지 않는다.
㉡ 학교법인이 사립학교법상의 제한규정 때문에 그 학교의 교직원들의 명의를 빌려서 금융기관으로부터 금원을 차용한 경우에 교직원들의 채무부담의사표시는 비진의표시로서 무효라고 할 수 없다.
㉢ 재산을 강제로 뺏긴다는 것이 표의자의 본심으로 잠재되어 있었으나, 표의자가 강박에 의하여서나마 증여를 하기로 하고 그에 따라 한 증여의 의사표시는 비진의표시에 해당하지 않는다.

49 ④

㉠ 무효인 법률행위를 추인하면 특별한 사정이 없는 한 "그때부터" 새로운 법률행위를 한 것으로 본다. 즉 소급효가 없다.
㉢ 사회질서의 위반으로 무효인 법률행위는 추인의 대상이 되지 않는다.
㉣ 무효인 법률행위에 따른 법률효과를 침해하는 것처럼 보이는 위법행위가 있더라도 그 손해배상을 청구할 수 없다.

50 ⑤

⑤ 불법조건이 붙은 법률행위는 그 조건만 무효라고 할 수 없고 그 법률행위 전부가 무효이다.

51 ③

③ 매수인의 매도인에 대한 소유권이전등기청구권은 채권적 청구권이지만, 매수인이 부동산을 인도받아 사용·수익하고 있다면 매수인의 매도인에 대한 소유권이전등기청구권은 소멸시효에 걸리지 않는다.

플러스 해설 ① 교환으로 인한 이전등기청구권은 채권행위인 교환에 기한 권리이므로 채권적 청구권이다.
②⑤ 부동산매매계약에서 매도인과 매수인은 서로 동시이행관계에 있는 일정한 의무를 부담하므로 이행과정에 신뢰관계가 따른다. 이러한 이유로 매매로 인한 소유권이전등기청구권의 양도는 특별한 사정이 없는 이상 양도가 제한되고 양도에 채무자의 승낙이나 동의를 요한다고 할 것이므로 통상의 채권양도와 달리 양도인의 채무자에 대한 통지만으로는 채무자에 대한 대항력이 생기지 않으며 반드시 채무자의 동의나 승낙을 받아야 대항력이 생긴다. 그러나 취득시효완성으로 인한 소유권이전등기청구권은 채권자와 채무자 사이에 아무런 계약관계나 신뢰관계가 없다. 따라서 취득시효완성으로 인한 소유권이전등기청구권의 양도의 경우에는 매매로 인한 소유권이전등기청구권에 관한 양도제한의 법리가 적용되지 않으므로 특별한 사정이 없는 한 양도인의 채무자에 대한 통지만으로 대항력이 생긴다(대판 2018.7.12, 2015다36167).

52 ⑤

플러스 해설 ① 부동산의 1/7 지분 소유권자가 타공유자의 동의 없이 그 부동산을 타에 임대하여 임대차보증금을 수령하였다면, 이로 인한 수익 중 자신의 지분을 초과하는 부분에 대하여는 법률상 원인없이 취득한 부당이득이 되어 이를 반환할 의무가 있다. 이 경우 반환해야 할 범위는 위 부동산의 임대차로 인한 "차임 상당액"이라 할 것이다. 한편 1/7 지분 소유권자(피고)가 받은 전세보증금은 장차 입주자(임차인)에게 반환할 성질의 돈이어서 피고가 그 보증금 전액을 현실적으로 이득하고 있다 할 수도 없는 것이므로 타공유자는 그 임대보증금 자체에 대한 지분비율 상당액의 반환 또는 배상을 구할 수는 없다(대판 1991.9.24, 91다23639).
② 공유자들이 공유물의 무단점유자에게 가지는 차임 상당의 부당이득반환채권은 특별한 사정이 없는 한 가분채권에 해당한다.
③ 공유물의 소수지분권자가 다른 공유자와 협의 없이 공유물의 일부를 독점적으로 사용하는 경우, 다른 소수지분권자는 공유물에 대한 보존행위로서 공유물의 인도를 청구할 수 없다(방해배제청구는 가능).
④ 구분소유적 공유관계는 부동산의 위치와 면적을 특정하여 2인 이상이 구분소유하기로 하는 약정이 있어야만 적법하게 성립할 수 있으므로, 구분소유적 공유관계를 주장하여 특정 토지 부분을 취득했다고 주장하는 사람은 구분소유약정의 대상이 되는 해당 토지의 위치뿐만 아니라 면적까지도 주장·증명해야 한다(대판 2015.2.12, 2012다103813).

53 ⑤

⑤ 점유자가 점유물에 비용을 지출한 경우, 지출할 당시의 소유자가 누구였는지 관계없이 점유회복 당시의 소유자에 대하여 비용상환청구권을 행사할 수 있다. 따라서 무효인 매매계약의 매수인이 점유목적물에 필요비 등을 지출한 후 매도인이 그 목적물을 제3자에게 양도한 경우, 점유자인 매수인은 점유회복 당시의 소유자인 양수인에게 비용상환을 청구할 수 있다.

54 ①

플러스 해설 ㉡ 지역권에는 물권적 반환청구권이 준용되지 않는다(제301조, 제214조).
㉢ 지역권은 일정한 목적을 위하여 타인의 토지를 자기의 토지의 편익에 이용하는 용익물권으로서 요역지와 승역지 사이의 권리관계에 터잡은 것이므로 어느 토지에 대하여 통행지역권을 주장하려면 그 토지의 통행으로 편익을 얻는 요역지가 있음을 주장·입증하여야 한다(대판 1992.12.8, 92다22725).
㉣ 자기 소유의 토지에 도로를 개설하여 타인으로 하여금 영구히 사용케 한다고 약정하고 그 대금을 수령한 경우, 위 약정은 지역권 설정에 관한 합의이다(대판 1980.1.29, 79다1704).

55 ③

③ 구분소유의 목적이 되는 하나의 부동산에 대한 등기부상 표시 중 전유부분의 면적 표시가 잘못된 경우, 이는 경정등기의 방법으로 바로 잡아야 하는 것이고 그 잘못 표시된 면적만큼의 소유권보존등기의 말소를 구하는 소는 법률상 허용되지 아니한다(대판 2000.10.27, 2000다39582).

56 ①

① 민법 제569조는 매매의 목적이 된 권리가 매도인이 아닌 타인에게 속한 경우에도 매도인은 매매계약을 체결할 수 있고, 단지 매도인은 그 권리를 취득하여 매수인에게 이전하여야 할 의무를 부담하는 것으로 규정하고 있다. 한편 민법 제567조에 의하면 매매에 관한 규정은 계약의 성질상 허용되지 않는 경우를 제외하고는 매매 이외의 유상계약에 준용한다. 따라서 유상계약인 지상권설정계약에도 민법 제569조를 준용하여 부동산의 소유자가 아닌 자라도 향후 해당 부동산에 지상권을 설정하여 줄 것을 내용으로 하는 계약을 체결할 수 있고, 단지 그 계약상 의무자는 향후 처분권한을 취득하거나 소유자의 동의를 얻어 해당 부동산에 지상권을 설정하여 줄 의무를 부담한다(대판 2018.11.29, 2018다37949·37956).

57 ⑤

⑤ 선의의 타주점유자는 자신에게 책임있는 사유로 점유물이 멸실되면 손해 전부를 배상하여야 한다.

58 ⑤

ⓒ 乙이 甲의 토지 위에 지상권을 설정받고, 丙이 그 지상권 위에 저당권을 취득한 후 乙이 甲으로부터 그 토지를 매수한 경우, 乙의 지상권은 소멸하지 않는다.
ⓒ 甲의 토지를 乙이 점유하다가 乙이 이 토지의 소유권을 취득하더라도 乙의 점유권은 소멸하지 않는다.
ⓔ 甲의 토지 위에 乙이 지상권, 丙이 저당권을 가지고 있는 경우, 丙이 그 소유권을 취득하면 丙의 저당권은 소멸한다.

59 ③

③ 존속기간을 정하지 않은 경우에는 각 당사자는 언제든지 소멸통고를 할 수 있다. 다만 소멸통고의 효력이 6월이 지나야 발생한다(제313조).

60 ④

① 유치권자는 유치물에 대한 경매권이 있다.
② 유치권은 법정담보물권이지만 임의규정이므로 유치권의 발생을 배제하는 특약은 유효하다(대판).
③ 건물의 신축공사를 도급받은 수급인이 사회통념상 독립한 건물이라고 볼 수 없는 정착물을 토지에 설치한 상태에서 공사가 중단된 경우에 위 정착물은 토지의 부합물에 불과하여 이러한 정착물에 대하여 유치권을 행사할 수 없는 것이고, 또한 공사중단시까지 발생한 공사금 채권은 토지에 관하여 생긴 것이 아니므로 위 공사금 채권에 기하여 토지에 대하여 유치권을 행사할 수도 없는 것이다.
⑤ 유치권자는 선량한 관리자의 주의로 유치물을 점유해야 한다.

61 ④

ⓒ 법정지상권은 법률규정에 의한 취득이므로(제187조), 법정지상권자는 그 지상권에 관한 등기 없이도 지상권을 취득할 당시의 토지소유자로부터 토지를 양수한 제3자에게 대항할 수 있다.

62 ④

④ 저당부동산의 제3취득자는 부동산의 개량을 위해 지출한 유익비를 그 부동산의 경매대가에서 우선 변제받을 수 있다(제367조).

63 ②

① 근저당권은 보통의 저당권과 달리 발생 및 소멸에 있어 피담보채무에 대한 부종성이 완화되어 있는 관계로 피담보채무가 확정되기 이전이라면 채무의 범위나 또는 채무자를 변경할 수 있다(대판 1999.5.14, 97다15777).
③ 경락대금완납시에 확정된다.
④ 수반성에 반하므로 허용되지 않는다. 즉 개개의 채권에는 수반하지 않으나 피담보채권이나 기본계약에는 수반된다.
⑤ 채무자는 실제 채무액 전액을 변제하여야 한다.

64 ②

② 청약자가 그 통지를 발송한 후 도달 전에 사망한 경우, 청약은 원칙적으로 효력을 상실하지 않는다(제111조 제2항).

65 ③

① 예약완결권 행사는 소급효가 없다.
② 예약완결권의 행사기간에 관한 약정에는 특별한 제한이 없으므로(대판 2017.1.25, 2016다42077), 甲과 乙의 약정에 따라 행사기간은 20년이다.
④ 형성권의 행사기간인 제척기간은 법원의 직권조사사항이므로, 제척기간이 도과하였는지 여부는 당사자의 주장이 없더라도 법원은 당연히 조사하여 고려하여야 한다(대판 2000.10.13, 99다18725).
⑤ 예약완결권은 형성권이므로 예약완결권을 행사하면 당사자의 승낙이 없어도 매매의 효력이 발생한다(대판 1993.5.27, 93다4908).

66 ④

④ 당사자의 일방 또는 쌍방이 수인인 경우에는 계약의 해지나 해제는 그 전원으로부터 또는 전원에 대하여 하여야 한다(제547조 제2항).
① 이행의 최고는 반드시 미리 일정기간을 명시하여 최고하여야 하는 것은 아니다.
② 계약의 해제는 손해배상의 청구에 영향을 미치지 않는다.
③ 당사자 일방이 정기행위를 일정한 시기에 이행하지 않으면 상대방은 이행의 최고 없이 계약을 해제할 수 있다.
⑤ 쌍무계약에서 당사자의 일방이 이행을 제공하더라도 상대방이 채무를 이행할 수 없음이 명백한지의 여부는 계약해제시를 기준으로 판단하여야 한다.

67 ②

② 제3자를 위한 계약관계에서 낙약자와 요약자 사이의 법률관계(이른바 기본관계)를 이루는 계약이 무효이거나 해제된 경우 그 계약관계의 청산은 계약의 당사자인 낙약자와 요약자 사이에 이루어져야 하므로, 특별한 사정이 없는 한 낙약자가 이미 제3자에게 급부한 것이 있더라도 낙약자는 계약해제 등에 기한 원상회복 또는 부당이득을 원인으로 제3자를 상대로 그 반환을 구할 수 없다(대판 2010.8.19, 2010다31860·31877).

68 ⑤

⑤ 쌍무계약에서 쌍방의 채무가 동시이행관계에 있는 경우 일방의 채무의 이행기가 도래하더라도 상대방 채무의 이행제공이 있을 때까지는 그 채무를 이행하지 않아도 이행지체의 책임을 지지 않는 것이며, 이와 같은 효과는 이행지체의 책임이 없다고 주장하는 자가 반드시 동시이행의 항변권을 행사하여야만 발생하는 것은 아니다.

69 ④

④ 기간의 약정이 없는 토지 임대차의 임대인이 임대차계약의 해지를 통고한 경우, 그 해지의 효력은 임차인이 통고를 받은 날부터 6개월 후에 발생한다.

70 ②

플러스 해설↑ ① 타인소유의 부동산도 매매의 목적물이 될 수 있다(제569조).
③ 사회질서의 위반을 이유로 하는 법률행위의 무효는 절대적 무효이므로 선의의 제3자에게 대항할 수 있다.
④ 불공정한 법률행위는 추인하여도 유효로 될 수 없다.
⑤ 후발적 불능인 법률행위는 유효이다.

71 ②

㉢ 매매목적물이 인도되지 않고 대금도 완제되지 않은 경우, 목적물로부터 생긴 과실은 매도인에게 속한다.
㉣ 환매권의 행사로 발생한 소유권이전등기청구권은 환매기간 제한과는 별도로 환매권을 행사한 때로부터 10년의 소멸시효 기간이 진행하는 것이지, 환매기간 내에 이를 행사하여야 하는 것은 아니다(대판 1991.2.22, 90다13420).

72 ⑤

㉠ 계약금은 별도의 약정이 없는 한 해약금으로 추정된다.
㉡ 해약금에 기해 계약을 해제하는 경우에는 원상회복의 문제가 생기지 않는다.
㉢ 토지거래계약에 관한 허가구역으로 지정된 구역 안의 토지에 관하여 매매계약이 체결된 후 계약금만 수수한 상태에서 당사자가 토지거래허가신청을 하고 이에 따라 관할관청으로부터 그 허가를 받았다 하더라도, 그러한 사정만으로는 아직 이행의 착수가 있다고 볼 수 없어 매도인으로서는 민법 제565조에 의하여 계약금의 배액을 상환하여 매매계약을 해제할 수 있다.
㉣ 매도인이 매수인에 대하여 매매계약의 이행을 최고하고 매매잔대금의 지급을 구하는 소송을 제기한 것만으로는 이행에 착수하였다고 볼 수 없으므로, 매수인은 계약금을 포기하고 계약을 해제할 수 있다.

73 ④

㉡ 청약은 도달한 때에 효력이 발생하고, 격지자 간의 승낙은 그 발송시에 효력이 생긴다.
㉢ 승낙기간을 정하지 않은 청약은 상당한 기간 내에 승낙의 통지를 받지 못한 때 그 효력을 잃는다.

74 ③

③ 건물의 소유를 목적으로 한 토지임대차는 이를 등기하지 아니한 경우에도 임차인이 그 지상건물을 등기한 때에는 제3자에 대하여 토지임대차의 효력이 생긴다(제622조).

75 ⑤

⑤ 경매의 경우, 담보가등기(가등기담보)는 저당권과 동일하게 선순위이든 후순위이든 모두 소멸한다.

76 ⑤

⑤ 서울특별시의 경우, 환산보증금이 9억원을 초과하는 상가임대차의 경우, 대항력은 인정되지만 우선변제권은 인정되지 않는다. 따라서 X건물이 경매로 매각된 경우, 甲은 특별한 사정이 없는 한 보증금에 대해 일반채권자보다 우선하여 변제받을 수 없다.

플러스 해설↑ ① 서울특별시의 경우, 환산보증금이 9억원을 초과하는 상가임대차의 경우에는 임차권등기명령 규정이 인정되지 않는다.
② 서울특별시의 경우, 환산보증금이 9억원을 초과하는 상가임대차의 경우에는 최단기간 1년이 보장되지 않는다. 따라서 甲과 乙 사이에 임대차기간을 6개월로 정한 경우, 약정기간인 6개월이 유효하므로 甲, 乙 모두 그 기간이 유효함을 주장할 수 있다.
③ 서울특별시의 경우, 환산보증금이 9억원을 초과하는 상가임대차의 경우에도 대항력이 인정된다. 따라서 임대차기간이 만료되기 전에 乙이 X상가건물을 丙에게 매도하고 소유권이전등기를 마친 경우, 甲은 丙에게 임차권을 주장할 수 있다.
④ 서울특별시의 경우, 환산보증금이 9억원을 초과하는 상가임대차의 경우에도 계약갱신요구권이 인정된다.

77 ②

② 점포 및 사무실로 사용되던 건물에 근저당권이 설정된 후 그 건물이 주거용 건물로 용도 변경되어 이를 임차한 소액임차인도 특별한 사정이 없는 한 주택임대차보호법 제8조에 의하여 보증금 중 일정액을 근저당권자보다 우선하여 변제받을 권리가 있다(대판 2009.8.20, 2009다26879).

78 ④

④ 재건축결의가 있으면 집회를 소집한 자는 지체 없이 그 결의에 찬성하지 아니한 구분소유자에게 그 결의 내용에 따른 재건축에 참가할 것인지 여부를 회답할 것을 서면으로 촉구하여야 하며, 2월 이내에 회답하지 아니한 구분소유자는 재건축에 참가하지 않겠다는 뜻을 회답한 것으로 본다.

79 ④

플러스 해설↑ ① 주민등록의 신고는 행정청이 수리하여야 신고로서의 효력이 발생한다.
② 주택임차인이 그 지위를 강화하고자 별도로 전세권설정등기를 한 경우, 임차인의 지위에서 경매법원에 배당요구를 하였다면 전세권에 관하여 배당요구가 있는 것으로 볼 수 없다.
③ 우선변제권을 가진 주택임차인으로부터 임차권과 분리하여 임차보증금반환채권만을 양수한 채권양수인은 우선변제권자의 지위에서 배당요구를 할 수 없다.
⑤ 다세대주택과 같은 공동주택은 동·호수까지 표시하여 주민등록을 하여야 대항력을 취득할 수 있다.

80 ③

③ 조세포탈·강제집행의 면탈 또는 법령상 제한의 회피를 목적으로 하지 않는 배우자 간의 명의신탁은 유효하므로 대외적 소유자는 수탁자인 乙이다. 따라서 신탁자 甲은 불법점유자인 丁에 대하여 직접 소유물반환청구권을 행사할 수 없으며 乙을 대위하여 행사할 수 있을 뿐이다.

플러스 해설 ① 명의신탁이 유효인 경우, 대내적 소유자는 신탁자 甲이다. 따라서 乙은 甲에 대해 X토지의 소유권을 주장할 수 없다.

② 조세포탈·강제집행의 면탈 또는 법령상 제한의 회피를 목적으로 하지 않는 배우자 간의 명의신탁은 유효하므로 대외적 소유자는 수탁자인 乙이다. 따라서 戊가 乙 명의의 등기를 위조하여 자신 명의로 소유권이전등기를 한 경우, 甲은 직접 戊에 대해 무효등기의 말소를 청구할 수 없으며 乙을 대위하여 행사할 수 있을 뿐이다.

④ 乙로부터 X토지를 매수한 丙이 乙의 甲에 대한 배신행위에 적극가담한 경우, 乙과 丙 사이의 계약은 무효이다.

⑤ 명의신탁이 유효인 경우, 대외적 소유자는 수탁자 乙이다. 따라서 丙이 乙과의 매매계약에 따라 X토지에 대한 소유권이전등기를 마친 경우, 특별한 사정이 없는 한 丙이 선의·악의를 불문하고 X토지의 소유권을 취득한다.

부동산학개론

Answer

01.①	02.⑤	03.①	04.③	05.④	06.②	07.③	08.①
09.②	10.④	11.⑤	12.①	13.②	14.③	15.③	16.④
17.④	18.⑤	19.②	20.①	21.②	22.②	23.④	24.④
25.②	26.①	27.④	28.③	29.②	30.①	31.⑤	32.③
33.⑤	34.⑤	35.④	36.③	37.④	38.⑤	39.⑤	40.④

01 ①

① 주거지에서 상업지로 변화 중인 토지, 공업지에서 주거지로 변화 중인 토지는 모두 택지지역 내에서 상호간의 용도 변화를 의미한다. 따라서 이행지로 분류된다.

02 ⑤

⑤ 복합개념의 부동산 ⇨ 복합부동산
복합개념의 부동산이란 다음과 같다.

복합개념의 부동산

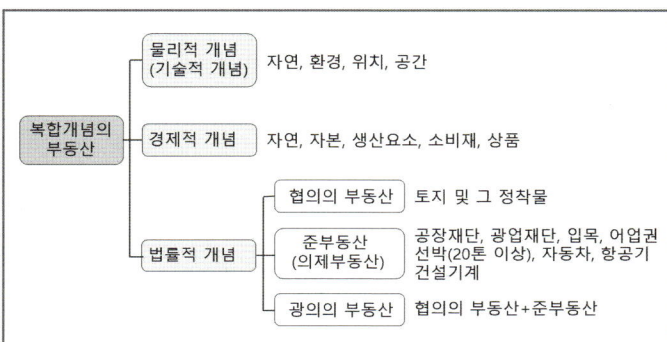

03 ①

① 포락지 ⇨ 빈지

플러스 해설 포락지(浦落地)란 물에 의한 침식으로 인해 수면 아래로 잠기거나 하천으로 변한 토지를 말한다. 다시 말해 과거에는 소유권이 인정되는 전·답 등이었으나, 지반이 절토되어 무너져 내린 토지로 바다나 하천으로 변한 토지를 말한다.

04 ③

③ 수요 증가폭과 공급 감소폭이 동일한 경우에 균형가격은 상승하고 균형거래량은 변하지 않는다.

05 ④

④ 수요가 완전비탄력적일 때, 공급이 증가하면 균형가격은 하락하고 균형거래량은 불변이다.

06 ②

- 수요의 가격탄력성 = $\dfrac{|수요량의\ 변화율|}{가격의\ 변화율}$
- 수요의 소득탄력성 = $\dfrac{수요량의\ 변화율}{소득의\ 변화율}$

1. 수요의 가격탄력성

   $0.5 = \dfrac{수요량의\ 변화율}{+2}$

   그러므로 수요량의 변화율 $-1(= 0.5 \times 2)$

2. 수요의 소득탄력성

   $1.0 = \dfrac{수요량의\ 변화율}{-2}$

   그러므로 수요량의 변화율 $-2(= 1.0 \times -2)$

∴ 아파트 수요량 전체 변화율은 $-3(= -1 + -2)$

07 ③

플러스 해설 ① 가격의 변화율이 수요량의 변화율보다 작으면 수요의 가격탄력성이 1보다 크다.
② 수요의 소득탄력성이 0보다 크다는 것은 당해 재화가 정상재임을 뜻하며, 따라서 소득이 증가할 때 수요가 증가하게 된다.
④ 시장수요곡선은 개별수요곡선의 수평적 합이다.
⑤ 0 ⇨ 1

08 ①

① 대체재의 출현으로 수요의 가격탄력성이 커지면 부동산 수요곡선은 보다 완만한 형태를 띤다.

09 ②

② ㉡, ㉤, ㉥이 주택 수요 증가 요인이다.

플러스 해설 ㉠ 아파트 가격 하락 : 아파트 수요량 증가
㉢ 건축원자재 가격 하락 : 아파트 공급 증가
㉣ 주택담보대출시 은행 대출심사조건 강화 : 아파트 수요 감소

10 ④

④ 호이트(H. Hoyt)는 고급주택지가 고용기회가 많은 도심지역과의 교통이 편리한 지역에 선형으로 입지한다고 보았다. 저급주택지는 도심 주변이나 공장지역 주변에 입지한다고 보았다.

11 ⑤

⑤ 기반산업의 개수는 A지역은 2개, B지역은 1개이다.

$$\text{입지계수} = \frac{\dfrac{\text{A지역 X산업의 고용자수}}{\text{A지역 전산업 고용자수}}}{\dfrac{\text{전국 전체 X산업 고용자수}}{\text{전국 전체 산업의 고용자수}}}$$

- A지역 Y산업의 입지계수: $(30/60)/(90/190) = 1.05$
- A지역 Z산업의 입지계수: $(30/50)/(90/190) = 1.26$
- B지역 X산업의 입지계수: $(50/80)/(100/190) = 1.18$
- B지역 Y산업의 입지계수: $(30/60)/(100/190) = 0.95$

12 ①

- A, B 도시 인구를 10만으로 약분하면 각각 1, 3
- A, B 도시 거리를 20으로 약분하면 각각 1

1. A도시 유인력: $\dfrac{1}{1^2} = 1$, B도시 유인력: $\dfrac{3}{1^2} = 3$
2. A도시 시장점유율: $\dfrac{1}{4} = 0.25(25\%)$
3. A도시 구매 유인 인구수: 2만명 × 0.6 × 0.25 = 3천명
4. B도시 구매 유인 인구수: 2만명 × 0.6 × 0.75 = 9천명

13 ②

② 옳은 것은 ⓒ이다.

플러스 해설 ㉠ 요구수익률이란 투자자가 대상부동산에 투자를 하기 위해 요구하는 최소한의 수익률이며, 요구수익률은 무위험률(시간에 대한 비용)과 위험할증률(위험에 대한 비용)로 구성된다. 따라서 요구수익률은 시간에 대한 비용을 고려한다.

ⓒ 기대수익률이 요구수익률보다 높다면, 대상부동산에 대한 수요가 증가하여 부동산 가격이 상승한다. 임대수익이 일정할 때, 부동산 가격이 상승하면 투자금액에 대한 부담이 증가하기 때문에 기대수익률은 하락한다.

$$\text{기대수익률} = \dfrac{\text{임대수익}}{\text{부동산 가격}}$$

14 ③

③ 옳은 것은 ㉠, ⓒ, ㉣이다.

플러스 해설 ⓒ 선형이론 ⇨ 동심원이론
㉤ 이질활동 ⇨ 동종(유사)활동

15 ③

③ 장기적 변동은 50년 또는 그 이상의 기간으로 측정된다. 무작위적 변동이란 예기치 못한 사태로 초래되는 비주기적 경기변동을 말한다.

16 ④

④ AIDA 원리에 따르면 소비자의 구매의사결정은 주의(Attention), 관심(Interest), 욕망(Desire), 행동(Action)의 단계를 순차적으로 거친다. 소비자가 상품을 구매결정하기 전까지의 심리적인 각 과정인 주의(Attention), 관심(Interest), 욕망(Desire), 행동(Action)으로 이어지는 소비자와의 구매의사결정과정의 각 단계에서 소비자와의 심리적 접점을 마련하고 전달되는 메시지의 톤과 강도를 조절하여 마케팅효과를 극대화하는 것이 바로 고객점유마케팅의 핵심이다.

17 ④

1. 순현가 = 현금유입의 현가 − 현금유출의 현가
2. 수익성지수 = $\dfrac{\text{현금유입의 현가}}{\text{현금유출의 현가}}$

사 업	현금유출	현금유입의 현가	순현가	수익성지수
A	3,800	6,825 / 1.05 = 6,500	2,700	1.7
B	1,250	2,940 / 1.05 = 2,800	1,550	2.2
C	1,800	4,725 / 1.05 = 4,500	2,700	2.5

18 ⑤

플러스 해설 ① 수요의 가격탄력성이 공급의 가격탄력성보다 크면 수렴형이다.

② 가격이 변동하면 수요는 즉각적으로 반응하지만, 공급은 생산에 소요되는 기간이 필요하므로 일정 기간이 지난 후 반응한다는 것을 전제하고 있다.

③ 공급자는 현재의 가격에만 반응한다고 가정한다. 만약에 공급자가 현재뿐만 아니라 미래의 가격을 고려한다면 거미집모형이 시사하는 현상, 즉 주기적으로 가격폭등, 폭락은 나타나지 않을 수 있다.

④ 균형의 변화를 동태적으로 분석한 모형이다. 동태분석(動態分析)이란 시간개념을 도입하여 분석하는 것을 말한다. 거미집모형은 과거, 현재, 미래라는 시간개념이 적용되므로 동태분석에 해당한다. 그러나 정태분석(靜態分析)이란 시간개념의 적용 없이 분석하는 것을 말한다.

19 ②

② 옳지 않은 것은 ㉠, ⓒ, ㉣이다.
㉠ 사업자로서는 상대적으로 사업시행이 간단하고 용이하다. 이것은 수용방식에 대한 설명이다.
ⓒ 사업자의 초기 사업비 부담이 크고, 토지소유자의 저항이 심할 수 있다. 이것은 수용방식에 대한 설명이다.
㉣ 감보된 토지는 새로이 필요로 하는 공공시설 용지로 사용되고, 나머지 체비지는 사업시행자가 매각하여 사업비로 충당한다.

20 ①

① 옳은 것은 ㉠, ㉡이다.

플러스 해설 ㉢ 선분양제도는 초기 주택건설자금의 대부분을 주택수요자로부터 조달하므로 건설자금에 대한 이자의 일부를 주택수요자가 부담하게 된다.
㉣ 주택수요자 입장에서 견본주택만을 보고 투자 판단을 하므로 입주 후 부실시공에 따른 위험을 수요자가 부담해야 하는 제도는 선분양제도이다.

21 ②

② 등비용선(isodapane) 또는 등운송비선은 최소운송비 지점(P점)으로부터 기업이 입지를 바꿀 경우, 추가적으로 부담해야 하는 운송비가 동일한 지점을 연결한 곡선을 의미한다.

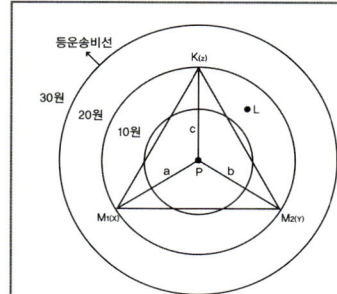

22 ②

② 세후현금흐름은 1,950만원이다.
1. 가능총소득 : 500m² × 10,000원 × 12 = 6,000만원
2. 영업경비 : 유지관리비(2,000만원) + 재산세(500만원) = 2,500만원

〈영업현금흐름 계산〉

	가능총소득	6,000
−	공실 및 불량부채	600
+	기타소득	0
=	유효총소득	5,400
−	영업경비	2,500
=	순영업소득	2,900
−	부채서비스액	200
=	세전현금수지	2,700
−	영업소득세	750
=	세후현금수지	1,950

〈영업소득세 계산〉

	순영업소득	2,900
−	감가상각비	300
−	이자	100
=	과세대상소득	2,500
×	세율	0.3
=	영업소득세	750

23 ④

플러스 해설 ① 콜옵션(call option)은 저당대출 차입자에게 주어진 조기상환권이다.

> 콜옵션(call option)이란 미래의 특정 시점에, 미리 정해진 가격(행사가격)으로 특정 기초자산을 매수할 수 있는 권리를 말한다. 다시 말해 금융에서 조기상환에 대한 콜옵션인 경우 차주가 행사할 수 있는 권리를 말하며, 대출자는 차주의 콜옵션에 응할 의무가 있다.

② 금융기관은 위험을 줄이기 위해 부채감당률이 1보다 큰 대출안의 작은 순서대로 대출을 실행한다.
③ 대출수수료와 조기상환수수료를 차입자가 부담하는 경우, 차입자의 실효이자율은 조기상환시점이 앞당겨질수록 커진다. 그 이유는 다른 조건은 일정할 때, 조기상환이 앞당겨질수록 중도상환수수료가 커지기 때문에 실효이자율은 커지게 된다.
⑤ 고정금리방식의 대출에서 총상환액은 원리금균등분할상환방식이 원금균등분할상환방식보다 더 크다.

24 ④

④ 옳은 것은 ㉠, ㉢, ㉣이다.

플러스 해설 ㉡ 환지방식은 개발 전의 면적·등급·지목 등을 고려하여, 개발된 토지를 토지 소유주에게 종전의 토지위치에 재분배하는 것을 말한다. 혼용방식이란 수용방식과 환지방식을 적절히 혼용해서 사용하는 것을 말한다.

25 ②

② 개별투자위험은 무위험률과는 상관이 없고, 위험할증률과 관계가 있다.

26 ①

① 수익성지수란 투자대안의 예상 현금유입의 현가를 현금유출로 나눈 값을 말한다.

27 ④

④ 순소득승수가 작을수록 자본회수기간은 짧아지고, 순소득승수가 길수록 자본회수기간은 길어진다.

28 ③

③ 3회차에 상환해야 할 원금상환액은 9,101,160원이다.
• 원리금(2,610만원) = 3억원 × 0.087

구 분	1년	2년	3년
기초잔액	300,000,000	291,900,000	283,314,000
원리금	26,100,000	26,100,000	26,100,000
− 이자	18,000,000	17,514,000	16,998,840
= 원금	8,100,000	8,586,000	9,101,160
기말잔액	291,900,000	283,314,000	

29 ②

② 첫 월불입액은 375,000원이다.
1. 대부비율(LTV)은 60%이므로,
   대출액은 1억원 × 0.6 = 6,000만원
2. 총부채상환비율(DTI)은 45%이므로,
   연 원리금은 1,000만원 × 0.45 = 450만원
3. 따라서 월 원리금은 450만원/12 = 375,000원

30 ①

• 5년 후의 잔금비율 = $\dfrac{\text{연금의 현가계수}(10\%,\ 15년)}{\text{연금의 현가계수}(10\%,\ 20년)}$ = $\dfrac{7.60}{8.51}$

∴ 1천만원 × $\dfrac{7.60}{8.51}$ = 8,930,669원

31 ⑤

⑤ 증권발행자 입장에서 MPTS는 지분형 증권이므로 부채로 인식되지 않는다.

32 ③

③ 주식의 분산에 대한 내용이다. 기업구조조정 부동산투자회사는 주식의 분산을 적용하지 않는다.

> **부동산투자회사법 제49조의2【기업구조조정 부동산투자회사에 관한 특례】** ③ 기업구조조정 부동산투자회사에 대하여는 제14조의8(주식의 공모), 제15조(주식의 분산), 제24조 제1항·제2항 및 제25조 제1항을 적용하지 아니한다.

33 ⑤

⑤ 자가관리의 장점으로 관리체계의 강한 지휘통제력을 발휘할 수 있다.

34 ⑤

⑤ 부동산 개발에 영향을 미치는 인근 환경요소의 현황과 전망을 분석은 시장분석이나 지역경제분석에 대한 설명이다. 투자결정분석이란 여러 개 개발 대안 중 받아들일 수 있는 위험수준에서 최고의 수익을 창출하는 대안을 선택하는 것을 말한다.

35 ④

> **감정평가에 관한 규칙 제18조【과수원의 감정평가】** 감정평가법인등은 과수원을 감정평가할 때에 거래사례비교법을 적용해야 한다.

36 ③

③ 대상부동산의 수익가액은 2억 1천만원이다.

$$\text{수익가액} = \dfrac{\text{순수익}}{\text{환원율}}$$

1. 순수익 = 2,000만원 − 200만원 − 540만원(= 1,800만원 × 0.3)
   = 1,260만원
2. 환원율 = (0.5 × 0.05) + (0.5 × 0.07) = 0.06
3. 수익가액 = 1,260만원 / 0.06 = 210,000,000원

37 ④

④ 틀린 것은 ㉡, ㉣이다.
㉡ 통계청이 조사·발표하는 소비자물가지수에 따라 산정된 소비자물가상승률 ⇨ 한국은행이 조사·발표하는 생산자물가지수에 따라 산정된 생산자물가상승률
㉣ 공시지가기준법 적용시 면적비교는 요하지 않는다.

38 ⑤

⑤ 개별공시지가의 효력으로는 국세·지방세 과세표준, 개발부담금 부담을 위한 개시시점 지가산정, 국유지 사용료 산정기준이다. 따라서 지가변동률 산정기준과는 관계가 없다. 지가변동률 산정은 표본지의 시장가치를 기초로 산정된다.

> **지가변동률 조사·산정에 관한 규정**
> **제2조【정의】** 이 규정에서 사용하는 용어의 뜻은 다음과 같다.
> 1. "표본지"란 지가변동률 조사·산정대상 지역에서 행정구역별·용도지역별·이용상황별로 지가변동을 측정하기 위하여 선정한 대표적인 필지를 말한다.
> 2. "지가변동률"이란 이 규정에 따라 조사·산정한 표본지의 시장가치를 기초로 산정된 기준시점의 지가지수와 비교시점의 지가지수의 비율을 말한다.
> **제4조【조사·산정 주기 및 기준일】** 지가변동률의 조사·산정은 매월 실시해야 하며, 조사기준일은 해당 월의 다음 달 1일로 한다.
> **제7조【조사·산정결과 공표】** 국토교통부장관과 한국부동산원장은 이 규정에 따른 월별 지가변동률 조사·산정결과를 다음 달 25일경에 한국부동산원 부동산통계정보시스템(R_ONE)에 공표해야 한다.

39 ⑤

⑤ 적산가액은 3억 6천만원이다.

• 적산가액 = 재조달원가 − 감가누계액
• 정액법에 의한 감가수정
  − 매년의 감가액 = $\dfrac{\text{재조달원가} - \text{잔존가격}}{\text{전체 경제적 연수}}$
  − 잔존가격 = 재조달원가 × 잔존가치율
  − 감가누계액 = 매년의 감가액 × 경과연수

1. 재조달원가(㎡)
   = 사용승인시점 신축공사비(1,200,000원/㎡) × 건축비상승률
   • 건축비상승률 = $\dfrac{\text{기준시점 건축비지수}}{\text{사용승인시점 건축비지수}}$ = $\dfrac{150}{100}$ = 1.5

- 재조달원가(250m²) = 1,200,000원/m² × 250m² × 1.5
  = 4억 5,000만원
2. 잔존가치 = 0
3. 정액법에 의한 매년의 감가액
  = $\dfrac{4억\ 5{,}000만원\ -\ 0}{40년}$ = 1,125만원
4. 감가누계액 = 1,125만원 × 8년(경과연수) = 9,000만원
∴ 적산가액 = 4억 5,000만원 − 9,000만원 = 3억 6,000만원

40 ④

④ 균형의 원칙이란 부동산의 유용성이 최고도로 발휘되기 위해서는 부동산 구성요소의 결합에 균형이 있어야 한다는 것을 말한다.

민법·민사특별법

Answer

41. ③	42. ⑤	43. ⑤	44. ①	45. ⑤	46. ①	47. ⑤	48. ②
49. ①	50. ④	51. ④	52. ①	53. ④	54. ①	55. ③	56. ⑤
57. ③	58. ②	59. ③	60. ③	61. ③	62. ②	63. ④	64. ①
65. ②	66. ④	67. ④	68. ②	69. ⑤	70. ④	71. ①	72. ⑤
73. ①	74. ③	75. ①	76. ④	77. ④	78. ③	79. ②	80. ④

41 ③

③ 자연적 해석 중 오표시 무해의 원칙이다.

42 ⑤

⑤ 대리행위의 하자는 대리인을 표준으로 결정하므로, 丁이 甲의 배임행위에 적극 가담한 사정을 丙이 모르더라도, 丙 명의로 경료된 소유권이전등기는 무효이다.

43 ⑤

⑤ 자신의 채권을 보전하기 위해 가장양도인의 가장양수인에 대한 권리를 대위행사하는 채권자는 허위표시를 기초로 새로운 법률상의 이해관계를 맺은 제3자에 해당하지 않는다.

44 ①

플러스 해설↑ ② 과실로 착오에 빠져 의사표시를 한 후 착오를 이유로 이를 취소한 자는 상대방에게 불법행위로 인한 손해배상책임이 없다.
③ 중과실 유무는 상대방이 증명하여야 한다.
④ 법률에 관해 경과실로 착오를 한 경우, 표의자는 그것이 법률행위의 중요부분에 관한 것이라면 그 착오를 이유로 취소할 수 있다.
⑤ 전문가의 진품감정서를 믿고 이를 첨부하여 서화 매매계약을 체결한 후에 그 서화가 위작임이 밝혀진 경우, 매수인은 하자담보책임을 묻는 외에 착오를 이유로 하여 매매계약을 취소할 수 있다.

45 ⑤

㉠ 부동산 매도의 대리권을 수여받은 자는 특별한 사정이 없는 한 그 부동산의 매도 후 해당 부동산을 해제하거나 취소할 권한은 없다.
㉢ 임의대리인은 본인의 승낙이 있거나 부득이한 사유가 있지 아니하면 복대리인을 선임할 수 없는 것인바, 아파트 분양업무는 그 성질상 분양 위임을 받은 수임인의 능력에 따라 그 분양사업의 성공 여부가 결정되는 사무로서, 본인의 명시적인 승낙 없이는 복대리인의 선임이 허용되지 아니하는 경우로 보아야 한다.
㉣ 임의대리권은 원인된 법률관계가 종료되거나 본인이 수권행위를 철회한 경우 소멸한다(제128조).

플러스 해설↑ ㉡ 자동차 매도의 대리권을 수여받은 자가 본인의 허락 없이 본인의 자동차를 스스로 시가보다 저렴하게 매수하는 계약을 체결한 경우, 이는 허용되지 않는 자기계약으로서 무권대리가 된다. 그리고 무권대리는 유동적 무효이다.

46 ①

플러스 해설↑ ② 甲이 임대기간을 단축하여 위 임대차계약을 추인한 경우, 丙의 동의가 없는 한 그 추인은 무효이다.
③ 丙이 계약 당시에 乙에게 대리권 없음을 알았던 경우에도 丙의 甲에 대한 최고권이 인정된다.
④ 甲은 위 임대차계약을 묵시적으로 추인할 수 있다.
⑤ 甲이 추인하면, 특별한 사정이 없는 한 위 임대차계약은 계약시에 소급하여 효력이 생긴다.

47 ⑤

㉠ 가장매매로서 무효이다.
㉡ 은닉행위로서 유효이다.
㉢㉣ 소유자인 乙로부터 매수하여 이전등기를 마친 丙은 선의·악의를 불문하고 적법하게 소유권을 취득하므로, 甲은 丙에게 X토지의 소유권이전등기말소를 청구할 수 없다.

48 ②

㉡ 甲이 허가신청절차에 협력하지 않는 경우, 이는 부수적 의무이므로 乙은 甲의 채무불이행을 이유로 하여 손해배상을 청구할 수 있으나 매매계약을 해제할 수 없다.
㉢ 유동적 상태에서는 부당이득반환청구권을 행사할 수 없다.

49 ①

① 취소할 수 있는 행위로부터 취득한 권리의 전부를 취소권자의 상대방이 제3자에게 양도하는 경우는 법정추인사유에 해당하지 않는다.

50 ④

플러스해설 ① 정지조건 있는 법률행위는 조건이 성취한 때로부터 그 효력이 생긴다.
② 조건이 법률행위의 당시에 이미 성취할 수 없는 불능조건인 경우에는 그 조건이 해제조건이면 그 법률행위는 조건 없는 법률행위로 한다.
③ 종기(終期) 있는 법률행위는 기한이 도래한 때로부터 그 효력을 잃는다.
⑤ 조건의 성취가 미정한 권리의무는 일반규정에 의하여 처분, 상속 또는 담보로 할 수 있다.

51 ④

④ 간접점유자 甲은 丙에 대하여 점유권에 기한 방해배제청구권을 행사할 수 있다.

52 ①

① 피상속인이 사망하면 상속인은 피상속인의 사망사실을 모르더라도 피상속인의 점유를 그대로 승계한다.

53 ④

④ 유치권자가 점유를 침탈당한 경우 유치권에 기한 물권적 청구권은 인정되지 않지만 점유권에 기한 물권적 청구권은 인정된다.

54 ①

① 비법인사단이 총유물에 관한 매매계약을 체결하는 행위는 총유물 그 자체의 처분이 따르는 채무부담행위로서 총유물의 처분행위에 해당한다(대판 2009.11.26, 2009다64383).
플러스해설 ② 총유물의 관리 및 처분이라 함은 '총유물 그 자체'에 관한 이용·개량행위나 법률적·사실적 처분행위를 의미하는 것이므로, 비법인사단이 타인 간의 금전채무를 보증하는 행위는 총유물 그 자체의 관리·처분이 따르지 아니하는 단순한 채무부담행위에 불과하여 이를 총유물의 관리·처분행위라고 볼 수는 없다(대판 전합 2007.4.19, 2004다60072·60089).

55 ③

③ 부동산의 일부 공유지분 위에 저당권이 설정된 후 그 공유부동산이 현물분할된 경우, 저당권은 원칙적으로 저당권설정자에게 분할된 부분에 당연히 집중되는 것은 아니다.

56 ⑤

⑤ 임야소유권 이전등기에 관한 특별조치법(법률 제2111호)에 의한 소유권보존등기가 경료된 임야에 관하여서는 그 임야를 사정받은 사람이 따로 있는 것으로 밝혀진 경우라도 그 등기는 동법 소정의 적법한 절차에 따라 마쳐진 것으로서 실체적 권리관계에 부합하는 등기로 추정된다(대판 전합 1987.10.13, 86다카2928).

57 ③

③ 지상권의 양도는 절대적으로 보장되므로, 지상권자는 토지소유자의 의사에 반하여 지상권을 타인에게 양도할 수 있다.

58 ②

② 건물의 임대차에 있어서 임차인의 임대인에게 지급한 임차보증금반환청구권이나 임대인이 건물시설을 아니하기 때문에 임차인에게 건물을 임차목적대로 사용 못한 것을 이유로 하는 손해배상청구권은 모두 민법 제320조 소정 그 건물에 관하여 생긴 채권이라 할 수 없다(대판 1976.5.11, 75다1305).

59 ③

③ 자기 소유의 토지에 도로를 개설하여 타인에게 영구적으로 사용하도록 약정하고 대금을 수령하는 것은 지역권설정에 관한 합의이다.

60 ③

③ 건물전세권의 존속기간을 1년 미만으로 정한 때에는 이를 1년으로 한다.

61 ③

③ 지상권, 전세권과는 달리 지역권은 저당권의 객체가 될 수 없다.

62 ②

② 강제경매에 있어 관습상 법정지상권이 인정되기 위해서는 매각대금 완납시가 아니라 압류의 효력이 발생한 때를 기준으로 해서 토지와 그 지상 건물이 동일인의 소유에 속하여야 한다.

63 ④

플러스해설 ① 채무자는 상당한 담보를 제공하고 유치권의 소멸을 청구할 수 있는데(민법 제327조), 유치물 가액이 피담보채권액보다 많을 경우에는 피담보채권액에 해당하는 담보를 제공하면 되고, 유치물 가액이 피담보채권액보다 적을 경우에는 유치물 가액에 해당하는 담보를 제공하면 된다(대판 2021.7.29, 2019다216077).
② 유치권자가 유치물에 대한 점유를 빼앗긴 경우, 점유물반환청구권을 보유하고 있더라도 점유를 회복하기 전에는 유치권이 인정되지 않는다.
③ 유치권의 존속 중에 유치물의 소유권이 제3자에게 양도된 경우에는 유치권자는 그 제3자에 대하여 유치권을 행사할 수 있다.
⑤ 유치권은 자기 소유의 물건에 성립할 수 없으므로, 수급인은 도급계약에 따라 자신의 재료와 노력으로 건축된 자기 소유의 건물에 대해서 도급인으로부터 공사대금을 지급받을 때까지 유치권을 행사할 수 없다.

64 ①

플러스 해설 ㉡ 저당권자는 저당권에 기한 반환청구권을 행사할 수 없으나 방해배제청구권을 행사할 수 있다.
㉢ 저당물의 제3취득자는 그 부동산의 개량을 위한 유익비를 지출하여 가치의 증가가 현존하면, 그 비용을 저당물의 매각대금에서 우선적으로 상환받을 수 있다(제367조).
㉣ 저당권자는 원칙적으로 피담보채권의 채권자에 한한다. 다만 제3자 명의로 저당권등기를 하는 데 대하여 채권자와 채무자 및 제3자 사이에 합의가 있었고, 나아가 제3자에게 그 채권이 실질적으로 귀속되었다고 볼 수 있는 특별한 사정이 있는 경우에는 제3자 명의의 저당권등기도 유효하다.

65 ②

② 승낙의 기간을 정하지 아니한 계약의 청약은 청약자가 상당한 기간 내에 승낙의 통지를 받지 못한 때에는 그 효력을 잃는다(제529조).

플러스 해설 ① 청약의 구속력에 관한 규정인 제527조는 "계약의 청약은 이를 철회하지 못한다."라고 규정함으로써 철회할 수 있는 예외를 규정하고 있지 않다.
③ 민법은 격지자 간의 계약은 승낙의 통지가 발송한 때에 성립한다고 규정하고 있다(제531조).
④ 청약은 그에 응하는 승낙만 있으면 계약이 성립하므로 구체적이거나 확정적인 의사표시이어야 한다.
⑤ 아파트의 분양광고가 청약의 유인인 경우, 피유인자가 이에 대응하여 청약을 하면 광고자가 이에 대하여 승낙을 하여야 분양계약은 성립한다.

66 ④

플러스 해설 ① 乙과 丙 사이의 전대차계약은 유효하다.
② 甲은 임대차계약이 종료되지 않으면 X토지의 불법점유를 이유로 丙에게 차임상당의 부당이득반환을 청구할 수 없다.
③ 甲은 임대차계약이 존속하는 동안에는 X토지의 불법점유를 이유로 丙에게 차임상당의 손해배상을 청구할 수 없다.
⑤ 만약 乙이 X토지에 신축한 건물의 소유권을 임대차종료 전에 戊에게 이전하였다면, 乙의 건물매수청구권은 인정되지 않는다.

67 ④

플러스 해설 ① 후발적 불능이 채무자에게 책임 있는 사유로 생긴 때에는 이행불능의 문제가 발생한다.
② 편무계약의 경우에는 원칙적으로 위험부담의 법리가 적용되지 않는다.
③ 당사자 일방이 대상청구권을 행사하려면 상대방에 대하여 반대급부를 이행할 의무가 있다.
⑤ 우리 민법은 채무자위험부담주의를 원칙으로 한다.

68 ②

② 乙은 甲의 보충금 미지급을 이유로 교환계약을 해제할 수 있다.

69 ⑤

⑤ 종류매매의 경우 인도된 목적물에 하자가 있는 때에는 선의의 매수인은 하자 없는 물건을 청구하거나 손해배상을 청구할 수 있다(제581조).

70 ④

④ 제3자의 권리는 그 제3자가 "채무자(낙약자)"에 대하여 계약의 이익을 받을 의사를 표시한 때에 생긴다(제539조 제2항).

71 ①

플러스 해설 ㉢ 건축목적으로 매매된 토지에 대하여 건축허가를 받을 수 없어 건축이 불가능한 경우, 이와 같은 법률적 제한 내지 장애는 매매"목적물의 하자"에 해당한다.
㉣ 착오로 인한 취소 제도와 매도인의 하자담보책임 제도는 취지가 서로 다르고, 요건과 효과도 구별된다. 따라서 매매계약 내용의 중요 부분에 착오가 있는 경우 매수인은 매도인의 하자담보책임이 성립하는지와 상관없이 착오를 이유로 매매계약을 취소할 수 있다.

72 ⑤

⑤ 과실상계는 본래 채무불이행 또는 불법행위로 인한 손해배상책임에 대하여 인정되는 것이고, 매매계약이 해제되어 소급적으로 효력을 잃은 결과 매매당사자에게 당해 계약에 기한 급부가 없었던 것과 동일한 재산상태를 회복시키기 위한 원상회복의무의 이행으로서 이미 지급한 매매대금 기타의 급부의 반환을 구하는 경우에는 적용되지 아니한다(대판 2014.3.13, 2013다34143).

73 ①

㉠ 발신주의(제531조)
플러스 해설 ㉡ 도달주의(제564조 제3항)
㉢ 도달주의(제552조)
㉣ 도달주의(제540조)

74 ③

③ 쌍무계약에서 甲과 乙의 채무가 동시이행관계에 있는 경우, 甲은 乙의 이행제공이 없다면 이행기에 채무를 이행하지 않더라도 이행지체책임이 없다(대판 2001.7.10., 2001다3764).

75 ①

플러스 해설 ② 관리단집회에서 적법하게 결의된 사항은 그 결의에 반대한 구분소유자에게도 효력이 있다.
③ 수분양자가 분양대금을 완납하였지만 분양자 측의 사정으로 소유권이전등기를 경료받지 못하였다면, 그는 관리단의 구성원이 되어 의결권을 행사할 수 있다.
④ 직권이 아니라 관리단집회에서 4분의 3 이상의 결의를 거쳐야 한다.
⑤ 각 구분소유자는 원칙적으로 공용부분의 지분비율에 따라 변제할 책임이 있다(제27조 제1항).

76 ④

플러스 해설 ① 특별한 사정이 없는 한 명의신탁이라는 그 자체로 선량한 풍속 기타 사회질서에 위반된다고 볼 수 없다.
② 명의신탁이 무효인 경우, 신탁자와 수탁자가 혼인하면 명의신탁이 조세포탈, 강제집행의 면탈 또는 법령상 제한의 회피를 목적으로 하지 않는 경우에는 혼인한 때로부터 위 명의신탁은 유효하게 된다.
③ 부동산 명의신탁약정의 무효는 수탁자로부터 그 부동산을 취득한 악의의 제3자에게도 대항할 수 없다.
⑤ 조세포탈 등의 목적 없이 "종교단체"의 명의로 그 산하 조직이 보유한 부동산에 관한 물권을 등기한 경우, 그 명의신탁약정은 유효하다.

77 ④

플러스 해설 ⓒ 임차기간을 2년으로 정한 임대차는 그 기간은 2년이 된다.
ⓒ 사업자등록증이 교부된 다음 날이 아니라 사업자등록을 신청한 다음 날부터 제3자에 대한 대항력이 생긴다.

78 ③

③ 차용금채무 1억원의 담보로 2억원 상당의 부동산에 대해 대물변제예약을 하고 가등기 한 경우에는 동법이 적용된다.
플러스 해설 ①⑤ 등기 또는 등록이 되지 않으면 가등기담보법이 적용되지 않는다.
② 매매대금에는 가등기담보법이 적용되지 않는다.
④ 재산권 이전의 예약 당시 재산에 대하여 선순위 근저당권이 설정되어 있는 경우에는 재산의 가액에서 피담보채무액을 공제한 나머지 가액이 차용액 및 이에 붙인 이자의 합산액을 초과하는 경우에만 적용된다(대판). 따라서 이미 2억원의 다른 채무에 대한 저당권이 설정된 4억원 상당의 부동산에 대해 대물변제예약을 하고 가등기한 경우에는 예약 당시 부동산목적물의 가액이 피담보채무액에 미치지 못하므로 가등기담보법이 적용되지 않는다.

79 ②

② 甲과 乙이 체결한 명의신탁약정은 무효이고, 甲으로부터 乙 앞으로 이루어진 소유권이전등기도 무효이다. 따라서 乙이 얻은 부당이득이 없으므로, 甲은 乙을 상대로 '부당이득반환을 원인으로 한' 소유권이전등기를 청구할 수 없다. 다만 甲은 乙을 상대로 소유권에 기하여 진정명의회복을 원인으로 한 소유권이전등기를 청구할 수 있다.
플러스 해설 ① 甲은 乙을 상대로 무효등기의 말소를 청구하거나 진정명의회복을 원인으로 한 소유권이전등기를 청구할 수 있다.
③ 甲은 乙을 상대로 명의신탁해지를 원인으로 한 소유권이전등기를 청구할 수 없다.
④ 乙이 丙에게 X건물을 매도하고 소유권이전등기를 해준 경우, 丙은 소유권을 취득한다.
⑤ 명의수탁자가 양자간 명의신탁에 따라 명의신탁자로부터 소유권이전등기를 넘겨받은 부동산을 임의로 처분한 행위는 명의신탁자의 소유권을 침해하는 행위로서 형사상 횡령죄의 성립 여부와 관계없이 민법상 불법행위에 해당하여 명의수탁자는 명의신탁자에게 손해배상책임을 부담한다(대판 2021.6.3, 2016다34007).

80 ④

플러스 해설 ① 임차권은 상속인에게 상속될 수 있다.
② 임차인의 우선변제권은 대지의 환가대금에 미친다.
③ 임대차가 묵시적으로 갱신된 경우, 그 존속기간은 2년으로 본다.
⑤ 임차인의 보증금반환채권이 가압류된 상태에서 그 주택이 양도된 경우, 가압류채권자는 양수인에 대하여만 가압류의 효력을 주장할 수 있다.

Test 07 정답 및 해설

본문 ▶ P. 96

부동산학개론

Answer

01. ⑤	02. ③	03. ⑤	04. ③	05. ④	06. ⑤	07. ①	08. ④
09. ⑤	10. ③	11. ④	12. ③	13. ④	14. ④	15. ③	16. ⑤
17. ②	18. ④	19. ③	20. ①	21. ③	22. ②	23. ①	24. ④
25. ④	26. ②	27. ③	28. ③	29. ③	30. ③	31. ②	32. ②
33. ⑤	34. ⑤	35. ⑤	36. ②	37. ②	38. ④	39. ⑤	40. ②

01 ⑤

⑤ 접근성이란 대상부동산이 위치하고 있는 장소에서 다른 장소에 도달하는 데 소요되는 시간, 경비, 노력 등으로 측정되는 상대적 비용(relative cost)을 말한다.

02 ③

③ 옳은 것은 ㉠, ㉡, ㉢이다.

플러스 해설 ㉣ 이행지 ➡ 후보지
이행지란 용도지역 내에서 지역 간 용도변경이 진행되고 있는 토지를 말한다.

03 ⑤

⑤ 급격한 인플레는 주택임대업자의 실질임대수입을 감소시키는 경향이 있다. 따라서 임대업자는 인플레에 따른 임대료손실분을 임대료 상승을 통해 임차인에게 위험을 전가하는 것이 일반적이다.

04 ③

플러스 해설 ① 수요의 소득탄력성이란 소득변화율에 대한 수요량의 변화율을 말한다.
② 가격변화율보다 수요량의 변화율이 큰 경우, 수요의 가격탄력성은 1보다 크다.
④ 단기는 비탄력적, 장기에는 보다 탄력적이 된다.
⑤ 용도전환이 용이할수록 수요는 보다 탄력적이다.

05 ④

④ 수요가 증가할 때 공급이 비탄력적일수록 균형거래량은 덜 증가한다. 공급이 일정할 때, 수요가 증가하면 균형거래량은 증가한다. 그런데 공급이 비탄력적인 경우에는 덜 증가하고, 공급이 탄력적인 경우에는 더 증가한다.

06 ⑤

⑤ 건축자재 품귀현상으로 인해 건축비가 상승하였다면 공급이 감소하여 공급곡선은 좌측으로 이동할 것이다.

07 ①

① 수요의 증가폭이 공급의 증가폭보다 클 경우, 균형가격은 상승하고 균형거래량은 증가한다.

08 ④

1. 아파트 수요량(15% 감소) = 가격탄력성(1.5) × 가격변화율(10%)
   ➡ 아파트 수요량이 15% 감소하므로 종전보다 5% 증가시키려면 20% 증가해야 한다.
2. 아파트 수요량(20% 증가) = 교차탄력성(2) × 단독주택 가격변화량(10%)

다시 말해, 아파트 가격을 10% 인상하면 아파트 수요량은 15% 감소한다. 이때 수요량을 5%가 더 증가한 총 20%를 증가시키려면 교차탄력성이 2이므로, 대체재인 단독주택의 가격이 10% 상승하면 된다.

09 ⑤

⑤ 모두 옳은 지문이다.

10 ③

③ 동심원이론에서의 점이지대는 중심업무지구에 직장 및 생활터전이 있어 중심업무지구에 근접하여 거주하는 지대를 말한다.

11 ④

④ 위치가치(위치지대)란 토지소유자의 노력과 희생 없이 주로 공공사업에 의해 발생하는 지대를 말한다.

> **넓혀 보기**
>
> **준지대**
> 기업이 생산활동을 지속하다 보면 일정 시점부터는 추가적인 비용을 들이지 않더라도 고정적으로 얻을 수 있는 초과이윤이 발생한다. 이를 경제학에서는 준지대(準地代)라고 부른다. 지대란 원래 토지소유자가 토지를 빌려주고 얻는 수입을 의미하고, 준지대란 지대와 유사한 개념으로 쓰인다. 차이점은 지대는 고정적이지만 준지대는 가변적이라는 것이다. 준지대는 보통 독점기업이거나 특허권 또는 경쟁력 있는 생산기술을 가지고 있을 때 발생한다. 그래서 불로소득의 성격을 띤다. 그리고 준지대는 노동 등과 같이 직접적인 생산에 기여하지 않고 발생하는 일종의 초과이윤이다.

TEST 07

12 ③

플러스 해설 ① 부동산 시장분석에서는 유량분석뿐만 아니라 저량분석도 행한다.
② 수요법칙에 의해 수요곡선은 좌표평면상 우하향하는 형태로 나타나고, 공급법칙에 의해 공급곡선은 우상향하는 형태로 나타난다.
④ 대체재 가격 하락은 아파트 수요의 감소요인이다.
⑤ 학교의 질, 소득은 주택 수요의 결정요인이다.

13 ④

④ 옳은 것은 ㉠, ㉡, ㉢, ㉣ 4개이다.
플러스 해설 ㉤ 부동산 가격의 급격한 하락은 부동산담보대출을 운용하는 금융기관에는 부실채권의 증가로 이어져 금융기관에 악영향을 미친다.

14 ④

④ 옳은 것은 ㉠, ㉢, ㉣이다.
플러스 해설 ㉡ 중력모형(gravity model)은 중심지의 규모와 공간적 배열상태보다 중심지 간의 상호작용에 더 초점을 두고 있다. 크리스탈러의 중심지이론이 중심지의 규모와 공간적 배열 상태를 설명한 모형이다.

15 ③

③ 계절적 변동이란 일 년을 단위로 하여, 적어도 일 년에 한번씩 정기적으로 나타나는 변동을 계절적 변동이라 한다. 이 같은 계절적 변동이 나타나는 것은 계절이 가지는 속성과 그에 따른 사람들의 관습 때문이다.
플러스 해설 불규칙 변동이란 자연재해, 전쟁, 정부의 정책 등으로 발생하는 비주기적 경기변동을 말한다. 따라서 예기치 못한 사태로 인해 초래되는 비주기적 경기변동을 말한다.

16 ⑤

⑤ 월 추정소비액은 A도시는 4억원, B도시는 16억원이다.

$$각\ 도시의\ 소매인력 = \frac{인구}{거리^2}$$

1. A도시 $= \dfrac{50,000}{5^2} = 2,000$

2. B도시 $= \dfrac{32,000}{2^2} = 8,000$

∴ A유인력(20%) $= \dfrac{2,000}{10,000}$

B유인력(80%) $= \dfrac{8,000}{10,000}$

3. A 월 추정소비액(4억원) = 20억원 × 0.2
4. B 월 추정소비액(16억원) = 20억원 × 0.8

17 ②

플러스 해설 ① 최소요구치 - 중심지 기능이 유지되기 위한 최소한의 수요 요구 규모
③ 도달범위 - 중심지로부터 어느 기능에 대한 수요가 0이 되는 곳까지의 거리
④ 최소요구범위 - 판매자가 정상이윤을 얻을 만큼의 충분한 소비자들을 포함하는 경계까지의 거리
⑤ 중심지 재화 및 서비스 - 중심지에서 배후지로 제공되는 재화 및 서비스

18 ④

④ 시멘트 생산기업에 환경부담금을 부과하면, 시멘트의 공급이 감소, 시멘트 가격 상승으로 이어져 장기적으로 주택 공급은 감소하여 주택가격은 상승한다.
플러스 해설 ① 거래당사자 ⇨ 제3자
② 과대생산 ⇨ 과소생산
③ 외부불경제 ⇨ 외부경제
⑤ 의도적인 ⇨ 의도하지 않은

19 ③

③ 임대료규제로 임대주택공급이 감소하여 주택부족현상이 심화되어 임차인들의 주거이동은 제한된다.

20 ①

① 재산세의 과세대상은 토지, 건축물, 주택, 항공기 및 선박이다. 그러나 종합부동산세의 과세대상은 토지와 주택이다.

21 ③

③ 헨리 조지는 토지단일세를 주장하여 토지에 대한 조세 이외의 모든 조세를 철폐하자고 하였다.

22 ②

② 현재 우리나라에서 시행되고 있지 않은 부동산 정책은 ㉠, ㉢, ㉤이다.
㉠ 택지소유상한제(1998년 폐지)
㉢ 토지초과이득세(1998년 폐지)
㉤ 종합토지세(2005년 폐지)
플러스 해설 ㉡ 부동산거래신고제(부동산 거래신고 등에 관한 법률에 의해 현재 시행)
㉣ 주택의 전매제한(주택법에 의해 현재 시행)
㉤ 부동산실명제(부동산 실권리자명의 등기에 관한 법률에 의해 현재 시행)
㉥ 토지거래허가구역(부동산 거래신고 등에 관한 법률에 의해 현재 시행)
㉦ 종합부동산세(종합부동산세법에 의해 현재 시행)

23 ①

① 단순회수기간이란 초기에 한 번 투입된 비용을 현금흐름으로 회수하는 데 걸리는 기간으로 A안은 1.5년, B안은 2년, C안은 2.5년이 소요된다. 따라서 투자의 우선순위는 A안 ⇨ B안 ⇨ C안의 순서이다.

- A : $200 + \dfrac{100}{200} = 1$년 6개월
- B : $400 + 200 = 2$년
- C : $300 + 400 + \dfrac{100}{200} = 2$년 6개월

24 ④

[만원 이하 절사]

	가능총소득	10,000
−	공실 및 불량부채	500
+	기타소득	0
=	유효총소득	9,500
−	영업경비	3,800
=	순영업소득	5,700
−	부채서비스액	4,000
=	세전현금수지	1,700
−	영업소득세	
=	세후현금수지	

④ 저당상수 = $\dfrac{\text{부채서비스액}}{\text{대출액}} = \dfrac{4,000}{50,000} = 0.08(8\%)$

플러스 해설 ① 영업경비비율(유효총소득 기준) = $\dfrac{\text{영업경비}}{\text{유효총소득}}$
$= \dfrac{3,800}{9,500} = 0.4(40\%)$

② 부채감당률 = $\dfrac{\text{순영업소득}}{\text{부채서비스액}} = \dfrac{5,700}{4,000} = 1.425$

③ 지분배당률 = $\dfrac{\text{세전현금수지}}{\text{지분투자액}} = \dfrac{1,700}{50,000} = 0.034(3.4\%)$

⑤ 종합자본환원율 = $\dfrac{\text{순영업소득}}{\text{부동산가치}} = \dfrac{5,700}{100,000} = 0.057(5.7\%)$

25 ④

④ 분산투자로 비체계적 위험이 완전히 제거되는 것은 수익률 간 상관계수가 −1이기 때문이다.

26 ②

② 효율적 투자선은 위험−기대수익률 좌표평면상 우상향하는 곡선이다.

27 ③

③ 연금의 현가계수($\dfrac{(1+r)^n - 1}{r(1+r)^n}$), 감채기금계수($\dfrac{r}{(1+r)^n - 1}$),

$\dfrac{(1+r)^n - 1}{r(1+r)^n} \times \dfrac{r}{(1+r)^n - 1}$

$=$ 일시불의 현가계수($\dfrac{1}{(1+r)^n} = (1+r)^{-n}$)

플러스 해설 ① 연금의 현재가치계수 ⇨ 일시불의 미래가치계수, 일시불의 내가계수란 1원을 이자율 r로 저금했을 경우 n년 후에 찾게 되는 금액을 의미한다.

② 감채기금계수 ⇨ 저당상수, 저당상수란 일정액을 빌렸을 때 매 기간마다 갚아 나가야 하는 원금과 이자의 합계를 구할 때 사용한다.

④ 저당상수 ⇨ 연금의 현재가치계수, 연금의 현가계수란 일정 기간 동안 매 기간마다 일정액을 받게 될 금액의 현재가치를 연금의 현재가치라 한다. 연금의 현가계수는 이자율이 r이고 기간이 n년일 때 매년 말 1원씩 n년 동안 받게 될 연금을 현재의 일시불로 환원한 액수이다.

⑤ 저당상수 ⇨ 일시불의 현재가치계수, 일시불의 현가계수란 할인율이 $r\%$일 때 n년 후의 1원이 현재 얼마만한 가치가 있는가를 표시한다.

28 ③

③ 부동산투자자문회사 ⇨ 자산관리회사

부동산투자회사법 제2조
5. "자산관리회사"란 위탁관리 부동산투자회사 또는 기업구조조정 부동산투자회사의 위탁을 받아 자산의 투자·운용업무를 수행하는 것을 목적으로 제22조의3에 따라 설립된 회사를 말한다.

제22조의3【자산관리회사의 인가 등】 ① 자산관리회사를 설립하려는 자는 다음 각 호의 요건을 갖추어 국토교통부장관의 인가를 받아야 한다.
1. 자기자본(자산총액에서 부채총액을 뺀 가액을 말한다. 이하 같다)이 70억원 이상일 것
2. 제22조에 따른 자산운용 전문인력을 대통령령으로 정하는 수 이상 상근으로 둘 것
3. 자산관리회사와 투자자 간, 특정 투자자와 다른 투자자 간의 이해상충을 방지하기 위한 체계와 대통령령으로 정하는 전산설비, 그 밖의 물적 설비를 갖출 것

29 ②

② 정(+)의 레버리지효과는 자기자본수익률이 총자본수익률(종합수익률)보다 높을 때 발생한다.

- 정(+)의 레버리지효과 :
저당수익률 < 총자본수익률 < 자기자본수익률

30 ③

③ 부동산신탁회사 ↔ 위탁자

31 ②

플러스 해설 ① 공급자의 전략 차원으로 표적시장을 선점하거나 틈새시장을 점유하는 마케팅은 시장점유마케팅이다.
③ 수요자 집단을 인구·경제학적 특성에 따라 세분하고, 세분된 시장에 있어서 상품의 판매지향점을 분명히 하는 전략은 시장세분화 전략이다.
④ 동일한 표적시장을 갖는 다양한 공급경쟁자들 사이에서 자신의 상품을 어디에 위치시킬 것인가 하는 전략은 차별화(포지셔닝) 전략이다.
⑤ 아파트 1층에 단독정원을 둔다든가 가정 자동화기기 설치, 녹지공간의 극대화 등은 4P MIX 전략 중 제품차별화 전략에 속한다.

32 ②

② 자산관리(AM)에 관한 설명이다. 자산관리란 부동산 소유자의 부를 극대화하기 위해 운영 대상 부동산의 가치를 증진시키는 다양한 방법을 모색하는 적극적인 관리를 말한다.

33 ⑤

⑤ 고정금리에서 예상인플레보다 실제인플레가 높아야 대출자는 이자율 위험에 직면한다.

34 ⑤

⑤ MBB 발행자는 주택저당차입자로부터 받는 원리금을 증권투자자에게 바로 이체하는 것이 아니라 자신이 발행한 채권에 대해 새로운 상환액을 지불한다. 따라서 차입자와 증권투자자 간에 현금흐름이 연결되지 않는다.

35 ⑤

⑤ 금리의 상승은 자본환원율을 높이는 요인이 된다.

플러스 해설 자본환원율($=\dfrac{\text{순영업소득}}{\text{부동산 가격}}$)은 부동산 투자에 따른 기대수익률의 일종이며, 투자자의 요구수익률에 영향을 주고받는 중요한 변수이다. 시장금리가 상승하면 요구수익률도 상승하고 자본환원율도 상승하는 경향이 있다. 따라서 다른 조건이 일정할 때 시장금리, 자본환원율, 요구수익률은 서로 (+) 관계를 띤다.

36 ②

② 대상건물의 가액은 322,000,000원이다.
1. 적산가액(322,000,000) = 재조달원가(402,500,000) − 감가누계액(80,500,000)
2. 재조달원가
$= 350\text{m}^2 \times 100\text{만원} \times \dfrac{\text{기준시점 건축비지수}(115)}{\text{사용승인시점 건축비지수}(100)}$
$= 402,500,000$원
3. (정액법) 감가액 $= \dfrac{\text{재조달원가} - \text{잔존가액}}{\text{전체연수}}$
$= \dfrac{402,500,000 - 0}{50} = 8,050,000$원
4. 감가누계액 = 감가액 × 경과연수
$= 8,050,000 \times 10\text{년} = 80,500,000$원

37 ②

② 부분평가란 일체로 이용되고 있는 물건의 일부만을 평가하는 것을 말한다.

38 ④

④ 자본환원율은 4.2%이다. 물리적 투자결합법으로 산정한 환원이율은 4.2%(= 3% × 0.4 + 5% × 0.6)이다.
1. 유효총소득: 1억원 × 0.9 = 90,000,000원
2. 순영업소득: 90,000,000 × 0.7 = 63,000,000원
3. 수익가액: 63,000,000 / 0.042 = 1,500,000,000원
4. 운영경비: 90,000,000 × 0.3 = 27,000,000원

39 ⑤

⑤ 유사지역이란 대상부동산이 속하지 아니하는 지역으로서 인근지역과 유사한 특성을 갖는 지역을 말한다(감칙 제2조 제14호).

플러스 해설 인근지역은 감정평가의 대상이 된 부동산이 속한 지역으로서 부동산의 이용이 동질적이고 가치형성요인 중 지역요인을 공유하는 지역을 말한다.

40 ②

② 표준지공시지가에 대하여 이의가 있는 자(토지소유자, 토지이용자, 그 밖에 법률상 이해관계를 가진 자)는 표준지공시지가의 공시일부터 30일 이내에 서면으로 국토교통부장관에게 이의를 신청할 수 있다.

민법 · 민사특별법

Answer

41. ⑤	42. ⑤	43. ③	44. ⑤	45. ②	46. ②	47. ④	48. ⑤
49. ②	50. ⑤	51. ④	52. ②	53. ④	54. ④	55. ④	56. ④
57. ④	58. ③	59. ①	60. ④	61. ②	62. ①	63. ④	64. ④
65. ①	66. ③	67. ③	68. ⑤	69. ②	70. ②	71. ⑤	72. ②
73. ④	74. ④	75. ⑤	76. ③	77. ④	78. ④	79. ⑤	80. ②

41 ⑤

[플러스 해설] ① 신의칙상 고지의무를 부담하는 자는 고지의무의 대상이 되는 사실을 이미 알고 있는자에 대해서는 그 사실을 고지하지 않아도 된다.
② 계약이 제3자의 위법한 사기행위로 체결된 경우, 표의자가 제3자를 상대로 사기로 인한 손해배상을 청구하기 위해서 그 계약을 취소하여야 하는 것은 아니다.
③ 강박에 의한 의사표시에 대한 취소권은 형성권이므로 그 행사기간은 제척기간이다.
④ 소송행위가 강박에 의하여 이루어진 경우, 특별한 사정이 없는 한 소송행위와 같은 공법행위는 강박을 이유로 취소할 수 없다.

42 ⑤

[플러스 해설] ㉠ 계약의 무권대리에 대한 추인은 다른 의사표시가 없는 때에는 계약시에 소급하여 그 효력이 생긴다(제133조).
㉡ 대리권 없는 자가 타인의 대리인으로 계약을 한 경우에 상대방은 상당한 기간을 정하여 본인에게 그 추인여부의 확답을 최고할 수 있다. 본인이 그 기간 내에 확답을 발하지 아니한 때에는 추인을 거절한 것으로 본다(제131조).

43 ③

㉠ 제한능력자는 취소할 수 있는 법률행위를 단독으로 취소할 수 있다.
㉡ 법정대리인은 취소의 원인이 소멸하기 전에도 추인할 수 있다(제144조 제2항).

44 ⑤

⑤ 계약이 제3자의 위법한 사기행위로 체결된 경우, 표의자는 그 계약을 취소하지 않고 제3자를 상대로 그로 인해 발생한 손해의 배상을 청구할 수 있다.

45 ②

[플러스 해설] ① 표현대리행위가 성립하는 경우에 상대방에게 과실이 있더라도 과실상계의 법리가 유추적용되어 본인의 책임이 경감될 수 없다.
③ 무권대리행위의 상대방이 제134조의 철회권을 유효하게 행사한 후에는 본인은 무권대리행위를 추인할 수 없다.
④ 계약체결 당시 대리인의 무권대리 사실을 알고 있었던 상대방도 최고권을 행사할 수 있다.
⑤ 대리인이 대리권 소멸 후 선임한 복대리인과 상대방 사이의 법률행위에도 대리권소멸 후의 표현대리가 성립할 수 있다.

46 ②

[플러스 해설] ① 복대리인은 본인의 대리인이다.
③ 대리인이 파산하면 대리권이 소멸하고 복대리권도 소멸한다.
④ 임의대리인은 본인의 승낙이 있는 때뿐만 아니라 부득이한 사유가 있는 때에도 복임권을 갖는다.
⑤ 복대리인이 선임되면 특별한 사정이 없는 한 대리인의 대리권은 소멸하지 않는다.

47 ④

④ 불공정한 법률행위는 무효행위의 추인이 인정되지 않으므로 법정추인도 인정되지 않는다.

48 ⑤

⑤ 매매계약의 체결과 이행에 관하여 포괄적으로 대리권을 수여받은 대리인은 중도금이나 잔금을 수령할 권한도 있고, 특별한 사정이 없는 한 상대방에 대하여 약정된 매매대금지급기일을 연기하여 줄 권한도 있다.

49 ②

② 甲의 허가신청절차 협력의무와 乙의 대금지급의무는 동시이행관계가 아니다.

50 ⑤

⑤ 조건의 성취로 인하여 불이익을 받을 당사자가 신의성실에 반하여 조건의 성취를 방해한 경우, 조건이 성취된 것으로 의제되는 시점은 이러한 신의성실에 반하는 행위가 없었더라면 조건이 성취되었으리라고 추산되는 시점이다.

51 ④

[플러스 해설] ① 상속인은 상속 부동산의 소유권을 등기 없이 취득한다.
② 민법 제187조 소정의 판결은 형성판결을 의미한다.
③ 부동산 강제경매에서 매수인이 매각 목적인 권리를 취득하는 시기는 매각대금 완납시이다.
⑤ 신축에 의한 건물소유권취득에는 소유권보존등기를 요하지 않는다.

TEST 07

52 ④

플러스 해설 ① 점유보조자는 물권적 반환청구의 상대방이 될 수 없으므로, 乙은 Y를 관리하는 甲의 직원 A(점유보조자)에게 X의 반환청구를 할 수 없다.
② 법인과 대표는 서로 다른 사람이므로, 甲이 법인인 경우 乙은 甲의 대표이사 B 개인에게 X의 반환청구를 할 수 없다.
③ 건물의 소유자는 甲이므로, 乙은 甲에게 Y에서 퇴거할 것을 청구할 수 없다.
⑤ 물권적 청구권은 현재의 물권자만 행사할 수 있으므로, 乙은 甲에 대한 X의 반환청구권을 유보하고 X의 소유권을 丁에게 양도할 수 없다.

53 ④

플러스 해설 ㉠ 지방자치단체도 등기부취득시효를 주장할 수 있다.

54 ④

플러스 해설 ㉡ 지역권은 요역지와 분리하여 양도하거나 다른 권리의 목적으로 하지 못한다.
㉢ 요역지가 수인의 공유인 경우에 그 1인에 의한 지역권 소멸시효의 정지는 다른 공유자를 위하여 효력이 있다.

55 ④

④ 전세권의 존속 중 전세목적물이 양도된 경우에도 전세권설정자는 전세금반환의무를 면하며 "신소유자"가 반환의무를 진다. 따라서 전세권의 존속기간 중 전세목적물의 소유권이 양도되면, 그 양수인은 원칙적으로 전세권설정자의 지위를 승계한다.

56 ④

플러스 해설 ① 주택임대차보호법상의 대항요건인 인도(引渡)는 임차인이 주택의 간접점유를 취득하는 경우에도 인정될 수 있다.
② 점유취득시효의 기초인 점유에는 간접점유도 포함된다.
③ 직접점유자가 그 점유를 임의로 양도한 경우, 그 점유 이전이 간접점유자의 의사에 반하더라도 간접점유가 침탈된 것은 아니다.
⑤ 점유매개관계를 발생시키는 법률행위가 무효라 하더라도 간접점유는 인정될 수 있다.

57 ④

④ 가등기에 기한 소유권이전등기청구권이 시효완성으로 소멸된 후 그 부동산을 취득한 제3자가 가등기권자에 대해 갖는 등기말소청구권은 소유권에 기한 방해배제청구권으로서 물권적 청구권이다.

58 ③

㉡ 대리에 의한 매매계약을 원인으로 소유권이전등기가 이루어진 경우, 대리권의 존재는 추정된다.

㉢ 근저당권등기가 행해지면 피담보채권의 존재는 추정되지만, 그 피담보채권을 성립시키는 기본계약의 존재는 추정되지 않는다.

59 ①

㉠ 토지의 일부에 대하여도 점유취득시효로 소유권을 취득할 수 있다.
㉣ 적법한 권원 없이 농작물을 경작한 경우라도 수확기의 농작물은 명인방법 없이도 경작자가 소유권을 취득한다.

60 ④

플러스 해설 ① 甲이 乙과 丙의 동의 없이 X토지 중 3분의 1을 배타적으로 사용하는 경우, 乙은 인도를 청구할 수 없으나 방해배제를 청구할 수 있다.
② 甲과 乙이 협의하여 X토지를 매도하면 그 효력은 丙의 지분에는 미치지 않는다.
③ 제3자 丁이 X토지의 점유를 무단으로 침해하고 있는 경우, 甲은 보존행위로서 X토지 전부의 반환을 청구할 수 있다.
⑤ 丙이 1년 이상 X토지의 관리비용을 부담하지 않은 경우, 甲과 乙은 상당한 가액으로 지분을 매수할 수 있다(제266조 제2항).

61 ②

플러스 해설 ㉡ 전세금의 지급은 전세권의 성립요소가 되는 것이지만 기존의 채권으로 전세금지급을 대신할 수 있다.
㉣ 당사자가 채권담보의 목적으로 전세권을 설정하였으나 설정과 동시에 목적물을 인도하지 않았더라도, 장차 전세권자가 목적물을 사용·수익하기로 하였다면 그 전세권은 유효하다.

62 ①

플러스 해설 ② 권리금의 반환청구권은 유치권의 피담보채권에 해당하지 않는다.
③ 매매대금채권은 유치권의 피담보채권에 해당하지 않는다.
④ 건축자재대금채권은 유치권의 피담보채권에 해당하지 않는다.
⑤ 보증금반환채권은 유치권의 피담보채권에 해당하지 않는다.

63 ④

㉠ 자기 소유 토지에 분묘를 설치한 甲이 그 토지를 乙에게 양도하면서 분묘 이장의 특약을 하지 않음으로써 분묘기지권을 취득한 경우, 특별한 사정이 없는 한 甲은 분묘기지권이 성립한 때부터 지료지급의무가 있다.
㉢ 甲 소유의 대지와 건물 모두 乙에게 매도되었으나 대지에 관하여서만 소유권이전등기가 경료된 경우에 甲과 乙 사이에 관습법상의 법정지상권이 인정되지 않는다.
㉣ 건물 소유자 甲과 토지 소유자 乙 사이에 건물의 소유를 목적으로 하는 토지 임대차계약을 체결한 경우에는 관습법상의 법정지상권을 포기하기로 하는 약정이므로 관습법상의 법정지상권이 인정되지 않는다.

64 ④

④ 건물 건축 개시 전의 나대지에 저당권이 설정될 당시 저당권자가 그 토지 소유자의 건물 건축에 동의한 경우, 저당토지의 임의경매로 인한 법정지상권은 성립하지 않는다.

65 ①

플러스 해설 ㉡ 민법 제565조 제1항에서 말하는 당사자의 일방이라는 것은 매매 쌍방 중 어느 일방을 지칭하는 것이고, 상대방이라 국한하여 해석할 것이 아니므로, 비록 상대방인 매도인이 매매계약의 이행에는 전혀 착수한 바가 없다 하더라도 매수인이 중도금을 지급하여 이미 이행에 착수한 이상 매수인은 민법 제565조에 의하여 계약금을 포기하고 매매계약을 해제할 수 없다(대판 2000.2.11, 99다62074).
㉢ 매매당사자 간에 계약금을 수수하고 계약해제권을 유보한 경우에 매도인이 계약금의 배액을 상환하고 계약을 해제하려면 계약해제 의사표시 이외에 계약금 배액의 이행의 제공이 있으면 족하고 상대방이 이를 수령하지 아니한다 하여 이를 공탁하여야 유효한 것은 아니다(대판 1992.5.12, 91다2151).
㉤ 유상계약을 체결함에 있어서 계약금이 수수된 경우 계약금은 해약금의 성질을 가지고 있어서, 이를 위약금으로 하기로 하는 특약이 없는 이상 계약이 당사자 일방의 귀책사유로 인하여 해제되었다 하더라도 상대방은 계약불이행으로 입은 실제 손해만을 배상받을 수 있을 뿐 계약금이 위약금으로서 상대방에게 당연히 귀속되는 것은 아니다(대판 1996.6.14, 95다54693). 따라서 위 사안에서는 위약금 특약이 없으므로 甲은 계약금을 乙에게 반환하고 자기가 입은 손해를 입증하여 그 손해를 배상 청구할 수 있을 뿐이다.

66 ③

플러스 해설 ㉡ 건축허가를 받은 건물이 아니라도 甲은 매수청구를 할 수 있다.
㉢ 甲 소유 건물이 乙이 임대한 토지와 제3자 소유의 토지 위에 걸쳐서 건립된 경우, 임차지상에 서 있는 건물부분 중 구분소유의 객체가 될 수 있는 부분에 한하여 甲은 매수청구를 할 수 있다.

67 ③

③ 쌍무계약에서 쌍방의 채무가 동시이행관계에 있는 경우 일방의 채무의 이행기가 도래하더라도 상대방 채무의 이행제공이 있을 때까지는 그 채무를 이행하지 않아도 이행지체의 책임을 지지 않는 것이며, 이와 같은 효과는 이행지체의 책임이 없다고 주장하는 자가 반드시 동시이행의 항변권을 행사하여야만 발생하는 것은 아니다(대판 2001.7.10, 2001다3764). 따라서 쌍무계약에서 甲과 乙의 채무가 동시이행관계에 있는 경우, 甲은 乙의 이행제공이 없다면 이행기에 채무를 이행하지 않더라도 이행지체책임이 없다.

68 ⑤

㉠ 제3자가 하는 수익의 의사표시의 상대방은 낙약자이다.
㉡ 낙약자는 기본관계에 기한 항변으로 제3자에게 대항할 수 있다(제542조).
㉢ 낙약자의 채무불이행이 있으면, 요약자는 수익자의 동의 없이 계약을 해제할 수 있다.

69 ②

플러스 해설 ㉠ 계약해제 전 그 계약상의 채권을 양수하고 이를 피보전권리로 하여 처분금지가처분결정을 받은 채권자는 해제로 인하여 보호받는 제3자에 해당하지 않는다.
㉢ 계약해제 전 그 계약상의 채권을 압류한 자는 해제로 인하여 보호받는 제3자에 해당하지 않는다.

70 ②

플러스 해설 ㉠ 합의해제의 경우에도 법정해제의 경우와 마찬가지로 제3자의 권리를 해하지 못한다.
㉡ 계약의 일부의 이행이 불능인 경우에는 이행이 가능한 나머지 부분만의 이행으로 계약의 목적을 달성할 수 없을 경우에만 계약 전부의 해제가 가능하다.

71 ⑤

⑤ 乙이 甲에게 6천만원을 상환하고 매매계약을 해제하려는 경우, 甲이 6천만원을 수령하지 않는 때에는 乙은 이를 공탁하여야 하는 것은 아니다.

72 ②

② 매매의 목적이 된 권리가 타인에게 속한 경우에는 매도인은 그 권리를 취득하여 매수인에게 이전하여야 한다(제569조). 즉 타인권리의 매매도 유효하므로 매도인은 그 권리를 취득하여 매수인에게 이전하여야 한다.

플러스 해설 ③ 계약이 의사의 불합치로 성립하지 아니한 경우 그로 인하여 손해를 입은 당사자가 상대방에게 상대방이 계약이 성립되지 아니할 수 있다는 것을 알았거나 알 수 있었음을 이유로 민법 제535조를 유추적용하여 계약체결상의 과실로 인한 손해배상청구를 할 수는 없다.
④ 부동산매매계약에 있어서 실제면적이 계약면적에 미달하는 경우에는 그 매매가 수량지정매매에 해당할 때에 한하여 대금감액청구권을 행사함은 별론으로 하고, 그 매매계약이 그 미달 부분만큼 일부 무효임을 들어 일반 부당이득반환청구를 하거나 그 부분의 원시적 불능을 이유로 민법 제535조가 규정하는 계약체결상의 과실에 따른 책임의 이행을 구할 수 없다.
⑤ 계약교섭의 부당파기가 신의성실원칙에 위반되어 위법한 행위이면 불법행위를 구성한다.

TEST 07

73 ④

④ 제639조

플러스 해설 ① 임대인이 목적물을 임대할 권한이 없어도 임대차계약은 유효하게 성립한다.
② 임대차계약은 최장기간의 제한이 없으므로, 임차기간을 영구로 정한 임대차약정은 특별한 사정이 없는 한 허용된다.
③ 임대차계약에서 임대인은 목적물을 계약존속 중 사용·수익에 필요한 상태를 유지하게 할 의무를 부담하고(민법 제623조), 이러한 의무와 관련한 임차물의 보존을 위한 비용도 임대인이 부담해야 하므로, 임차인이 필요비를 지출하면, 임대인은 이를 상환할 의무가 있다. 임대인의 필요비상환의무는 특별한 사정이 없는 한 임차인의 차임지급의무와 서로 대응하는 관계에 있으므로, 임차인은 지출한 필요비 금액의 한도에서 차임의 지급을 거절할 수 있다(대판 2019.11.14, 2016다227694).
⑤ 임대차 종료로 인한 임차인의 원상회복의무는 임차인이 사용하고 있던 부동산의 점유를 임대인에게 이전하는 것은 물론 임대인이 임대 당시의 부동산 용도에 맞게 다시 사용할 수 있도록 협력할 의무도 포함한다(대판 2008.10.9, 2008다34903).

74 ④

플러스 해설 ① 환매권은 재산권이므로 양도할 수 있고 상속도 가능하다. 따라서 환매권은 일신전속권이 아니다.
② 매매계약이 무효이면 환매특약도 무효이다.
③ 환매기간을 정한 경우에는 그 기간을 다시 연장하지 못한다.
⑤ 환매특약은 매매계약과 동시에 해야 한다.

75 ⑤

플러스 해설 ㉡ 임대인 甲의 동의를 얻어 부속한 물건이어야 한다(제647조 제1항).
㉢ 임대인 甲에게 명도하면 임차인(전대인) 乙에 대한 명도의무를 면한다.

76 ③

③ 전유부분에 관하여 설정된 저당권의 효력은 특별한 사정이 없는 한 그 전유부분의 소유자가 사후에 취득한 대지사용권에까지 미친다(대판 2006.9.22, 2004다58611).

77 ④

④ 채권자가 통지한 청산금액이 객관적으로 정확하게 계산된 액수와 맞지 않아도 실행통지로서의 효력이 있다.

78 ④

㉠ 임차인이 임차한 건물을 중대한 과실로 전부 파손한 경우, 임대인은 권리금회수의 기회를 보장할 필요가 없다(제10조의4 제1항 단서).
㉢ 임대차가 종료한 후 보증금이 반환되지 않은 때에는 임차인은 임차건물의 소재지를 관할하는 지방법원, 지방법원지원 또는 시·군법원에 임차권등기명령을 신청할 수 있다. 임차권등기명령을 신청할 수 있다.
㉣ 임대차계약이 묵시적으로 갱신된 경우, 임차인의 계약해지의 통고가 있으면 임대인이 통고를 받은 날로부터 3개월이 지나면 해지의 효력이 발생한다.

79 ⑤

플러스 해설 ① 甲은 소유권에 의해 乙을 상대로 소유권이전등기의 말소를 청구할 수 있다.
② 甲은 乙에게 명의신탁해지를 원인으로 소유권이전등기를 청구할 수 없다.
③ 乙이 소유권이전등기 후 X건물을 점유하는 경우, 乙의 점유는 타주점유이다.
④ 乙이 丙에게 X건물을 증여하고 소유권이전등기를 해 준 경우, 丙은 특별한 사정이 없는 한 소유권을 취득한다.

80 ②

② 선순위의 저당권이 존재하는 주택을 임차하여 대항력을 갖춘 후 그 주택이 경매로 매각된 경우, 매각으로 인하여 임차권은 소멸하므로 경매의 매수인은 임대인의 지위를 승계하지 않는다.

빠른 정답 찾기

제01회

부동산학개론 p.6

01. ④ 02. ② 03. ① 04. ④ 05. ② 06. ④ 07. ②
08. ③ 09. ② 10. ① 11. ② 12. ③ 13. ③ 14. ①
15. ② 16. ③ 17. ② 18. ④ 19. ⑤ 20. ⑤ 21. ④
22. ② 23. ③ 24. ③ 25. ① 26. ⑤ 27. ② 28. ④
29. ③ 30. ① 31. ① 32. ④ 33. ③ 34. ② 35. ④
36. ① 37. ④ 38. ③ 39. ③ 40. ④

민법·민사특별법 p.12

41. ④ 42. ③ 43. ③ 44. ⑤ 45. ④ 46. ③ 47. ③
48. ① 49. ① 50. ③ 51. ④ 52. ④ 53. ⑤ 54. ⑤
55. ⑤ 56. ② 57. ⑤ 58. ② 59. ④ 60. ② 61. ③
62. ① 63. ② 64. ② 65. ③ 66. ② 67. ① 68. ②
69. ④ 70. ③ 71. ⑤ 72. ③ 73. ④ 74. ② 75. ④
76. ③ 77. ② 78. ① 79. ④ 80. ⑤

제02회

부동산학개론 p.21

01. ③ 02. ④ 03. ⑤ 04. ⑤ 05. ① 06. ③ 07. ③
08. ① 09. ② 10. ⑤ 11. ④ 12. ④ 13. ⑤ 14. ②
15. ⑤ 16. ② 17. ④ 18. ② 19. ① 20. ⑤ 21. ①
22. ④ 23. ② 24. ④ 25. ① 26. ③ 27. ③ 28. ①
29. ② 30. ⑤ 31. ④ 32. ① 33. ② 34. ② 35. ④
36. ⑤ 37. ① 38. ③ 39. ⑤ 40. ④

민법·민사특별법 p.28

41. ① 42. ③ 43. ② 44. ① 45. ② 46. ② 47. ④
48. ① 49. ⑤ 50. ⑤ 51. ⑤ 52. ① 53. ③ 54. ④
55. ② 56. ④ 57. ⑤ 58. ③ 59. ① 60. ⑤ 61. ①
62. ④ 63. ④ 64. ② 65. ① 66. ① 67. ⑤ 68. ③
69. ① 70. ② 71. ② 72. ④ 73. ② 74. ④ 75. ④
76. ② 77. ① 78. ① 79. ③ 80. ②

제03회

부동산학개론 p.36

01. ② 02. ④ 03. ③ 04. ③ 05. ① 06. ④ 07. ④
08. ② 09. ② 10. ⑤ 11. ① 12. ⑤ 13. ⑤ 14. ④
15. ② 16. ② 17. ② 18. ⑤ 19. ④ 20. ① 21. ①
22. ① 23. ④ 24. ① 25. ⑤ 26. ③ 27. ④ 28. ④
29. ② 30. ③ 31. ② 32. ② 33. ④ 34. ④ 35. ④
36. ④ 37. ④ 38. ② 39. ④ 40. ③

민법·민사특별법 p.42

41. ⑤ 42. ① 43. ⑤ 44. ① 45. ② 46. ④ 47. ①
48. ③ 49. ④ 50. ① 51. ④ 52. ② 53. ① 54. ④
55. ⑤ 56. ② 57. ⑤ 58. ② 59. ③ 60. ⑤ 61. ③
62. ② 63. ④ 64. ⑤ 65. ② 66. ④ 67. ③ 68. ④
69. ④ 70. ③ 71. ③ 72. ① 73. ④ 74. ④ 75. ⑤
76. ④ 77. ② 78. ② 79. ① 80. ③

제04회

부동산학개론 p.50

01. ⑤ 02. ④ 03. ① 04. ① 05. ⑤ 06. ③ 07. ③
08. ② 09. ④ 10. ② 11. ④ 12. ④ 13. ③ 14. ④
15. ⑤ 16. ② 17. ② 18. ② 19. ④ 20. ① 21. ④
22. ④ 23. ④ 24. ④ 25. ① 26. ① 27. ④ 28. ③
29. ④ 30. ② 31. ① 32. ⑤ 33. ② 34. ⑤ 35. ①
36. ④ 37. ① 38. ① 39. ① 40. ⑤

민법·민사특별법 p.57

41. ① 42. ① 43. ⑤ 44. ② 45. ③ 46. ① 47. ②
48. ④ 49. ④ 50. ① 51. ① 52. ③ 53. ② 54. ①
55. ① 56. ② 57. ④ 58. ⑤ 59. ② 60. ④ 61. ④
62. ③ 63. ② 64. ② 65. ④ 66. ⑤ 67. ① 68. ④
69. ① 70. ④ 71. ① 72. ② 73. ② 74. ② 75. ④
76. ④ 77. ③ 78. ⑤ 79. ③ 80. ⑤

제05회

부동산학개론 p.65

01. ⑤	02. ⑤	03. ①	04. ③	05. ⑤	06. ⑤	07. ③
08. ⑤	09. ④	10. ①	11. ①	12. ①	13. ⑤	14. ③
15. ④	16. ④	17. ②	18. ⑤	19. ④	20. ⑤	21. ⑤
22. ②	23. ⑤	24. ③	25. ②	26. ④	27. ④	28. ①
29. ⑤	30. ②	31. ①	32. ⑤	33. ②	34. ①	35. ③
36. ③	37. ⑤	38. ③	39. ②	40. ②		

민법·민사특별법 p.72

41. ⑤	42. ④	43. ④	44. ②	45. ③	46. ③	47. ④
48. ⑤	49. ④	50. ⑤	51. ③	52. ⑤	53. ⑤	54. ①
55. ③	56. ①	57. ⑤	58. ⑤	59. ③	60. ④	61. ④
62. ④	63. ②	64. ②	65. ③	66. ②	67. ②	68. ⑤
69. ④	70. ②	71. ②	72. ⑤	73. ④	74. ③	75. ⑤
76. ⑤	77. ②	78. ④	79. ④	80. ③		

제06회

부동산학개론 p.80

01. ①	02. ⑤	03. ①	04. ③	05. ④	06. ②	07. ③
08. ①	09. ②	10. ④	11. ⑤	12. ①	13. ②	14. ③
15. ③	16. ④	17. ④	18. ⑤	19. ②	20. ④	21. ②
22. ②	23. ④	24. ②	25. ②	26. ①	27. ④	28. ③
29. ②	30. ①	31. ⑤	32. ③	33. ⑤	34. ⑤	35. ④
36. ③	37. ④	38. ⑤	39. ⑤	40. ④		

민법·민사특별법 p.87

41. ③	42. ⑤	43. ⑤	44. ①	45. ⑤	46. ①	47. ⑤
48. ②	49. ①	50. ④	51. ④	52. ①	53. ④	54. ①
55. ③	56. ⑤	57. ④	58. ②	59. ③	60. ③	61. ③
62. ②	63. ④	64. ①	65. ②	66. ⑤	67. ②	68. ②
69. ⑤	70. ④	71. ①	72. ⑤	73. ①	74. ③	75. ①
76. ④	77. ④	78. ③	79. ②	80. ④		

제07회

부동산학개론 p.96

01. ⑤	02. ③	03. ⑤	04. ③	05. ④	06. ⑤	07. ①
08. ④	09. ⑤	10. ③	11. ④	12. ④	13. ④	14. ④
15. ③	16. ⑤	17. ②	18. ④	19. ③	20. ①	21. ③
22. ②	23. ①	24. ④	25. ④	26. ④	27. ②	28. ①
29. ②	30. ②	31. ②	32. ②	33. ⑤	34. ⑤	35. ⑤
36. ②	37. ②	38. ④	39. ⑤	40. ②		

민법·민사특별법 p.103

41. ⑤	42. ⑤	43. ③	44. ⑤	45. ②	46. ②	47. ④
48. ⑤	49. ②	50. ⑤	51. ④	52. ④	53. ④	54. ④
55. ④	56. ④	57. ④	58. ③	59. ①	60. ④	61. ②
62. ①	63. ②	64. ②	65. ①	66. ③	67. ②	68. ⑤
69. ②	70. ②	71. ②	72. ②	73. ④	74. ④	75. ⑤
76. ③	77. ④	78. ④	79. ⑤	80. ②		

TV방송 편성표

방송대학TV 방송기간 2025. 1. 13 ~ 7. 2
방송시간 — 본방송: 월~수 오전 7시 ~ 7시 30분
— 재방송: 토 오전 6시 ~ 7시 30분(3회 연속방송)

기본이론 방송 (1강 30분, 총 75강)

순서	날짜	요일	과목
1	1. 13	월	부동산학개론 1강
2	1. 14	화	민법·민사특별법 1강
3	1. 15	수	공인중개사법·중개실무 1강
4	1. 20	월	부동산공법 1강
5	1. 21	화	부동산공시법령 1강
6	1. 22	수	부동산학개론 2강
7	1. 27	월	민법·민사특별법 2강
8	1. 28	화	공인중개사법·중개실무 2강
9	1. 29	수	부동산공법 2강
10	2. 3	월	부동산공시법령 2강
11	2. 4	화	부동산학개론 3강
12	2. 5	수	민법·민사특별법 3강
13	2. 10	월	공인중개사법·중개실무 3강
14	2. 11	화	부동산공법 3강
15	2. 12	수	부동산공시법령 3강
16	2. 17	월	부동산세법 1강
17	2. 18	화	부동산학개론 4강
18	2. 19	수	민법·민사특별법 4강
19	2. 24	월	공인중개사법·중개실무 4강
20	2. 25	화	부동산공법 4강
21	2. 26	수	부동산공시법령 4강
22	3. 3	월	부동산세법 2강
23	3. 4	화	부동산학개론 5강
24	3. 5	수	민법·민사특별법 5강
25	3. 10	월	공인중개사법·중개실무 5강
26	3. 11	화	부동산공법 5강
27	3. 12	수	부동산공시법령 5강
28	3. 17	월	부동산세법 3강
29	3. 18	화	부동산학개론 6강
30	3. 19	수	민법·민사특별법 6강
31	3. 24	월	공인중개사법·중개실무 6강
32	3. 25	화	부동산공법 6강
33	3. 26	수	부동산공시법령 6강
34	3. 31	월	부동산세법 4강
35	4. 1	화	부동산학개론 7강
36	4. 2	수	민법·민사특별법 7강
37	4. 7	월	공인중개사법·중개실무 7강
38	4. 8	화	부동산공법 7강
39	4. 9	수	부동산공시법령 7강
40	4. 14	월	부동산세법 5강
41	4. 15	화	부동산학개론 8강
42	4. 16	수	민법·민사특별법 8강
43	4. 21	월	공인중개사법·중개실무 8강
44	4. 22	화	부동산공법 8강
45	4. 23	수	부동산공시법령 8강
46	4. 28	월	부동산세법 6강
47	4. 29	화	부동산학개론 9강
48	4. 30	수	민법·민사특별법 9강
49	5. 5	월	공인중개사법·중개실무 9강
50	5. 6	화	부동산공법 9강
51	5. 7	수	부동산공시법령 9강
52	5. 12	월	부동산세법 7강
53	5. 13	화	부동산학개론 10강
54	5. 14	수	민법·민사특별법 10강
55	5. 19	월	공인중개사법·중개실무 10강
56	5. 20	화	부동산공법 10강
57	5. 21	수	부동산공시법령 10강
58	5. 26	월	부동산세법 8강
59	5. 27	화	부동산학개론 11강
60	5. 28	수	민법·민사특별법 11강
61	6. 2	월	부동산공법 11강
62	6. 3	화	부동산세법 9강
63	6. 4	수	부동산학개론 12강
64	6. 9	월	민법·민사특별법 12강
65	6. 10	화	부동산공법 12강
66	6. 11	수	부동산세법 10강
67	6. 16	월	부동산학개론 13강
68	6. 17	화	민법·민사특별법 13강
69	6. 18	수	부동산공법 13강
70	6. 23	월	부동산학개론 14강
71	6. 24	화	민법·민사특별법 14강
72	6. 25	수	부동산공법 14강
73	6. 30	월	부동산학개론 15강
74	7. 1	화	민법·민사특별법 15강
75	7. 2	수	부동산공법 15강

과목별 강의 수
부동산학개론: 15강 / 민법·민사특별법: 15강
공인중개사법·중개실무: 10강 / 부동산공법: 15강 / 부동산공시법령: 10강 / 부동산세법: 10강

방송대학TV 방송기간 문제풀이: 2025. 7. 7 ~ 8. 20 모의고사: 2025. 8. 25 ~ 10. 1
방송시간 — 본방송: 월~수 오전 7시 ~ 7시 30분
— 재방송: 토 오전 6시 ~ 7시 30분(3회 연속방송)

TV방송 편성표

문제풀이 방송 (1강 30분, 총 21강)

순서	날짜	요일	과목	순서	날짜	요일	과목
1	7. 7	월	부동산학개론 1강	12	7. 30	수	부동산세법 2강
2	7. 8	화	민법·민사특별법 1강	13	8. 4	월	부동산학개론 3강
3	7. 9	수	공인중개사법·중개실무 1강	14	8. 5	화	민법·민사특별법 3강
4	7. 14	월	부동산공법 1강	15	8. 6	수	공인중개사법·중개실무 3강
5	7. 15	화	부동산공시법령 1강	16	8. 11	월	부동산공법 3강
6	7. 16	수	부동산세법 1강	17	8. 12	화	부동산공시법령 3강
7	7. 21	월	부동산학개론 2강	18	8. 13	수	부동산세법 3강
8	7. 22	화	민법·민사특별법 2강	19	8. 18	월	부동산학개론 4강
9	7. 23	수	공인중개사법·중개실무 2강	20	8. 19	화	민법·민사특별법 4강
10	7. 28	월	부동산공법 2강	21	8. 20	수	부동산공법 4강
11	7. 29	화	부동산공시법령 2강				

과목별 강의 수: 부동산학개론: 4강 / 민법·민사특별법: 4강
공인중개사법·중개실무: 3강 / 부동산공법: 4강 / 부동산공시법령: 3강 / 부동산세법: 3강

모의고사 방송 (1강 30분, 총 18강)

순서	날짜	요일	과목	순서	날짜	요일	과목
1	8. 25	월	부동산학개론 1강	10	9. 15	월	부동산공법 2강
2	8. 26	화	민법·민사특별법 1강	11	9. 16	화	부동산공시법령 2강
3	8. 27	수	공인중개사법·중개실무 1강	12	9. 17	수	부동산세법 2강
4	9. 1	월	부동산공법 1강	13	9. 22	월	부동산학개론 3강
5	9. 2	화	부동산공시법령 1강	14	9. 23	화	민법·민사특별법 3강
6	9. 3	수	부동산세법 1강	15	9. 24	수	공인중개사법·중개실무 3강
7	9. 8	월	부동산학개론 2강	16	9. 29	월	부동산공법 3강
8	9. 9	화	민법·민사특별법 2강	17	9. 30	화	부동산공시법령 3강
9	9. 10	수	공인중개사법·중개실무 2강	18	10. 1	수	부동산세법 3강

과목별 강의 수: 부동산학개론: 3강 / 민법·민사특별법: 3강
공인중개사법·중개실무: 3강 / 부동산공법: 3강 / 부동산공시법령: 3강 / 부동산세법: 3강

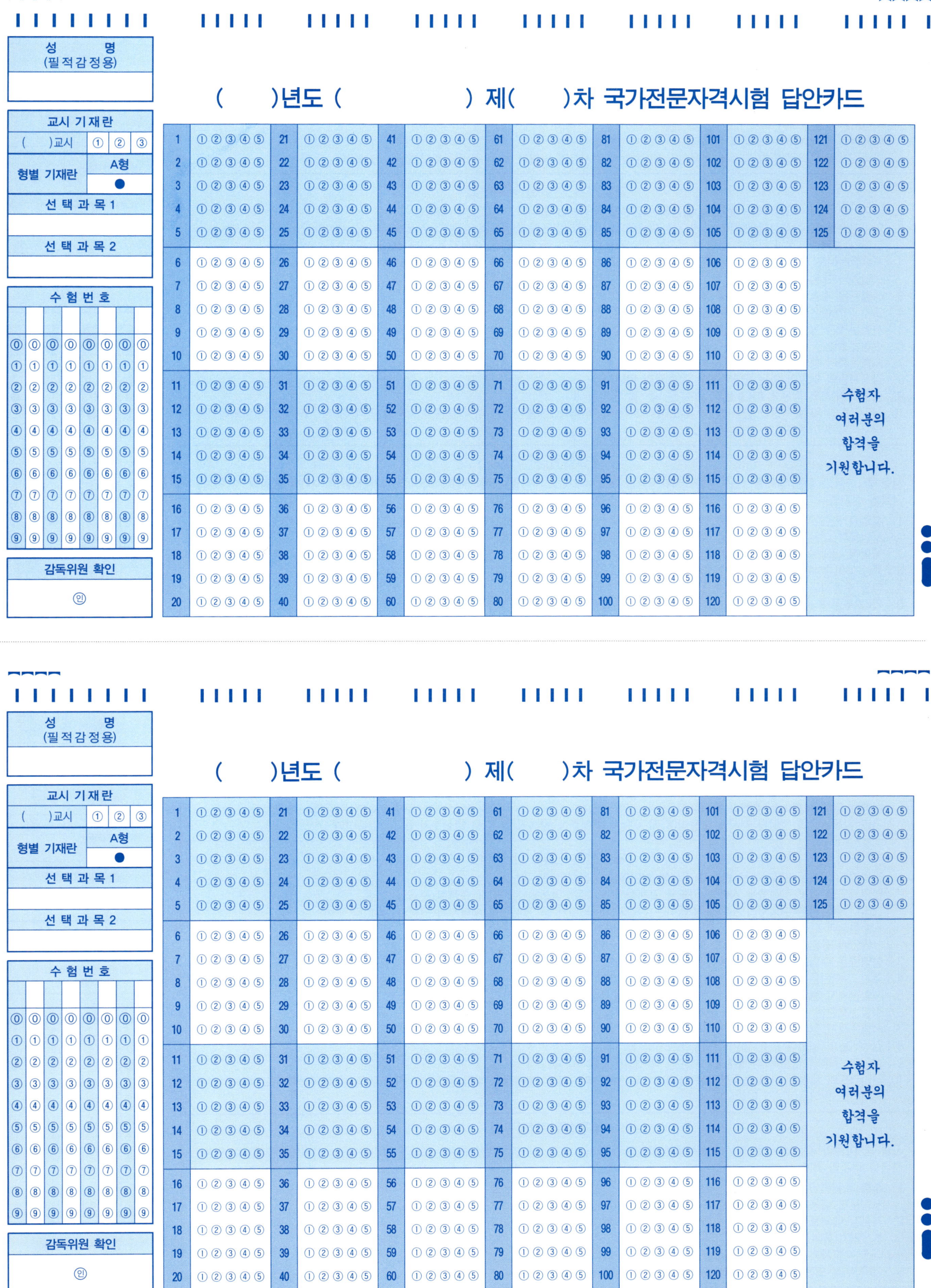

마킹주의	바르게 마킹 : ●
	잘못 마킹 : ⊗, ⊙, Ⓥ, ◎, ①, ⊖, ⊙, ⦸

(예 시)

성 명
(필적감정용)

홍 길 동

수험자 유의사항

1. 시험 중에는 통신기기(휴대전화·소형 무전기 등) 및 전자기기(초소형 카메라 등)를 소지하거나 사용할 수 없습니다.
2. 부정행위 예방을 위해 시험문제지에도 수험번호와 성명을 반드시 기재하시기 바랍니다.
3. **시험시간이 종료되면 즉시 답안작성을 멈춰야** 하며, 종료시간 이후 계속 답안을 작성하거나 감독위원의 답안카드 제출지시에 불응할 때에는 당해 시험이 무효처리 됩니다.
4. 기타 감독위원의 정당한 지시에 불응하여 타 수험자의 시험에 방해가 될 경우 퇴실조치 될 수 있습니다.

교시 기재란

(1)교시 ● ② ③

형별 기재란   A형 ●

선 택 과 목 1

선 택 과 목 2

답안카드 작성시 유의사항

1. 답안카드 기재·마킹시에는 **반드시 검은색 사인펜**을 사용해야 합니다.
2. 답안카드를 잘못 작성했을 시에는 카드를 교체하거나 수정테이프를 사용하여 수정할 수 있습니다.
   그러나 불완전한 수정처리로 인해 발생하는 전산자동판독불가 등 불이익은 수험자의 귀책사유입니다.
   - 수정테이프 이외의 수정액, 스티커 등은 사용 불가
   - 답안카드 왼쪽(성명·수험번호 등)을 제외한 '답안란'만 수정테이프로 수정 가능
3. 성명란은 수험자 본인의 성명을 정자체로 기재합니다.
4. 교시 기재란은 해당교시를 기재하고 해당 란에 마킹합니다.
5. 시험문제지 형별기재란에 표시된 형별(A형 공통)을 확인합니다.
6. 수험번호란은 숫자로 기재하고 아래 해당번호에 마킹합니다.
7. 시험문제지 형별 및 수험번호 등 마킹착오로 인한 불이익은 전적으로 수험자의 귀책사유입니다.
8. 감독위원의 날인이 없는 답안카드는 무효처리 됩니다.
9. 상단과 우측의 검은색 띠(▮▮▮) 부분은 낙서를 금지합니다.
10. 답안카드의 채점은 전산 판독결과에 따르며, 마킹누락, 마킹착오, 불완전한 마킹 등은 수험자의 귀책사유에 해당하므로 이의제기를 하더라도 받아들여지지 않습니다.

수 험 번 호

0	1	3	2	9	8	0	1
●	⓪	⓪	⓪	⓪	⓪	●	⓪
①	●	①	①	①	①	①	●
②	②	②	●	②	②	②	②
③	③	●	③	③	③	③	③
④	④	④	④	④	④	④	④
⑤	⑤	⑤	⑤	⑤	⑤	⑤	⑤
⑥	⑥	⑥	⑥	⑥	⑥	⑥	⑥
⑦	⑦	⑦	⑦	⑦	⑦	⑦	⑦
⑧	⑧	⑧	⑧	⑧	●	⑧	⑧
⑨	⑨	⑨	⑨	●	⑨	⑨	⑨

부정행위 처리규정

시험 중 다음과 같은 행위를 하는 자는 당해 시험을 무효처리하고 자격별 관련 규정에 따라 일정기간 동안 시험에 응시할 수 있는 자격을 정지합니다.

1. 시험과 관련된 대화, 답안카드 교환, 다른 수험자의 답안·문제지를 보고 답안 작성, 대리시험을 치르거나 치르게 하는 행위, 시험문제 내용과 관련된 물건을 휴대하거나 이를 주고받는 행위
2. 시험장 내외로부터 도움을 받아 답안을 작성하는 행위, 공인어학성적 및 응시자격서류를 허위기재하여 제출하는 행위
3. 통신기기(휴대전화·소형 무전기 등) 및 전자기기(초소형 카메라 등)를 휴대하거나 사용하는 행위
4. 다른 수험자와 성명 및 수험번호를 바꾸어 작성·제출하는 행위
5. 기타 부정 또는 불공정한 방법으로 시험을 치르는 행위

감독위원 확인

김 ㊞ 독

마킹주의	바르게 마킹 : ●
	잘못 마킹 : ⊗, ⊙, Ⓥ, ◎, ①, ⊖, ⊙, ⦸

(예 시)

성 명
(필적감정용)

홍 길 동

수험자 유의사항

1. 시험 중에는 통신기기(휴대전화·소형 무전기 등) 및 전자기기(초소형 카메라 등)를 소지하거나 사용할 수 없습니다.
2. 부정행위 예방을 위해 시험문제지에도 수험번호와 성명을 반드시 기재하시기 바랍니다.
3. **시험시간이 종료되면 즉시 답안작성을 멈춰야** 하며, 종료시간 이후 계속 답안을 작성하거나 감독위원의 답안카드 제출지시에 불응할 때에는 당해 시험이 무효처리 됩니다.
4. 기타 감독위원의 정당한 지시에 불응하여 타 수험자의 시험에 방해가 될 경우 퇴실조치 될 수 있습니다.

교시 기재란

(1)교시 ● ② ③

형별 기재란   A형 ●

선 택 과 목 1

선 택 과 목 2

답안카드 작성시 유의사항

1. 답안카드 기재·마킹시에는 **반드시 검은색 사인펜**을 사용해야 합니다.
2. 답안카드를 잘못 작성했을 시에는 카드를 교체하거나 수정테이프를 사용하여 수정할 수 있습니다.
   그러나 불완전한 수정처리로 인해 발생하는 전산자동판독불가 등 불이익은 수험자의 귀책사유입니다.
   - 수정테이프 이외의 수정액, 스티커 등은 사용 불가
   - 답안카드 왼쪽(성명·수험번호 등)을 제외한 '답안란'만 수정테이프로 수정 가능
3. 성명란은 수험자 본인의 성명을 정자체로 기재합니다.
4. 교시 기재란은 해당교시를 기재하고 해당 란에 마킹합니다.
5. 시험문제지 형별기재란에 표시된 형별(A형 공통)을 확인합니다.
6. 수험번호란은 숫자로 기재하고 아래 해당번호에 마킹합니다.
7. 시험문제지 형별 및 수험번호 등 마킹착오로 인한 불이익은 전적으로 수험자의 귀책사유입니다.
8. 감독위원의 날인이 없는 답안카드는 무효처리 됩니다.
9. 상단과 우측의 검은색 띠(▮▮▮) 부분은 낙서를 금지합니다.
10. 답안카드의 채점은 전산 판독결과에 따르며, 마킹누락, 마킹착오, 불완전한 마킹 등은 수험자의 귀책사유에 해당하므로 이의제기를 하더라도 받아들여지지 않습니다.

수 험 번 호

0	1	3	2	9	8	0	1
●	⓪	⓪	⓪	⓪	⓪	●	⓪
①	●	①	①	①	①	①	●
②	②	②	●	②	②	②	②
③	③	●	③	③	③	③	③
④	④	④	④	④	④	④	④
⑤	⑤	⑤	⑤	⑤	⑤	⑤	⑤
⑥	⑥	⑥	⑥	⑥	⑥	⑥	⑥
⑦	⑦	⑦	⑦	⑦	⑦	⑦	⑦
⑧	⑧	⑧	⑧	⑧	●	⑧	⑧
⑨	⑨	⑨	⑨	●	⑨	⑨	⑨

부정행위 처리규정

시험 중 다음과 같은 행위를 하는 자는 당해 시험을 무효처리하고 자격별 관련 규정에 따라 일정기간 동안 시험에 응시할 수 있는 자격을 정지합니다.

1. 시험과 관련된 대화, 답안카드 교환, 다른 수험자의 답안·문제지를 보고 답안 작성, 대리시험을 치르거나 치르게 하는 행위, 시험문제 내용과 관련된 물건을 휴대하거나 이를 주고받는 행위
2. 시험장 내외로부터 도움을 받아 답안을 작성하는 행위, 공인어학성적 및 응시자격서류를 허위기재하여 제출하는 행위
3. 통신기기(휴대전화·소형 무전기 등) 및 전자기기(초소형 카메라 등)를 휴대하거나 사용하는 행위
4. 다른 수험자와 성명 및 수험번호를 바꾸어 작성·제출하는 행위
5. 기타 부정 또는 불공정한 방법으로 시험을 치르는 행위

감독위원 확인

김 ㊞ 독

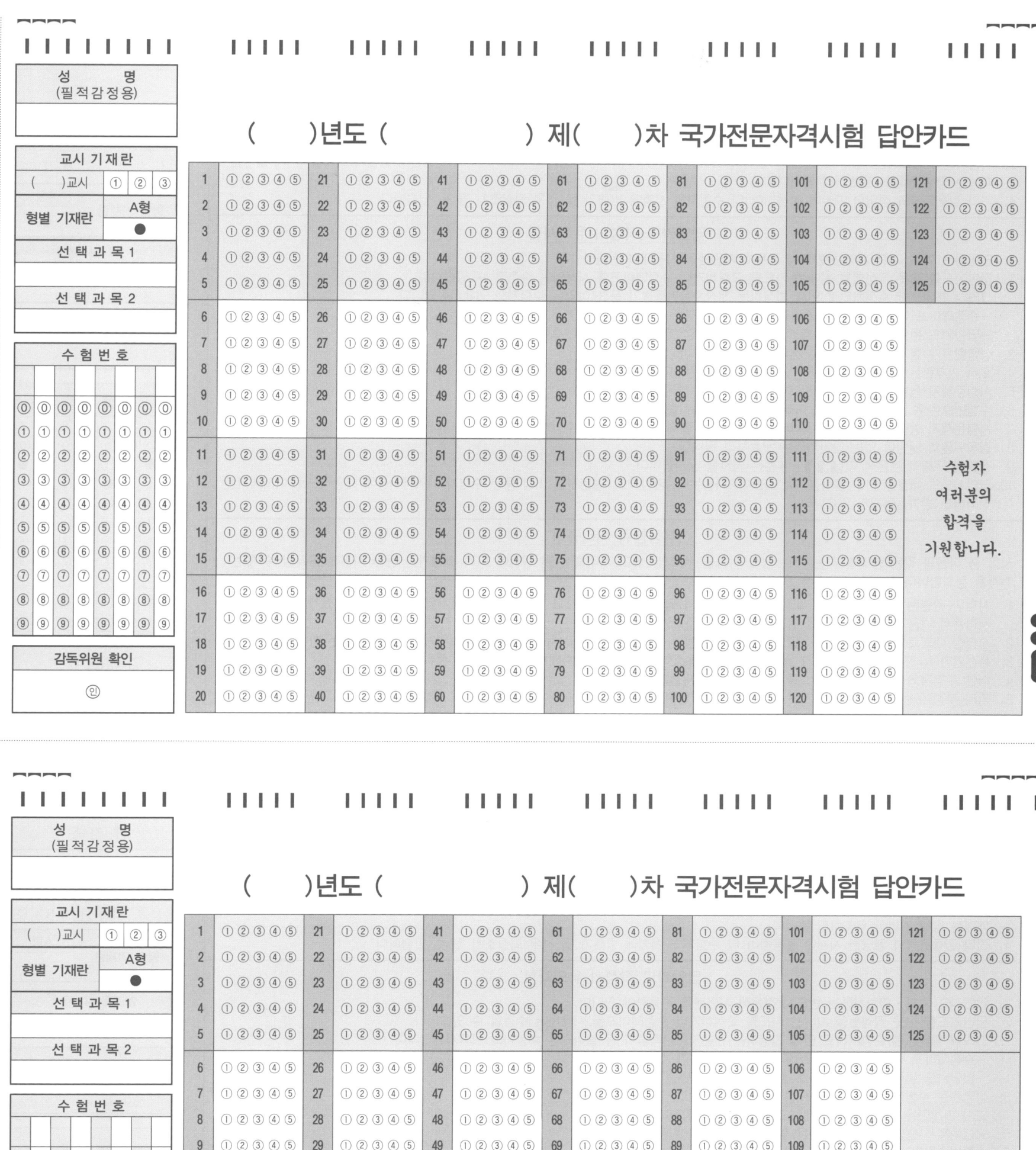

수험자 유의사항

1. 시험 중에는 통신기기(휴대전화·소형 무전기 등) 및 전자기기(초소형 카메라 등)를 소지하거나 사용할 수 없습니다.
2. 부정행위 예방을 위해 시험문제지에도 수험번호와 성명을 반드시 기재하시기 바랍니다.
3. **시험시간이 종료되면 즉시 답안작성을 멈춰야** 하며, 종료시간 이후 계속 답안을 작성하거나 감독위원의 답안카드 제출지시에 불응할 때에는 당해 시험이 무효처리 됩니다.
4. 기타 감독위원의 정당한 지시에 불응하여 타 수험자의 시험에 방해가 될 경우 퇴실조치 될 수 있습니다.

답안카드 작성시 유의사항

1. 답안카드 기재·마킹시에는 **반드시 검은색 사인펜**을 사용해야 합니다.
2. 답안카드를 잘못 작성했을 시에는 카드를 교체하거나 수정테이프를 사용하여 수정할 수 있습니다.
   그러나 불완전한 수정처리로 인해 발생하는 전산자동판독불가 등 불이익은 수험자의 귀책사유입니다.
   − 수정테이프 이외의 수정액, 스티커 등은 사용 불가
   − 답안카드 왼쪽(성명·수험번호 등)을 제외한 '답안란'만 수정테이프로 수정 가능
3. 성명란은 수험자 본인의 성명을 정자체로 기재합니다.
4. 교시 기재란은 해당교시를 기재하고 해당 란에 마킹합니다.
5. 시험문제지 형별기재란에 표시된 형별(A형 공통)을 확인합니다.
6. 수험번호란은 숫자로 기재하고 아래 해당번호에 마킹합니다.
7. 시험문제지 형별 및 수험번호 등 마킹착오로 인한 불이익은 전적으로 수험자의 귀책사유입니다.
8. 감독위원의 날인이 없는 답안카드는 무효처리 됩니다.
9. 상단과 우측의 검은색 띠(▋▋▋) 부분은 낙서를 금지합니다.
10. 답안카드의 채점은 전산 판독결과에 따르며, 마킹누락, 마킹착오, 불완전한 마킹 등은 수험자의 귀책사유에 해당하므로 이의제기를 하더라도 받아들여지지 않습니다.

부정행위 처리규정

시험 중 다음과 같은 행위를 하는 자는 당해 시험을 무효처리하고 자격별 관련 규정에 따라 일정기간 동안 시험에 응시할 수 있는 자격을 정지합니다.

1. 시험과 관련된 대화, 답안카드 교환, 다른 수험자의 답안·문제지를 보고 답안 작성, 대리시험을 치르거나 치르게 하는 행위, 시험문제 내용과 관련된 물건을 휴대하거나 이를 주고받는 행위
2. 시험장 내외로부터 도움을 받아 답안을 작성하는 행위, 공인어학성적 및 응시자격서류를 허위기재하여 제출하는 행위
3. 통신기기(휴대전화·소형 무전기 등) 및 전자기기(초소형 카메라 등)를 휴대하거나 사용하는 행위
4. 다른 수험자와 성명 및 수험번호를 바꾸어 작성·제출하는 행위
5. 기타 부정 또는 불공정한 방법으로 시험을 치르는 행위

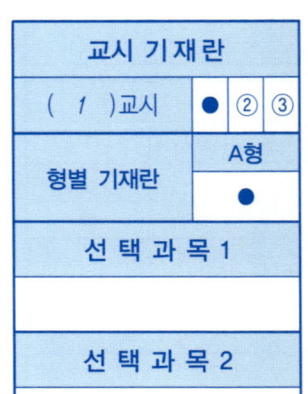

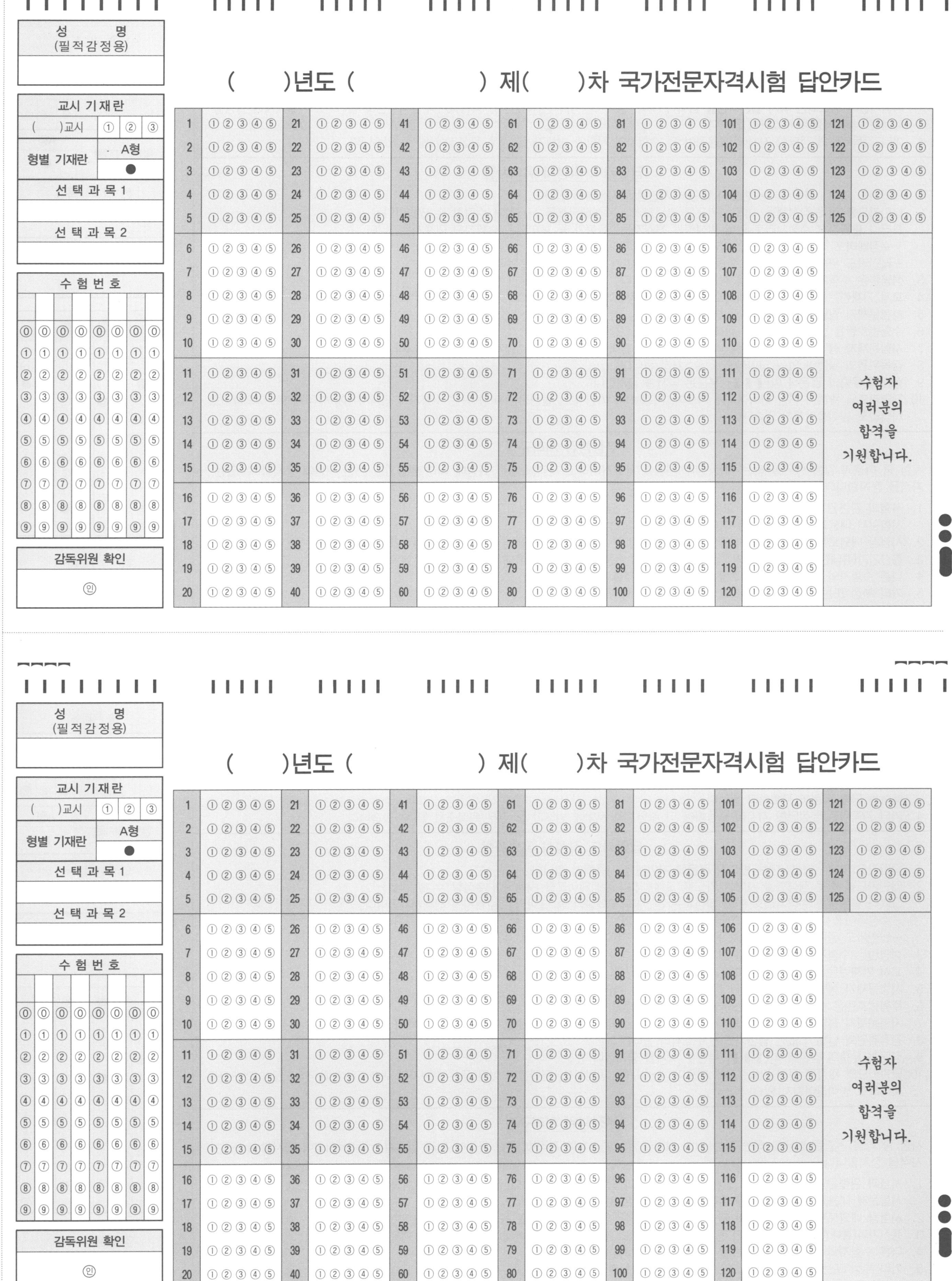

마킹주의

바르게 마킹: ●
잘못 마킹: ⊗, ⊙, ⊘, ◎, ⓘ, ⊖, ◐, ⦸

(예 시)

성 명 (필적감정용)

홍 길 동

수험자 유의사항
1. 시험 중에는 통신기기(휴대전화·소형 무전기 등) 및 전자기기(초소형 카메라 등)를 소지하거나 사용할 수 없습니다.
2. 부정행위 예방을 위해 시험문제지에도 수험번호와 성명을 반드시 기재하시기 바랍니다.
3. **시험시간이 종료되면 즉시 답안작성을 멈춰야** 하며, 종료시간 이후 계속 답안을 작성하거나 감독위원의 답안카드 제출지시에 불응할 때에는 당해 시험이 무효처리 됩니다.
4. 기타 감독위원의 정당한 지시에 불응하여 타 수험자의 시험에 방해가 될 경우 퇴실조치 될 수 있습니다.

답안카드 작성시 유의사항
1. 답안카드 기재·마킹시에는 **반드시 검은색 사인펜**을 사용해야 합니다.
2. 답안카드를 잘못 작성했을 시에는 카드를 교체하거나 수정테이프를 사용하여 수정할 수 있습니다.
   그러나 불완전한 수정처리로 인해 발생하는 전산자동판독불가 등 불이익은 수험자의 귀책사유입니다.
   - 수정테이프 이외의 수정액, 스티커 등은 사용 불가
   - 답안카드 왼쪽(성명·수험번호 등)을 제외한 '답안란'만 수정테이프로 수정 가능
3. 성명란은 수험자 본인의 성명을 정자체로 기재합니다.
4. 교시 기재란은 해당교시를 기재하고 해당 란에 마킹합니다.
5. 시험문제지 형별기재란에 표시된 형별(A형 공통)을 확인합니다.
6. 수험번호란은 숫자로 기재하고 아래 해당번호에 마킹합니다.
7. 시험문제지 형별 및 수험번호 등 마킹착오로 인한 불이익은 전적으로 수험자의 귀책사유입니다.
8. 감독위원의 날인이 없는 답안카드는 무효처리 됩니다.
9. 상단과 우측의 검은색 띠(▮▮▮) 부분은 낙서를 금지합니다.
10. 답안카드의 채점은 전산 판독결과에 따르며, 마킹누락, 마킹착오, 불완전한 마킹 등은 수험자의 귀책사유에 해당하므로 이의제기를 하더라도 받아들여지지 않습니다.

부정행위 처리규정
시험 중 다음과 같은 행위를 하는 자는 당해 시험을 무효처리하고 자격별 관련 규정에 따라 일정기간 동안 시험에 응시할 수 있는 자격을 정지합니다.

1. 시험과 관련된 대화, 답안카드 교환, 다른 수험자의 답안·문제지를 보고 답안 작성, 대리시험을 치르거나 치르게 하는 행위, 시험문제 내용과 관련된 물건을 휴대하거나 이를 주고받는 행위
2. 시험장 내외로부터 도움을 받아 답안을 작성하는 행위, 공인어학성적 및 응시자격서류를 허위기재하여 제출하는 행위
3. 통신기기(휴대전화·소형 무전기 등) 및 전자기기(초소형 카메라 등)를 휴대하거나 사용하는 행위
4. 다른 수험자와 성명 및 수험번호를 바꾸어 작성·제출하는 행위
5. 기타 부정 또는 불공정한 방법으로 시험을 치르는 행위

교시 기재란
(1)교시 ● ② ③

형별 기재란 A형 ●

선 택 과 목 1

선 택 과 목 2

수 험 번 호
0 1 3 2 9 8 0 1

감독위원 확인
김 (감) 독

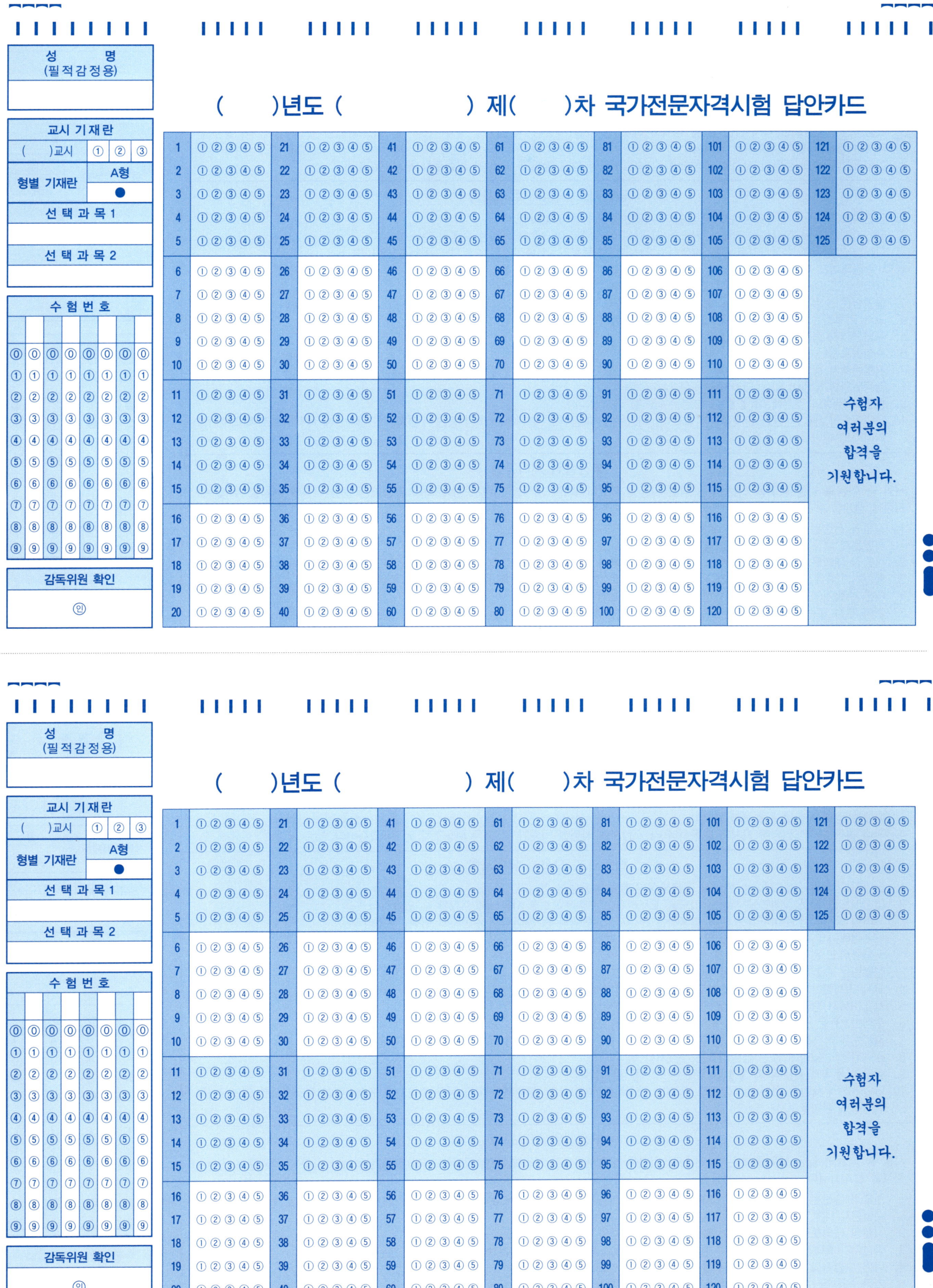

마킹주의

바르게 마킹: ●
잘못 마킹: ⊗, ⊙, ⊘, ◎, ①, ⊖, ◐, ⦸

(예 시)

성 명 (필적감정용)

홍길동

수험자 유의사항

1. 시험 중에는 통신기기(휴대전화·소형 무전기 등) 및 전자기기(초소형 카메라 등)를 소지하거나 사용할 수 없습니다.
2. 부정행위 예방을 위해 시험문제지에도 수험번호와 성명을 반드시 기재하시기 바랍니다.
3. **시험시간이 종료되면 즉시 답안작성을 멈춰야** 하며, 종료시간 이후 계속 답안을 작성하거나 감독위원의 답안카드 제출지시에 불응할 때에는 당해 시험이 무효처리 됩니다.
4. 기타 감독위원의 정당한 지시에 불응하여 타 수험자의 시험에 방해가 될 경우 퇴실조치 될 수 있습니다.

답안카드 작성시 유의사항

1. 답안카드 기재·마킹시에는 **반드시 검은색 사인펜**을 사용해야 합니다.
2. 답안카드를 잘못 작성했을 시에는 카드를 교체하거나 수정테이프를 사용하여 수정할 수 있습니다.
   그러나 불완전한 수정처리로 인해 발생하는 전산자동판독불가 등 불이익은 수험자의 귀책사유입니다.
   - 수정테이프 이외의 수정액, 스티커 등은 사용 불가
   - 답안카드 왼쪽(성명·수험번호 등)을 제외한 '답안란'만 수정테이프로 수정 가능
3. 성명란은 수험자 본인의 성명을 정자체로 기재합니다.
4. 교시 기재란은 해당교시를 기재하고 해당 란에 마킹합니다.
5. 시험문제지 형별기재란에 표시된 형별(A형 공통)을 확인합니다.
6. 수험번호란은 숫자로 기재하고 아래 해당번호에 마킹합니다.
7. 시험문제지 형별 및 수험번호 등 마킹착오로 인한 불이익은 전적으로 수험자의 귀책사유입니다.
8. 감독위원의 날인이 없는 답안카드는 무효처리 됩니다.
9. 상단과 우측의 검은색 띠(▐▐▐) 부분은 낙서를 금지합니다.
10. 답안카드의 채점은 전산 판독결과에 따르며, 마킹누락, 마킹착오, 불완전한 마킹 등은 수험자의 귀책사유에 해당하므로 이의제기를 하더라도 받아들여지지 않습니다.

부정행위 처리규정

시험 중 다음과 같은 행위를 하는 자는 당해 시험을 무효처리하고 자격별 관련 규정에 따라 일정기간 동안 시험에 응시할 수 있는 자격을 정지합니다.

1. 시험과 관련된 대화, 답안카드 교환, 다른 수험자의 답안·문제지를 보고 답안 작성, 대리시험을 치르거나 치르게 하는 행위, 시험문제 내용과 관련된 물건을 휴대하거나 이를 주고받는 행위
2. 시험장 내외로부터 도움을 받아 답안을 작성하는 행위, 공인어학성적 및 응시자격서류를 허위기재하여 제출하는 행위
3. 통신기기(휴대전화·소형 무전기 등) 및 전자기기(초소형 카메라 등)를 휴대하거나 사용하는 행위
4. 다른 수험자와 성명 및 수험번호를 바꾸어 작성·제출하는 행위
5. 기타 부정 또는 불공정한 방법으로 시험을 치르는 행위

교시 기재란

(1)교시 ● ② ③

형별 기재란 A형 ●

선 택 과 목 1

선 택 과 목 2

수 험 번 호

0 1 3 2 9 8 0 1

감독위원 확인

김 (인) 독

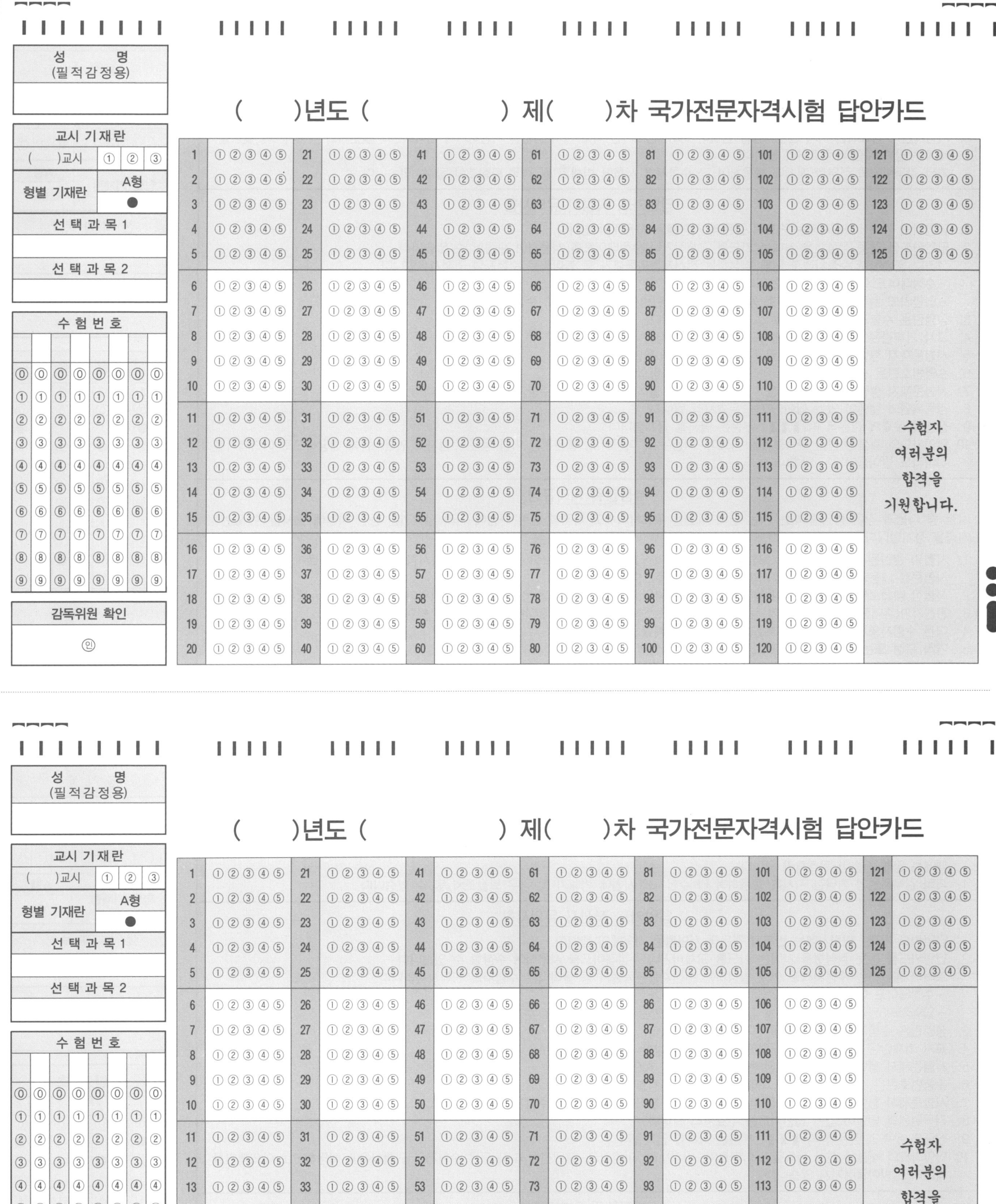

마킹주의	바르게 마킹 : ●
	잘못 마킹 : ⊗, ⊙, ⊘, ◎, ①, ⊖, ⊚, ⦸

(예 시)

성 명
(필적감정용)

홍길동

수험자 유의사항
1. 시험 중에는 통신기기(휴대전화·소형 무전기 등) 및 전자기기(초소형 카메라 등)를 소지하거나 사용할 수 없습니다.
2. 부정행위 예방을 위해 시험문제지에도 수험번호와 성명을 반드시 기재하시기 바랍니다.
3. **시험시간이 종료되면 즉시 답안작성을 멈춰야** 하며, 종료시간 이후 계속 답안을 작성하거나 감독위원의 답안카드 제출지시에 불응할 때에는 당해 시험이 무효처리 됩니다.
4. 기타 감독위원의 정당한 지시에 불응하여 타 수험자의 시험에 방해가 될 경우 퇴실조치 될 수 있습니다.

교시 기재란
(1)교시 ● ② ③
형별 기재란 A형 ●

답안카드 작성시 유의사항
1. 답안카드 기재·마킹시에는 **반드시 검은색 사인펜**을 사용해야 합니다.
2. 답안카드를 잘못 작성했을 시에는 카드를 교체하거나 수정테이프를 사용하여 수정할 수 있습니다.
   그러나 불완전한 수정처리로 인해 발생하는 전산자동판독불가 등 불이익은 수험자의 귀책사유입니다.
   －수정테이프 이외의 수정액, 스티커 등은 사용 불가
   －답안카드 왼쪽(성명·수험번호 등)을 제외한 '답안란'만 수정테이프로 수정 가능
3. 성명란은 수험자 본인의 성명을 정자체로 기재합니다.
4. 교시 기재란은 해당교시를 기재하고 해당 란에 마킹합니다.
5. 시험문제지 형별기재란에 표시된 형별(A형 공통)을 확인합니다.
6. 수험번호란은 숫자로 기재하고 아래 해당번호에 마킹합니다.
7. 시험문제지 형별 및 수험번호 등 마킹착오로 인한 불이익은 전적으로 수험자의 귀책사유입니다.
8. 감독위원의 날인이 없는 답안카드는 무효처리 됩니다.
9. 상단과 우측의 검은색 띠(▮▮▮) 부분은 낙서를 금지합니다.
10. 답안카드의 채점은 전산 판독결과에 따르며, 마킹누락, 마킹착오, 불완전한 마킹 등은 수험자의 귀책사유에 해당하므로 이의제기를 하더라도 받아들여지지 않습니다.

선 택 과 목 1

선 택 과 목 2

수 험 번 호

0 1 3 2 9 8 0 1

부정행위 처리규정
시험 중 다음과 같은 행위를 하는 자는 당해 시험을 무효처리하고 자격별 관련 규정에 따라 일정기간 동안 시험에 응시할 수 있는 자격을 정지합니다.
1. 시험과 관련된 대화, 답안카드 교환, 다른 수험자의 답안·문제지를 보고 답안 작성, 대리시험을 치르거나 치르게 하는 행위, 시험문제 내용과 관련된 물건을 휴대하거나 이를 주고받는 행위
2. 시험장 내외로부터 도움을 받아 답안을 작성하는 행위, 공인어학성적 및 응시자격서류를 허위기재하여 제출하는 행위
3. 통신기기(휴대전화·소형 무전기 등) 및 전자기기(초소형 카메라 등)를 휴대하거나 사용하는 행위
4. 다른 수험자와 성명 및 수험번호를 바꾸어 작성·제출하는 행위
5. 기타 부정 또는 불공정한 방법으로 시험을 치르는 행위

감독위원 확인

김 (인) 독

제36회 공인중개사 시험대비 **전면개정**

2025 박문각 공인중개사 1차 실전모의고사
부동산학개론 | 민법·민사특별법

초판인쇄 | 2025. 5. 25.   **초판발행** | 2025. 5. 30.   **편저** | 박문각 부동산교육연구소
발행인 | 박 용   **발행처** | (주)박문각출판   **등록** | 2015년 4월 29일 제2019-000137호
주소 | 06654 서울시 서초구 효령로 283 서경 B/D 4층   **팩스** | (02)584-2927
전화 | 교재 주문 (02)6466-7202, 동영상문의 (02)6466-7201

판 권
본 사
소 유

이 책의 무단 전재 또는 복제 행위는 저작권법 제136조에 의거, 5년 이하의 징역 또는 5,000만원 이하의 벌금에 처하거나 이를 병과할 수 있습니다.

정가 25,000원
ISBN 979-11-7262-910-6 | ISBN 979-11-7262-909-0(1·2차 세트)